# 语言研究探索

徐思益 著

商务印书馆
2009年·北京

**图书在版编目(CIP)数据**

语言研究探索/徐思益著.—北京：商务印书馆，2009
ISBN 978-7-100-05854-4

I.语… II.徐… III.语言学—文集 IV.H0-53

中国版本图书馆 CIP 数据核字(2008)第 065930 号

所有权利保留。
未经许可,不得以任何方式使用。

YǓYÁN YÁNJIŪ TÀNSUǑ
**语言研究探索**
徐思益 著

商 务 印 书 馆 出 版
(北京王府井大街36号　邮政编码 100710)
商 务 印 书 馆 发 行
北京瑞古冠中印刷厂印刷
ISBN 978-7-100-05854-4

2009 年 1 月第 1 版　　开本 850×1168　1/32
2009 年 1 月北京第 1 次印刷　印张 15½　插页 2
定价：32.00 元

1986年10月在北京第四次现代汉语语法学术
讨论会上与吕叔湘先生等合影

## 胡裕树教授手迹

我与思益兄订交于五十年代，是由方光焘老师介绍的。我们谊在同门，交非泛泛，数十年来，晤学不断，互有新作，交换切磋，使我深受教益。

# 前　　言

这本论文集是应商务印书馆之约,将我半个世纪教学之余撰写的 100 余篇文章中筛选出 30 篇辑成的,定名《语言研究探索》(以下简称《探索》)。在这之前,已先后于 1994 年和 2006 年由新疆大学出版社出版过由国际数学大师苏步青先生题签的《徐思益语言学论文选》(以下简称《文选》)、《徐思益语言学论文选》(续集)[以下简称《文选》(续集)],这本《探索》绝大部分文章又是从《文选》和《文选》(续集)中选辑出来的。由于新疆大学出版社出版的《文选》和《文选》(续集)时有错讹,且印数很少,流通有限,至今还有国内外学人索求皆无书奉献。现从中再经筛选辑成的《探索》由商务印书馆出版,或可弥补缺陷,并能广泛听取批评意见。

"路漫漫其修远兮,吾将上下而求索。"我在广阔深邃的语言世界里,在前人研究的基础上,摸索前行了 50 个春秋,尚未接近彼岸。学海无涯,继承不易,创新更难。我这本《探索》实是沿着业师、中国南派语言学缔造者方光焘教授为我指引的道路,继承弘扬他的学术思想进行的。诚如胡裕树教授所说:"要具体评介思益兄《语言学论文选》的学术观点,必须同著名语言学家方光焘教授的学术思想联系起来考察。"(《徐思益语言学论文选》序)方光焘学术思想又是批判改造继承发展现代语言学之父德·索绪尔(F. de Saussure)语言学说的中国化,方光焘是中国现代语言学的开拓者。胡明扬教授说:"由于种种原因,方光焘先生这方面的论著生前语言学界很少能见到……这样,继承方光焘先生的遗愿,在国内传播和引介索绪尔的现代语言学思想和理论的任务就落在了方光焘先生亲自教导的弟子徐思益教授的肩上。"(《现代语言学理论的忠实传播者——理论语言学家徐思益教授》,《新疆大学学报》2005年第1期)如果说我的这些文章还有一点新理论、新观点,那是继承业师的,我只作了一些拾遗发微罢了。

我常说,在中国研究语言学必须结合中国语言,特别是汉语实际,解决本民族语言的疑难问题,便于有效地应用语言;引进不能生搬硬套,切忌空谈理论。我就是本着这种思想辑成的《探索》。这里选辑的30篇文章,或是针对国人研究汉语的时弊予以辩难,或是引进国外理论加以改造,为我所用,或是对语言应用拟构模型,都有一定的针对性。《探索》根据文章的内容大体分为三大块:语法研究解蔽、语言理论发微、语言应用说难。现就这三大块内容再作一点解说,算是提要吧。

语法研究解蔽共有16篇文章,我认为语法是语言的本质特征,广义地说研究语法就是研究语言。我根据方光焘先生的广义形态学说,结合索绪尔的语言价值系统理论,认为语言是一套表义的形式系统,解除传统语法学划分形态学和句法学的藩篱,为汉语词类划分和句法分析探索新路。语言理论发微共有8篇文章。依据方光焘先生改造和发展索绪尔学说的语言观和方法论思想,具体提出了语言系统构成理论,即语言系统是由语言的层级关系、类聚关系和组合关系构成的从有限到无限、纵横交错的网络结构体,构成语言系统的各种要素、单位都是常体和变体的辩证统一体。根据我们调查新疆维吾尔、哈萨克族使用汉语的情况,提出了语言民族变体理论,并开发出未被学人重视的副语言成分在交际中的作用的新思路。语言应用说难共6篇文章。我认为无论对语言工具研究得多么精透,仍无法解释语言应用过程中的诸多实际问题。如何有效地应用语言?语言应用有规律吗?这似乎成为无人问津的一大难题。因此我提出语用场设想,即从交际着眼,从话语结构入手,把二者统一于语用场;并发掘出"空白"(即通常说的"半截话")在交际中的重要作用,解释了语言应用的原则性和灵活性问题。

借此机会我还想说一点教导、帮助我的师友。我在新疆工作已经50年,相对来说,新疆文教科技滞后,学术氛围淡薄,我能在语言研究方面做些工作,全靠良师益友。

首先是我的业师方光焘,他对我耳提面命、严格教导,比严父要求还严。我跟他学习四年,几乎没有度过寒暑假和其他节假日,努力按照他制订的计划读书、学习、研究、写笔记。他对我每次写的读书笔记仔细审阅、认真修改,然后叫到他的书房,谆谆指点教诲,有如业师教育蒙童,最后一顿狠批,说我这也不行、那也不懂,不留情面,从未当面表扬过我一句,这使我终身受益。

还要谢吕叔湘先生。我在南京大学学习期间,方光焘就指定精读吕先生的论著,吕先生是我最崇敬的老师。记得吕先生对我亲身教诲的一次是1986年10月在北京八大处第四次现代汉语语法学术讨论会上。那是第一天讨论会后晚上9时,一般说是就寝的时候了,年过80高龄的吕先生到我住处看我,使我汗颜,无所措手足。吕先生亲切问我跟随方先生学习的情况:方先生是怎么指导的,学了什么课程,读了哪些书,研究过什么问题,等等。随后他殷切鼓励我继续努力前进,整个交谈大约持续了40分钟,等于给我上了一堂专题课。在闭幕照相时,吕先生又把我从后排拉到他身边合影。这使我终身铭记:吕先生一夕教诲,胜读十年书。

还有,在我的师友中,如胡裕树、朱德熙、胡明扬、石安石、陈章太、伍铁平、李临定、赵世开、廖秋忠、陆俭明、邢福义、王维贤、詹伯慧等等,以及比我年轻的诸多同仁,都很关心我,鼓励我,或赠我研究新著,或通报学术信息,才使我免于闭目塞听,进入语言学界。如果说我的《探索》还有一些创意,这是借鉴汲取了众多师友的研究成果,这其中有些师友作古了,谨此纪念和鸣谢。

最后,权借胡裕树先生为我的《徐思益语言学论文选》写的序言作为《探索》的代序,以便读者了解我的学术背景。《探索》文章按三大块组合,再按发表的时序排列,以便读者了解我一贯始终的研究道路。

再次校订了原载书刊的一些错讹遗漏字句。

徐思益

2007 年 8 月于新疆大学

# 代 序 言

## 胡裕树

  徐思益教授行将出版《语言学论文选》,嘱我作序。尽管难以胜任这项工作,但我还是欣然接受了,因为我又有了一次重读他的著作的机会。所谓重读,是说思益兄发表的文章早已引起我的注意和重视。如50年代后期发表在《中国语文》上的《谈意义和形式相结合的语法研究原则》一文,就收编在我主编的高校文科教材《现代汉语参考资料》(1982)里。今天,思益兄从他已发表的60余篇语言学论文中精选出35篇,汇集成《语言学论文选》寄给我作序参阅。我重读之后,第一感觉是文章成系列,按照语法理论、语言理论、语用问题、书评杂论编排,更能看清学术思想观点的系统性;其次是每篇文章都有新见解,给人以新鲜的感觉和启发。概括为一句话:我读了《语言学论文选》,感到视野开阔,一股清新的学术空气迎面扑来。

  要具体评介思益兄《语言学论文选》的学术观点,必须同著名语言学家方光焘教授的学术思想联系起来考察。思益兄是方光焘老师的首届副博士研究生,他在方师的耳提面命悉心指导下,对方师学术思想领会最深,往往得其三昧。由于方师将毕生精力用之于教书育人,加以治学严谨,不肯轻易动笔,致使他博大精深的学术思想未能得以弘扬。然而方师培育出来的学生,却从不同方面继承和发展了他的学术思想,思益兄就是其中突出的一位。

翻开《语言学论文选》,刊于卷首的文章是《论语法学的对象与汉语词类区分问题》,这是作者的研究生毕业论文,是在方师精心指导下写成的,是经过专家委员会答辩通过的。这篇论文可以说是对方师语言学思想,特别是语法理论思想的系统论述和发挥。文章的中心思想是论述形态,用方师的话概括:"语法学是以形态为研究对象的。词类的划分也应该以形态为唯一的标准。"[①]我们知道,早在30年代讨论中国文法革新问题时,方师就提出形态是划分词类的标准和语法学的研究对象的新思想;50年代,他丰富和发展了形态理论,坚持形态是语法学的研究对象和划分词类的标准。"形态中心说"(陈望道语)是方师语法学说的精髓和核心。然而方师形态的实质是什么?在语法研究的实践中如何具体贯彻和应用?虽然他在1956年南京大学"五·二〇"校庆科学报告会上,作过题为《汉语词类研究中的几个根本问题》的学术报告,但发给与会者的只是一份"提纲",语焉不详,会外人则不得而知,以致未能展开广泛的讨论,这是十分可惜的。

令人可喜的是,思益兄这篇保存了36年的毕业论文,得以首次在《语言学论文选》中刊出,使我们能够从中全面地、详细地看到方师新形态理论的实质及其具体应用。他所说的形态,不是传统的狭义形态(词形变化),也不同于一般学者所说的包括构词法的广义形态,而是指"具有一定的形式标志、表达出一定关系的结构"。形态是指词的结合关系的总体和词的整个构造整体,是由意义部和形态部两个部分有机地构成的。其中意义部具有词或词素一般的语义基础,有选择形态部的功能;形态部概括了一切语法手段,是表达一定结构关系的形式标志的体现。由意义部和形态部有机构成的形态,它包括了传统的狭义形态和广义形态,也蕴涵了词义、功能和结构关系,真正统一了划分汉语词类的多重标准,而这种形态本身又是语法形式和语法意义的统一体。所以方师毕生坚持以形态作为语法学的研究对象和划分词类的唯一标准,这的确"不是偶然的,而是语法本身的性质使然的"②。

方光焘老师一贯认为,语法是语言的规则体系,在语法体系中,要素和要素、词和词、词组和词组等等都是互相联系、互相制约和互相依存的,孤立的要素或词本身无所谓语法关系。思益兄这篇文章(也包括其他文章)坚持这一指导思想,针对50年代汉语词类讨论中存在的问题进行剖析辩难,对语法特点及其研究语法的原理展开了深入的论述,廓清了语法学界思想上的疑云,弘扬了方师的形态理论,为此后语法研究和词类划分指明了一条新的道路。

思益兄是一直坚持方师的形态理论的,他稍后发表的《谈意义和形式相结合的语法研究原则》一文就是遵循方师的形态理论立论的好文章。在以后的一些文章中,由于方师新形态理论在他生前未正式发表,学生辈未便过多引用;等到《方光焘语言学论文集》(1986)出版后,他就放开手脚,连续撰写了《形态、功能和结构关系——论方光焘语法学说》和《"(在)X上"的语法特点——兼论方光焘划分词类的思想》等重要论文,前者于1987年在广州召开的中国语言学会第四届年会上宣读,后者于1988年在北京召开的第五次现代汉语语法学术讨论会上宣读,为弘扬方师的学术思想作出了重大贡献。

贯穿方师语法学思想的一条主线是,语法研究必须坚持语法形式和语法意义相结合的原则,要从形式入手,通过形式去发现意义。意义是研究的终点而不是出发点,绝不能从意义出发去研究语法。这实在是真知灼见。思益兄在语法理论一系列文章里始终坚持这一理论原则。他在《论语法学的对象与汉语词类区分问题》、《谈意义和形式相结合的语法研究原则》两文里,全面系统地论述了语法的特点,从理论上阐明了从语法形式出发去发现语法意义的必要性和科学性。后来他吸收了生成语法的转换规则,从动态的、变化的观点看待语法形式,在理论和实践上论证了从形式出发去发现意义和解释意义的有效性。如在《语法结构的同一性和差别性》里,具体分析了表面同形的五种动补句式的形式变化及其相应的语义差别,然后说,"根据以上分析,我们仍然信守这样一条基本原则:语法研究不可把意义和它的表现形式分割开来,但语法研究立足点不在意义而在形式,只有深入研究它的表现形式,才能从中发现意义和解释意义"。在《语法分析与语义表达》一文里,分析了句式变化和歧义结构分解所表现的不同语义后,着重指出,"语法分析要正确评判句子的合法度及其语义的可解释性,这才是表里一致的正确分析。这样分析,就不能仅仅盯着某些静止的结构模式作出表面解释,而必须抓住本质,从系统的观点找出变化的可能性及其条件"。在他划在语言理论系列的《论句子的语义结构》一文里,全面分析了构成句子不同层级的单位——语素、词、短语、句子的语义结构之后,得出结论说,"句子的语义结构是客观存在的,它不是脱离句法结构而另行有一套语义结构,它是潜在句子深层结构之中的,必须用一套转换规则把它描写出来。因此研究语言(包括语义)的出发点不在语义,而应对语言进行形式化的描写,从中去发现语义和解释语义。这就是我们信守的原则"。这就更加令人信服地证明了从形式出发去研究语法的可行性和正确性。他还针对当前语法学界对从形式出发研究语法存疑的观点，1992年在南开大学举行的第七次现代汉语语法学术讨论会上提出了《再谈意义和形式相结合的语法研究原则》的论文在会议上宣读，文章从语言观的角度充分论证，认为语言是一种表达观念的符号系统。一种语言与另一种语言的本质区别，不是内容（意义）的不同，而是语言层级上音位、语素、词、短语等排列组合的关系不同，即形式的不同。形式才是语言的本质特点。据此认为，"语法研究的原则只能从形式出发，不能从意义入手，这是由语言观而产生的方法论问题"。这些文章的观点不仅坚持、维护了方师提出的语法形式和语法意义相结合、从形式出发去研究语法的原则，而且有所创造，有所发展。

方光焘老师曾经指出，"许多文法学者都把文法分为 morphology 与 syntax 两大部门：morphology 专论单语形态，而 syntax 则论语词与语词的联接关系。我们认为这种区分是不很合理的。morphology 和 syntax 实际上是很难分开的"[③]。思益兄根据这一思想加以发挥和发展，提出了"言语的贯串性"（линейность речи）原则，认为这是"词的变化和词的结合的基本共同之点"，"语法形式不存在于各个孤立的词的本身之中"。这在理论上排除了传统语法人为设置的障碍，为我们从语言的全面结构关系去观察语法形式、发现形态廓清了道路。

方师一贯重视语言理论和方法论，强调语言观的科学性、理论上的周延性和方法上的一致性。思益兄继承了这一优良传统。《语言学论文选》里所有的文章在语言观和方法论上都是吻合的、统一的。他认为语言是表达观念的符号系统，是形式和内容的统一体；语法是不同层级的语言单位组合成的体系，一切单位也都是语法形式和语法意义的统一体。语言或语法单位不是孤立存在的,而是从结构中分解出来的。一切意义都要凭借语言的物质载体(即形式)才能存在和显现出来。研究语法必须从语言的全面结构关系着眼、从形式出发才能发现意义和解释意义,最终达到形式和意义的统一。如果说这种语言观和方法论的统一,可以被人们称之为以陈望道、方光焘为代表的南派语法学说,那么思益兄文章的思想观点是具有鲜明的南派语法学说特色的。

思益兄善于吸收和借鉴各种学派的语言理论和分析方法(从索绪尔到乔姆斯基),结合汉语实际,加以改造,为我所用。如对索绪尔区分语言共时和历时的观点,认为"为了深入研究语言系统,划定研究范围,限制研究对象,作为一种描写语言系统的有效方法,划分语言的共时性和历时性是完全必要的和正确的"(《论语言的共时性和历时性》)。对乔姆斯基学派的态度是,"我们认为,科学是无国界的,好的方法,应该吸取,为我所用。我们既不能跟着乔姆斯基亦步亦趋,生搬硬套,也不能不加研究就一概否定"(《语法结构的同一性和差别性》)。他与边兴昌教授合作,撰写了《从歧义句谈起——试说转换-生成语法》,有效地分析了汉语的歧义结构和动补式、偏正式、动补宾式的转换规则。他借鉴乔姆斯基的空范畴(empty category)和约束理论(binding theory)结合汉语进行了探讨。这些研讨都是有成效、有价值的。

《语言学论文选》里的其他文章都提出了不少新观点新见解,引起了学术界的重视。如《原则性和灵活性》一文提出了"制约人类语言的三个原则",否定了有人说汉语是"意合法"语言的观点。在《略论词及其变体》一文里,从语言和言语的区分和联系的观点着眼,规定"词是言语里分布的最小单位和被反复用来再造言语的语言单位",把言语里的词看做是语言里的词的变体,并进而分解出词的语法变体、语义变体、语音变体,用以解决词和语素难以划界的问题。《在一定语境中产生的歧义现象》一文,针对人们说歧义现象在语境中自然消除的论点,从新的角度论证了语境中存在着歧义现象及其表达效果问题。

思益兄长期在新疆工作,对于当代最敏感的民族问题深有感受。他从语言理论角度对民族语言的发展、执行民族语文政策、语言的接触和影响等方面写出了一组有价值的文章,对于加强民族团结、维护祖国统一起了积极作用。《古代汉语在西域》一文,论述了两千年来汉语在西域的地位和影响,从语言学立场证明了新疆自古以来就是祖国不可分割的一部分。《关于维吾尔语重音、声调问题》一文,提出了民汉语言接触所产生的变异现象,这是很有意义的问题。

思益兄还很重视语言的具体应用及其表达效果问题。如在语用问题一组文章里,对于语言的应用、说话的艺术、言语的得体,以及作家作品的言语风格等问题都进行广泛的探讨,提出了一些颇有启发的见解。就是书评杂论一组文章,也不是就事论事,都有自己的观点和见解。总之,我认为《语言学论文选》里的每篇文章都是值得一读的。

我与思益兄订交于五十年代,是由方光焘老师介绍的。我们谊属同门,交非泛泛,数十年来,联系不断,每有新作,交换切磋,使我深受教益。他扎根新疆,长期在艰苦环境中工作,又担负着繁重的教学任务和社会工作,仍能潜心科研,仰屋著书,不断写出有质量的著述,令人感到由衷的钦佩。他的一部分文章已被其他书刊转载。我相信《语言学论文选》的出版,为弘扬方师的学术思想,促进我国语言学的发展和繁荣将起到重要作用。

**注　释**

①②③《方光焘语言学论文集》,江苏教育出版社,1986年。

1994年1月于复旦大学

# 目 录

**语法研究解蔽** ……………………………………………… 1
论语法学的对象与汉语词类区分问题……………………… 3
谈意义和形式相结合的语法研究原则……………………… 52
语法结构的同一性和差别性
　　——从动补句式说起……………………………… 60
语法分析与语义表达………………………………………… 75
形态、功能和结构关系
　　——论方光焘语法学说…………………………… 95
从空语类说开去……………………………………………… 108
关于"自己"的指代问题
　　——谈约束理论…………………………………… 121
语法修辞结合的面面观……………………………………… 134
"(在)X 上"的语法特点
　　——兼论方光焘划分词类的思想………………… 142
语法在语文教学中的地位…………………………………… 155
原则性和灵活性
　　——简谈移位和省略……………………………… 171
再谈意义和形式相结合的语法研究原则
　　——兼论语法研究三个平面……………………… 184

谈隐含 ………………………………………………… 201
关于汉语流水句的语义表达问题 ………………………… 214
现象与规律
　　——漫谈语言研究 ……………………………… 229
汉语的特点及其研究方法 ………………………………… 238

## 语言理论发微 …………………………………………… 249

略论词及其变体 …………………………………………… 251
论语言的共时性和历时性 ………………………………… 262
论句子的语义结构 ………………………………………… 279
重视语言应用和理论研究结合
　　——也谈重新认识语言问题 …………………… 297
试论语言的民族变体 ……………………………………… 309
方光焘与中国现代语言学 ………………………………… 335
副语言成分刍议 …………………………………………… 354
论语言价值系统 …………………………………………… 370

## 语言应用说难 …………………………………………… 391

重视语言应用的研究 ……………………………………… 393
在一定语境中产生的歧义现象 …………………………… 405
空白及其标记语词 ………………………………………… 416
略说懂话 …………………………………………………… 437
诗词的语言艺术
　　——试说语用场 ………………………………… 445
重谈语用场 ………………………………………………… 459

# 语法研究解蔽

# 论语法学的对象与汉语词类区分问题

## 一、引　言

世界上存在着许多种语言。把各种不同语系的语言加以比较，它们相互之间既有许多共同性，也有许多特殊性。就特殊性一方面来说，比如印欧语言具有屈折变化，恰恰汉语就缺乏印欧语言的那种屈折变化（一般所谓"狭义形态"）。于是一些语言学家竟认为汉语是无形态的语言、不能区分词类的语言，甚至认为是没有语法的语言。

认为汉语是无形态的语言、不能区分词类的语言或者是没有语法的语言这种观点，无论过去或现在，无论在外国学者或中国学者的著作中都曾广泛流行着。外国学者认为汉语是没有语法的语言，恐怕最早要算博普（Bopp）。博普认为中国语的词都是独立的，没有任何语法表示，因此他说中国语是无机的、没有语法的语言。[①]库兹涅错夫（П. С. Кузнецов）也认为汉语十分近似无形态的语言，而这种无形态的语言是没有词类的。[②]在中国学者中，认为汉语不能区分词类或者是没有语法的语言，恐怕最早要算傅东华先生。傅先生认为中国只有"名"和"词"(即实词和虚词——益注)两类可分。他认为"除了说中国语文用不着文法或者不可能有文法一个理由外,简直找不出旁的理由来解释"③。现在高名凯先生是力主汉语实词不能分类的代表。

说汉语没有语法的谬论,早为一般学者所驳斥了。汉语没有印欧语言那种屈折变化,这是大家公认的。但是,汉语是不是没有形态的语言,汉语究竟有没有词类或者按什么标准来区分词类,这些问题直到现在还没有比较一致的认识。可是我们知道,无论说汉语是没有语法的语言,或者说汉语是没有形态、不能区分词类的语言,都是从处理最复杂最困难的汉语词类问题引发出来的。从处理这个最复杂最困难的汉语词类问题中,更可以窥见中国语法学者研究语法的一个根本问题还没有得到很好的解决。这个根本问题就是语法学的对象是什么?这就是本文所要讨论的问题。

诚然,词类研究只是语法学的一部分。但是,词类研究是语法学的基础,是语法学的核心部分,研究任何一种语言的语法,都必须首先解决词类区分问题。所以陈望道先生曾经正确指出:"句论的内容在不同的语文当中也没有极大的差异,大概可以挪借;词论的内容则彼此可以有极大的差异,非自己设法解决不可。研究任何一种语文的文法,都不能不拿它当做第一个难关打。"④龙果夫也同样说:"汉语有没有词类——这是有关整个汉语语法结构的问题,因为各种语言的语法结构的根本差别就表现在这里,在词类上。"⑤列弗尔玛茨基(А. А. Реформатский)特别指出:"词类对于每一种语言都是最一般的和最必需的范畴,任何语言的语法描写都是从关于词类问题的阐明开始。"⑥正因为词类研究在任何语言的语法中都是如此重要,所以本文试图从语法学的一般原理出发,来考察汉语词类研究中存在的根本问题,从而阐明语法学的对象是什么。

## 二、中国语法学者过去是怎样研究语法的

中国的第一部语法书是马建忠的《马氏文通》。《马氏文通》是一部模仿西洋语法的骨架而写成的中国的文言语法。马氏明确表白是以西洋语法的规律来"律夫吾经籍子史诸书"。可是,西洋的语词有屈折变化,而汉语没有。于是他在处理古代汉语的词类问题时,就说"字无定义,故无定类;而欲知其类,当先知其上下之文义如何耳"。马氏这种对词类处理的观点,可以说为研究汉语词类立下了以词义定词类的传统的主张。在《马氏文通》出版以后,中国语法学界的先辈们,都对《文通》有所评议。他们曾经提出过种种革新或修正的方案,出版了许多有价值的著作。最早的革新著作可以用刘复的《中国文法通论》(上海群益书社,1920)为代表。可是,刘氏对于汉语词类的区分,是以"代表着实在的东西"的叫"实体词"(如"山"、"水"),"说明实体词的品态"的叫"品态词"(如"高"、"大")。[⑦]所谓"代表着实在的东西"或"说明实体词的品态",大体上还是从内容或概念出发定词类的。稍后于刘氏的一部很有价值的著作是陈承泽的《国文法草创》(商务印书馆,1922)。陈氏这部著作建立了研究汉语语法行之有效的原则。他对汉语词类问题的处理,也确定了另一种分类的标准。陈氏首先认定词有"本用"与"活用",根据"本用"来分词类。他说:"各字应归入之字类,

必从其本用定之,而不能从其活用定之,乃得谓之字论上之字类。"什么叫做"本用"呢？他接着说："盖凡字一义只有一质而可有数用,从其本来之质而用之者,谓之本用。"⑧陈氏所谓词的"本用",是指各词"特定之文位",如名词居主位、目的位、领位、被领位等等。所以他说："字类之区分形式上无从判别,是故字类不能从其字定之,而只能从其字所居之文位定之,然同时仍可归纳其字所居之文位而定其字主要应属何类。"⑨陈氏还告诫我们,"当未分本用、活用之前,应不设成见,先广搜各字之用例,然后参合比较,而得其孰为本用,孰为由本用而生之活用,不当仅于实质上求之也"⑩。但是,从"文位"上确定词的"本用"、"活用",再根据"本用"来定词类,这还是存在着困难的。因为汉语的词在"文位"上的"本用"与"活用"不是单一的,且没有特具的"形式标志"去指明,要划定词的"本用"与"活用"的界限,有相当大的困难,所以陈氏还不得不承认,"然形式上调查之结果,认有某种之字,不得从形式用法区分之者,然后于实质上求之,但此等之字甚少数耳"⑪。以上几部语法书,大都是取材于中国古代的文学语言,是为中国人读古书而写的文言语法,因为对现在影响不是很大,我们也就不必赘述了。

研究现代汉语语法具有广泛影响的学者,首推黎锦熙先生。黎先生的《新著国语文法》(商务印书馆,1924)是以"句本位"语法著称的。也就是说,黎先生在处理汉语词类的问题时,是"拿句法来控制词类"的,即所谓"依句辨品,离句无品"。黎先生说："国语的词类,在词的本身上无从分别；必须看他在句中的位置、职务,才能认定这一个词属于何种词类。"⑫可是,黎先生在实践中并没有彻底执行"依句辨品"的主张,他又从概念范畴出发,把汉语的词分为九品,如他说"名词是事物的名称","动词是用来叙述事物之动作或功用的"等等。⑬我们认为,黎先生所讲的"依句辨品"的"句",是指具体的语言环境、具体意义的句子;黎先生所辨的"品",也是从概念范畴出发的(如说"名词是事物的名称")。就是说,黎先生是从语言的具体意义出发去研究语法的。

王力先生的"三品说"语法理论,在中国语法学界同样具有广泛的影响。王先生在处理汉语词类问题时,早在他的《中国文法学初探》(商务印书馆,1936)一书里,就主张"去体会中国人的心理","最容易令人看得出中国人对于词品的辨别";于是王先生从心理出发,就规定词有本性、准性与变性。⑭后来,他引进了杰斯帕森(O. Jespersen)的"三品说",用在他著名的《中国语法理论》(商务印书馆,1944)和《中国现代语法》(商务印书馆,1943)两部书中,就把语言里的词分成词典里的词和语法里的词。他把语法里的词从"词在句中的职务"来分成品(首品、次品、末品),把词典里的词从概念出发分成类。王先生说:"我们以为词类是可以在字典中标明的,是就词的本身可以辨认,不必等他进了句子里才能决定的。根据词在句中的职务而分的,我们叫做词品,不叫做词类。"⑮王先生又说:"实词的分类,当以概念的种类为根据……实词既然对于实物有所指,自然可以拿概念为分类标准;这种分类,简直可以说是逻辑学上或心理学上的分类,完全不以词的形式为凭。正因为中国的词不带词类的标记,所以不顾词的形式才是词类区分的正常办法。"⑯我们认为,王先生的这种分类的方法,不仅把词典里的词(其实,词典里的词,不过是从语言中抽取出来的;就其来源说,是没有存在的根据的)和语法里的词相互对立起来了,而且在词类问题上,是以逻辑学或心理学的分类来代替语法学的分类的。这在方法论上是违背语法研究的原理的。

吕叔湘先生的语法著作,在中国语法学界也有很大的影响。吕先生较早的一部语法著作是《中国文法要略》(商务印书馆,1941)。在这部书中,吕先生对于汉语词类的区分,是"按意义和作用"分类的。吕先生说:"汉语的词没有他们(指欧洲语言——益注)那么容易分类,因为他们的词往往可以从形式上分辨,可是汉语的词在形式上都是一样的。但是不分类,又不行,因为讨论文法时候不方便。现在按意义或作用相近的归为一类,暂且分为下面几类,可是我们要记得,这个分类,并没有什么形态上的根据,只是叙说的时候免得'什么,什么,以及类似的词'这种说法的累坠而已。"[17]可见吕先生认为"汉语的词在形式上都是一样的","没有什么形态上的根据",为了讲语法方便,就只得"按意义和作用"分类了。吕先生在新中国成立后出版了一部《语法修辞讲话》(与朱德熙先生合著),书中对汉语的词类区分,基本上还是维持按意义分词类的原则。吕先生说:"词类区分,最好能维持一个原则:一个词的意义不变的时候,尽可能让它所属的类也不变。"[18]由此我们可以看出,吕先生对于汉语语法的核心部分词类的研究,是从意义出发的。

高名凯先生是力主汉语无词类的代表人。远在1948年出版的《汉语语法论》里,高先生就隐约地否认汉语的词类区分。[19]自从高先生在《中国语文》1953年10月号上发表《关于汉语的词类分别》一文以后(后又相继发表了《再论》、《三论》),高先生对于汉语无词类的说法,态度就更坚决了。高先生认为,不能从意义或概念出发去区分词类;区分词类的标准只能是狭义的形态(即印欧语言的屈折变化),汉语没有这种形态,所以汉语不能区分词类。[20]

概述了中国语法学界几十年来争论的中心问题——词类区分

问题之后,我们可以归结为两种主张来谈。一种主张是认为汉语的词有定类。(如刘复、王力、吕叔湘等)主张词有定类的人都是从词的一般意义或概念范畴分词类的。另一种主张是认为汉语的词无定类或不能分类。主张汉语的词无定类的人(如马建忠、黎锦熙),是说从词本身不能定类,要凭"上下之文义"或"词在句中的位置、职务"来定类。其实,马氏、黎氏还是从词的意义或概念范畴出发把汉语的词各自分为九类了。只有坚持汉语无词类的高名凯先生才是独树一帜。尽管各家的主张如此分歧,但他们却有一个基本共同点,那就是——用吕叔湘先生的话来说——"汉语的词在形式上都是一样的"。要分类,就只能从意义或概念范畴去区分;不从意义或概念范畴去分类,汉语就没有词类。我们认为,从词的意义(无论是一般意义或具体意义)或概念范畴去分词类,是违背语法学原理的。说词典里的词可以分类或说孤立的词的本身具有形态变化,而把这种形态变化(即所谓狭义形态)当做分类的绝对标准,也是没有认清语法的性质。无论前者或后者,都没有弄清一个根本问题,那就是语法学究竟是研究什么的。

这里需要特别提出的是,关于词类区分的标准和语法学的对象问题,早在20年前,中国语法学界的前辈先生们对于上述问题已经作出了原则性的解答。曾在1938年的时候,就有陈望道先生、方光焘师、张世禄先生等人,在上海译报《语文周刊》上,展开了文法革新问题的讨论。虽然当时参加讨论的人并不多,可是影响很大,"几乎遍及整个南中国"(陈望道先生的话)。这次讨论为汉语语法研究在方法论上开辟了新路。可惜只是一些零珠碎玉,至今还没有把这种观点和方法用在汉语语法研究的实践中,建立起一种科学的语法体系。

# 三、词类问题讨论以后,汉语语法研究的基本情况和存在的问题

自从 1953 年 10 月号《中国语文》发表了高名凯先生《关于汉语的词类分别》一文以后,汉语词类的有无问题在中国语法学界展开了广泛的讨论。这种讨论一直到现在还不能算是已经结束,也没有得出较为满意的结论。但是,这次讨论在语法研究的方法论上总算推进了一步,中国的一些语法学家也不得不检讨他们过去在语法研究上的缺点错误。比如黎锦熙先生修正了他的"词无定类"[21]的说法,王力先生批判了他的"三品说"[22],吕叔湘先生也放弃了他的"词义不变,词类不变"[23]的主张。可是,这些修正或批判并不是很彻底的,大多流于折中和调和,致使存在的问题不能得到根本解决。现在存在的主要问题是什么? 大体说来,是划分词类的多重标准问题和划分词类兼顾词义的问题。

提出多重标准划分词类的人,在中国语法学界是占绝大多数。其中最主要的有王力先生提出的"词义"、"形态"、"句法"三个标准[24];吕叔湘先生综合分析了各家提出的标准之后,还补充了一个"鉴定字"标准[25];岑麒祥和曹伯韩两位先生各自提出了"词义"、"功能"、"形态"三个标准[26]。以上这些标准,使用相同的名称而内容并不相同。比如岑麒祥先生的功能标准,是指虚词在句中的作用;曹伯韩先生的功能标准,却是指实词在句中的地位或职务。就使用"形态"这个标准来说,大家的理解也不完全相同。既然大家都主张多重标准,那么这多重标准到底怎样应用呢? 这是一个重

要问题。

关于多重标准具体应用问题,吕叔湘先生认为,"按照一般的分类原则,一次只能应用一个标准"[27]。王力先生认为,"应当注意词的基本意义跟形态、句法统一起来"[28]。岑麒祥先生认为,汉语的虚词,"按照它们的功能来区分,那是不会成什么大问题的";而汉语的实词分类,认为不能光靠一个标准,他同意苏联贝尔塔盖也夫(Т. А. Бертагаев)博士的说法:"区分词类的最好方法是所有标志的交叉的、综合的、同时的使用。"[29]曹伯韩先生认为,"光从句子中的职务来辨别词类是不行的,辨别词类还得从概念的一定范畴,从词的各种结合关系来看,有时还可以从词本身形式的特点来看,从词本身形式的变化来看"[30]。陈述了各位先生的看法以后,我们可以归纳成为两种意见:一种意见主张把多重标准统一起来应用,一种意见主张多重标准分别应用。

表面看来,王力先生是主张把多重标准统一起来的人。王先生在《语法和语法教学》这本书中,写了一篇《关于词类的划分》的文章。在这篇文章中,王先生就明确地说:"上面所说的三个标准(即词义、形态、句法——益注)都是好的,但是不能把其中任何一个孤立起来,因为这三个标准是有机地联系着的。联系起来,我们就只有一个标准,这叫做词汇·语法范畴。"[31]可是,在具体应用时,王力先生又说:"应该尽先应用形态标准";"在不能用形态标准的地方,句法标准是起决定作用的"。[32]这不正是把各个标准孤立地应用了吗?这是王先生自己不能"统一起来"的地方。主张多重标准分别应用的人,不能回答在什么条件下用这一个标准,又在什么条件下用另一个标准。因为标准与标准之间的界限就很难划分(如形态和句法标准)。即使承认能把多重标准分别应用的话(如岑麒祥先生主张的,划分虚词用"功能"的标准,而实词就用其他的标准),那么,这种分类的原则也是不合逻辑的。

关于划分词类兼顾词义的问题,也是当前中国语法学家的一种共同的主张。主张用多重标准划分词类的人,都提到一个词义标准。不过有的主张兼顾词义标准,有的认为词义只可作为参考标准,总之,大家都认为词义是划分词类不可缺少的东西。用吕叔湘先生的话来说,就是"无论用什么方法划分词类,词义是一项重要的参考标准"③。那么,到底如何兼顾或参考这个词义标准呢?主张这种说法的人,都是附有"一定条件"的。曹伯韩先生说:"词的概念类别在一定条件下和词的语法作用是有关联的,从概念范畴来分词类和从词在句中的作用来分类是有它的一致性的。"④但曹先生还不敢单独把词义(概念范畴)用来分类。而吕叔湘先生的话,就说得更加明显。吕先生说:"所说一定的条件就是要这个词的态度明朗;遇到态度暧昧的词,那就得赶快拿出标尺来量一下。换句话说,凭意义归类,只要认清它的缺点,提高警惕,就可以适当地利用它,因为它比别的办法简便。"⑤如果我没有把吕先生的意思体会错的话,是否可以作这样理解:有形式标志(这里暂用"形式标志"来代替吕先生的除了词义以外的多种标准)的词,就凭词的形式标志给它分类;遇到形式标志不明显的词(吕先生叫"态度暧昧的词"),就凭意义给它分类。如果是这样的话,那么,汉语里的词,就有一部分是从它的形式标志分类,有一部分就是从词义或概念范畴分类。这样一来,不仅不符合分类的原则,而且不是又回到从词义定词类的老路了吗?我们认为,从意义出发去处理语法上的任何问题,都是违背语法学原理的。语法学更不能以词义作为研究的对象。

## 四、语法的特点和语法研究的原理

任何一门独立的科学,都有它自己专门的特点。只有认清这门科学的特点,才能确定它的研究对象。斯大林在《马克思主义与语言学问题》一书中论述了作为社会现象的语言之所以成为一门独立科学——语言学,正是由于语言的专门的特点所决定的。斯大林指出:"社会现象,除了这个共同东西之外,还有着自己专门的特点,这些专门的特点使社会现象互相区别,而且这些专门特点对于科学最为重要。……这些特点仅仅是语言所特有的,而且正因为它们仅仅是语言所特有的,所以语言才是独立科学——语言学——的研究对象。如果没有语言的这些特点,语言学就会丧失独立存在的权利。"⑧斯大林的这些话,是我们研究其他科学的指导原理。也就是说,要认清某一门科学的研究对象,必须要认清本门科学自己专门的特点:如果没有自己专门的特点,这门科学本身"就会丧失独立存在的权利",既然语法是语言的基础和它的本质特征之一,并且从语言学中分立出来成为一门独立的科学——语法学,那就不得不首先查明语法自己专门的特点是什么。

语法的特点——如斯大林指出的——"就在于它给以词的变化规则,不是指具体的词,而是指没有任何具体性的一般的词;它给以造句的规则,不是指某种具体的句子,例如具体的主词,具体的宾词等等,而是指一般的句子,是与某个句子的具体形式无关的。因此语法把词和语加以抽象化,而不管它的具体内容。……

"语法在这一方面很像几何学。几何学上的定理是把具体对象加以抽象化,把各种对象看成没有具体性的物体,并在决定它们之间的相互关系的时候,不当成某些具体对象间的具体关系,而当成一般没有任何具体性的物体间的相互关系。"㊳

斯大林对于语法特点的规定,使我们认识到,语法是把词和语加以抽象化,是与某个词的具体内容或句子的具体形式无关的。也就是说,抽象性才是语法的特点。语法的抽象性表现在具体的语言里又是怎样的呢? 关于这个问题,必须进一步考察词汇和语法的关系。我们知道,词汇本身还不成为语言;只有当语言的词汇接受了语言语法的支配的时候,才会有极大的意义。但是,我们从词汇观点看,每个词都有具体的内容(词汇意义),不同于另一个词,例如"人、马、看、好、三、你、因为"等词,它们相互之间没有任何共同之点。如果我们以 A、B、C 等来代表各不相同的词,把上面这些词加起来:A+B+C……却不能用一种规律性的公式来表达,这说明,从词汇观点看,它都是具体的。如果说,词汇之间也存在一定的等价关系,那么,只要撇开语法特征,它们之间就好像:吃=吃着=吃了;或如俄语的 дом=дому=домом——无论第一格、第三格、第五格,而作为"房子"的词汇意义都是一样的。可是,从语法观点看,吃≠吃着≠吃了。与此相反,从语法观点看,吃着=看着=写着;而从词汇观点看,吃着≠看着≠写着。可见,对于一切词来说,从词汇观点看,它是具体的;从语法观点看,它是抽象的。斯大林指出,语法很像几何学,几何学上的定理是把具体对象加以抽象化。譬如,三角形的三内角之和等于 $180°$。我们把这个简单的几何定理用公式来表示,那就是:$\angle A+\angle B+\angle C=180°$。在这里,撇开了三角形的任何具体性物体,不管它是直角三角形、钝角三角形或等角三角形的具体形式;正如不管"吃着、看着、写着"的具体的词汇意义一样。它就是语法的抽象。

这是不是词汇本身永远都是个别的、具体的，而没有一定程度上的抽象性呢？大家知道，就词反映客观现实一方面来说，一切词都是抽象的。另一方面，各个词也可能在语言的词汇本身之中有不同的抽象（在意义上或形式上）。由于这种抽象，可能或多或少地明显地分成不同的词汇的类。例如把"工人、学生、书、钢笔"概括成为表示人、物的名称的词，把"说、看、学习、发展"概括成为表示人物的动作的词，把"老王、阿Q"概括成为带接头语的词，把"石头、桌子"概括成为带接尾语的词，等等。可见，词汇本身在某种情况下，也有一定的抽象性。但在这里，词的具体性毕竟没有完全丧失，它如像算术的数目，譬如把2、4、6、8、10等数目概括成为偶数，或把7、14、21、28、35等数目概括成为7的倍数。因为这种抽象，并没有完全丧失词的具体性，它不同于语法的抽象。只有撇开词的任何具体性，如斯大林指出的，才是语法的特征。语法的抽象，好像代数的符号一样。代数学上的$x$或$y$不是任何具体数，但$x$或$y$毕竟还是代表某种数。因此，研究语法是不管词和语的具体内容，而只当成没有任何具体性的词和词之间的相互关系。

既然语法是把词和语加以抽象化，而不管它的具体内容，那么，研究语法是不是只研究它的形式？或者说，语法学是一门形式科学吗？关于这个问题，在中国语法学界曾经有人指责，只管结构或形式，不管词义或内容，将会走向形式主义的道路。因此，阐明语法是不是只研究它的形式这个问题，是非常必要的。

语法是不是只研究它的形式这个问题，必须首先解决形式和内容的相互关系问题。马克思列宁主义的学说教导我们，一切存在的东西，都有形式和内容，这两个范畴是处在辩证的统一和相互制约的关系中的。内容总不能离开一定的表现形式,而形式也不能离开内容而独立存在。虽然起决定作用的是内容,但是天地间没有无内容的形式,也没有无形式的内容。在语言本身之中,也存在形式和内容的辩证的统一。我们还可以说,语言既是内容,也是形式,问题在于我们分析的着眼点。说语言是内容,这是就语言标记客观存在的物质世界来说的。人们认识世界,反映现实,是通过语言来实现的。人们把认识的成果用语言记载下来、巩固起来,语言也就间接地反映了客观存在的物质世界。说语言是形式,这是就语言和思维的相互关系来说的。人们的思维反映同一个客观对象,在不同的语言里却用不同的语言形式去标记。例如对于同一个客观对象的"人"来说,在汉语里用 rén 来标记,俄语用 человек 来标记,英语用 man 来标记,日语用 hito 来标记,马来亚语用 orang 来标记。可见,研究语言重要的是它表现某种内容的形式,而不是内容本身。正因为如此,所以加尔基纳·菲多卢克(Е. М. Галкина-федорук)说:"语言的内容不能作为语言学者的研究对象,因为那就要使语言学者走到研究语言之外的题目了;这如像哲学-逻辑学者不研究思维的内容那样,他们只研究它的反映现实现象的形式。在语言中思想的表现手段、形式,即语言形式的研究,才是语言学者的任务。"[38]语法构造也同样存在着形式和内容的辩证的统一。加尔基纳·菲多卢克同样告诉我们:"语言的语法构造也有内容和形式。一切语法意义的总和,或者通常叫做'语法范畴',就是语法构造的内容,而语法意义的表现手段的总和,就是语法构造的形式。"[39]因此我们在研究语法的时候,不能把语法构造的形式(语法意义的表现手段)和语法构造的内容(语法意义)混为一谈;也不能认为语法形式可以脱离语法意义而独立存在,或者语法意义可以没有它的表现手段而独立存在。但是,我们认为,语法意义(或语法范畴)必定要有逻辑范畴做它的基础,而表现这种语法意义的形式却因语言的差异而有所不同。譬如客观世界里存在的事物都是可以计数的,人们的抽象思维反映客观世界的事物就形成数的范畴,这是逻辑范畴。语言是记载和巩固人们的认识成果的,也就间接反映了客观世界,因而在语言的语法构造中,也相应地产生了数的语法意义。由于语法意义是逻辑范畴的折光反映,因而在许多具有数的语法范畴的语言里,数的语法意义基本上都是相同的,可是,表现数的语法形式却各有不同。例如,同一个客观对象的"人",在许多具有单数、复数的语法意义的语言里,表现这种单数、复数的语法意义的语法形式却有不同。如下表:

| 客观对象——人 | 语言 | 单数 | 复数 | 语法手段 |
|---|---|---|---|---|
| | 汉语 | 人 | 人们 | 后加成分 |
| | 俄语 | человек | Люди | 增补法 |
| | 英语 | man | men | 内部屈折 |
| | 日语 | hito | hito-bito | 重叠带第一个辅音变化 |
| | 马来亚语 | orang | orang-orang | 词的重叠 |

就在同一语言里,表现数的语法意义的语法形式也不全同。例如英语用形态单位的结合来表示单复数:book—books;或用内部屈折来表示单复数:foot—feet;或用内部和外部的屈折来表示单复数:child—children。

由此可见,一种语言不同于另一种语言,主要在于表现语法意义的语法形式不同。研究语法重要的不在于语法意义,而在于用什么语法形式来表现这种语法意义。并且,语法形式是语法意义的外部表现,是语法意义存在的物质凭借。如果没有语法形式,即使还认为有某种意义存在的话,那也不是语法意义,而是逻辑概念了。可是,中国的一些语法学者,过去从意义或概念范畴出发去区分汉语的词类,结果以概念范畴代替语法范畴,这正是没有认清语法的特点、忽视语法形式的结果。马尔曾经过高估计语义学与滥用语义学,忽视语法形式的研究,结果走入了唯心主义。所以斯大林在批评马尔的时候说道:"马尔认为语法是一种空洞的'形式',认为那些把语法构造当作语言基础的人是形式主义者。这是十分愚蠢的。"⑩我们认为,斯大林对马尔的批评,是值得中国语法学者深思的。

总之,语法构造是语法意义和语法形式的统一。两者是互相依存的。然而从研究语法的观点着眼,应当从语法意义的物质凭借——语法形式入手。我们只要记住形式和内容的相互依存关系,不要忘记语法形式是表现语法意义的话(不像外国的某些语法学者纯粹为形式而分析形式的话),那么,我们就简单地说,语法是着重在研究它的表现形式。

语法的表现形式,可能是词的变化,或者是词的结合等。必须把词的变化和词的结合综合起来,组成语法规则、语法定律,才能建立语法体系。所以斯大林说:"语法(词形变化法,词的结合法)是词的变化规则及词在句中的结合规则的综合。""语法把词的变化和词在句中的结合的基本共同之点综合起来,并用这些共同之点,组成语法规则、语法定律。"⑪可是词的变化和词的结合在外表上是那样地不同,而斯大林把它们综合起来作为语言的语法构造,显然,它们在实质上是有某种基本共同之点。那么,这些基本共同之点又是什么呢?要说明这些问题,必须进一步说明词和词之间的相互关系。

语言的词,一方面具有基本语义,另一方面,又具有关系语义。基本语义就是词的词汇意义,关系语义就是词的语法意义。一切作为语言单位的词,都具有这两个方面的特征。忽视这两个方面的任何一面,都不能研究词,也不能研究语法。语言的语法构造——词的变化和词的结合——都是同词的这两个方面的特征密切联系着的。

词的变化大概可分为词汇上的变化和语法上的变化两种,词汇上的变化表现为:或者是音读的变化,如俄语的 стихотворство/стихоспожение(写诗),лиса/лисица(狐),汉语的"哎呀"(aiya)/"哎哟"(aiyo);或者是组合次序的变化,如汉语的"通畅/畅通","热闹/闹热"。这种变化在词的本身之内,并不涉及词和词之间的关系。而且,这种变化的外表的区分并不表示意义的区分。这通常叫做词的(词汇的)变体。词在语法上的变化,取决于一词和他词的关系。如俄语的名词变格,它要同其他的词发生了关系的时候才有格的变化。例如 дом отца(父亲的房子),这是名词和名词发生了领属关系,才使 отец(父亲)一词变成第二格 отца;或者名词与前置词发生了关系,如 над домом(在房子上),才使 дом 变成第五格 домом。又如俄语的动词变位,同样是和其他词发生了关系的时候才变的。例如 Я чтаю(我读),Ты чтаешь(你读),Он чтает(他读)……总之,凡是在具有词形变化的语言里,词总是与其他的词发生了关系才产生变化。可是中国的某些语法学者,却认为词的本身有各种词形变化(即变格变位)。我们认为这是值得商榷的。如果说,词的本身的形式变化是指词的(词汇的)变体,那与语法研究是无关的;如果说到词的语法变化,那就必须考虑到词与词的关系,不能孤立地说词本身有各种变化。如果把每个词孤立地看待,它实质上不可能有任何变化而用以表示不同的语法意义。所谓词的变格变位等形式,也不过是从词与词的关系中摘取出来的范例。

词的结合也可分为两种。一种是词与词的结合,如"红花";一种是词素与词素的结合,如"人们"。但无论是前者或后者,都必须有一个基本语义成分。词固然有基本语义,但词素却不一定有。譬如汉语的"们"和"着"为什么不能结合呢?因为它们在现代汉语里不是词,而只是形态部[②],它们没有基本语义。但也不是具有基本语义的任何词都可以互相结合起来,也不是任何词被结合起来都表示某种语法意义。词的结合是有一定规律的。词的结合规则就表现了语法意义。譬如"红"与"花"结合成为"红花",就表现了规定关系。"读"与"书"结合成为"读书",就表现了支配关系。这种规定关系或支配关系,从语法观点看,它们撇开了词的基本语义。就是说,从语法观点看,"红"与"花"或"读"与"书"这些词的个别的具体的词汇意义被撇开了,表现出来的只是一般的没有任何具体性的关系意义。我们可以把"红"换成"白、绿",甚至于"好、美丽",把"花"换成"纸、笔、人、房子",尽管这些词的具体的词汇意义是彼此毫不相同,但当它们结合起来以后,就撇开了各个词的个性(词汇意义),而只表现没有任何具体性的某种关系了。

由此可见,语法构造——无论是词的变化,或者是词的结合——总是把词参与到词之中,表现在一定的"言语的线条性"(линейность речи)里,而不是孤立的词的本身能表现某种语法构造,这就是词的变化和词的结合的基本共同之点。这种基本共同之点,是作为交际工具的一切语言(无论是所谓屈折语、胶着语,或孤立语等等,它们彼此有多大的不同)所共同具有的。从语法学的一般原理出发,研究任何语言的语法都应当从这个基本共同之点着手。

概括以上所述,我们可以得出两点结论:

(1)任何语言的语法形式都是表现在一定的"言语的线条性"里,语法形式不存在于各个孤立的词的本身之中。

(2)语法形式是表现语法意义的,我们研究语法不可把意义和它的表现形式分割开来;但是,不可把研究语法的出发点放在意义上再去寻找与意义相照应的表现形式。

这就是研究语法所应遵守的基本原则。

## 五、语法研究的对象

语法是一切语言都有的,世界上没有无语法的语言。即使是在远古时代,虽然"那时语言是不复杂的,基本词汇是很贫乏的,但是有它的语法构造,虽然这种构造是很原始的,但总算是语法构造"[⑬]。因此,作为一门独立科学的语法学,它的对象应当是概括一切语言的共性;我们不能从某种具体语言的个性去规定语法研究的对象。可是,中国某些语法学者,过去多从汉语的个性去规定语法研究的对象,忽视一切语言的语法存在着的基本共同之点(见前四),结果使汉语语法许多问题不能得到满意的解决。为了说明这些问题,我们将在下面分别考察中国语法学者是怎样规定语法学的对象的。

(一)汉语语法只研究它的"造句的部分"

王力先生在《中国语法理论》这部书里说:"汉语没有屈折作用,于是形态的部分也可以取消。由此看来,中国语法所论,就只有造句的部分了。"⑭因为王先生从汉语的"个性"出发,认定"汉语没有屈折作用,于是形态的部分也可以取消",所以王先生在处理汉语词类问题的时候,就认为"词类是可以在字典中标明的,是就词的本身可以辨认,不必等他进了句子里才能决定的"⑮。既然"汉语没有屈折作用",又怎样能就"词的本身"去辨认词类呢?王力先生解决的办法就是以"概念的种类为根据"去分词类。照这样来规定汉语语法,在词类区分问题上的错误,正如王先生自己在后来所承认的:"这是离开具体语言而去研究语法,这是形而上学。经过了学习,我才知道我这一个'概念范畴'的说法和墨山宁诺夫院士——马尔学说的继承者——的'概念范畴'的说法不谋而合,而这一个说法正是表现着反马克思主义的观点的,和斯大林的语言学说相背驰的。"⑯并且,王先生这样规定语法,还把语法学的两个部分——用王先生的术语——"形态的部分"和"造句的部分"分割了,结果使汉语语法研究的范围缩小成为"造句的部分"了。如果真是这样的话,那似乎汉语就不应该讨论词类区分问题了。因为按照传统语法的观点,词类应该属于"形态的部分"的范围(王先生说,汉语的"形态的部分"可以取消)。事实上,王先生还是区分了词类,只不过是用"概念范畴"的标准去区分罢了。这样一来,似乎又使汉语语法研究的对象变成不能统一的两个对象了,即区分词类就以"概念范畴"为对象,而讨论"造句的部分"就以"结构方式"为对象。我们不能想象一门科学的研究对象是多种多样的。

(二)语法是研究语言结构的

高名凯先生在《普通语言学》这部书中说:"语法学是以语言结构的规律或规则为其研究对象的。"⑰岑麒祥先生在《普通语言学》

一书中也说:"语法是关于语言结构的科学。"⑧高岑两位先生在这里都是从一般语言学原理来规定语法学的对象的,这在原则上是无可非议的。但是,我们认为对语言结构没有明确规定,在具体操作上也容易引起误解,就语音来说,须知某种具体语言的语音也有一定的音节结构,这种结构也是有规律的。比如现代汉语的北京音系,舌根辅音[k]、[kʻ]、[x],就不与高元音[i]、[y]组成音节;舌面辅音[tɕ]、[tɕʻ]、[ɕ],就不单独与[i]、[y]之外的元音组成音节。可是这种有规律的音节结构,并不表现任何语法关系。

再就复合词来说,虽然也有结构可言,但并不是一切复合词本身的结构都能显示出某种语法关系。并且汉语复合词的结构类型很复杂,往往不能从复合词本身的结构中看出它们的语法关系。譬如现代汉语里的"一撮土"、"一块地"、"一枝笔"、"一件大衣"、"大大"、"小小"、"记"、"记了"、"说"、"说了"等等结构中,可以分辨出"土、地、笔、衣"是名词,"大、小"是形容词,"记、说"是动词。假如把这些单词重新组合成一定类型的复合词,如"土地(名+名)"、"笔记"(名+动)、"小说"(形+动)、"大衣"(形+名)等等,那就一般不能从这些复合词本身的结构中去确定它们的词类;必须在"一块土地"、"一本笔记"、"一部小说"、"一件大衣"等扩展了的结构关系中,才能确定它们是名词。又如"写作"、"耕种"、"买卖"、"问答"等词,它们都是由两个动词性根词组成的复合词,这种结构理应算是有规律的。可是,"写作"和"耕种"也可能是动词,也可能是名词;而"买卖"(做生意)和"问答",似乎只能算名词。即使这样,这些复合词也要借助于同其他词的结合关系,才能分辨它们的词性。由此可见,规定语法是关于语言结构的科学,还是不很明显的。

### (三) 语法是研究表现关系的

陈望道先生曾在《试论助辞》一文中说:"语言文字的研究之中也有声音和意义两种当中的一种为对象的,如以声音一种要素为对象的有语音学,以意义一种要素为对象的有字义学,文法学是以声音和意义两种要素缔结所成的辞为对象的。"[49]陈先生在这篇文章里虽不是专论语法学的对象,但已明确指示我们,语法并不单研究语音和词义。陈先生早在1938年组织讨论文法革新问题的时候,对于语法学的对象有过较详尽的论述。陈先生在《漫谈文法学的对象以及标记能记所记意义之类》一文里,曾提出语法学的对象是"表现关系"。陈先生说的"表现关系","是用来指示词和词的关系,词和词的结合,一个词和别的词的关系等等的"[50]。陈先生又说:"表现关系也可以说是标记组织,它是跟标记的能记所记,也就是跟声音意义都有关系的。我们固然不能排开声音来研究标记组织,却也不能离开意义来研究表现关系——就是研究文法。"[51]可见陈先生的"表现关系"是包含意义的。不过陈先生所指的意义,是"抽象的一般意义",不是"具体的特殊的意义"。陈先生这样规定语法学的对象,原则上我们是赞同的。不过,陈先生在这篇文章里没有说明"表现关系"和"抽象的一般意义"如何具体操作的问题,即,是先从"抽象的一般意义"出发,再去寻找相应的"表现关系"呢?抑或是从"表现关系"中去发现"抽象的一般意义"呢?这是一。其次,陈先生的"表现关系","是用来指示词和词的关系,词和词的结合,一个词和别的词的关系",着眼点是"词"。那么,如汉语的"人们"、英语的 books 等词,都表示名词的复数,可是"们"和 s 只是一个词素,并不是词,陈先生的"表现关系",是否包括"们"和 s 等词素呢?如果"表现关系"单指"词和词的关系"、"词和词的结合",而不包括词素和词素的结合,那么,把"表现关系"作为语法学的对象,还是不很完备的。正如陈先生自己所说:"这种表现关系说固然略为带一点以措辞学做中心的倾向。"㊷我们知道,按照语法学的传统观念,措辞学(Syntax)只讲词与词的联结关系,而不包括词的屈折变化。可是,屈折变化在西洋语言里是重要的语法手段。从语法学的一般原理出发来规定语法学的对象,应该把屈折变化包括在语法研究之内。

后来,陈先生在《文法的研究》一文里,又主张"文法学是研究辞白组织的"。陈先生说:"关于文法,过去曾有种种说法,现在我们可以说文法就是组织字语为辞白的规律。文法的研究就是辞白的组织的研究。也就是字语如何参加组织的研究。"㊳陈先生并用功能的原则贯穿整个辞白的组织。他说:"辞白的组织和字语的功能有连带的关系。功能是语参加一定配置的能力,组织是由功能决定的语和语的配置。组织要受功能限制,功能要到参加组织才能显现。"㊴陈先生对于组织和功能的相互关系是论述得极精透了。不过,规定语法是辞白的组织的研究,仍有不够明确的地方。譬如陈先生举出"开水"、"水开"和"吗开"、"吗水"等例子来说明"开"字在组织中有两种活动能力(即两种功能),组成两种组织(附加组织、统合组织),和"吗"字没有配置在"开"、"水"两字前面的功能。㊵可是,我们一方面可以说"开关"、"风水",即"开"和"关"、"风"和"水"都有结合的能力(陈先生叫"配置的能力"),也就有功能,而"开关"、"风水"算什么组织,表现什么语法关系呢?"开关"、"风水"只是两个复合词,虽有功能而却不显示语法关系。另一方面,如感叹词"哎呀"、"啊"等等,表面看来,它们不与任何字语发生结合,那又应该不应该算作语法上的一个词类呢?总之,陈先生规定语法是研究辞白组织的,在那篇文章里没有详细论述,我们无法确知如何把它用来研究语法的具体问题。另外,陈先生说到文法的研究"也就是字语如何参加组织的研究",这一提法也容易引起误解。似乎在语言里就预先存在着无数的"字语",而语法的研究只不过是把预先客观存在着的无数字语组织起来成为"辞白的规律"罢了。譬如说,人们通常把词语比作建筑材料,他们认为,先有建筑材料砖石之类,然后才能建造房屋。因而他们认为,在语言里先有无数各个独立的词语,就把语法规定为"用词造句的规则",甚至认为从这些独立的词语本身就可以区分词类。我们的看法是,语言中的一切分子、要素都是从言语线条性的整体中分解出来的,它不同于建筑材料对于房屋的关系。这也可以说是作为特殊社会现象的语言的特点之一。我们只有把语言作为一种完整的体系来看待,从语言的整体出发,才能全面地分析语言的结构,真正找到语法学的对象。

### (四) 语法是研究语素的组合方式

吕叔湘先生说,语素的组合有三层意思:(1) 语素的组合有一定的层次。语素和语素组合成为结构,结构和结构或者结构和语素又组合成为新的结构。(2) 一个结构成分的排列有一定的次序。(3) 一个结构的成分相互间有选择性。根据它们相互间的选择,可以把语素和结构分类。因此吕先生说:"语素的组合层次和次序,语素和结构的分类和相互间的选择,这些构成一个语言的语法,是语法学的研究对象。这种选择性和次序都表示语法意义,可以归纳为一些语法范畴,如事物、行为、数、格、时、态、主动和被动等等。语调、轻重音以及其他语音变化也都表示语法意义,所以不仅是语音学的对象——音素,也是语法学的对象——语素。"㊺ 由此可见,吕先生对于语素的组合方式的分析是极有道理的,我们原则上是可以完全接受的。只不过吕先生对语素的分类,似还有可以斟酌的地方。

吕先生说:"一个结构的成份相互间有选择性。比如'们'可以跟'我'组合,可是不能跟'看见'组合;'了'可以跟'看见'组合,可是不能跟'星'组合;'星'可以跟'看见'组合,可是不能跟'又'组合。根据它们相互间的选择性,可以把语素和结构分类。类有大类,有小类:'我'和'星'属于一个大类,可是属于不同的小类。一类的成员常常可以跟几类的成员组合,产生的结构属于不同的类;'看见'和'大'都可以跟'星'组合,但是'看见星'和'大星'是两类,'看见星'和'看见'是一个类,'大星'和'星'是一个类。"⑳ 在这里,"们"和"了"是否具有跟"我"和"看见"的组合能力,我们暂不讨论;只就语素的分类问题来加以考察。我们认为,在不同语言里,因语素的独立性有所不同,而它分类的可能性也就不同。语素在构形法里是不能分类的。譬如俄语的 рук-á、рук-й、рук-é,其中的-а、-и、-е 都是语素(即形态单位),而把-а、-и、-е 从这些结构里分出来,它只是一个音素,不仅不表现任何语法意义,而且还破坏了词的整体性。就是说,рука 这个词,如果没有-а、-и、-е 中的任何一个,它就不是词。语素在构词法里似乎可以分类,譬如把同一类词的构成,分出前加成分、词根、后加成分(如把俄语的 дерелесок "小树林"一词,分成前加部分 пере-,词根 лес,后加部分-ок)等等。即使这样分出来,也不表示任何语法意义。就汉语来说,如"我们"、"看见了"、"看见星",也都是由两个语素组成的结构,也许如吕先生说,可以把"我"和"星"分属于同一个大类。可是"们"和"了"也是语素,是否可以分类? 分成什么样的类,表示什么语法意义呢? 总之,我们认为吕先生对于语素分类的说法还不很妥帖,从而看出吕先生对语法学对象的规定还欠完善。

以上诸位先生对于语法学的对象的规定,虽然都有不够完备之处,但诸位先生使用了"关系"、"结构"、"组织"等术语来表示语法研究的对象,总算是提出了语法研究的重点,这是主要的方面。既然提到了"关系"、"结构"、"组织",那就意味着不是指单一的要素。即,单一的词就无所谓"关系",单一的词或语素也就无所谓"结构"或组织"。"关系"、"结构"或"组织"也就包括了成分和成分、词和词、要素和要素相互之间的关系。它们相互之间的关系总有一种表现形式。我们能否寻找一个概括力强、便于操作的精确术语来指称这种表现形式,作为语法学的对象呢?相比之下,我们认为,方光焘先生最早提出的"形态"术语最为恰当。

最早提出形态作为语法学的对象的是方光焘先生。方先生早在 1939 年讨论中国文法革新问题的时候就说:"……中国单语无形态变化,固是事实;不过中国单语究竟有无形态,却是一个很值得讨论的问题。我这里所指的单语形态当然是指接头接尾等要素而言。……我以为中国单语的形态,并不能说是全无,不过所有不多,不足以区分词类罢了。其实就是英语也不是单靠单语形态,来区分词类的。up, on, about 等词孤立地就单词本身看,谁也不知道应该归入那一类。……我认为词与词的互相关系,词与词的结合,也不外是一种广义的形态,中国单语本身的形态,既然缺少,那么辨别词性,自不能不求助于这广义的形态了。我以为文法学是以形态为对象的,是要从形态中发现含义。"⑬我们从这一段话里可以看出,方先生主张形态是区分词类的标准和语法学的对象;方先生的形态包括了"接头接尾等要素"和"词与词的互相关系,词与词的结合"。近年来,方先生进一步丰富和发展了他的形态理论。[59]我们根据方先生的理论,将在下面详细论述我们所说的形态的实质。在说明我们的形态之前,先来考察一下中外语法学者对于形态的认识,这是非常必要的。

关于"形态"这个术语是希腊语法学家退拉斯(Diongsios Thrax)提出的。退拉斯把希腊语所具有的丰富的表达语法范畴的词形变化叫做形态。[60]譬如俄语的 рук-а、рук-и、рук-е 等格的变化,英语的 book—books、boy—boys 等数的变化,都是形态。这是一般人叫做的狭义形态,也就是传统语法学里所说的形态。又"因为构成新词也应用表示语法范畴的那些附加成分的增添(比较 дом"房子"和 дом-ик"小房"),音的替换(比较 мар-к-а"牌子"和 мароп-н-ый"牌子的")之类,所以构词法也属于语法学,即属于形态学"[61]。这种用构词法所构成的形态,一般叫做广义的形态。现代的语言学者所说的形态,都兼指这两种形态。如苏联科学院所编的《俄语语法》就说:"这本语法中的形态学对象,将是广义的形态学,不仅叙述关于词形构造方法的理论,即关于构形法(其中包括词形变化法),而且也将叙述构词法,即词的构成方法的理论。"[62]无论狭义的形态或广义的形态,大都是指词的内部形式变化。外国语法学通常对于形态的理解,大致是这样。

关于形态问题,在中国语法学界曾经引起过混乱并有各种不同的解说,过去外国的一些语言学家,认为汉语是无形态的语言,中国某些语法学者,也就认为汉语无形态。新中国成立后,自从苏联汉学家康拉德(Н.И.Конрад)提出汉语有形态的说法后,[63]中国的大多数语法学者又认为汉语是有形态的。可是,汉语的形态究竟是什么,大家的看法就很不一致了。

高名凯先生认为,形态有两种:一种是狭义的形态,一种是广义的形态。他举出英语的 reconstruct 的 re-,汉语的"白面儿"的"儿",都是广义的形态。这种形态,高先生认为"没有使这词起词类的分别"。高先生举出拉丁语的 lego(我现在读书)、legis(你现在读书)、legit(他现在读书)是狭义的形态。高先生说,这种词的"语法形式是和词根离不开的,成为它的一种形态"[64]。可见,高先生只承认汉语有广义的形态(如"白面儿"的"儿"),不承认有狭义的形态。可是王力先生认为,汉语不仅有广义的形态,而且还有狭义的形态。这是高王两位先生认识不一致的地方。王先生举出"们"、"了"、"着"等是汉语的狭义的形态,"子"、"儿"等是汉语的广义的形态。[65]就以上所举的具体例子来看,高王两位先生也有看法一致的地方,那就是把词的某一部分(词头、词尾或如王先生所说的"形尾")当做形态。我们认为这样理解形态,虽然有其根深蒂固的传统根据,但在理论上和实践上却存在着严重问题。

首先,我们来看高名凯先生的狭义的形态。高先生认为狭义的形态是和词根离不开的,认为划分词类的标准必须从词的形式或词的形态变化这个"物质的外壳"[66]着眼。什么是词的形式或形态变化的"物质的外壳"呢?高先生在《语法范畴》一文里就说得更清楚了。高先生说:"在由词形变化来表示语法作用的语言里,只有词根或词干所表示的意义才是词汇意义。在语言里,语法成份是和词汇成份不同的。但这语法成份也要同词汇成份似的有其特殊的'物质外壳'和这'物质外壳'所包含的特殊意义;并且语法的'物质外壳'和语法的意义是紧密地联系着的,是不可分割地存在于一个统一体里的。"[67]这个语法成分的特殊的"物质外壳",高先生就叫做形态。例如拉丁语的 leg-o 中的词尾-o,就是形态;这个

-o就是表"人称"的语法意义的。⑱我们从高先生的前后文章里简要地概括出狭义的形态就是:(1)狭义的形态是词的表语法意义的部分,不包括词的词汇成分(词根和词干)在内;(2)狭义的形态有其特殊的"物质外壳",这种特殊的"物质外壳"是划分词类的标准。如果高先生的"物质外壳"是指词的表语法意义的"语音外壳"的话,那么,同样的语法意义在同一种语言里应当是用同样的"语音外壳"来表示。事实上,英语的 books、cats、hands 等词,虽然都是用-s 这个特殊的"物质外壳"来表示名词的复数范畴,但当 k、t、d 这三个音素与 s 这个音素结合的时候,却有着三个不同的声音外壳。同样,如高先生举出的"在俄语的 книга 里,词尾-a 既表示这个名词是阴性,又表示是单数,同时表示它是属于主格的"⑲。须知 сестра(姊妹)的-a,也同 книга 的-a 一样,表示三种语法意义,虽然同样是词尾-a,却因这两个词的音节重音不同(книга 的-a 比 сестрá 的-a 偏后,略近于后元音[a]),它们的语音外壳也就不同了。另一方面,同样的"物质外壳"表示的语法意义也不同。比如英语的 cats、books、puts、speaks 等词 t 和 k 这两个音素与 s 结合,它们的语音外壳都是相同的,可是 cats、books 是名词复数所要求的 s,而 puts、speaks 是动词第三人称单数所要求的 s。再如俄语的 книги 的-и,究竟是表示名词的单数、阴性、第二格呢?还是复数、阴性、第一格呢?因此我们认为,形态不是语音外壳(或如高先生所说的"物质外壳")。语音是具体的,如像算术的数字;形态是抽象的,如像代数的符号。

如果把词的某一部分当做形态,在实践上也不能区分词类。比如就狭义形态丰富的俄语来说,如像 веселенная(宇宙)、мостовая(街道)、гостиная(客厅)、приданое(嫁妆)等词,按照它们的词尾来看,应该是属于形容词的一类,可是它们都是名词。又如 заведующий(主任)、трудящийся(劳动者)等词,从它们的词尾来看,应该是形动词,但却是名词。再如 дома 究竟是名词单数第二格,还是副词? влереди、согласно、кругом 等词,是副词还是前置词? 这些例子在俄语中不是个别的。这些词也不同于临时当做某词"使用"的性质。所以我们在前面说,词形变化就预定了词与词的相互关系。如果孤立地从词的本身去发现"形态"(假如存在这种"形态"的话),这种形态不能作为区分词类的标志,也不表示任何语法意义。如果把词的某一部分当做形态,比如把英语的 books 的 s、俄语的 книга 的 а 当做形态,这不仅不能表明语法关系,而且也破坏了词的统一性。一方面,不考虑到 book 同-s 的关系、книг 同-а 的关系,单独的-s,或单独的-а,它只是一个音素,不表示任何语法意义;另一方面,须知 книга 这个词,如果没有词尾-а,单独的 книг-就不是词。(固然,книг 也可能是复数第二格的形式,那已经考虑到 книга 的整个变形系列了)所以苏联汉学家宋采夫在批评高名凯先生这样理解形态的时候说:"高名凯教授认为词形变化是词类在语言中存在的必要条件,从这一点出发,把词类意义看成是词的概括意义,这种意义是和词的具体意义并存的。为了表现词类意义,就要求词的语音外壳有一个特殊的部分,即'特殊的形态',来指明这个词属于这个或那个范畴。……但是肯定说一定要用词的语音外壳的某一部分(换句话说,词的形态部分),来表示词的概括意义,在我们看来,这意味一种想法:词汇意义一定要用词的某一部分(比如说,用词根)来表现,词类的一般语法意义,则平行地用词的另一部分(假定说是词缀)来表现。在这种情况下,只好承认词缀是词类意义的标志。但是大家认为,词缀本身什么也不表示,它只在作为词的一部分时才有意义。从另一方面看,在许多语言中有几类不变的词,这些词类一般不具有任何形态,但他们照样是词类。换一句话说,它们具有一般的语法意义和一定的外部(句法的)特征。例如俄语中的副词就是这样一种词类,试比较:намзусть(背熟)、всмятку(烂熟)、пора(该)、кругом(四周)、быстро(快)。试问,намзусть一词语音外壳的那一部分标志着它的词类意义呢？事实证明,在一个词中语法意义和词汇意义就像彼此交溶、结成在一起的。"⑳我们认为,宋采夫批评高先生对于形态的看法,是极精当了。

其次,我们再来考察王力先生所讲的形态。王力先生认为"们"、"了"、"着"等是汉语的狭义的形态,"子"、"儿"等是汉语的广义的形态。诚然,在汉语里带"子"、"儿"等词尾的词,一般可以算作名词的形式标志,但不可把它们绝对化,更不可把它们孤立起来,还须考虑到词与词的全面的结合关系。如果把它们孤立地看待,须知在汉语中,带"儿"的形式标志(高王两先生都叫做形态)的词,并不都是属于名词一类。比如"慢慢儿"、"一会儿"、"这儿"、"那儿"等词,是否也算名词呢？带"子"的形式标志的词,同样也不尽属于名词的一类,比如"一下子"、"一辈子"等。另外,同样是带"子"的名词,而有语音或语义的不同。比如"老子"一词,如指古代人名或书名,"子"读本音,如指"父亲","子"读轻声。再如"燕子"是指"燕","羊子"是指"羊",可是"鱼子"、"鸡子"却不是指"鱼"和"鸡",而是指"鱼蛋"和"鸡蛋"。"了"也不是动词专有的标志,吕叔湘先生说过,"了"对于形容词有很大的开放性。㉑

总之,我们认为不能孤立地把词的某一部分当做形态。无论高王两先生所说的狭义的形态,或者是广义的形态,都必须考虑到词与词的关系、词与词的结合,形态才能成立。所以方光焘先生曾说:"许多文法学者都把文法分为 morphology 与 syntax 两大部门;morphology 专论单语形态,而 syntax 则论语词与语词的联接关系。我认为这种区分是不很合理的。morphology 和 syntax 实际上是很难分开的。一个动词的变形范例(paradigm),假如不想及这动词的各类形式与他词的联接关系,便无法制成。反过来说,我们若论动词与他词的联接关系,就不能不涉及动词变化的各种形式。……我在《体系与方法》一文里,所以要用'广义的形态'一辞,来概括形态学上和措辞学上的现象,就是因为我不承认'形态学'和'措辞学'是可以划分得开的缘故。"⑫可是,方先生提出"广义的形态"一词以后,曾先后受到中国语法学者的责难,甚至有人把"广义的形态"和"句子成分"混淆起来。

最先对方先生"广义的形态"一词责难的是陈望道先生。陈先生说:"光焘先生用的'广义的形态'一个辞,用在西洋文法中已经要包括措辞学上的许多无形的形态,拿来用在中国文法中,还要包括语词上'不足以区分词类'的'形态'以外的一切无形的形态,这不是无形态的成份占了大部分,而形态简直在若有若无之间,我们为什么还要用'形态'这一个词来指称文法学的对象呢?"⑬我们认为,陈先生还是拘泥于传统的形态学观点看问题。若就传统的语法观点来理解形态,当然如陈先生所说,"广义的形态"一词,用在西洋文法中已经要包括措辞学上的许多无形的形态,拿来用在中国文法中,的确"形态简直在若有若无之间"了。可是,陈先生既然又承认"形态学和措辞学的关系密切","不好任意分离独立起来",为什么不肯突破传统的语法观点,而把形态加以扩大呢?其次,陈先生主张用"表现关系"来代替方先生的"广义的形态"。我们认为,陈先生的"表现关系"虽跟方先生的"广义的形态"相似,(都是指"词与词的关系"、"词与词的结合")但却不能用"表现关系"来代替方先生用"形态"作为语法学的对象。我们已经说过,方先生的"形态"包括了"接头接尾等要素"和"词与词的互相关系,词与词的结合",并且方先生还指出"音调"研究对于语法的重要性,[23]也可以把"音调"包括在形态之中。所以我们在前面说过,陈先生把"表现关系"作为语法学的对象是不够完备的。

近来也有人说,广义的形态这个名称不好,并认为"形态"无论如何广义,不能包括词序。但我们认为,词序并不一定要在句子里才能表现出来,词与词的结合关系也是一种词序。譬如"红花"和"花红",或"流水"和"水流",这是两种不同的词序,也就表现了两种不同的语法关系,可见词序也是一种语法手段。当这一类词与另一类词在相互结合的关系上发生了次序变化并表现一定的语法关系的时候,也就是一种形态。从表现语法意义的语法形式着眼,无论这种语法形式所表现的是哪一种语法意义,只要是语法形式中的一种,它就可以算作形态。因此,我们既可以把词的变化(构形法)和词的构成(构词法)算作形态,也可以把词与词的相互结合关系所发生的次序变化算作形态。

黎锦熙先生过去不承认汉语有什么形态,近年来似乎黎先生也在讲形态了。黎先生认为形态有三种:一种是"最狭义的形态","像屈折语似地连词根都有些随着转类而变化";另一种是"狭义的形态","像粘着语似的在词根上添附些个头、尾来表示词类形态";还有一种"广义的形态",即"词的组合"。黎先生认为"汉语是缺乏这种最狭义的形态",汉语只存在着"开展中的这些狭义的形态",黎先生基本上只承认汉语有广义的形态(词的组合)。可是他又把这种广义的形态当成"跟句子的成份是完全一致的"[15]。其实，广义的形态也和黎先生的句子成分有很大的不同，这一点已由吕叔湘先生指出过了。[16]黎先生想把"广义的形态"和"句子成分"这两个东西从外表上混同起来，其目的无非是想否认"广义的形态"，维护他从句子成分定词类——"依句辨品"的旧说。

我们在上面把各家所说的形态作了分析，现在根据方先生的形态理论来说明我们的形态观点。

我们认为，具有一定的形式标志、表达出一定关系的结构叫做形态。我们这个定义包含有两层意思。首先，所谓"具有一定的形式标志"，是指语法意义外显的表现手段而言。语法手段本身，既不等于语法意义，也不等于形态。必须把这种"形式标志"附于词的"一定关系的结构"才叫做形态。形态表现了语法意义，包括了语法手段。形态是语法意义和语法手段的统一体。其次，所谓"表达出一定关系的结构"，是指表示语法关系的一类词的有规律的结构。这种结构不是个别的、孤立的词或要素，而是成体系的东西。简要地说，我们的形态是指词的结构关系的总体和词的整个结构的总体而言，它是一定语法关系的结构体现者，一切结构都是通过形态表现出来。它既不同于传统的语法学上所说的形态，也不同于王力先生的广义的形态。

我们用实例来说明我们的形态。例如汉语的"我"和"我们"、"你"和"你们"，俄语的строить（建设——未完成体）和построить（建设——完成体）、беседовать（谈论——未完成体）和побеседовать（谈到——完成体），英语的book（单数）和books（复数）、boy（单数）和boys（复数）等等，都是形态。它是用附加成分的增添（如"们"、"по-"、"-s"）作为"形式标志"，来表达"我"、"你"、

строить、беседовать、book、boy 等词的结构，结合成形态的。英语的 foot（单数）和 feet（复数）、goose（单数）和 geese（复数）等词，是用语音替换作为"形式标志"，来表达 foot、goose 这些词的结构，结合成形态的。俄语的 сбегáть（跑开——未完成体）和 сбегáть（跑一趟——完成体），英语的 r'ecord（记录——名词）和 rec'ord（记录——动词）等等，是用重音移动作为"形式标志"，来表达这些词的结构，结合成形态的。汉语的"吃饭"（支配关系）和"饭吃"（主谓关系），是用词序作为"形式标志"，表达这些词的结构，结合成形态的。"我和你"（并列关系）、"我的书"（领属关系），是用虚词（和、的）作为"形式标志"，被实词结合而成为形态的。总之，我们认为，一切语法手段都是形式标志，它要表达一定语法关系的结构才成为形态。因此我们的形态包括了词干在内，是从词与词的相互关系上、词与词的结合上，以及词的整个构造上来发现形态的。我们反对把词的整个结构割裂开来考察形态。因为语言里各个词或词素都是互相依存、互相联系和互相制约的，所以在我们的形态之中，必须考虑到它们的互相依存、互相联系和互相制约的关系。即，我们认为英语的 books 是表复数的形态，一方面，必须考虑到与 books 相对立的 book 这种联合关系支持它，另一方面，还有 two books 的形式存在。没有 books 的支持和 two books 的形式存在，也就没有 books 这个表复数的形态。既然 books 是复数的形态，与此相对立的 book 也就是单数的形态。因为 book 同样有 books 支持和 a book 的形式存在。这是相互依存关系。我们说俄语的 книги 是复数第一格的形态，一方面考虑到与 книга（单数、阴性、第一格）的相互依存关系，另一方面，还考虑到 две книги（两本书）、у меня книги（我有书）等形式的相互联系。我们说"一会儿"、"一下子"、"一辈子"等词不是名词,这是因为现代汉语的名词不单与数词相结合(如不说"一人"、"一马",要说"一个人"、"一匹马")。我们又说"这儿"、"那儿"也不是名词,这是不是从"这"、"那"的词义上看出来的呢?不。我们说"花儿"、"鸟儿"是名词,因为还有"一朵花儿"、"两只鸟儿"等形式,可不能说"一个这儿"、"两个那儿"。由此推知,名词能跟类别词结合,而"这儿"、"那儿"却不能跟类别词结合,也不跟形容词结合成为规定关系(比较:红花儿、小鸟儿)等等,所以说它不是名词。这种能否结合的能力取决于词的相互制约的关系。语言要素的相互依存、相互联系和相互制约,是人们思维长期抽象化的结果,它表现在语法里就是统合关系和联合关系。统合关系就构成形态,联合关系就产生类比作用。这两种关系就构成语法体系。由此可见,虽然我们的形态包括了词干在内,但不是从词的具体意义出发去辨别词性,也不是从词的抽象意义出发去定词类,而是根据词的相互依存、相互联系和相互制约关系而结合成为形态,再从形态中去发现语法意义。

　　上面说到,我们的形态是指词的结合关系的总体和词的整个构造的整体而言的,因而我们可以进一步分析这个总体(形态)的组成部分。形态是由哪几个部分组成的呢?形态是由两个部分组成的,一个是意义部,一个是形态部。形态部是外显的标志,意义部具有选择形态部的能力。譬如汉语的"我们"、俄语的построить、英语的 books 等形态,它的意义部是"我"、строить、book,形态部是"们"、по-、-s。人们若问怎样分析"我"、строить、book 这些词的形态的意义部和形态部,只要不忘记"我们"、построить、books 等词的形态相互依存关系,那么,这个表单数的形态"我"的意义部就是"我",虽然在语音物质上是与这个词的单数形态本身类似;而它的形态部就是"零"。同样,строить、book 的意义部就是它本身,形态部也是"零"。如果把"红花"和"花红"这两种形态相对比,它的意义部就是"红"和"花"这两个实词,而形态部就是"红"和"花"这两个实词的搭配次序(词序)。总之,我们把一切语法手段都看成是形态部,用它表达一定语法关系的结构就构成形态。

意义部和形态部的关系是怎样的呢?它们是相互依存关系,即形态部依存于意义部,意义部具有选择形态部的能力。没有意义部就没有形态部。形态可以由意义部与零形态部构成(这是与相同的意义部所具有的一系列的形态部相对而言。请比较:"做、做着、做过、做了、做起来"等形态,"做"就是零形态部),但不能由形态部与零意义部构成。意义部是现实的反映,形态部是反映现实关系的标志。意义部是由实词或词干表现出来,形态部是由词序、附加成分的增添、音的替换等形式表现出来。但在不同语言里,意义部与形态部的依存关系不同。譬如俄语的 окно、окна、окну……("窗子"一词的各种变格形式),如果没有 -о、-а、-у……当中的一个,那么,окн- 就不能作为词而存在。汉语的"我们",即使没有"们","我"也可以作为零形态部的词而存在,只是语法意义不同了。因此,在研究各种具体语言的时候,必须考虑到意义部与形态部相互依存关系的不同情况。不过,形态部总是依存于意义部,而意义部具有选择形态部的能力,即意义部只选择某些形态部而排斥另一些形态部与它组合成形态。意义部选择形态部的能力,就表现出了功能关系。

说到功能,中国语法学者对此也持有不同的理解。岑麒祥先生所说的功能,是指虚词在语句中的作用。岑先生举出,实词表示实际意义(即词汇意义)和语法意义,虚词只表语法意义。譬如感叹词"唉、啊、嗯、哎哟"等等是一种特殊的词,它只表示某种精神活动或情绪,并且不跟其他的词发生关系;语气词如"呢、吗、吧、呀"等是汉语所特有的,其功用也只在表示全句的语气,跟其他词类有很大的差别。其余的前置词,是表示词和词间关系的,连接词是把一个词、词组或句子连接于另一个词、词组或句子的。因此岑先生认为虚词与实词不同,它们本身没有实际意义,可以按照它们的功能来区分词类,那是不会成什么问题的,而实词的分类可就不这样简单了。[17]由此可以看出,岑先生所说的功能,只对虚词才起作用(虚词可以凭功能分类),没有明确指出实词相互之间是否也具有功能这一问题。

曹伯韩先生所说的功能是指词在句中的地位或职务。曹先生说,名词的常位在主语和宾语上,形容词的常位在修饰语和谓语(表语)上等等。如果某一类词,除了经常职务或主要职务之外,它还有次要的职务或临时兼充的职务的话,曹先生就认为是它的变化或变位。[18]我们认为,这种功能不足以区分词类。一方面,因为"常位"和"变位"必定要从词在具体句子中的意义来判定,这又违背了语法学原理;另一方面"常位"和"变位"没有明确的规律可循,词在句中的"常位"几乎都能做"变位"。正因为如此,所以大家都不敢单独把这种功能拿来作为区分词类的标准。我们所说的功能,与前面两位先生所说的功能毫无共同之处。

我们把"某种语言要素排他的、专与某种所与的语言要素相结合的能力",叫做功能。例如"人"、"同志"等词,前面可以同"一个"、"某些"结合,不能与"不"、"很"等相结合;后面可以同"们"结合,不能同"着"相结合。"做"、"学习"等,后面可以同"了"、"着"、

"起来"结合,不能同"们"结合。"好"、"漂亮"等,本身能够以叠字的方式重叠(好好、漂漂亮亮),前面能跟"不"、"很"结合,不能跟"一个"结合。这一切都是功能的体现。因此我们说的功能与陈望道先生的功能(词的配置能力)相同,与王力先生的"词的组合能力"相类似。王先生说"组合能力的标准不但能解决归类问题,同时能解决分类问题"[29]。不过王先生把"词的组合能力"单独作为一个标准并从属于更大的句法标准之下。我们的功能却与此不同。我们认为,不能把功能单独作为一个标准。因为功能是潜在的,假如把语言里各个要素分离开来,那么,这些要素本身就显示不出任何功能。例如把"同志们走了"这句话分离成为"同志"、"们"、"走"、"了"四个要素,不能从其中每个要素本身看出功能。因此功能必须在某种语言要素与另一语言要素相结合的关系中才能体现出来。某种语言要素与另一语言要素结合成为一个整体,就是我们的形态。如"同志"跟"们"结合,构成指人名词的复数形态。"走"和"了"结合,构成动词完成体的形态。可见功能存在于我们的形态里。形态和功能是密切相关的表里关系,有形态表现,就预定了功能的应用。因此我们说,形态是凭功能决定的表达一定语法关系的结构,抽去了功能的形态是不可能的。我们也不能想象"没有形态的功能"的存在。

前面说过,我们的形态是由意义部和形态部组成的,意义部与形态部结合的能力,就是功能的体现。那么,这种结合的能力,究竟属于意义部,还是形态部呢?我们认为,只有意义部才具有结合能力,而形态部本身没有这种结合能力,它是被结合的要素。例如汉语"们"这个要素,它本身不具有与任何语言要素相结合的能力,而只是被人称代词(如"我"、"你"、"他")和指人的名词(如"人"、

"同志")所结合。为什么"好"、"走",甚至"书"、"钢笔"不具有与"们"相结合的能力呢?这是因为意义部具有选择形态部的能力。意义部只选择某些形态部而排斥另一些形态部,这是由词(意义部)的语义基础所决定的。在这里正表现出词汇和语法的交汇关系。所以苏联语言学家对于词类的区分,都归结为"词义·语法范畴"或"词汇·语法范畴"这样一个概括的标准。譬如龙果夫(А. А. Драгунов)指出:"这种样式的词的种类,每一类都具有基本意义上和语法特征上(在汉语里,首先是句法上,其次是形态上和语音上)的共同性,我们称之为词义·语法种类,或是词义·语法范畴。"㉚沙哈玛托夫(А. А. Шахматов)也说:"词类的分别除了句法基础以外还有更深刻的基础——语义的基础。"㉛如何理解"词汇·语法"这个概念,对于语法研究是一个极重要的问题。我们认为,"词汇·语法"概念所指的不是一半是词汇意义,另一半是语法成分,而是词汇成分和语法成分的结合。斯米尔尼茨基(А. И. Смирницкий)就说:"在这里极重要地指出,在词汇·语法的概念下所指的不是词汇和语法之间的某种平均的东西,而是词汇要素和语法要素的结合。因为说到词的语法形态和具体的形态单位事实参加这些形态的构成,所以我们自然就同词汇·语法事实有关,也就是同这两个要素结合起来的事实有关。"㉜这就是说,就词本身的性质来看,它具有深厚的语义基础。但因为词类区分不是词的语义分类,而是词在语法上的分类,也就是词类要在词与词的结合关系里才能分类。一个词所以能与另一个词结合,又正是词的语义基础所决定的。所以苏联学者把词类区分归结为词义·语法范畴或词汇·语法范畴这个更概括的标准,恐怕就是这个原因。如果这样理解不错的话,那么,用词汇·语法范畴这个标准来分词类,就不应当理解成为词汇意义和语法成分各居其半、同时共存,有时用词义标准,有时用语法标准(这里的"语法标准"是指词义以外的标准——益注)来区分词类。因此我们认为,在意义部里具有词的深厚的语义基础,在形态部里具有词的语法的形式标志,用意义部和形态部相结合的整体构造——形态来区分词类,正符合词汇·语法范畴这个更概括的标准。

我们说意义部所具有的结合能力是由词的语义基础决定的。那么,意义部的意义是指具体的意义呢?还是一般的抽象的意义呢?当然是一般的抽象的意义,即类意义。例如"工人、农民、先生、学生"等词,前面能与"一个"结合,后面又能与"们"结合,这些词就表现出了"名称"的类的意义。"学习、研究、做、写"等词,后面能与"了、着、过、起来"结合,这些词就表现出了"动作"的类的意义。"多、快、好、美丽"等词,前面可以同"很"结合,后面能与一定名词结合形成规定、描写关系,就表现出了"性状"的类的意义。当意义部与形态部结合表现出一定语法关系的时候,就构成形态。可见,我们的形态不是没有意义;不过,我们研究语法的出发点,不是先认清"名称"、"动作"、"性状"等意义,再去寻找这种意义的表征,而是从形态中去发现意义的。

由此可见,我们的形态,包括了高王两位先生所说的"狭义的形态"和"广义的形态"(表现在我们的形态部中),也包括了功能(词的组合能力)和词义(一般意义,表现在我们的意义部中),同时还包括了吕叔湘先生说的"鉴定字"(表现在我们的形态中)。因此我们说,语法学应当是以这种形态为其研究对象的。

我们把这种形态作为语法学的对象,不仅对汉语语法的研究有其特殊意义,而且用以对印欧语言的语法研究也是适宜的。譬如单就词类(parts of speech)的区分来说，在印欧语言学中，已经是建立在几种不同的分类原理上的，是很不科学的。所以方光焘先生曾经指出："西方的 parts of speech 单就名称而论，已经是建立在几种不同的分类原理上的。例如动词、名词是根据意义的命名，前置词、感叹词(日译作间投词)是根据位置的命名，而代名词、副词、形容词却又是根据对于他词之关系的命名。这种分类，实在是非科学的。我们应当以语词的功能为根据，对于 parts of speech 再作一番检讨，换句话说，我们应该根据表现关系中的语词的功能，来划分语部。"㉝从形态的意义部和形态部的结合能力着眼，的确，词类的区分是功能范畴，即根据词与词的结合能力来分类才是合理的，所以陈望道先生力主"功能中心说"。陈先生说："文法的研究，就语部问题而论，国内学者还多徘徊于形态中心说与意义中心说之间，两说都有不能自圆其说之处，鄙见颇思以功能中心说救其偏缺。"㉞如果根据功能范畴来区分词类，那就可以把西方的 parts of speech 的分类，统一在同一的原则之下。就汉语来说，如果根据功能范畴来分类，也就可以把中国传统的所谓实词与虚词的词类区分，统一在同一的原则之下，就不至于像岑麒祥先生所主张的，虚词凭"功能"来分类，而实词又是以另外的标准来分类了。

我们说词类是功能范畴，但汉语的感叹词，如岑麒祥先生当做虚词一类举出的"唉、啊、嗯、哎呀"等等，并不跟其他词发生关系，那么，汉语的感叹词是否可以根据功能范畴来分类呢？我们认为，同样可以根据功能范畴来分类。不过，汉语的感叹词是否应当算作虚词，还可以商讨。我们认为感叹词具有强烈的表达感情的词汇意义，它不同于一般虚词，也不同于实词，更不同于形态部。实词本身具有结合能力,形态部只有被结合的能力,没有结合的能力。而感叹词本身不具有结合其他词的能力,也不被其他词所结合。因而感叹词与其他词比较起来,它的功能就是"零"(zero)。"零"在语法结构里不是消极的,它可以与其他的表现手段起对立作用。可见,用功能范畴是可以解一切词的分类问题的。区分词类必须严守同一性原则,不能采用多重标准。虽然我们说词类区分是功能范畴,但是,我们前面说过,形态和功能是密切相关的表里关系,有形态表现,就预定了功能的应用,功能就体现在我们的形态里。所以方光焘先生正确指出:"语法学是以形态为研究对象的。词类的划分也应该以形态为唯一标准。"⑱

# 六、几点说明和结论

我们虽然把形态说清楚了,但是,人们还可能产生这样一个问题:既然说形态的定义是指"具有一定的形式标志、表达出一定关系的结构",那么,形态和结构究竟有什么重要的区别呢?关于这个问题,我们有必要作出回答。因为吕叔湘先生就把方光焘先生的形态列入"按照各种结构关系划分词类"⑲的标准之中。也有人把"广义的形态"(词的结合)当成句子成分。也许在一些人看来,我们的这种形态和结构只是用语的不同,没有实质的区别。但是,我们认为,形态和结构不是用语的不同,而有重要的区别。我们可以简要地用以下四点来分辨。

首先,形态,原是传统语法学上一个定型的术语,从传统观点看,它只是表达具有某种语法意义的形式。我们已经论述了传统语法学区分 morphology 和 syntax 是不合理的。现在我们借用语法学上这个传统术语,注入新内容并加以改造,扩大其所指的范围,包括要素和要素、词和词以及词组和词组结合的整体构造,仍然只是表达具有某种语法意义的形式。结构是一个不确定的用语,语言的语音、语义、语形都有结构可言,如对"结构"不加限定,容易引起误解。

其次,形态是指一定语法关系的结构整体,结构着重于整体的组成部分。譬如吕叔湘先生的"鉴定字"就是代表结构关系,是着重在分析"子、儿、头"等要素的语法性质。吕先生说:"这里所说的'鉴定字'包括子、儿、头等等一般承认是词尾的字,不、很、能、会等等一般承认是词的字,以及了、着、的等等身份还在争论之中的字。'鉴定字'和'结构关系'难于严格分开,鉴定字就代表结构关系。……这些词或词素的作用有点像化学里的试药,所以管它叫'鉴定字'。"[⑳]可见吕先生所讲的"结构",是着重在分析整体的组成部分,即研究的出发点是在考察"鉴定字"。我们的形态,是在考察各个要素组成的整体,考察每个要素结合起来所表现的语法意义。因为语法意义不存在于各个要素本身,而是存在于各个要素相结合的关系里,只有从各个要素相结合的整体(即形态)中才能发现语法意义。这也好比化学的元素分析,鉴定或分析化学元素,是化学研究的重要的初步的工作;但化学研究更重要的还在于把各个化学元素掺和起来,看它的结果发生了什么样的化学变化(如 $H_2+O \rightarrow H_2O$)。或用另一个比方说,形态好比是个定型的成品,比如瓷器,根据瓷器的形状可以分类并确定其使用价值。结构好比制成瓷器的材料及其工艺程序,在制成成品前,人们无法确定其使用价值。用我们的形态说,比如考察"红"和"花"这两个词的结合关系，或者"红"在"花"之前，或者"红"在"花"之后，在这两种情况下，"红"和"花"这两个词的结合关系，还有一个"词序"为其中介。而当"红"和"花"结合成为"红花"（规定关系）或"花红"（主谓关系）的情况下，"红花"或"花红"本身已经作为一种形态显现出来，表示一定的语法意义了。因此可以说，我们的功能（词的结合能力）大体可以等同于结构，它是着重在考察词与词的结合关系。词与词既经结合成为一个整体的时候，它就作为形态显现出来了。所以我们说，功能包含在形态之中，而形态才是语法研究的真正对象。

再次，分析语法结构是从语法形式方面着眼去研究语法的，研究的出发点是正确的。但因为语法形式和语法意义是一个统一体，而从结构观点去研究语法的人，一般没有深入论述这个统一体的内在关系，即没有辩证地阐明语法结构如何表现语法意义，从而给人造成一种误解，以为把形式和内容分割开了，或者形式脱离了内容。正因为如此，所以在汉语词类区分上，有人指责或担心，只讲形式或结构，不顾内容或词义，将会走上形式主义的道路。主张从结构关系来区分词类的人，似乎也对此产生了怀疑和动摇，于是又回过头来说明要兼顾词义。据此看来，似乎他们也认为结构本身不能包括词义。因此主张兼顾词义来划分词类的人，有时就不得不从词本身的意义着眼去辨认词的类属，结果使划分词类的标准无法统一起来。我们的形态是语法形式和语法意义的统一体，构成形态的结构内部是形式和意义的有机结合，它不会使人误解形式脱离内容，也统一了划分词类的标准，同时也便于分析语法时科学地操作。

最后，人们使用"结构"这一用语，各有不同的理解。语法学者一般只把词与词的关系、词与词的结合看成结构，有的认为结构不能大于句子和小于词的形态变化。从这种认识出发,那么把语言的"结构"作为语法研究的对象,也就不能概括一切语言的语法共性了。我们的形态是用以表达某种语法意义的形式,大到一般的句子(句子模式),小到词形变化(或传统的狭义形态),都包括在形态之中。从形态的构成看,当然离不开结构。我们以为,通常理解的构形法和构词法也是一种结构,只不过是词的内部结构。词的内部结构可以向外部扩展,成为词与词的结合关系,它像滚雪球一样越滚越大,我们认识的语法结构就是这样一种性质。但是,我们的形态又不是这种单纯的结构,它是用一定的形式标志表达某种语法关系的结构。就是说,这种结构的内部是由意义部和形态部两部分构成,其中的形态部就是形式标志,用以定型结构,从而演化出一种新的语法形式——形态。所以说,用我们的形态划分汉语的词类,可以把目前存在的多标准统一起来;把形态作为语法学的对象,也概括了一切语言的语法的共性。

概括以上所述,我们再一次引用方光焘先生的话来作为本文的结论:"把形态作为语法学的研究对象,也不是偶然的,而是语法本身的性质使然的。"⑧

**注 释**

①高名凯《汉语语法论》,科学出版社,1957年,35页。
②П. С. Кузнецов《语言的形态分类法》,见《语言学论文选译》第5辑,中华书局,1958年,58—59页。
③傅东华《给陈望道先生的公开信》,见《中国文法革新论丛》(重印本),中华书局,1958年,113页。
④陈望道《从分歧到统一》,见《中国文法革新论丛》(重印本),中华书局,

1958年,106页。

⑤⑧㉛A. A. 龙果夫《现代汉语语法研究》,科学出版社,1958年,9页,2页,着重号是原有的,㉛参见所引书中的注①。

⑥ A. A. Реформатский, Введение в языкознание, Москва. 1955年, стр248.

⑦刘复《中国文法通论》,上海群益书社,1920年,30页。

⑧⑨⑩⑪陈承泽《国文法草创》(重印本),商务印书馆,1957年,21—22页,13页,24页,24页,益按:这里"形式"指"文位"。

⑫⑬黎锦熙《新著国语文法》,商务印书馆,1924年,6页,9页。

⑭王力《中国文法学初探》,商务印书馆,1936年。

⑮⑯㊹㊺㊻王力《中国语法理论》(上册)(重印本),中华书局,1954年,22页,23—24页,8页,22页,"新版自序"7页,着重号是原有的。益按:这里的"词在句中的职务",是指词在句中的"品级",指"词在句中,居于首要地位者叫做首品;地位次于首品者,叫做次品;地位不及次品者,叫做末品"。〔见王力《中国现代语法》(上册),42—43页〕

⑰吕叔湘《中国文法要略》,商务印书馆,1941年,24页。

⑱吕叔湘、朱德熙《语法修辞讲话》,青年出版社,12页。

⑲㉕㊲㊷㊶㊾吕叔湘《关于汉语词类的一些原则性问题》(上),《中国语文》1954年9月号,6页,6页,11页,10页,9页,11页。

⑳高名凯《关于汉语的词类分别》,《中国语文》1953年10月号。

㉑《中国语文》1955年5月号,11页。

㉒《中国语法理论·新版自序》,中华书局,1957年。

㉓㉚㉞《中国语文》1954年10月号,47页,27页,26页。

㉔㉘㊺王力《关于汉语有无词类的问题》,《北京大学学报》(人文版)1955年第2期,146页。

㉖㉙分别参见岑麒祥《语法理论基本知识》"词类"一节,时代出版社,1956年;曹伯韩《汉语的词类分别问题》,《中国语文》1954年10月号。

㉗吕叔湘《关于汉语词类的一些原则性问题》(下),《中国语文》1954年10月号,16页。

㉛㉜王力《关于词类的划分》,见《语法和语法教学》,人民教育出版社,1956年,83页,86—87页。

㉝㉟《中国语文》1954年9月号,14页,14页。

㊱㊲㊵㊸斯大林《马克思主义与语言学问题》,人民出版社,1953年,35页,22页,41—42,24页。

㊳Е.М.Галкина-федорук,О форме и содержании в языке,Мышление и язык,Москва.1957年,стр355,着重号是原有的。

㊴同㊳,375页,着重号是原有的,益按:我们对于"语法范畴"的理解是一切概括意义和它的表现形式的统一。

㊶同㊱,21—22页。又根据原文,这里译文略有改变。

㊷"形态部"是方光焘先生的术语,是 морфема 的汉译,在构词法里多译作"词素",在构形法里多译作"形态单位"。

㊼高名凯《普通语言学》(增订本),新知识出版社,382页。

㊽岑麒祥《普通语言学》,科学出版社,1957年,159页。

㊾《中国语文研究参考资料选辑》,中华书局,1955年,120页。

㊿51○52○陈望道《漫谈文法学的对象以及标记能记所记意义之类》,见《中国文法革新论丛》(重印本),中华书局,1958年,129页,130页,107页。

53○54○55○73○83○84○《中国文法革新论丛》(重印本),中华书局,1958年,273页,275页,273页,107页,125页,276页。

56○57○吕叔湘《语言和语言学》,《语文学习》1958年2月号,27页,着重号是原有的。

58○方光焘《体系与方法》,见《中国文法革新论丛》(重印本),中华书局,1958年,49—50页。

59○85○88○1956年5月,方光焘先生在南京大学"五·二〇"校庆科学报告会上,作了《汉语词类研究中的几个根本问题》的学术报告。这个报告只是一个提纲,由南京大学铅印发给到会的人。因为先生在病中,文章未能写好发表。

60○67○68○69○高名凯《语法范畴》,见《语法论集》(第2集),中华书局,1957年,21—22页,18—19页,20—21页,26页。

61○《语法·语言的语法构造》,苏联大百科全书选译,人民出版社,1954年,18页。

62○《俄语语法》(卷1),时代出版社,8页,着重号是原有的。

63○康拉德《论汉语》,彭楚南译,中华书局,1954年。

64○高名凯《关于汉语的词类分别》,《中国语文》1953年10月号。

66○高名凯《再论汉语的词类分别》,《中国语文》1954年8月号,13页。

⑦宋采夫《汉语的词类问题》,见《语法论集》(第 2 集),中华书局,1957年,81—82 页,着重号是原有的。

⑫方光焘《问题的简单化与复杂化》,见《中国文法革新论丛》(重印本),中华书局,1958 年,83—84 页。又,这里的"广义的形态"是指"词与词的互相关系,词与词的结合"。

⑭方光焘《建设与破坏》,见《中国文法革新论丛》(重印本),中华书局,1958 年,122 页。

⑮黎锦熙《词类大系——附论"词组"和"词类形态"》,《中国语文》1955年 5 月号,11 页。

⑰岑麒祥《语法理论基本知识》,时代出版社,1956 年,23—24 页。

⑱曹伯韩《汉语的词类分别问题》,《中国语文》1954 年 10 月号,27 页。

⑲王力《关于词类的划分》,见《语法和语法教学》,人民教育出版社,88—89 页。

㉒А. И. Смирницкий, Пексическое н граммнтческое в слове, Вопросы грамматического строя, Москва. 1955 年,стр43。

附记:这是我在南京大学研究生毕业时写的毕业论文。我的学术导师是方光焘教授。这篇论文是在方先生直接指导下写成的。文中的新形态理论,我是承受方先生的学说。由于方先生的研究成果尚未写成专著发表,如本文在领会方先生学说方面有错误之处,应当由我自己负责。

(南京大学油印本)1958 年

徐思益

1958 年 7 月 1 日记于南京大学

# 谈意义和形式相结合的
# 语法研究原则

中国科学院语言研究所现代汉语小组(以下简称"小组")因为要写一部《现代汉语语法》,最近提出一些问题,要求大家在语法研究上加强协作。①我们对"小组"在现代汉语语法研究和编写上这种走群众路线的做法,是非常欢迎的;希望全国语言学者,特别是语法研究者,在党的领导下,以"小组"为中心,团结一致,通力合作,使这部科学的《现代汉语语法》能够早日写成。

我因为一向关心语法规范,所以愿意响应这个号召,首先来讨论一下"小组"所提出的编写原则,亦即遵守意义和形式相结合的理论问题。

大家都知道,斯大林曾说过,语法是把词和语加以抽象化,而不管它的具体内容,那么,研究语法是不是只研究它的形式呢?或者进而说,语法学就是一门形式科学呢?关于这个问题,在中国语法学界曾经有人指责:只管结构或形式,不管词义和内容,将会走向形式主义的道路。因此,阐明语法是不是只研究它的形式这个问题,是非常必要的。

要研究这个问题,必须首先解决形式和内容的相互关系问题。马克思列宁主义的学说教导我们,一切存在的东西,都有形式和内容,这两个范畴是处在辩证的统一和相互制约的关系中的。内容总不能离开一定的表现形式,而形式也不能离开内容而独立存在。虽然起决定作用的是属于内容,但是天地间没有无内容的形式,也没有无形式的内容。在语言本身之中,也存在形式和内容的辩证的统一。加尔基纳·菲多卢克说:"语言的内容不能作为语言学者的研究对象,因为那就要使语言学者走到研究语言之外的题目了;这如像哲学-逻辑学者不研究思维的内容那样,他们只研究它的反映现实现象的形式。在语言中思想的表现手段、形式,即语言形式的研究,才是语言学者的任务。"② 语法构造也同样存在着形式和内容的辩证的统一。加尔基纳·菲多卢克同样告诉我们:"语言的语法构造也有内容和形式。一切语法意义的总和,或者通常叫做'语法范畴',就是语法构造的内容;而语法意义的表现手段的总和,就是语法构造的形式。"③ 因此我们在研究语法的时候,不能把语法构造的形式(语法意义的表现手段)和语法构造的内容(语法意义)混为一谈;也不能认为语法形式可以脱离语法意义而独立存在,或者语法意义可以没有它的表现手段而独立存在。

一种语言所以不同于另一种语言,主要在于表现语法意义的语法形式不同。语法的研究,重要的不在于语法意义,而在于用什么语法形式来表现这种语法意义。并且,语法形式是语法意义的外部表现,是语法意义存在的物质凭借。如果没有语法形式,即使还认为有某种意义存在的话,那也不是语法意义,而是逻辑概念了。可是,中国的一些语法学者,过去从意义或概念范畴出发去区分汉语的词类,结果以概念范畴代替了语法范畴。这正是没有认清语法的特点、忽视语法形式所招致的结果。

总之,语法构造是语法意义和语法形式的统一,两者是相互依存的。可是作为研究语法的出发点,应当从语法意义的物质凭借,亦即从语法形式入手。我们只要记着形式和内容的相互关系,不要忘记语法形式是表现语法意义的话(不像外国的某些语法学者纯粹为形式而分析形式的话),那么,我们就简单地说,语法是着重在研究它的表现形式。

但是,语法的表现形式,可能是词的变化,或者是词的结合。必须把词的变化和词的结合综合起来,组成语法规则、语法定律,才能建立语法体系。所以斯大林说:"语法(词形变化法,词的结合法)是词的变化规则及词在句中的结合规则的综合。""语法把词的变化和词在句中的结合的基本共同之点综合起来,并用这些共同之点,组成语法规则、语法定律。"④可是,词的变化和词的结合在外表上是那样地不同,而斯大林把它们综合起来作为语言的语法构造,显然,它们在实质上是有某种基本共同之点。那么,这些基本共同之点又是什么呢?这就必须进一步说明词和词之间的关系。

语言的词汇,一方面,具有基本语义;另一方面,又具有关系语义。基本语义就是词的词汇意义;关系语义就是词的语法意义。一切作为语言单位的词,都具有这两个方面的特征。忽视这两个方面的任何一面,都不能研究词,也不能研究语法。语言的语法构造——词的变化和词的结合——都是同词的这两个方面的特征密切联系着的。

词的变化大概可分为词汇上的变化和语法上的变化两种。词汇上的变化表现在:或者是音读的变化,如俄语的 стихотворенье/стнхотворение(诗)、лиса/лисаца(狐),汉语的"哆嗦"(duosuo)/"啰唆"(luosuo)、"哎呀"(aiya)/"哎哟"(aiyo);或者是次序的变化,例如汉语的"热闹"/"闹热"、"缓和"/"和缓"、"畅通"/"通畅"。

这种变化是在词汇本身之内，并不涉及词和词之间的关系。并且这种变化的外表的区分很少表现意义的差别。这通常叫做词的（词汇的）变体。词在语法上的变化，是取决于一词和他词的关系。凡是在具有词形变化的语言里，词总是与其他的词发生了关系才产生变化。可是中国某些语法学者，却认为词的本身有各种词形的变化。我们认为这是值得商榷的。如果说，词的本身的形式变化是指词的（词汇的）变体，那与语法研究是无关的；如果说到词的语法变化，那就必须考虑到词与词的关系，不能孤立地说词本身有各种变化。如果把每一个词孤立起来，它实质上不可能有任何变化来表示语法意义。

语法构造——无论是词的变化，抑或是词的结合——总是把词和词的关系，表现在一定的"言语的贯串性"（линейность речи）里，而不是词的本身能表现某种语法构造。这就是词的变化和词的结合的基本共同之点。这种基本共同之点，是作为交际工具的一切语言（无论是所谓屈折语、胶着语或孤立语等等，它们彼此之间有多大的不同）所共同具有的。从语法学的一般原理出发，研究任何语言的语法都应当从这个基本共同之点着手。

由此可见，我们可以得出两点结论：(1)任何语言的语法形式都是表现在一定的"言语的贯串性"里，语法形式不存在于各个孤立的词的本身之中。(2)语法形式是表现语法意义的，我们研究语法不可把意义和它的表现形式分割开来；但是，也不可把研究语法的出发点放在意义上，再去寻找与意义相照应的表现形式。这就是语法研究所应遵守的基本原则。

上面这个原则，又如何能具体地运用在汉语语法研究方面呢？我们先举例说吧，比如"工人、农民、先生、学生"等词，前面都能与

"一个"结合,后面又都能与"们"结合,这些词就表现出了"名称"的类的意义。"发展、研究、做、写"等词,后面都能与"了、着、起来"结合,这些词就表现出了"动作"的类的意义。"漂亮、干净、多、快"等词,本身能以"叠字的方式"重叠,它们的后面又能与一定的名词结合,构成规定关系,这就表现出了"性状"的类的意义。再以"小组"提出的从动词中分出副动词(介词)和助动词(能愿动词)为例,譬如:"(a)发展、研究、看、走,(b)应该、可以、能、敢"等词,它们共同的特点是:可以用肯定、否定相叠的方式构成选择问句。如"发展不发展""应该不应该"等。它们不同的特点是:(a)组词的后面可以与"了、着、起来"结合,构成动词体的语法范畴;而(b)组词却没有这种结合功能。由于(a)(b)两组词的共同特点,就可以把它们归属动词这个大类;由于(a)(b)两组词的不同特点,又可以把(b)组词从动词这个大类中分出助动词这个小类来。人们也许会问:(c)"漂亮、干净、多、快"等词也可以用肯定、否定相叠的方式构成选择问句,如"漂亮不漂亮",为什么不把(c)组词也归入动词这个大类呢?问题在于(a)(b)(c)这几组词的共同特点仅仅表现在这里,从此它们之间便开始表现出严重的差别了。助动词不像形容词那样,能与名词结合构成规定关系(请比较:我们可以说"干净衣服",不能说"应该衣服");也不像动词那样,能与名词结合构成支配关系(请比较:我们可以说"发展工业",不能说"可以工业")。助动词与动词结合,中间不能嵌"de",助动词本身不能重叠;形容词与动词结合,中间可以嵌"de",形容词本身能重叠(请比较:"可以研究","应该研究";"多研究","多多地研究")。所以名为助动词,因它与动词结合,是说明"动作"的状况。它与动词结合,构成合成谓语,就使叙述句型变成状况句型。至于副动词(介词),是否可以作为动词一个小类呢？由于没有仔细研究，我们还不敢妄下断语。不过，作为动词的大类来说（其中包括助动词，假如也包括副动词），它总应该是句子的主要成分或独立做谓语。可是，副动词（如果同意这个名称的话），如"对于、至于、向、从"等等似乎不具有这些作用；并且它还不能与动词直接结合，它的后面总是先与一定的名词或代词组成某种结构，再与动词（或形容词）结合。如"从学校里回来"，"对于我很好"。

这以上只是一种举例性质，可能很不全面。但是，从这些事例中，我们可以看出：这些词与词或词素与词素的相互结合关系，是取决于它们的语义基础的。没有这种语义基础，它们之间就不可能结合，也就不能构成种种语法关系。可见，词与词或词素与词素相互结合的本身，已经包括了意义。这种意义，当然不是指词或句子的个别的、具体的意义，而是指一般的意义，如"名称、动作、性状"等类的意义。但是，我们研究语法的出发点，不是先认清"名称、动作、性状"等类的意义，再去寻找这类意义的表现形式。

"小组"研究语法以意义和形式相结合为原则是正确的；但是，问题的关键在于：怎样使意义和形式相结合，怎样理解形式。譬如，过去在讨论汉语词类区分时，我国有不少学者都主张把意义和形式结合起来，或统一起来，或着重形式，兼顾意义等等拿来作为汉语词类区分的标准；可是，结果都没有使问题得到圆满的解决。究其原因，就是对意义和形式相结合这个原则理解和应用不当。他们一方面，把汉语的"了、着、们、子、儿"等等当做"形式"（大部分人当做"形态"）；另一方面，又把这种"形式"和意义半斤八两地对立起来，分别应用。因此他们在具体处理意义和形式相结合这个原则的时候，有的主张，要先认清词的意义，再去寻找这种意义的表现形式。如"走、看"等词有"动作"的意义,就确定它们是动词;然后又说动词的语法特征,后面可以接"了、着"等等。有的认为,形式标志明显的词,可以凭形式标志分类,如"桌子""花儿"等词,可以凭"子、儿"等形式标志分成名词;形式标志不明显的词,就凭意义分类。这种看法,是把词的某一部分孤立地理解成为"形式"或"形态"了,而且又把这种"形式"和意义分别地、并行地应用了。我们认为,这种种看法,既没有正确地理解形式问题,也没有正确地解决意义和形式相结合的问题。现在的问题是:"小组"打算怎样应用意义和形式相结合这个原则呢?

我们认为,词与词或者词素与词素相结合的整个构造才是形式。从词与词或者词素与词素相结合的功能来看,它就有某种意义潜在其中;从词与词或者词素与词素相结合的整个构造来看,它又是以某种形式显现出来。这种形式,既包括了意义,又显示出了意义的表现手段。可见,词与词或者词素与词素相互结合的整个构造本身,已经使意义和形式结合起来了。这种词与词相互结合的整个构造,方光焘先生叫做形态。方先生还在 1939 年讨论文法革新问题的时候就说:"我认为词与词的互相关系,词与词的结合,也不外是一种广义的形态。……我以为文法学是以形态为对象的,是要从形态中发现含义。"⑤方先生这种主张,是从词的全面结合关系着眼,正确地解释了形态问题。不管人们是否同意这种形态(我是同意的,唯恐引起术语的纠缠,本文暂时避用"形态"一词),或者人们把这叫做形式也好,但是,绝不能把孤立的词素当做形式或形态。如果把孤立的"了、着、子、们、儿"等当做"形式"或"形态",那就是没有认清语法的特点,而且也不能正确地解决意义和形式相结合的问题。而词与词的关系、词与词的结合,又都是表现在"言语的贯串性"里,只有根据"言语的贯串性"的原则,才不至于孤立地把词当做形式或形态。只有根据"言语的贯串性"的原则,才能认清词的全面结合关系,才能正确地理解形式或形态,从而才能把意义和形式正确地结合起来。

### 注 释

①《中国语文》1959年3月号,142页。

②加尔基纳·菲多卢克(E. M. Галкина-федорук)《论语言中的形式和内容》,见《思维和语言》,1957年,莫斯科,355页,着重号是原有的。

③同上,375页,着重号是原有的。按我们对于"语法范畴"的理解,应当是一个概括意义和它的表现形式的统一。

④斯大林《马克思主义与语言学问题》,中文本,人民出版社,1953年,21—22页。这里的引文是参照原文略加改动的。

⑤方光焘《体系与方法》,见《中国文法革新论丛》,中华书局,50页。

原载《中国语文》1959年6月号。
又载胡裕树主编《现代汉语参考资料》(下),
上海教育出版社,1982年

# 语法结构的同一性和差别性

## ——从动补句式说起

一

1.0 任何事物都有共性和个性。共性表现为同一,个性表现为差别。同一性和差别性既是对立的,又是可以转化的。判定事物的同一性和差别性及其互相转化的条件,这是辩证法的基本思想。列宁说:"辩证法是这样一种学说:它研究对立怎样能够是同一的,又怎样成为同一的(怎样变成同一的)——在怎样的条件之下它们互相转化,成为同一的——为什么人的头脑不应当把这些对立看作死的、凝固的东西,而应当看作生动的、有条件的、可变动的、互相转化的东西。"① 人们观察对象,如果能在极不相似的现象中找出同一,或在极其相似的现象中发现差别,这对于科学研究具有极为重要的意义。科学研究就是要坚持辩证唯物主义思想,找出事物同一性和差别性及其互相转化的条件。

1.1 语言也同其他事物一样,处处存在着同一性和差别性的对立。恩格斯指出:"同一性在自身中包含差别性,这一事实在每一命题中都表现出来,在这里述语是必须和主语不同的。莲花是

# 语法结构的同一性和差别性

一种植物,玫瑰是红的:这里不论是在主语或者在述语中,总有点什么东西是述语或主语所包括不了的。"②恩格斯的话为我们揭示语法结构的同一性和差别性指明了方向。

但是,语言是人类最重要的交际工具,是传递信息的符号系统。这个符号系统既有声音的一面,又有意义的一面,是音义结合的双结构系统。要判定语言单位或语法结构的同一性和差别性,这要比分析一般社会现象困难得多。

1.1.1 什么是语法结构的同一性和差别性呢?德·索绪尔(F. de Saussure)曾有过精辟的论述。他说:"语言机构整个是在同一性和差别性上面打转的,后者只是前者的相对面。"他进而以形象的比喻说明语言的同一性:"例如两班'晚上八时四十五分日内瓦—巴黎'快车相隔二十四小时开出,我们说这两班快车有同一性。在我们的眼里,这是同一班快车,但很可能车头、车厢、人员,全都不一样。或者一条街道被拆毁后重新建筑起来,我们说这是同一条街道,但是在物质上,那旧的街道可能已经荡然无存。一条街道为什么能够从头到尾重新建筑而仍不失为同一条街道呢?因为它所构成的实体并不纯粹是物质的。它以某些条件为基础,而这些条件,例如它与其他街道的相对位置,都是跟它偶然的材料毫不相干的。同样,构成快车的是它开车时间、路程,和使它区别于其他快车的种种情况。每次这些相同的条件得以实现,我们就得到相同的实体。然而实体不是抽象的,街道或快车离开了物质的实体都是无从设想的。""再举一个跟上述情况完全不同的例子:我有一件衣服被人偷走,后来在一家旧衣铺的架子上找到。这是一个只由无生气的质料:布、夹里、贴边等等构成物质的实体。另一件衣服尽管跟前一件很相似,却不是我的。但语言的同一性不是衣服的同一性,而是快车和街道的同一性。"③ 从索绪尔这番话里我们体会到,语法结构的同一性不是语音或语义的同一性,而是关系的同一性。同一条路线在同一周期开出的快车,"车头、车厢、人员,全都不一样",这是物质实体的差别性;而快车"开车时间、路程,和使它区别于其他快车的种种情况",这是关系的同一性。语法结构的同一性正像同一条路线在同一周期开出的快车那种关系的同一性。

1.1.2 为了说明语法结构的同一性和差别性,我们举一组现代汉语动补句式的实例来具体分析。这里所说的动补句式,是指"治好、喊哑、吃完、喝醉、淋湿"等动补格式的词与它前面的名词(或人称代词)结合所组成的句式。④ 先看下列各组例句:

A 组:病治好了。　　　　　　　　(老舍《全家福》)
B 组:嗓子喊哑了。　　　　　　　　(报刊)
C 组:鸡吃完了。
D 组:酒喝醉了。
E 组:雨淋湿了。　　　　　　　　　(报刊)

我们将使用符号使这种句式形式化:N 代表名词(或人称代词),V 代表动词,a 代表形容词(包括不及物动词),S 代表施事,(S)代表隐含成分的施事,O 代表宾语,(O)代表隐含成分的受事。

1.1.3 上列五组句式,语音序列不同,具体语意不同,但它们的线性组合形式却相同:N+Va(了),即都是由一个名词和一个动补格式组合成的句式。其中的"了"经常同现,有时也可以阙如。现在,我们来讨论这五组句式的同一性、差别性和变化的可能性及其条件。

# 二

2.0 说 A 组。A 组结构可以独立成句,或充当复句中的分句。例如:

(1) 茶沏好啦! （老舍《龙须沟》）
(2) 沟挖通了? （老舍《龙须沟》）
(3) 普洱茶泡好了没有? （曹禺《雷雨》）
(4) 点心预备好了。 （曹禺《日出》）
(5) 锅蒸干了吧? （老舍《全家福》）
(6) 爷爷,药煎好了。 （曹禺《北京人》）
(7) 破墙修补好了,垃圾清除尽了。 （老舍《龙须沟》）
(8) 大海由中门进,衣服湿透了。 （曹禺《雷雨》）

2.0.1 A 组结构的 N 是动补句式的主语,但可以换位,变成宾语。即:N+Va(了)=Va 了+O。例如:药煎好了=煎好了药;垃圾清除尽了=清除尽了垃圾。通过换位,可以看出,A 组结构隐含着一个施事(S),它与 V 发生直接关系,是动作行为的发出者。在换位之前,(S)常常不出现,即使出现,N 仍然是句子的主语,例如:

(9) 那张字据我已经写好了。 （曹禺《北京人》）
(10) 老爷出门穿的皮鞋,您擦好了没有? （曹禺《雷雨》）

在换位之后,如果没有上下文或说话的语境,(S)必须出现,孤立的 Va 了+O 不能独立成句。

2.0.2 根据换位的特点,A 组结构可以变换为"把"字句:把 O+Va 了,即在 A 组结构前直接添加"把"。请比较:

(11) 把窗户打开。　　　　　　　　　（曹禺《雷雨》）

(12) 窗户已经打开了。　　　　　　　（曹禺《雷雨》）

(13) 把暗沟修好。　　　　　　　　　（老舍《龙须沟》）

(14) 暗沟修好了。

变换为"把"字句,如果没有上下文或说话的语境,(S)也必须出现。

2.0.3　A组结构一般不变换为"被"字句。因为A组结构的N是动补句式的受事主语,它暗含着被动语义。

2.0.4　A组的语义结构包含着两个表述:N+Va(了)=VN+Va(了)。即病治好了=治病+病好了;沟挖通了=挖沟+沟通了。或,茶沏好了=沏茶+茶沏好了。就是说,A组结构的Va虽然在形式上作为一个整体陈述N,但语义重点不在V,而在a。例如:

(15) 看您说的,我就那么不中用!(说着,把小瓦壶的嘴儿碰掉)得!我是没用,壶嘴儿掉啦!　　　（老舍《全家福》）

作家在一段话里,前面说"把小瓦壶的嘴儿碰掉",后面说"壶嘴儿掉啦",说明语义重点在a。这一情况同样适合于其他几组结构。

2.0.5　A组结构的N可以承前省。例如:

(16) 您看看志芳的手吧,全扎坏了!　　（老舍《女店员》）

(17) 周朴园　叫你给太太煎的药呢?

　　　鲁四凤　煎好了。　　　　　　　（曹禺《雷雨》）

并且N还可以扩展,即可以带有领属性的限定语。例如:

(18) 您的床已经收拾好。　　　　　　（曹禺《日出》）

(19) 罗太医那方子的药煎好了。　　　（曹禺《北京人》）

(20) 我心里这疙瘩并没解开!　　　　（老舍《全家福》）

(21) 自己的东西弄湿了还好说,弄湿了活计,赔得起吗!

(老舍《龙须沟》)

2.1 说 B 组。B 组结构也可以独立成句,或充当复句中的分句。例如:

(1) 我的眼泪早哭干了。　　　　　　(曹禺《雷雨》)
(2) 脚都快泡烂了,还不说我好!　　　(老舍《龙须沟》)
(3) 阿妈的眼睛哭瞎了。　　　　　　　　　　(报刊)
(4) 她连着讲了四堂课,嗓子都喊哑了!　　　(报刊)

2.1.1 B 组结构同 A 组有一些共同点,即都可以换位:N+Va(了)=Va 了+O。如:眼泪哭干了=哭干了眼泪;嗓子喊哑了=喊哑了嗓子。也都可以变换为"把"字句:眼泪哭干了=把眼泪哭干了;嗓子喊哑了=把嗓子喊哑了。变换为"把"字句之后,(S)必定出现于句中。例如:

(5) 省得老太太把嗓子喊坏了!　　　　(老舍《女店员》)

2.1.2 但是,B 组不同于 A 组。B 组的 N,如果离开语境,总是以扩展式的形式出现,即带有领属性的限定语,如例(1),A 组的 N 虽然可以有扩展式,但不是 A 组的本质特征。运用换位就能看出 A、B 之间的本质差别。请比较:

A 组 { 您的床已经收拾好。=已经收拾好您的床。
　　　自己的东西弄湿了。=弄湿了自己的东西。

B 组 { 我的眼泪早哭干了。 *早哭干了我的眼泪
　　　她的嗓子喊哑了。　 *喊哑了她的嗓子

从比较中看出,A 组的 N 扩展之后,仍然可以换位,说明这种领属性限定语不是 A 组本质。B 组的 N 扩展之后却不能换位,说明这种领属性限定语是与 B 组 N 不可分离的,这反映出 B 组结构重要

的语义特征。

2.1.3 根据上面的分析,B组N的领属限定语,实际上是这种句式的S,它只不过退居限定语的地位,而不直接充当B组句式的主语。因此B组结构没有隐含成分。它的语义结构是:S的N+Va(了)=SV+Na(了)=S+Va(了)+N。例如:

她的嗓子喊哑了。=她喊+嗓子哑了=她+喊哑了+嗓子

我的眼泪早哭干了。=我哭+眼泪早干了=我+早哭干了+眼泪

也可以解释为:B组N的扩展式"S的N",N是S的固有属物,当B组结构不出现S(即S在上下文中出现)时,N可以代替S。因此,B组的语义结构是:N+Va(了)=NV+Na(了)。例如:脚泡烂了=脚泡+脚烂了。总之,无论哪种解释,B组结构都没有隐含成分。

2.2 说C组。C组结构也可以独立成句。例如:

(1) 鸡吃完了。

(2) 黑旋风拿住了! (老舍《龙须沟》)

(3) 孩子都安置好了。 (曹禺《雷雨》)

(4) 她救活啦?

2.2.1 C组结构更近似于A组,都可以换位:鸡吃完了=吃完了鸡;黑旋风拿住了=拿住了黑旋风。换位之后,N+Va(了)=Va(了)+O。也都可以变换为"把"字句:

(5) 我怕把丢东西的人急坏了。 (老舍《全家福》)

(6) 省得把妈妈气病了。 (老舍《女店员》)

通过换位,发现C组结构也隐含着一个施事(S)。因此它的语义结构是:N+Va(了)=VN+Na(了)。例如:鸡吃完了=吃鸡+鸡完了。根据这些相似点,是否可以说C组结构与A组结构完全同

一呢?

2.2.2  C组结构还有一些区别于A组结构的重要特征。A组结构一般不变换为"被"字句,而C组结构却以变换"被"字句为常例。例如:

(7) 她又被人救活了。　　　　　　(曹禺《雷雨》)

(8) 我教恶霸给打怕了。　　　　　　(老舍《龙须沟》)

如果不变换为"被"字句,单说"她救活了"、"我打怕了",这是歧义结构,容易被人误解。

2.2.3  因此,C组结构的歧义性是它不同于其他各组的重要特征。如"鸡吃完了",可以作如上分析:吃鸡+鸡完了;也可以分析为:鸡吃+(O)完了。即C组有两种语义结构:

(甲) VN+Na(了);

(乙) NV+(O)a(了)。

如果是(甲)义,V前隐含着(S);如果是(乙)义,a前隐含着(O)。避免歧义的重要标志是变换为"被"字句,即(甲)变换为"O+被Va了"(鸡被吃完了),(乙)变换为"被N+Va了"(被鸡吃完了)。一经变换为"被"字句,就消除了歧义。从这个意义上也可以说,"被"字句的变换式是C组的特征。

2.3  说D组。D组也可以独立成句,或充当复句中的分句。例如:

(1) 酒喝多了。　　　　　　　　　(曹禺《日出》)

(2) 刘爷,茶喝够了吧!　　　　　　(老舍《茶馆》)

(3) 别是您,今天水烟抽多了。　　　(曹禺《北京人》)

(4) 我当了半辈子炊事员,饭做伤了!　　　(报刊)

(5) 饭吃饱了。

(6) 中药吃怕了。

2.3.1 D组结构可以换位：N＋Va(了)＝Va了＋O。例如：酒喝醉了＝喝醉了酒；饭吃饱了＝吃饱了饭。但D组结构不能变换为"把"字句，没有"把酒喝醉了"、"把饭吃饱了"这类说法。也不能变换为"被"字句，没有"酒被喝醉了"、"饭被吃饱了"之说。

2.3.2 根据上述特点，D组结构在V前和a前都隐含着一个共同的(S)，因此，D组的语义结构是：(S)VN＋(S)a(了)，或者，(S)VN＋(S)Va(了)。即如：酒喝醉了＝(S)喝酒＋(S)醉了，或者，酒喝多了＝(S)喝酒＋(S)喝多了。总之，D组结构的N和a在语义上不发生直接关系。

2.3.3 D组结构隐含的(S)必须在上下文或语境中出现，否则，没有施事的主体，a的语义就没有着落。如上面的(2)、(3)例，如果没有"刘爷"、"您"，那么谁"够了"、谁"抽多了"就没有着落。或者如："咳，我的悚小姐，这药您还没有煎够?"(曹禺《北京人》)即施事的主体"您"直接出现于D组结构中。虽然这种结构不同于D，但只要去掉"您"便是D组结构，这说明D组结构的(S)必须出现于上下文。

2.4 说E组。E组结构不常见，但也并非没有，只不过孤立的E组结构不能独立成句。例如：

(1) 谁晾的衣服，雨淋湿了！ （报刊）

(2) 快成熟的葡萄，一场大风刮掉了。 （报刊）

2.4.1 E组结构不能换位，即不能说成"淋湿了雨"、"刮掉了一场大风"。也不能变换为"把"字句和"被"字句，如不能说"把雨淋湿了"、"风被刮掉了"。但有另一种"被"字句的变换式："被雨淋

湿了"、"被一场大风刮掉了"、"今天这些话,全当给大风刮跑了。"(《李自成》,第2卷,上册)

2.4.2 根据上述特点,E组结构隐含一个(O),其语义结构如同C组的(乙):N+Va(了)=NV+(O)a(了)。不过,E组结构隐含的(O)总是在上下文中出现,如上例(1)、(2)中的"衣服、葡萄"。如果(O)不出现于上文,E组结构是难以成为独立句式的。E组结构的N和a如同D组结构一样,它们在语义上也不发生直接关系。从这里我们发现一条语法结构的规律:在"N+Va(了)"中,如果N和a在语义上不发生直接关系,就不能变换为"把"字句和"被"字句。

2.5 为了辨别上述A、B、C、D、E五组结构的异同,我们把各组特点概括起来制成如下简表:

**A、B、C、D、E五组结构区别特征(略表)**

| | A.病治好了 | B.嗓子喊哑了 | C.鸡吃完了 | D.酒喝醉了 | E.雨淋湿了 |
|---|---|---|---|---|---|
| 1.线性组合形式 N+Va(了) | + | + | + | + | + |
| 2.换位 Va(了)+O | + | + | + | + | − |
| 3."把"字变换式 把O+Va(了) | + | + | + | − | + |
| 4."被"字变换式 O+被Va(了) | (±) | − | + | − | + |
| 5.隐含成分 | V前(S) | − | 甲.V前(S)<br>乙.a前(O) | V、a前(S) | a前(O) |
| 6.语义结构 | (S)VN+Na(了) | NV+Na(了) | 甲.(S)VN+Na(了)<br>乙.NV+(O)a(了) | (S)VN+(O)a(了) | NV+(O)a(了) |

注:+表示有这种特征,−表示没有这种特征。

# 三

3.0 在第二节里我们分析了 A、B、C、D、E 五组结构的异同。现在我们可以提出几个问题来讨论。这五组结构的线性组合形式都是 N+Va(了),是否可以说它们具有同一性？运用什么方法判定一组语法结构的同一性和差别性？语法研究如何使形式和意义有机地结合起来？

3.1 我们直观地看出,上节 A、B、C、D、E 五组结构的线性组合形式都是 N+Va(了),也可以说它们具有同一性,或者更恰当地说它们具有表面的同一性。但是,语法研究如同观察其他事物一样,不能停留在表面上看问题；必须透过现象看本质,深入到语法结构内部进行科学分析,从表面的同一性发现实质的差别性。这五组结构的实质差别性,从上面"略表"中已扼要地表现出来了：

(1) 运用换位：E 组结构不能换位,A、B、C、D 各组都能换位,因此,E 组不同于 A、B、C、D 各组；

(2) "把"字句变换：D 组不能变换为"把"字句,A、B、C 各组都能变换为"把"字句,因此,D 组不同于 A、B、C 各组；

(3) "被"字句变换：只有 C 组需要变换为"被"字句,因此,C 组不同于其他各组；

(4) 隐含成分：B 组没有隐含成分,而其他各组都有隐含成分(虽然它们的隐含成分各不相同),因此,B 组不同于其他各组。

如果我们可以把 A、B、C、D、E 五组线性组合形式看做同一性,那么,这种同一性背后却潜存着重大的差别性。因此也可以说,同一性自身包含差别性,而差别现象在一定条件下又可以转化为同一。这是辩证法的基本思想。语法研究要坚持辩证唯物主义思想,既要在极不相似的材料中找出同一,以便划分单位,建立模式;又要在极其相似的材料中发现差别,确定它的变化规律。

3.2 我们分析 A、B、C、D、E 五组结构的异同时,运用了换位、"把"字句变换、"被"字句变换,等等,可统称之为"变换法"。所谓变换法是根据语法结构自身的特点及其某种变换的可能性进行的,而不是研究者加进某些成分任意变换。也就是说,要根据原型结构在某种条件下自然地变换成另一种合乎语法的结构。打个比方,这好比作化学实验,改变某种分子式的结构,观察它能产生什么样的反应。因此,用这种方法研究语法,就不能对一堆语言材料作孤立的、静止的观察,而必须把它看成是互相联系、可变化的现象,从而科学地描写出它的内在变化规律。

我们知道,近年来,通常把诺姆·乔姆斯基(Noam Chomsky)开创的语法叫做"变形语法"、"转换语法"(transformational grammar),或者"转换-生成语法"(transformational-generative grammar)。这种语法是运用一套转换规则生成各种句子,在转换过程中能够探明句子成分之间的内在关系及其深层结构(deep structure)和表层结构(surface structure)的异同。我们以为,这一学派的某些方法是可以吸取的。如果我们借用乔姆斯基的术语,也可以把我们上面的分析概括为:A、B、C、D、E 五组结构线性组合形式相同看做是表层结构相同(严格地说,是同形),而把它们的内在差别看成是深层结构不同。语法研究应该研究深层结构和表层结构的关系和异同,才能认识和把握语法规律。

关于乔姆斯基的转换生成语法,学术界对它有各种不同的评价。弗·帕尔默(Frank Palmer)说:"转换语法使我们能说明用别的办法没法说明的各种各样的关系"⑤,评价是肯定的;另有一些学者认为,他的这套方法不行。我们认为,科学是无国界的,好的方法,应该吸收,为我所用。我们既不能跟着乔姆斯基亦步亦趋,生搬硬套,也不能不加研究就一概否定。我们赞同赵世开先生的观点:"60年代,美国的'转换-生成语法'风行一时。它的影响远远超出了国界。对这一派学说尽管有各种不同的评价,它的某些理论和方法还是值得进一步思考和吸取的。"⑥其实,早在60年代初,吕叔湘先生就提到过乔姆斯基的转换语法。他说,以变换为主要研究法的是N. Chomsky,并且还说,"变换肯定是语法研究中一种有极大潜力的方法"⑦。我们不必考究吕先生所说的"变换"是否等同于乔姆斯基的转换语法,但可以肯定,运用变换的方法去研究语法,确实可以洞察语句内部的种种变化和规律。

3.3 语法研究中形式和意义相结合的问题,我们虽然有过讨论,但并没有真正解决。当然,这里所说的意义是指一般的语法意义,而不是指词、短语和句子的具体意义。我们以为,运用变换法能够比较好地解决这一问题。以我们第二节的分析为例,A、B、C、D、E这五组的语义结构应该是它们各自的意义,即A组的语义是(S)VN+Na(了),B组的语义是NV+Na(了),C组的语义是(S)VN+Na(了),D组的语义是(S)VN+(S)a(了),E组的语义是NV+(O)a(了)。以上各组的语义是怎样获得的? 这是运用换位、"把"字句变换、"被"字句变换这类"变换法"自然推导出来的。也就是说,各组表面形式相同,都是N+Va(了);但是,E组结构不能换位,且在a前有隐含成分(O),因而推导出它的语义结构是

NV+(O)a(了);D组结构不能变换为"把"字句,且在V、a前都有隐含成分(S),因而推导出它的语义结构是(S)VN+(S)a(了);C组能变换为"被"字句,且在V前有隐含成分(S),因而推导出它的语义结构是(S)VN+Na(了)——当然要注意到C组有歧义,它还有另一种语义结构;B组没有隐含成分,它的语义结构自然是NV+Na(了);A组近似C组,但它只有一种语义,它的语义结构是(S)VN+Na(了)。可见,一定的语法形式总是与一定的语法意义结合的,离开了语法形式就无所谓语法意义。不过,我们所说的语法形式不是孤立的、静止的、表面的形式,而是变换形式。朱德熙先生说过,"语法研究的根本目的在于找出语法结构和语义之间的对应关系"⑧。我们上面的分析似可以证明,运用变换法就能较好地达到这一目的。根据以上分析,我们仍然信守这样一条基本原则:语法研究不可把意义和它的表现形式分割开来,但语法研究立足点不在意义而在形式,只有深入研究它的表现形式,才能从中发现意义和解释意义。

### 注 释

①转引自毛泽东《矛盾论》。
②恩格斯《自然辩证法》,人民出版社,1961年,177页,着重号是原有的。
③德·索绪尔《普通语言学教程》,商务印书馆,1980年,153页。
④关于这个问题,李临定先生曾有《动补格句式》一文(《中国语文》1980年第2期),对此作了很好的分析。本文取材和所讨论的问题与李文不尽相同,附此说明。
⑤弗·帕尔默《语法》,赵世开译,上海译文出版社,163页。
⑥同上,见"译者序"。
⑦吕叔湘《关于"语言单位的同一性"等等》,《中国语文》1962年11

⑧朱德熙《现代汉语语法研究》,商务印书馆,1980年,175页。

本文原载《语文研究》1984年第3期。
曾于1983年5月在中国语言学会第二届年会上宣读

# 语法分析与语义表达

## ○ 引 言

0.1 语言是传递信息的符号系统。人们运用语言进行交际,是为了传递信息、交流思想,这通常是用句子来进行的。句子又是受语言规则制约的,符合语言规则的句子就能正确地传递信息,违反语言规则的句子就会错误地,甚至不能传递信息。把制约句子的规则互相结合起来构成一个系统,这就是语法。

语法"赋予语言一种有条理、有含义的性质"(斯大林语)。所谓有条理,是指组成句子的词语要受语言规则的制约,即合乎语法;所谓有含义,是指句子的语义表达,即在交际过程中正确地传递信息。因此,对一种语言的语法分析,必须从语法系统的观点去看待制约语言的规则,绝不可受某些表面现象的迷惑,使语法分析背离语义表达。

0.2 一个句子的语义表达,至少应该包括三个方面的内容:(1)逻辑意义。(2)实际运用语言过程中的临时附加意义,通常称为语用含义。(3)句义,其中包括一个句子不受语境约束的字面意义,以及句法结构模式的一般意义。这是纯粹属于语言系统的,是语言能力语法的语义部分所处理的句义。这三个方面的内容在一个句子中既互相联系,又有区别。语法分析如何层次分明地、正确地表达这些意义,还是一个远未解决的问题。正如文炼、胡附先生的文章所说:"近年来,我们在语法分析方面的讨论取得了一些成绩,可是没有把句法分析与语义分析、语用分析很好地联系起来,应该说是一个缺点。"① 这是一个具有指导性的见解,是我们语法分析的方向。本文仅就这一问题谈一些看法。

# 一、语法分析与意义

1.1 我们先谈逻辑意义。逻辑意义是句子的语义基础,一个句子通不通,有一个是否合乎逻辑的问题。我们平常评判词语搭配是否得当的问题,多半也是逻辑问题。我们已经举出过例证:可以说"吃饭"、"老母亲",以至"老闺女",却不能说"吃石头"、"老孩子",这是因为,"石头"是不能吃的,"孩子"是指未成年的人,未可言"老"。这是词语的组合要受逻辑意义制约。② 但是,语法不是逻辑规律的刻板映射,还有语言运用的灵活多变性的一面,似乎不可执着一面抹杀另一面。

1.1.1 请看下面这段话是否合乎语法和逻辑:

孙子荆少时,欲隐。语王武子当"枕石漱流",误曰:"漱石枕流。"王曰:"流可枕石可漱乎?"孙曰:"所以枕流,欲洗其耳;所以漱石,欲砺其齿。"
　　　　　　　　　　　　　　　　(《世说新语·排调》)
孙子荆本意想说"枕石漱流",却说快了口,误说成"漱石枕流"。因石头不可以漱口,流水不可以枕头,所以王武子反问孙子荆:"流可枕石可漱乎?"这从逻辑来看,是不合乎事理;从语法来看,是词语搭配不当。也就是说,从语言能力的平面看,这是由于违背逻辑而导致不合语法。可是,孙子荆将错就错,顺势发挥:"所以枕流,欲洗其耳;所以漱石,欲砺其齿。"这从语言运用的平面看,用语新颖,表意贴切,成为千古佳话,人们并不会误解这段话的语用含义。这说明语法分析与语义分析、语用分析既有联系,又有区别,形成矛盾统一的辩证关系。

1.1.2 有些语句表面看来不合逻辑,却可以成为有效的表达。例如:

(1) { a. 我的意见同小李的意见一样。
     b. 我的意见同小李一样。

(2) { a. 非请你来不能解决问题。
     b. 非请你来才能解决问题。

例(1)的a、b同义,按说(1)b不合逻辑,"意见"怎么能同人(小李)一样?逻辑上叫做非同类不能类比。可是人们常用(1)b,而少用(1)a。这从语言能力的平面看,人们具有重复语词删略的能力和删略语词还原的能力。从交际的经济原则说,人们更愿意用(1)b来表达。例(2)的a、b也是同义。逻辑上否定词的应用至关重要,(2)a的"非……不……"是用双重否定表示肯定,按说同(2)b的"非……才……"语义正好相反,怎么能说是同义表达呢?但从语用平面看,(2)b的"非"表达强调条件的含义胜于表否定的含义,因此同义。

1.1.3 每种语言或方言,除了受逻辑意义的制约外,还有它自己特有的语义价值,语法分析必须重视这种价值。我们曾经举出过一组词语搭配的例子[③]:根据普通话的语法规则,只能说"吃→饭"、"喝→茶"、"饮→酒"、"吸→烟"。因为"饭"是固体,只能用"吃"的动作;"茶、酒"是液体,只能用"喝、饮"的动作;"烟"经过燃烧成为气体,只能用"吸"的动作。这种动宾搭配得当的解释,纯粹是依据逻辑意义。然而同属于普通话系统的四川话,却只用一个"吃"(吃饭、吃茶、吃酒、吃烟)代替普通话的"吃、喝、饮、吸"四个动作,即四川话"吃"的语义价值大于普通话的"吃"。这并不存在违反逻辑的问题,倒可以看成是语义结构制约语法形式。

1.1.4 还有的情况是,句法结构相同,语义表达不同,这种不同的语义表达似乎超出了语义、语用,甚至逻辑意义的范围,它属于语言以外的认识系统。先看下表:

**句法结构与语义表达**

| 形 名 组 合 | 亲属关系 | | 非亲属关系 |
|---|---|---|---|
| | 长辈 | 晚辈 | 平辈 |
| 形　　　　名 | 父亲　母亲 | 儿子　闺女 | 同学　朋友 |
| 老 | ＋　　＋ | －　　(＋) | ＋　　＋ |
| 大 | ＋　　＋ | ＋　　＋ | －　　－ |
| 小 | －　　－ | ＋　　＋ | ＋　　＋ |
| 语义表达 | 年龄 | 排行 | 经历 / 年龄 |

注:＋表示有这种组合,－表示没有这种组合。

从这个表中看出,句法结构都是形名组合,其中形容词相同,且都是修饰人称名词,即[老+(父亲、母亲、同学、朋友)],或者[小+(儿子、闺女、同学、朋友)]。这里有两个问题须要解释:(1)为什么[大、小+(父亲、母亲)]、[大+(同学、朋友)]这种形名组合不能成立?特别是(老+儿子)不能成立,而(老+闺女)又能成立,这种现象怎样解释?(2)为什么同样的形名组合,而语义表达却不相同?[老+(父亲、母亲)]表示"年龄",而[老+(同学、朋友)]表示"经历";[小+(儿子、闺女)]表示"排行",而[小+(同学、朋友)]表示"年龄"。这又该怎样解释?

或许可以这样说,"老"有表示"年岁大"和"以前存在的"的意思,当它同表"长辈"(父亲、母亲)的词语组合,自然就表示"年龄";当它同表"平辈"(同学、朋友)的词语组合,就只表示以前存在过的关系"经历"。而"老闺女"似属特例,但也可以解释为,闺女是要出嫁的,长过了出嫁时期而尚未出嫁,故称"老闺女"。"大"和"小"是反义词,都有表示"排行"(大小)和"年纪"(大小)的意思。在一夫一妻制的社会里,每个人都只有一个父亲、一个母亲,而作为父亲、母亲却可以不止一个儿子、一个闺女。父母和儿女的关系是"一多关系",儿女和父母的关系是"多一关系"。因此,对于父母不存在"排行"的称谓,对于儿女却有"排行"的分别。至于"非亲属关系"的同学、朋友,自然没有"排行"的分别,所以不构成"大、小"对立的形名组合。这种解释如能成立,那也是属于社会学的,似与语义、语用或逻辑的关系并不密切。

1.2 再说语用含义。什么是语用含义,一时很难下一个确切的定义,通常认为是语言运用过程中与一定语境相联系而产生的意义。语言运用(或语言行为)总是有具体的人,说话的对象、目的以及特定的时间、地点和条件,等等。这实际上是说话所表达的思想内容。④我们认为,语用含义就是分析和解释说话的思想内容所包含的意思。然而说话的思想内容是很复杂的,有些是属于语言的,有些与语言有关又并非完全属于语言的,还有一些是超语言的东西,语法分析应该怎样和语用分析联系起来呢?让我们举一些实例来说吧。

1.2.1 人们在交际过程中,用同一句话在不同场合对不同的

人或同一个人说出来,产生的效果很不相同。如《林海雪原》描写少剑波与白茹的一次谈话:

……剑波故意装着不耐烦的样子(对白茹说),"把我的耳朵都给噪痛了!快走你的吧!快走!走!"
……

白茹手里收拾着药包,心里却涌出无限的甜蜜,她觉得剑波对她好像不耐烦、不客气的话,其实是表达了他对她无隐讳不拘束的真情。

为什么剑波对白茹说出"……快走你的吧!快走!走!"这样"不耐烦、不客气的话",白茹听起来内心反而感到"甜蜜"呢?这是说话的对象和情景产生的,即剑波和白茹发生了爱情,又是没有第三人在场的情况下说的。剑波的话是一连串的命令句,从字面上看,"不客气的话",无异于赶人走。如果把它用在另一个人身上,只会使人生气,而绝不会有"甜蜜"的意味。如果换一个场合,剑波是在人群广众之中对白茹说这句话,只会损伤白茹的面子,而不会使她心里"涌出无限的甜蜜"。像这类话语的意思,纯粹是超语言的东西,与语句本身传递的信息完全无关。语法分析不能解释这种语用含义。

1.2.2 有些语句孤立地看是一种意思,把它放在一段话语里联系起来看,却另有深刻的含义。如曹禺《日出》描写陈白露与张乔治的一段对话:

陈白露　乔治,我想求你一件事。

张乔治　说吧。你说的话没有不成的。

陈白露　有一个人,要跟我借三千块钱。

张乔治　哦,哦。

陈白露　我现在手下没有这些钱借给他。

张乔治　哦,哦。

陈白露　Georgy,你能不能设法替我弄三千块钱借给这个人?

张乔治　那……那……就当要……另作别论了。我这个人向来是大方的。不过也要看谁,你的朋友我不能借。不过要是你借这么几个钱花花,那自然是不成问题的。

陈白露　(勉强地)好! 好! 你就当是我向你借的吧。

张乔治　露露会跟我借钱? 跟张乔治借钱?

陈白露　嗯,为什么不呢?

张乔治　得了,这我绝对不相信。No, no! 这我是绝不相信的。(大笑)你真会开玩笑,露露会跟我借钱,而且借这么一点点钱。啊,小露露,你真聪明,真会说笑话,世界上没有再像你这么聪明的人。好了,再见了。

张乔治听到陈白露有事求他,先是肯定:"你说的话没有不成的。"陈白露提出请张乔治借三千块钱给她的朋友,张乔治肯定地表示"你的朋友我不能借。不过要是你借这么几个钱花花,那自然是不成问题的",表示得"很大方"。陈白露明确表示"你就当是我向你借的吧"。张乔治却用"绝对不相信""露露会跟我借钱"来搪塞。这句话从字面上看,没有说张乔治答应借钱不借钱的意思;前后联系起来从语用上看,张乔治却巧妙地回避了"借钱"的问题,实际的含义是拒绝了陈白露借钱的要求;同时也更深刻地暴露了张乔治老于世故、奸狡圆滑的性格。这是属于作家作品的言语风格问题,语法分析似不必解释这种语用的含义。

1.2.3　有些语句由于句法的变化而附加一种语用含义,语法

分析必须揭示这种语义表达的手段。例如:

(3) { a. 你问他今天开不开会?
　　　b. 你问他今天的会开不开?

例(3)是双宾语句。从语义的角度看,(3)a 和(3)b 同义。从语法的角度看,(3)a 和(3)b 的句法结构不同:(3)a 的"今天"是"开不开会"的状语,"会"是"开"的宾语;(3)b 的"今天"是"会"的定语,"会"是"开不开"的主语。从语用的角度看,(3)a 的"今天"是焦点(focus),(3)b 的"会"是焦点,是问话的重点所在。就是说,(3)a 问话的重点是时间(今天),(3)b 问话的重点是事情(会),这种语用含义很重要,语法分析应该指出这一点。再如:

(4) { a. 知道这件事的人不多。
　　　b. 知道这件事的,人不多。
　　　c. 人不多,知道这件事的。
　　　d. 这件事知道的人不多。
　　　e. 这件事不多的人知道。
　　　f. 不多的人知道这件事。
　　　g. 人知道这件事的不多。

例(4)是由八个相同语词可理解的排列组合形成的句子。我们说"可理解的",是指这些语词的排列组合对于讲汉语的人来说基本上可以理解它所传递的信息。因为,八个语词在数学上的排列组合多达四万个以上,百分之九十九点九的组合都是没有含义不可理解的。但是,例(4)虽然是可理解的句子,其中也还有不合语法的。语法分析既要揭示出合语法的句子的语义表达和语用含义,又应解释不合语法的句子违反了什么规则。

例(4)的 a、b、c、d 四句,从语义角度看,基本上可算作同义表达,但从句法结构和语用角度看,又有内在的差别。例(4)a 是歧型句,既可分析为主谓句,如(4)a 本身,我们记作 s+p;又可分析为主谓谓语句,如(4)b,我们记作 s+s−p。(4)a 是对主语的叙述,(4)b 是对主语的说明。例(4)c 是 4(b)的易位句,强调的重点是谓语"人不多"。例(4)d 也是主谓谓语句,我们记作 s+s−p。从语用角度看,(4)b 的"知道这件事的"和(4)d 的"这件事"都是话题(topic),是说话的重点所在。但(4)b 与(4)d 又有别,(4)b 的话题是说人,(4)d 的话题是论事。

例(4)e 和(4)f 也是同义表达。(4)e 是主谓谓语句,记作 s+s−p;(4)f 是主谓句,记作 s+p。从语义表达看,例(4)的 a、b、c、d 与 e、f 有别:前者的谓语表义核心是"不多",是对量项的否定,传达的信息是"少",即很少有人知道这件事;后者的谓语是动词"知道",是对话题或主语的肯定,传达的信息是肯定有人知道这件事。

例(4)g 是不合语法的句子,也可以分析为主谓谓语句,记作 s+s−p。从语用的角度看,"人"是话题。但作为话题必须是有定,或者有指的,如例(4)中 b、d、c 的话题"知道这件事的"、"这件事"都是有定或有指的,而例(4)g 的"人"却是无定、无指的,所以不合语法。这说明是否合乎语法的问题,可以独立于语义之外加以判定。

1.3 关于句法结构模式的一般意义,这当然是语法分析的内容。但是,这种意义纯粹是属于语法的,它不受语句字面意义的约束。请看甲、乙两人下面这段对话:

甲:你今天不去看电影?

乙:谁说我不去?

甲：那么，要去就赶快登记票。
乙：我没说要去呀！
甲：你说明白点，到底去不去？
乙：我说得够明白了。

乙的答话似乎是前后矛盾的，逻辑学者通常把这引作违反排中律的典型语句。其实，问题就出在甲乙两人对"谁说我不去"这句话的解释上。"谁说我不去？"是有歧义的。从语法分析看，如果把这当成反问句式，它表达的语义是肯定"去"；如果把这看成特指问句式，它表达的语义是问"谁说"？甲执着前一种解释，乙用作后一种解释；按甲的解释，乙的答话有矛盾，而按乙的解释就没有矛盾。这就是说，反问句式和特指问句式是共一个表层结构，而语义却不同。如果从句法结构模式去分析，就能够解释它所包含的不同的语法意义，而不至于认为乙的话是违反逻辑规律。

1.4 从以上讨论可以看出，一个句子的语义表达是多方面的，其中有逻辑的、语用的、语义的，还有其他认知系统的。语法分析不能搞形式主义；为分析而分析，必须同语义分析、语用分析联系起来，正确地揭示句子的语义表达。但是，联系也要有个范围，要在语言系统的范围内，在语法分析的可能条件下，才能同语义分析、语用分析联系起来。超出了这个范围和条件，似不必，也不能联系起来。我们认为，由相同词语的不同变换组成的同义结构，往往显示出一种附加的语用含义。这是语言行为选择语句得体的问题。语法分析应该着重探讨这种同义结构的句法变换的可能性及其语用含义。这恰是我们语法分析的薄弱环节，也正是语法研究必须深入探讨的一个重要方面。

# 二、"的"字结构的语法分析

2.1 语法形式和语法意义是句法结构的表里两面,语法分析要通过形式去发现意义,揭示句法结构正确的语义表达,这是语法分析的原则。但是,语法形式和语法意义并非一一对应,同形结构可以表达不同的语义,相同的语义又可以用不同的结构来表达。这种错综复杂的现象,如果不加深入分析,就会曲解语句的语义表达。汉语中有一种特殊的"的"字结构,就是这类复杂现象的表现之一。

"的"字通常作为定语的标志。但是,这种特殊的"的"字结构在句法中貌似定语,实际上是从别的句法结构变换来的,如果静止地、孤立地表面分析,就会使语法分析背离语义表达。

2.2 先说主语位置上的"的"。例如:

(5) { a. 老李的儿子学得好。
      b. 他的父亲抓得紧。

例(5)的谓语是动补结构,[5]主语是定中结构,我们记作"$N_1$+的+$N_2$",其中 $N_1$ 和 $N_2$ 是指人的名词(包括人称代词);也可以分析为定中结构的中心语 $N_2$ 是主语,$N_1$ 是 $N_2$ 的定语,"的"是定语的标志。这种定中结构表领属关系,$N_2$ 是 $N_1$ 的属物。一般领属关系可以自由变换,"老李的儿子",可以变换形式,说成"老李有儿子",或者"儿子是老李的"。领属关系的"的"可以删略,变成例(6):

(6) { a. 老李儿子学得好。
      b. 他父亲抓得紧。

例(5)和例(6)表达形式不同,但定中关系不变,做主语的成分不变,语义也是等价的。可见例(5)有"的"和没有"的",无关乎语义表达。

2.2.1 有与例(5)形式相似的一类句子,却不可能按照例(5)来类比分析。例如:

(7) $\begin{cases} a.郭兰英的白毛女演得好。\\ b.他的闲话传得多。\end{cases}$

表面看来,例(7)的主语也是"$N_1$+的+$N_2$",类似领属关系的定中结构。如果类同例(5)来分析,那么,例(7)a 的 $N_1$"郭兰英"是定语,$N_2$"白毛女"是主语。从主语的角度提问,问"白毛女怎么样?"如果用谓语回答"演得好",就不符合语句的原意;如从谓语角度提问"谁演得好?"用定语回答"郭兰英",又违背语法分析。可见,这样分析歪曲了原句的语义表达。例(7)b 的 $N_2$ 是指物名词,虽略有不同,但把"闲话"做主语,如果 $N_1$ 不见于上下文,语义也不可能自足。

例(7)的"$N_1$+的+$N_2$",也不能类比例(5)那样自由变换,说成"郭兰英有白毛女"、"他有闲话",或者"白毛女是郭兰英的"、"闲话是他的"。可见这不是领属关系的定中结构。朱德熙先生注意到了这类"的"字结构的区别,探讨了它的转换式,把这叫做"准定语"⑥,这是很有见地的。不过"准定语"之说,还是在定语范围内转圈子,这就必然引起人们找主语,结果找出的 $N_2$ 做主语,却又违背了原句的语义表达。

2.2.2 值得注意的是,例(5)的"的"可以删略,变成例(6);例(7)a 的"的"不能删略,如果删略就变成:

(?) (8) $\begin{cases} \text{a.郭兰英白毛女演得好。} \\ \text{b.(《西安事变》中,)孙飞虎蒋介石演得好。} \end{cases}$

这样,例(8)的"$N_1 N_2$"形式上同联合结构或同位结构相含混,在合法度和可解释性方面都相对地减弱。

例(7)b 的"的"虽可删略,可是同不删略"的"有所不同。例(7)b 有歧义,一可解为,"他"这个人爱传闲话;一可解释为,别人传他的闲话(即关于他的闲话)传得多。删略"的"就只有前解而无后解。

例(7)有一种等价表达式:

(9) $\begin{cases} \text{a.白毛女,郭兰英演得好。} \\ \text{b.闲话,他传得多。} \end{cases}$

即把 $N_2$ 作为话题主语,原句变为 s+s−p 句,与例(7)的语义价值相等,语用含义不同。例(5)就不能有这样变换的等价表达式。

2.2.3 例(7)有几种等价变换式,我们用符号↔来表示等价。例如:

(10) $\begin{cases} \text{a.郭兰英的白毛女演得好。} \\ \text{↔}a_1 \text{ 郭兰英演的白毛女演得好。} \\ \text{↔}a_2 \text{ 郭兰英演白毛女演得好。} \\ \text{b.他的闲话传得多。} \\ \text{↔}b_1 \text{ 他传的闲话传得多。} \\ \text{↔}b_2 \text{ 他传闲话传得多。} \end{cases}$

或许可以这样解释:例(7)的 a、b 分别是由例(10)的 $a_2 \rightarrow a_1 \rightarrow a$、$b_2 \rightarrow b_1 \rightarrow b$ 变换来的。由于例(10)的 $a_2$、$b_2$ 的直接成分难于判定,因它或可分析为连动式谓语句($s+v_1 v_2$),或可分析为主谓主语句(即小句形式做主语:s−p+p),甚至可分析为主谓谓语句(s+s−

p),于是在前一动词后插入"的",变成偏正结构($a_1$、$b_1$);再删略与谓语相同的重复动词,使其名词化,就变成了例(10)的 a、b,也就是例(7)的 a、b。如果可以这样解释,那么,例(7)的直接成分前段那个名词化了的短语(NP)就是主语,似不必再划句子成分,分为定中结构,以至歪曲原句的语义表达。这类主语中的 $N_2$ 是 $N_1$ 的技艺,这种句式是对某人技艺的评论,而不是单评某种艺术技巧。

2.3 再说宾语位置上的"的"。"的"在宾语位置上更为复杂,有些"的"字结构表面看来貌似定语;有些本来是定语,表面看来又貌似宾语。如果不深入分析这类句法结构的内在的变换关系,就会使语法分析同语义表达相背离。

2.3.1 转述我们曾经举过的一组例句来分析:[⑦]

(11) {a. 小胖叫他叔叔。
b. 小胖叫他的叔叔。

我们说,例(11)的 a、b 不同形,(11)a 没有"的",(11)b 有"的",但两者有联系,又有区别。例(11)a 有歧义:一是说,"小胖管(把)他叫叔叔",这是双宾语句;一是说"小胖叫他的叔叔",与例(11)b 同。这就是说,例(11)a 没有"的",其中的"他"可能是宾语,也可能是定语;例(11)b 有了"的",其中的"他"只能是定语。当然,例(11)a 也可以从谓语动词"叫"的义项差异获得解释:如果"叫"是称呼的意思,它是双宾语;如果"叫"是呼叫的意思,它是单宾语。但这不是语法分析。还可以从代词的指称方面去解释:"他"指称"叔叔",则是前解;"他"指称"小胖",则是后解。这是逻辑解释。

语法分析应该考察原句变换的可能性去求得解释的合理性。例(11)a,如果把"他叔叔",当成同位关系,就可变换成"把"字句:"小胖把他叫叔叔",判定它是双宾语;如果把"他叔叔"看成领属关系,就可以插入表领格的"的",变换成例(11)b:"小胖叫他的叔叔",这就是单宾语。

2.3.2 我们举一组典型双宾语句来分析:

(12) $\begin{cases} \text{a.我送你书。} \\ \text{b.他给你钱。} \end{cases}$

例(12)的 a、b 中的谓语动词"送、给"分别管辖"你"和"书(钱)"两个宾语,近宾语指人,远宾语指物。例(12)有几种等价变换式:

(13) $\begin{cases} \text{a.我送你书。} \\ \leftrightarrow a_1 \text{ 我把书送你。} \\ \leftrightarrow a_2 \text{ 我送你的书。} \\ \text{b.他给你钱。} \\ \leftrightarrow b_1 \text{ 他把钱给你。} \\ \leftrightarrow b_2 \text{ 他给你的钱。} \end{cases}$

例(12)变换成"把"字句,则把指物的远宾语提到谓语动词前面。这与例(11)a 的"把"字句变换式是把近宾语"他"提到谓语动词前面有区别。

我们特别注意的是例(13)的 $a_2$、$b_2$ 这种句式,这是否为由双宾语 a、b 变成的单宾语句式?如果是,那么,其中"你的书"、"你的钱"就是领属关系的定中结构。我们在 2.2 说过,领属关系的定中结构可以自由变换:"你的书"可以说成"你有书"、"书是你的","你的钱"也是同样变换。可是,把这分析成为领属关系的定中结构,"送、给"一类动词的管辖对象就落了空。就是说,"书"、"钱"本来就是"你的",别人什么也没"送、给"你。这样分析,显然是与双宾语句的语义表达相背离的。

2.3.3 我们再举一组与例(12)同形的句式来比较:

(14) $\begin{cases} \text{a. 我拿了你书。} \\ \leftrightarrow a_1 \text{ 我把你书拿了。} \\ \leftrightarrow a_2 \text{ 我拿了你的书。} \\ \text{b. 他偷了你钱。} \\ \leftrightarrow b_1 \text{ 他把你钱偷了。} \\ \leftrightarrow b_2 \text{ 他偷了你的钱。} \end{cases}$

通常也是把例(14)的a、b当成双宾语句,它与例(12)的a、b同形。它们各自的变换式$a_2$、$b_2$也同形,但其中"你的书"、"你的钱"却不同义。例(14)的$a_2$、$b_2$中"你的书"、"你的钱"是领属关系的定中结构,"书、钱"本来是"你的",被别人"拿了、偷了"。

由领属关系的人称代词做定语,它后面不一定带定语标志"的"。因此,把例(14)的a、b看成双宾语句就大可存疑。因为双宾语句的"把"字句变换式总是把其中一个宾语(通常是远宾语)提前,如例(13)的$a_1$、$b_1$。再如:

(15) $\begin{cases} \text{a. 他送了十块钱礼。} \\ \leftrightarrow a_1 \text{ 他把十块钱送了礼。} \\ \leftrightarrow a_2 \text{ 他送了十块钱的礼。} \end{cases}$

例(15)a的"十块钱"和"礼"是同位关系,变换成"把"字句$a_1$则把近宾语提前,如同例(11)a换成"把"字句变换式。而例(14)的a、b变换为"把"字句,必须同时把两个宾语(先假定为双宾语)提前,如例(14)的$a_1$、$b_1$,它既不同于例(13),也不同于例(15)的变换。据此,我们判定例(14)的a、b貌似双宾语句,其实是单宾语句。这样,我们从双宾语句的变换形式着眼,就可以分清真假双宾语句,并正确解释它的语义表达。

2.3.4 怎样解释双宾语句例(13)中的$a_2$、$b_2$?我们认为,例

(13)和例(14)的 $a_2$、$b_2$ 同形,其中"你的书"、"你的钱"有歧义:其一,它不是定中结构,"你的"是"的"字结构,即"你的东西",这是例(13)中的宾语;其二,是定中结构,"你的"是"书、钱"的定语,就是例(14)的定语。这可以从它们的另一种变换式得到证明。请再对比例(13)和例(14)的 $a_2$、$b_2$ 的变换式:

(16) $\begin{cases} a_2 \text{ 我送你的书。} \\ \leftrightarrow a_3 \text{ 我送你的是书。} \\ b_2 \text{ 他给你的钱。} \\ \leftrightarrow b_3 \text{ 他给你的是钱。} \end{cases}$

(17) $\begin{cases} a_2 \text{ 我拿了你的书。} \\ \leftrightarrow ^* a_3 \text{ 我拿了你的是书。} \\ b_2 \text{ 他偷了你的钱。} \\ \leftrightarrow ^* b_3 \text{ 他偷了你的是钱。} \end{cases}$

可见,例(17)的 $a_2$、$b_2$ 没有 $a_3$、$b_3$ 这种变换式;它不同于例(16)的 $a_2$、$b_2$,它们有 $a_3$、$b_3$ 这种变换式。这就证明,例(13)中"你的"是"的"字结构,例(13)的 $a_2$、$b_2$ 仍然是双宾语。而不是什么由双宾语变成了单宾语。我们仿照赵元任的说法,把这种双宾语就叫做"领格宾语"。他说:"宾语的语法上的修饰语有时候在语义上并不修饰宾语,而是代表一个别的什么。当一个表面上的领属性修饰语实际上代表动作的对象的时候,我管它叫'领格宾语'。"⑧他举的例子有:"别开他的玩笑"、"借您的光"、"帮我的忙"、"多他的心",等等。我们似可把这种"领格宾语"再扩大范围,把"我送你的书"、"他给你的钱"这类句式也归入"领格宾语"。我们认为,"领格宾语"不过是双宾语的一种变体。

2.3.5 下面这组句式,孤立地看,也很难分析:

(18) 
a. 他在食堂吃的饭。
b. 我用冷水洗的脸。
c. 老李从银行汇的钱。
d. 小张到科学院考的学位。

例(18)中的"在、用、从、到"都是介词,同它后面的名词组成介词短语;句中的"吃的、洗的、汇的、考的",表面看来,很像定语,各自分别修饰后面的名词。然而例中各句的动词谓语是什么?如果没有动词谓语,那介词短语修饰什么成分?这样的句式又是否合乎语法?

我们从这组句式的等价变换式中就可以认识它的本来面目。例如:

(19)
a. 他在食堂吃饭的。
b. 我用冷水洗脸的。
c. 老李从银行汇钱的。
d. 小张到科学院考学位的。

例(19)的"的",是暗含表时态的语气词。有"的"和没有"的",含义不尽相同。有"的",表示动作行为的确定;没有"的",表示动作行为的未定。就是说,这是主谓句式(s+p),"吃饭、洗脸、汇钱、考学位"是动宾结构。我们也可以把宾语提到句首作为话题,变换成主谓谓语句(s+s−p):

(20)
a. 饭,他在食堂吃的。
b. 脸,我用冷水洗的。
c. 钱,老李从银行汇的。
d. 学位,小张到科学院考的。

这就是说,例(20)的话题主语可以还原为宾语,还原有两个位置:或者在动词后,就是例(19);或在"的"字后,就是例(18);而以在

"的"字后为常例,这就是例(18)的句式。因此,不能误把例(18)中"吃的、洗的、汇的、考的"当成是修饰它们后面名词的定语。否则,将使例(18)的语法分析发生错误,而语义表达也无法解释。

# 三、结束语

根据以上论述,我们可以得出几点简单的结论。

3.1 语言是传递信息的符号系统,但它只能传递人类交际中一部分信息,所以说语言是人类最重要的交际工具,但不是唯一的交际工具。在人类交际中,其他信息的传递,是靠语言以外的人的认知系统和社会实践经验。因此,我们在交际中不能单靠语言来摹写人们的思想感情、传情达意。

3.2 语法分析只能解答语言系统范围内可能正确传递信息的条件,即分析语言正确表达的一套规则。语法是一套有限的规则,用以生成无限的句子来传情达意。句子是由具体的词语组成的,而制约句子的规则的是一种抽象的结构模式。语法分析不是分析由具体词语组成的个别句子及其意义,而是分析各种句子类型的结构模式及其语义表达。

3.3 句子的结构模式不是孤立的、静止的、僵死的框架,而是相互联系的、可变化的、有规律的系统。一种句子结构模式原则上表达一定类别的语义,而句子结构模式的变化暗含着某种语用含义。语法分析要正确评判句子的合法度及其语义的可解释性,这才是表里一致的正确分析。这样分析,就不能仅仅盯着某些静止的结构模式作出表面解释,而必须抓住本质,从系统的观点找出变化的可能性及其条件。我们非常赞成吕叔湘先生的一段话:"研究句子的复杂化和多样化,可以说是在静态研究的基础上进行动态的研究,是不仅仅满足于找出一些静止的格式,而是要进一步观察这些格式结合和变化的规律。怎样用有限的格式去说明繁简多方、变化无尽的语句,这应该是语法分析的最终目的,也应该是对于学习的人更为有用的工作。"⑨这也就是我们的结论。

**注　释**

①文炼、胡附《汉语语序研究中的几个问题》,《中国语文》1984年第3期。

②徐思益《论句子的语义结构》,《新疆大学学报》1984年第1期。又:某些方言有"老孩子"的说法,这是指老年得子;因不属于普通话,不在讨论之列。

③④徐思益《描写语法学初探》,新疆人民出版社,1981年,137页,50页。

⑤"学得好"一类动补结构有歧义,一是可能补语,一是状态补语,本文用后者。

⑥朱德熙《语法讲义》,商务印书馆,1982年,145页。

⑦李兆同、徐思益《语言学导论》,新疆人民出版社,1981年,171页。

⑧赵元任《汉语口语语法》,商务印书馆,1979年,163页。

⑨吕叔湘《汉语语法分析问题》,商务印书馆,1979年,91页。

原载《新疆大学学报》1985年第3期。
曾于1984年在南京大学纪念方光焘教授逝世20周年学术讨论会上宣读

# 形态、功能和结构关系
## ——论方光焘语法学说

## 一、引 言

1.1 方光焘教授是我国老一辈著名的语言学家。他治学严谨,生前发表的学术论著不多;但他每一篇论著都是慎思明辨、有的放矢之作,至今仍闪耀着光彩。这次《方光焘语言学论文集》出版是语言学界的一件大喜事,它使我们能够比较全面地了解方光焘的学术思想,更好地学习、继承和发扬他的语言理论,推动我国语言科学的现代化。

1.2 《方光焘语言学论文集》首次刊载了方光焘生前尚未公开发表的关于《汉语词类研究中的几个根本问题》(提纲)、《论语言记号的同一性》(提纲)以及《论现代汉语语法研究的几个原则性问题》等论著。这次正式发表,正如胡裕树教授为《论文集》撰写的"序"所说,"是值得研究汉语语法的人们高度重视的","也必将对汉语语法研究起着良好的促进作用"。①

1.3 "形态"理论(广义的形态)是方光焘语法学说的精华,是贯穿汉语语法研究的指导思想。"功能"、"结构关系"是与"形态"理论直接的、密切相关的问题。根据《论文集》的有关文章,深入弄清这些问题及其相互依存关系,对于语言学理论的发展,推动语法研究的科学化,指导汉语词类划分,都具有方法论的普遍意义。特别是当前,对于深入具体研究汉语词类问题更具有重要的指导作用。

## 二、"广义的形态"的提出

2.1 西方传统语法通常把语法学分为形态学(morphology)和句法学(syntax)两大部分。形态学是关于词的语法类别问题,其中包括词的变化(狭义形态)和运用词头词尾构成不同类别的新词(广义形态);句法学是关于词与词结合成短语的类型问题。传统语法是根据词的形态变化(性、数、格、时、体、态)划分实词的语法类别(词类)。汉语的词没有印欧语言那种严格意义的形态变化,一些中外学者就认为,汉语是无形态的语言、不能划分词类的语言。并进而推论,说汉语是没有语法的语言。

2.2 30年代,著名语言学家陈望道等人发起和组织了"中国文法革新讨论"。方光焘针对中外学者固守传统语法的观点,从汉语实际出发,提出了"广义的形态"理论。他说:"我认为词与词的互相关系,词与词的结合,也不外是一种广义的形态,中国单语本身的形态,既然缺少,那么辨别词性,自然不能不求助于这广义的形态了。我以为文法学是以形态为对象的,是要从形态中发现含义。"[②]我们认为,方光焘早在30年代提出的"广义的形态",是对传统语法学的革命,是对汉语语法学的重大发展,是对理论语言学的新贡献。

# 形态、功能和结构关系

传统语法拘泥于狭义形态划分词类。方光焘冲破传统观点，提出用"广义的形态"划分词类。由于汉语语法缺乏狭义形态，自《马氏文通》以来，都是根据意义（词的本义或概念）划分词类。方光焘一反旧说，用"广义的形态"这种语法形式划分词类，开拓了汉语语法研究的新领域。"广义的形态"指的是"词与词的互相关系，词与词的结合"。它打破了 morphology 与 syntax 的严格界限，从理论和实践上来说，都更加合理和卓有成效。举实例来说，汉语的"书、想法、甜头"等词，孤立地看，意义各别，难于确定它们的类属。但从"一本书"、"一种想法"、"一点甜头"结合关系里看，却可以判定"书、想法、甜头"等词同属于名词一类，因为它们可以同数量词结合。同样，英语的 two books，俄语的 две книги 说-s、-и 表示名词 book、книга 的复数形态，就预定了 book、книга 可以与 two、два 结合，才使它们发生了变化。反之，如果孤立地把它们的-s 或-и这种"语音外壳"当做形态（传统的词形变化的狭义形态），不仅破坏了词的整体结构，而且孤立的-s、-и 既不能据此分词类，也不能说它们是表示名词复数的语法形式。再如俄语的 я читаю книгу（我在读书），说动词 читать 变成 читаю，表示第一人称、单数、未完成体，这是由于与主语 я 发生关系才有此变化的。所以方光焘说："一个动词的变形范例（paradigm），假如不想及这动词的各类形式与他词的联接关系，便无法制成。反过来说，我们若论动词与他词的联结关系，就不能不涉及动词变化的各种形式。简单地说一句，'形式'和联接关系，是很难分得开的。"[3] 这是很有见地的。关于汉语的形态，我们完全同意胡裕树早已作出的论断："我们认为研究汉语形态学要从汉语的具体情况出发，应该按照汉语自己的特点找出自己的形态。"[4]

再从现代语言学的观点回过头去看,"词与词的互相关系"可以与分布(distribution)理论相比附;"词与词的结合",可以与功能(function)学说相媲美。这就是说,方光焘的"形态"理论考虑到词与词各个分子的聚合关系一面,又看到词与词的组合关系一面,是统率了语言要素在语法体系中的全面结构关系,是对语法研究"原子主义"的极大冲击。所以我们说,这是对理论语言学的新贡献。

2.3 方光焘提出的"广义的形态"本是针对汉语实际用以划分词类的,为什么又进而认定它是语法学的对象呢?前面谈到,有些学者认为,汉语语法没有狭义形态,所以自《马氏文通》以来都是根据意义或概念划分词类。在"文法革新讨论"时,有人进一步主张"以句子的实义做骨架"来建立语法的新体系。针对这种情况,方光焘态度鲜明地表示:"我反对以句子的意义做骨架,去建立中国文法的体系。我认为:研究文法决不可以意义为出发点。"所以他才提出以"广义的形态"作为研究文法的对象。⑤"广义的形态"是指"词与词的互相关系,词与词的结合"这种语法形式,它打破了morphology 与 syntax 的传统界限,包括了这两部分所涉及的全部内容。把"广义的形态"作为划分词类的标准和语法学的对象,既符合语法的特性,又解决了一些人主张的划分词类凭意义、分析句法看形式这种在语法研究的方法论上无法统一的矛盾。

我们还要指明的,方光焘说的"研究文法决不可以意义为出发点",这决不是"为形式而分析形式",可以不顾语法意义;方光焘说的"文法学是以形态为对象的,是要从形态中发现含义",这用我们的话来说,就是凭借语法形式去发现和解释语法意义。所以方光焘归结说,语法是"凭形态而建立范畴,集范畴而构成体系"⑥,这就是他精湛而完整的语法学思想。

2.4 为什么说"研究文法决不可以意义为出发点"呢？这是语言的性质赋予的，是语法的本质特点决定的。语言是什么？从现代语言学的观点看，语言是传递信息的音义结合的双结构系统。我们知道，一切符号系统（包括手势、舞蹈、雕塑、模型等等）都可以传递一定的信息，表达某种意义。可见具有意义，传递信息，并非语言的本质属性。语言不同于其他符号系统的特性不在于能传递信息、表示意义，而在于表示意义的不同载体——结构形式。语言的声音是传递信息、表示意义的物质载体。语音和语义好比一张纸的表里两面，是紧密结合而不可分割的。人们运用语言进行交际，总是通过语音形式去理解语义内容的，而不是相反。把语音结构和语义结构联系起来的纽带就是语法结构。"语法赋予语言一种有条理、有含义的性质。"（斯大林语）语法不管具体的词、具体的句子，而是从个别的、具体的东西中抽象出来的一般的规则和规律，这就是语法结构系统。所以，从意义出发去研究语法是背离语言本性和语法特点的。

# 三、形态与功能

3.1 本来，方光焘提出以"广义的形态"作为划分词类的标准和语法学的对象是颇有胆识的。可是，这也容易引起误解，以为"广义的形态"只重形式，不顾意义，是一般人的常识所不易接受的。于是，陈望道提出了结合形态、意义于一体的"功能"学说。他说："文法研究，就语部问题而论，国内学者还多徘徊于形态中心与意义中心说之间。两说都有不能自圆其说之处，鄙见颇思以功能中心说救其偏缺。"⑦

3.2 什么是功能？陈望道说："功能是语参加一定配置的能力，组织是由功能决定的语和语的配置。组织要受功能限制，功能要到参加组织才能显现。当语未参加组织，加入一定的配置的时候，它的功能是潜藏的，只有见过用例，知道底细的人知道的，这就是所谓记忆的事实；及既参加组织，就同别的语结成一定的关系，那关系是显现的。这显现的关系，我曾称它为表现关系。倘用表现关系一语，文法学也可以说就是研究表现关系的学问。"⑧陈望道的功能学说非常周密精湛，他辩证而透彻地讲明了功能和组织的依存关系，既注意语词的形态(形式)，又照顾到意义(抽象的一般意义)，用以划分词类确实是精当的。不过，凭功能划分词类也有难于掌握和正确运用的地方。因为，"功能是潜藏的，只有见过用例，知道底细的人知道的，这就是所谓记忆的事实"。就是说，功能是潜藏在说话人头脑中的记忆事实，是无形的，看不见摸不着的，一般不知底细的人却难于掌握和运用。这还是要根据词语结合所显现出来的关系，才能看清语词的功能，判定所属类别。

3.3 50年代，我国语法学者对汉语词类划分问题展开了广泛深入的讨论，提出了根据词义、功能、形态、句法等多重标准划分词类的主张。针对这种情况，方光焘于1956年撰写了《汉语词类研究中的几个根本问题》(提纲)，在南京大学"五·二〇"校庆科学报告会上作了学术报告。方光焘这个《提纲》进一步发展和深化了他在30年代提出的"形态"理论，统括了划分词类的多重标准，廓清了语法理论和语法学方法论的一些模糊观点，丰富了理论语言学的内容。

第一，《提纲》认为，"具有一定的形式标志，表达出一定关系的结构、构造叫做形态"⑨。《提纲》吸收了房德里耶斯(J. Vendryes)的 semanteme 和 morpheme 用语,把它译解为"意义部"和"形态部",认为形态就是意义部和形态部相结合的整个结构。《提纲》指明,形态部有三种不同的类型:一种是以后加部和词尾的姿态出现的。我们可以举出如英语的 teach-er-s,或如汉语的"学-者-们"。这种形态部不独立存在;以它作为"形式标志",与意义部 teach-、学-相结合的整个结构就是形态。另一种是以元音变化、重音、声调来指示语法关系的形态部。例如英语的 foot(脚,单数)—feet(复数),r′ec-ord(记录,名词)—rec′ord(动词);汉语的"买"(mǎi)—"卖"(mài)。这种形态部更不能独立存在,只能附在词的一定音节上;以这作为"形式标志"与它所依附的整个音节结构相结合构成形态。第三种是以词的次序来指示语法关系的形态部。如"吃了鸡"(述宾关系)—"鸡吃了"(主谓或话题说明关系)。还有包括表示语法关系的虚词的形态部,如"买的书"(偏正关系)—"买了书"(述宾关系)。由此可见,形态部概括了一切表示语法关系的语法手段,包括了传统理解的狭义形态和广义形态。人们或许会问:"形态部"和传统的形态不就是改了个名称吗? 我们的回答是否定的。比如说,传统的语法是把 books 的-s 叫做形态,认为是表示名词的复数的语法意义。可是,须知英语用于表第三人称单数的动词也加-s,如 speak-s,如何把这两者区别开来呢? 同样,如说汉语的"儿、子"是表名词的形态,可是像"慢慢儿"、"一下子"也是名词吗? 总之,传统语法孤立地把某种要素当做形态,既不能据以划分词类,又破坏了词的整体结构,在语法研究的方法论上是有严重缺陷的。

第二,方光焘在《提纲》里根据叶尔姆斯列夫(L. Hjelmslev)的语言理论,把功能规定为"一语言要素与另一语言要素排他地相结合的能力",进而指明形态与功能相互制约、相互依存的辩证关系:"形态是凭功能决定的、表达一定关系的构造。抽去了功能的形态是不可能有的。我们也不能想象'没有形态的功能'的存在。"方光焘在《论语言记号的同一性》(提纲)里又说:"词类,按照叶尔姆斯列夫的看法,应该是功能范畴。只有从相互的依存关系中,从相连功能中,我们才能辨认出各种不同的词类来。"[10] 我们举实例说,"学生、思想、桌子"可以与数量词"一个、一种、一张"结合,排斥与"不"结合,这就是功能。"一个学生"、"一种思想"、"一张桌子"这整个结构就是形态。构成形态的"一个"和"学生"都是意义部,而两者的组合次序是形态部。"一个学生"是凭"一个"和"学生"的结合能力(功能)按照一定的组合次序决定的,并且表示限定关系的语法意义。功能是内隐的,形态是外现的。根据形态和功能相互依存的关系,就可以判定"学生、思想、桌子"是名词,因为这是把"具有同一相连功能的词,归为一类"。再如"一位人民代表代表了人民的意见",孤立地考察"代表"就难于判定它的类属。也就是说,抽去了功能就不可能有形态。根据功能,"代表"的前面可以与"一位"结合,它后面也可以与"们"结合;另一方面,"代表"的前面可以与"不"结合,后面也可以与"了、着、过"结合。但是,"代表"不能同时与"一位"和"了"结合成"一位代表了"或"不代表们"。可见"代表"具有两套互相排斥的、结合的能力,因而凭借不同的形态就可以判定它一属名词,一属动词。这同时也解决了词的兼类问题。反之,如果不从形态着眼,孤立的"代表"也很难说有什么功能;假定说有,那也是潜藏在说这种语言的人的头脑中的东西,无法据以划分词类。

第三,《提纲》指出,功能属于意义部,"只有意义部才具有和其他要素相结合的能力"。这就正确解答了词类潜在的语义学基础。汉语表示语法手段的虚词属于形态部,它只是被结合的要素。这就纠正了汉语虚词表示语法功能的说法。

3.4 总起来说,方光焘的"形态"理论包括了传统的狭义形态和广义形态(体现在形态部中),也包括了划分词类的功能标准和句法标准(即词与词潜藏的结合能力是功能,显现出来的结构关系是句法——就是方光焘所说的形态),同时照顾到了意义(即意义部潜在的语义学基础),真正是把汉语词类划分的标准统一起来了。这种统一不是杂乱无章的,而是根据语言的性质和语法特点有机的、分层次的、合乎规律的理论体系。所以,方光焘说:"形态是划分词类的唯一标准。"这种"形态"贯通了传统的词法和句法,看到了语言要素普遍联系和相互制约的全面的结构关系,是合乎辩证法思想的。因此,方光焘特别表明:"我明知'形态'一词容易引起争论,但语法学的性质迫使我不能不提出'形态'这个术语并给予一些新的规定。……把'形态'作为语法学的研究对象,也不是偶然的,而是语法本身的性质使然的。"

# 四、形态和结构关系

4.1 方光焘在《提纲》里表白,他所说的"形态","倒和吕叔湘先生所说的'全面的结构关系'有些相近似"。那么,为什么不就用一般人容易理解和接受的"结构关系"呢?根据我个人的理解,方光焘的"形态"和吕叔湘的"结构关系"似乎还有一些实质性的差异。

第一,吕先生主张,划分词类,"拿全面的结构关系做主要标准,是可以照顾到所谓形态,照顾到词义,也适当地照顾到句子成分的"[11]。从这段话里,我们注意到"主要标准"和照顾到几方面关系的提法。如果不是抠字眼儿,"主要标准"和方光焘说的"唯一标准"不同;提"主要标准",却使人想到还有"次要标准"或"参考标准"。照顾几方面关系,又使人想到形态、词义、句法(方光焘不认为"句子成分"在词类划分中有作用)不是同结构关系有机地结合在一起的。因此在理论上要把词类划分的多重标准统一起来似乎难于自圆其说。

第二,方光焘的"形态"虽然与"全面的结构关系"相近似,但是,"形态"是从整体结构出发考察其组成部分(意义部和形态部)及其依存关系,倒有点类似结构体(construction),合乎析句自然程序。结构关系是着眼分析现存的语言要素如何组成整体结构的关系,近似造句过程。虽然析句和造句是人们大脑这个黑箱处理语言输入和输出的两种逆反程序,但是,析句的目的是客观描写一种语言的语法结构,造句则是凭借个人的语言知识去生成或者理解句子。

第三,如果不对"结构关系"加以规定,人们对这个用语就有不同的理解,甚至引起误解。通常的误解是,认为讲"结构关系",就是对语法作形式分析,把这同结构主义的分析方法联系起来。所以注重结构关系的人,往往还得声明一句:要兼顾意义。另外,人们通常把结构关系限定在句法范围,并不包括传统的词形变化。这样,又势必把狭义形态排斥在结构关系之外。方光焘赋予"形态"的新的解释似无此弊端。

4.2 我们注意到,方光焘在1962年所作的题为《论现代汉语语法研究的几个原则性问题》的学术讲演没有使用"形态"这一术语,倒是改用了"结构关系"[12]。这或者是为了照顾听众的理解应变所为,或者是考虑到一般学者的意见"从众"而改,我们无法寻根了。但是,这篇"讲演"所蕴涵的语法学思想仍然是他的"形态"理论的演化。这篇"讲演"提出了汉语语法研究的八条原则,其中直接与"形态"理论一致的观点有:

第一,方光焘认为:"研究语法,不以孤立的词、词素或词组作为研究对象,而是以词素与词素、词素与词、词与词组、词组与词组的结构关系作为研究对象。""就词类而论,词类是在结合关系中的类,而不是孤立的词的类。"这就是他"形态"理论所统括的语言要素全面的结构关系。他批评划分词类根据词的"所谓本性和变性,是从孤立的词汇意义来看的,就是看错了语法研究的对象"。这就是他一贯坚持的研究语法不可从意义出发的主张。

第二,方光焘批评划分词类根据词的所谓"内部形态"的传统语法学观点,举出就如俄语的变格,也是从关系中概括出来的:"格是关系中的格,是结构中的格,离开了关系,就没有格。"这就是他提出"广义的形态"的理论根据。

第三,方光焘主张,"研究语法,应该注意普遍联系和相互制约的原则,力避片面、孤立地看待问题"。这就是他"形态"理论所包含的马克思主义辩证法思想。

第四,方光焘指出,"语法研究,一方面应该注意具体语言的民族特点,另一方面,也应该注意语法的一般的共同性"。他说,"就汉语来说,从结构关系来看,词法和句法可以相通;因为汉语没有丰富的词形变化,孤立的词法不那么重要"。这是他从汉语的民族特点着眼,沟通词法和句法的关系,建立他的"形态"理论的。他举出像汉语的动词加"了、着、过"等,"这同印欧语言的词形变化固然有所不同的一面,但都是构形法,这是共同的"。这就是他的"形态"理论在语法学中所具有的普遍意义。

方光焘在这篇"讲演"中最后声明,"我们所讲的结构关系,就已经包括了内容和形式这两个方面,就已经是它们的结合。所以,我们所提出的结构关系,就已经包括了语法意义和语法形式"。由此看来,方光焘这里所讲的"结构关系"与吕叔湘先生讲的"结构关系"有别,而跟他自己的"形态"理论倒是一致的。

4.3 方光焘在这篇"讲演"中,还提出要注意表层的语法和深层的语法,强调应重视语法体系,重视语法研究的方法论,注意处理好吸收外来的和继承传统的的关系,等等,这都是方光焘语法学说的珍贵财富。

方光焘先生离开我们已经二十多年了,我们今天来评述他的语法学说,倒不必在"形态"或"结构关系"上说长论短,而应该学习他在语言学理论上的革新精神和探求真理的精神,继承并发扬他充满马克思主义辩证法的语法学思想。这就是我这篇短文的写作目的。

### 注 释

①②③⑤⑥⑩《方光焘语言学论文集》,江苏教育出版社,1986年,序 4 页,4 页,18 页,36 页,6 页,224 页。

④《现代汉语语法探索》,东方书店,1955年,33 页。

⑦⑧《中国文法革新论丛》,中华书局,1958年,276 页,275 页。

⑨《方光焘语言学论文集》,江苏教育出版社,1986年,203 页,以下引自

《提纲》不另注。

⑪《汉语词类问题》第 2 集,151 页。

⑫这是方光焘在合肥师范学院所作的讲演,以下引文不另注。

原载《语言与翻译》1988 年第 3 期。
曾于 1987 年 12 月在广州召开的
中国语言学会第四届年会上宣读

# 从空语类说开去

## ○ 引 言

0.1 空语类(empty category,用 e 代表)是指没有语音形式而有语义内容的句法成分。空语类是乔姆斯基 80 年代提出的一种新的语言理论。他认为空语类的探索不仅能够卓有成效地解释句法和语义的表达特点,甚至可以假定这是人类心智内部本源的反映。

在这之前的语法学理论大都是着重研究形式和意义的关系。空语类既然是指没有语音形式而有语义内容的句法成分,那么传递语义内容的载体是什么?语法形式和语法意义又是怎样有机地结合起来的?对空语类的探索必将从根本上改进当代语言学理论,具有重要价值。

0.2 《中国语文》1986 年第 1 期发表了赵世开《语言结构中的虚范畴》文章,他根据乔姆斯基的"管辖与约束理论"(the theory of government and binding),初步阐述了空语类问题。同期《中国语文》发表了吕叔湘先生的文章《汉语句法的灵活性》,吕先生虽然没提空语类,但他文章中谈论的"移位"、"省略"、"动补结构的多义性"三个问题,分析的许多句法现象对我们探索空语类很有启发。

# 一、空语类及其特点

1.0 乔姆斯基"管辖与约束理论"谈论的空语类范围较广,移位转换后留下的语迹(trace,名词语迹用 t 代表,疑问语迹用 wh 代表)也算作空语类,但只限于名词。汉语句法结构中有移位、省略、隐含等成分,且不限于名词语类。这是否都可以看做空语类? 为了比较,只讨论名词这种空语类;我们也不赞同把移位后的名词语迹和省略的名词成分看成真正的空语类,只确认隐含的名词成分才是空语类。

1.0.1 为什么不把移位后的名词语迹看成空语类? 先看例句:

(1) a. 我认识那个人。

b. 那个人 t 我认识[t]。

c. 那个人我认识他。

(2) a. 小明已经做完了作业。

b. 作业 t 小明已经做完了[t]。

c. 小明,作业 t 已经做完了[t]。

b、c 都是从 a 移位转换来的。(1)b 是话题转换,即把(1)a 的宾语"那个人"移到句首做话题,而在移出的位置上留下语迹[t],"那个人"与[t]同指标。(1)c 只不过是在移出的位置上用"他"复指"那个人"。(2)b 与(1)b 相同;(2)c 是把(2)a 的宾语移到谓语前做焦点,而在移出的位置上留下语迹[t]。

从以上分析看出,移位转换后留下的语迹只表明转换过程的始末,它在句法结构中没有独立的地位,因此语迹不是真正的空语类。

1.0.2 省略算不算空语类,这是一个颇可以讨论的问题。我们先举吕叔湘先生文章中省略名词的两个例句来看:

(3) 小张给我打电话,∧说是你没来上班。(他,=小张)

(4) 老李给你打电话,∧说是你没来上班。(你们办公室的人)

符号∧表示省略的位置,括号中指明可补出来的词语。吕先生在该文中说:"什么叫做省略?严格意义的省略应该只用来指可以补出来并且只有一种补法的词语,否则不能叫做省略,只能叫做隐含。"从可以补出一种词语看,似乎不宜把省略看成空语类;从句法结构看,是否补出省略的词语,(3)(4)都是联合复句,不影响它们的结构类型。因此我认为不把省略看成空语类为宜。

还有另一种情况,人们在谈话中,根据相同话题删略的原则,经常出现省略。例如:

(5) a.问:谁认识那个人? b.答:我认识。 c.答:我。

b答话在"认识"后省略了"那个人";c答话连同"认识"一起省略,只突出答话的焦点"我"。从语义表达看,b、c的答话都成立。从句法结构看,b不能自立,没有上文,单说"我认识"语意不明;而c虽然自立,却是一个独词句,改变了句法结构类型。这种情况的省略是否可以看成空语类?我们认为,a、b、c组成一个相关的"话题链",没有a的问话,便没有b或c的答话。话题链是属于语用平面的问题,不应该把它与句法结构的省略混为一谈。

1.1 我们只把隐含看成是汉语独立的空语类。隐含是句法中意思里有而又无法补出的句法成分,或者可以说,是句法中一种隐性的语法现象。把隐含这种空语类看成语法现象，不是着眼语义解释，看在句子里有无这个意思，而是看重它在句法结构中的地位，空语类的有无必将直接改变句法结构的类型。

汉语的空语类大略有四种类型：（一）动词短语做主语的句式；（二）表令行禁止的非主谓句式；（三）连动式；（四）兼语式。下面分别举例解说。

1.1.1 动词短语做主语的句式。例如：

(6) a.[e]学好语言不容易。

　　b.[e]实现四个现代化是最大的政治。

a 的主语是"学好语言"，b 的主语是"实现四个现代化"，都是动词短语。动词短语前面隐含着一个施事，谁"学好语言"？什么人"实现四个现代化"？无法确定和补出来。这个施事不是指特定的某人，而是泛指，这就是空语类[e]。在有形态变化的语言里，动词短语做主语只能用不定式。如：

(7) [e] to learn English is difficult.（学习英语难。）

汉语缺少严格意义上的形态变化，似不好分辨动词短语做主语的结构特点。但是，如果把上例汉语动词短语做主语取来单独做谓语，它有无变化呢？有。它可以说成：

(8) 小张学好了语言。

(9) a.我们实现了四个现代化。

　　b.我们将会实现四个现代化。

也就是说，动词短语做谓语可以用一些助词或表情态的词表示动作行为的变化。但把它放在做主语的位置就不能有这种变化。如：

*(10) [e]学好了语言不容易。

*(11)[e]将会实现四个现代化是最大的政治。

据此我们可以说,动词短语做主语的句式所隐含的空语类[e],从语义结构看,它与动词短语有施动关系;从句法结构看,它只出现在无时态变化的动词短语前面。

1.1.2 表示令行禁止的非主谓句式。例如:

(12) *a.[e]随手关门。 b.[e]请[e]勿抽烟。

*c.[e]不准[e]随地吐痰。 d.[e]禁止[e]通行。

这类句式,有的出现一个空语类[e],有的出现两个空语类[e],这些空语类[e]与它后续的动词语义结构都是施动关系,即[e]是施事。这些动词也不能有时态变化,如:

(13) *a.[e]随手关了门。 *b.[e]请[e]勿抽着烟。

*c.[e]要不准[e]随地吐痰。 *d.[e]会禁止[e]通行。

表面看来,(12)b、c、d很像兼语式,后一个[e]是兼语。然而这里的两个[e]都是泛指任何人,[e]前面没有名词语控制它,不受其他词语的"控制",这与兼语式不同(下文再谈)。

1.1.3 连动式。例如:

(14) a.小孩子闹着[e]玩儿。 b.大妈上街[e]买菜。

c.他去图书馆[e]借本书[e]看。 d.儿子找爸爸[e]要钱。

汉语连动式的通常解释是:两个动词短语联系着同一主语,这两个动词短语之间不构成联合、主谓、动宾、动补、偏正等关系,中间没有语音停顿,也没有关联词语扩展为条件关系。没有人提后一个动词短语前隐含一个[e]。从例(14)看,连动式后一个动词短语前都有一个空语类[e],它是这个动词短语的施事。但这个[e]不是泛指,它要受整句主语的控制,即与主语同指标。如(14)的[e]各自与"小孩子""大妈""他""儿子"同指标。

从句法结构看,(14)a只是一个名词"小孩子",[e]的控制语(controller),自然由这个名词承担。(14)b、c的动词不止联系一个名词,为什么其中的[e]舍近求远,不用它毗连的名词——如"街""图书馆"或"书"来承担控制语呢?因为[e]的后续动词在心智本源上要求生物名词做施事,用非生物名词(图书馆、书)做它的控制语,不符合词语组合的选择关系。比如可以单独说"大妈买菜""他借本书"或"他看",却不能单独说"街买菜""图书馆借本书"或"书看"。那么,(14)d的后续名词"爸爸"是生物名词,为什么也不做[e]的控制语呢?孤立地看"爸爸要钱"是可以独立的,或许是这样,似乎可以把(14)d算作连动式,同时也该算兼语式。然而从整体看,这样解释(14)d,既肢解了句法结构,也背离了语义结构。

再从[e]的后续动词短语看,这些动词似可以带"了",有表完成体的变化,但不能带"着"或加进某些表情态的词语表示未实现或正进行的行为。请比较:

(15) a. 大妈上街[e]买(了)菜。*b.大妈上街[e]买(着)菜。

(16) a. 他去图书馆[e]借(了)本书[e]看。

*b.他去图书馆[e]借(着)本书[e]看。

*c.他去图书馆[e]借本书[e](刚要)看。

(17) a.儿子找爸爸[e]要(了)钱。

*b.儿子找爸爸[e]要(着)钱。

*c.儿子找爸爸[e](将会)要钱。

从比较中看出,具有[e]的后续动词变化受到限制,或者说基本上不能有时态变化。但是,主语名词所联系的动词就没有这种限制。如：

(18) a. 大妈(要)上街[e]买菜。

　　 b. 儿子找(着)爸爸[e]要钱。

　　 c. 儿子(将会)找爸爸[e]要钱。

1.1.4　兼语式。例如：

(19) a. [e]请大夫[e]看病。b. [e]劝他[e]好好休息。

　　 c. 小王,队长叫[e]下午出车。d. 他允许[e]另写一篇。

汉语兼语式的通常解释是：一个动宾结构套一个主谓结构,中间没有语音停顿,其中动宾结构的宾语又是主谓结构的主语。如(19)a、b 的"大夫"和"他",他们身兼"宾、主"二职,就是兼语。也没人提出过后续动词前还有一个空语类[e]。

其实,通常用一个动宾结构套一个主谓结构来定义兼语式并没有抓住这种句式的本质。正如朱德熙先生所说,"兼语式的形式是：$V_1+N+V_2$,N 和 $V_2$ 之间只有语义上的关系,没有结构上的关系",兼语式只是连动式中的一类,"即 N 是 $V_2$ 的施事的那一类"。[①]这就是说,如果把兼语式定义为一个动宾结构套一个主谓结构的话,其中主谓结构的"主"不限于施事。那么从结构上看,连动式和兼语式就没有原则的区别。所以朱先生把兼语式看成连动式的一小类,这不是没有道理的。

我很同意朱先生说的兼语式的 N 和 $V_2$ 之间只有语义上的关系,没有结构上的关系。怎样判定兼语式的语义关系呢？朱先生说"N 是 $V_2$ 的施事"。吕叔湘先生的解释是："兼语式可以用公式'名$_1$——动$_1$——名$_2$——动$_2$'来表示,其中名$_2$ 是动$_1$ 的受事,又是动$_2$ 的施事,动$_2$ 跟名$_1$ 没有关系。"[②]可是,从命题逻辑的论元来看,同一个词项不可能既是受事,又是施事。因此,说"兼语"是前一个动词的宾语、后一个动词的主语,或者是前一动词的受事、后一动词的施事,这都欠妥当。

如果用空语类来解释兼语式,似乎可以解决上述矛盾。例(19)a、b各自有两个空语类[e],(19)c、d只有一个空语类[e]。兼语式有无第一个[e]不是实质问题,关键在第二个[e]。这个[e]的后续动词跟连动式一样,也不能有时态变化。[e]受它毗连的名词所控制并同指标,如(19)a、b中的第二个[e]各自受它毗连的名词"大夫""他"所控制并同指标。同指标是语义映射关系,不是同一关系。打个比方,控制语好比是个人,[e]好比是这个人的相片,虽然这个人的相片像他本人,但毕竟不是他本人。空语类就是这种性质。也就是说,空语类是独立的句法成分,不是由前一个名词兼任。

(19)c的[e]从结构上看好像没有与它毗连的名词做控制语,其实毗连的名词是"小王",只不过把"小王"提到句外做了呼语。(19)d是引自吕叔湘先生的例句。吕先生说,这个句子的后续动词"施事异于主语"。吕先生同时又举出"他允许我另写一篇"是兼语式。③据此推测,(19)d也应该是兼语式。(19)d的[e]倒是真找不到它的毗连名词做控制语。换一个说法,(19)d的$V_1$和$V_2$之间没有N,这算不算兼语式?又怎样解释它的语义关系呢?我们认为,这也应算兼语式,是一种特殊的兼语式,根据的是它的后续动词没有时态变化。至于语义解释,这与前一动词"允许"的功能有关系,将在下文再谈。

1.2 根据以上分析,我们发现空语类总是出现在基本上无时态变化的动词或动词短语的前面,并且处于施事地位。这就是空语类的分布及其句法特点。

根据空语类的分布和是否受控制可以区分句法结构类型。空语类出现于句首不受控制,即泛指,是动词短语做主语的句式。空语类出现于句中不受控制,是非主谓句式。空语类出现于句中受句首生物名词控制,是连动式。空语类出现于句中受它毗连的生物名词控制,是兼语式。

由此可见,空语类在句法结构中占有独立的地位,它同移位后的名词语迹和省略这种所谓空语类(其实是假空语类)具有本质的区别。

## 二、由空语类想到的问题

空语类是没有语音形式而有语义内容的句法成分。那么空语类的语法形式是什么?它是怎样表现语法意义的?空语类的语法形式和语法意义是怎样结合的?

2.1 我们以为,空语类在句法结构中是空成分,它的语法形式就是空位。空位在众多的实体中存在,它与实体成分相互依存、相互对立而获得自己在句法中的特殊地位。其实,传统语法讲的构形法中的零形态也是一种空位。零形态之所以是一种形态或语法形式,也只是它与有形的形态或语法形式相对立而存在,没有对立就无所谓形态。语法形式不是孤立地表现在某个词语上,而是存在于词与词的关系之中,表现为既对立又统一的系统。因此,语法形式不是语音实体,而是结构关系。

空语类存在于句法结构中,与其他句法成分对立而处于空位,但不是乱占位置,而是有严格分布规律的。上文已经判定空语类总是出现在基本上无时态变化的动词或动词短语前面,这是它的句法特点。据此可以看出连动式和主谓做宾式的句法特点不同。请比较:

(20) a. 我希望[e]去。　＊b. 我希望[e]会去。(连动式)

　　　c. 我希望你去。　d. 我希望你会去。(主谓做宾式)

(21) a. 我预计[e]明天走。

　　＊b. 我预计[e]明天会走。(连动式)

　　　c. 我预计你明天走。

　　　d. 我预计你明天会走。(主谓做宾式)

(22) a. 他同意[e]另写一篇。④

　　＊b. 他同意[e]要另写一篇。(连动式)

　　　c. 他同意你另写一篇。

　　　d. 他同意你要另写一篇。(主谓做宾式)

这是由相同动词构成的句式,连动式出现在无时态变化动词前;主谓做宾式既可以出现在无时态变化动词前,又可以出现在有时态变化动词前。如果这一论断成立,也可以把主谓做宾式和兼语式区分开来。上例c都是主谓做宾式,不是兼语式,因为它还有d,可以出现在有时态变化动词前面。从这一方面看,空语类的分布及其句法特点充分表现了它的不同的语法意义,可见空语类的语法意义不是人们主观确定的。

2.2　上文提到我们引用吕叔湘先生"他允许另写一篇"这个例句,说它是特殊的兼语式,与动词"允许"的功能有关系。这个问题我曾在一本书里谈到过。我当时引用吕先生三个例句:

(23) a. 他答应另写一篇。(后续动词,施事同于句子主语)

　　　b. 他允许另写一篇。(后续动词,施事异于句子主语)

c. 他同意另写一篇。(后续动词,施事同或异于句子主语)

并且说:"这三个句子的语法关系和语法意义的同与不同,显然是受'答应、允许、同意'这三个动词语义制约的。反过来说,'答应、允许、同意'这三个动词的潜在的语义功能(组合能力)并不完全相同,有的联系一个主语,有的联系两个主语,有的两可。"[5] 我们当时还没有认识到(23)各句都存在着空语类,仅仅是从词的语义功能的角度去观察它们的语法关系。

什么是功能?我曾说过,"某种语言要素排他的、专与某种所与的语言要素相结合的能力,叫做功能"。我把分布和功能作了比较,说"分布是显现的形式,功能是潜在的结构,是一个事物的表里关系"。结论是:"语法形式是凭功能决定的表达一定关系的结构体。有语法形式表现,就预定了功能的作用。抽去了功能的语法形式是不存在的,也不能设想存在着没有语法形式表现的功能。我们不能把语法形式和功能分开,但又不能混为一谈。"[6] 再说得通俗一点,功能一面联系着词的语义结构,一面联系着词的语法形式,单就词语本身看,功能是潜在的;从词与词的结合看,就显现出一定的语法关系。所以我们对(23)中"答应、允许、同意"三个动词构成的不同句式,不是单从它的语义去求得解释,而是从它显现出来的语法形式去确定关系。现在认识到空语类,根据空语类的分布及其句法特点似能更好地解释(23)各句的异同了。

2.3 上文谈到空语类也是一种语法形式,根据空语类的分布及其句法特点所区分出来的不同句式就是它的语法意义。就是说,空语类也是语法形式和语法意义有机地结合在一起的。

语法是语法形式和语法意义的结构体,是同一事物的表里两面。本来就是结合的、分不开的。基于这种认识,似不提语法形式与语法意义结合为好。因为这个提法不仅使人产生误解,而且在语法研究的方法上也会徘徊歧路。说结合,仿佛形式和意义是两个东西,于是有的执着形式,有的抓住意义,或者时而形式,时而意义,居于两可之间。认识上的不统一必然造成方法上的分歧,也难于得出科学的结论。我们主张语法研究要凭借形式去发现意义和解释意义,这是语法研究的基本原则。

语法研究可以从意义出发再找形式去验证吗?语法既然是形式和意义的结构体,是同一事物的表里两面,或从形式出发,或从意义出发,似乎没有什么高低之分、原则差别。然而从语言结构本质看,这却不是半斤八两的问题。我们知道,语法是传递信息的符号系统,但它只是人类交际中最重要的交际工具,不是唯一的交际工具。除语言之外,还有其他的符号系统,如手势、舞蹈、图画等都是交际工具,可以传递一定的信息。因此,意义不是语言独家占有,凡能传递信息的载体都有意义。语言不同于其他符号系统的地方不在于有意义,而在于表现意义的不同载体,在于它的结构。语言的结构特点才是语言的本质,只有抓住事物的本质去进行研究才是科学的研究。所以我们主张凭借形式去发现意义和解释意义是语法研究的原则,这就抓住了语言的本质特点,也避免了从意义出发主观武断。

当然,凭借形式去发现意义和解释意义,原则好说,具体工作起来谈何容易。但是,只要我们不孤立地看待形式,不把形式局限于传统语法的形态变化,而从汉语实际出发,从词与词的关系中、从词与词的组合和变换中全面地观察和分析形式,是能够得到科学结论的。事实上,近年来不少同志沿着这个方向进行研究,已经在汉语语法研究方面有了新的突破,取得了丰硕的成果,这就是最有力的证明。

## 注 释

①朱德熙《语法答问》,商务印书馆,1985年,56页。

②③④吕叔湘《汉语语法分析问题》,商务印书馆,1979年,85页,85页,85页。

⑤⑥徐思益《描写语法学初探》,新疆人民出版社,1981年,73页,188、190页。

原载《语法研究和探索(四)》,北京大学出版社,1988年。
曾于1986年10月在北京西山召开的
第四次现代汉语语法学术讨论会上宣读

# 关于"自己"的指代问题
## ——谈约束理论

一

1.1 汉语中的"自己",语法学者通常把它归入人称代词一类。但人称代词都有确定的人称和指代的对象,而归入人称代词的"自己"属于第几人称,指代什么?

1.2 我们以为,"自己"缺乏独立所指范畴,它可以与任何一类人称代词结合复指该人称代词,也可以与指人的名词(有时也含指物的名词)结合,共同指称该名词所代表的人或物。

1.2.1 "自己"与人称代词结合,复指该人称代词所属的人称。例如:

(1) 我自己对自己都恨不够,我还配说厌恶别人? 　　　　　　　　　　　　　　　　　　　(《雷雨》)
(2) 我自己还顾不了自己呢! 　　(《茶馆》)
(3) 这倒像我自己的孩子。 　　(《雷雨》)
(4) 我收拾我自己的东西去。 　　(《雷雨》)
(5) 你忘了你自己是怎样一个人啦! 　　(《雷雨》)

(6) 你,自己写发票。　　　　　　　　　(《女店员》)

(7) 小资产阶级出身的人们总是经过种种方法,也经过文学艺术的方法,顽强地表现他们自己,宣传他们自己的主张。

(《毛泽东选集》)

(8) 他们总是不适当地特别强调他们自己所管辖的局部工作。　　　　　　　　　　　　　　　　　(《毛泽东选集》)

这看出,"自己"可以与第一人称、第二人称、第三人称代词结合,可以是单数,也可以是复数,与它复指的代词同义。

1.2.2 "自己"与指人的名词结合,指称该名词所代表的人物。例如:

(9) 老爷自己来拿。　　　　　　　　　　(《雷雨》)

(10) 可是老爷吩咐,要太太自己拿。　　　(《雷雨》)

这里"自己"分别指代"老爷"、"太太",并与之同义。

1.2.3 "自己"也可以与表示人物集体的名词结合,指代集体或集体中的个体。例如:

(11) 好多农业院校自己培育品种,自己种田,怎么不是劳动?

(《邓小平文选》)

(12) 但总地说来,他们的绝大多数已经是工人阶级和劳动人民自己的知识分子,因此也可以说,已经是工人阶级自己的一部分。　　　　　　　　　　　　　　　　　(《邓小平文选》)

(13) 我们要求所有人都努力上进,但毕竟还要看各个人自己是否努力。　　　　　　　　　　　　　(《邓小平文选》)

(14) 希望同志们把我所讲的加以考虑,加以分析,同时也分析各人自己的情况。　　　　　　　　(《毛泽东选集》)

这里的"自己"也是与它所结合的名词同义。

1.3 我们把"自己"所结合的词语记为 X,以上例句出现"自己"的形式记为"X 自己"。X 是个变项,X 指称什么,"自己"就指代什么。从"X 自己"在句法结构中出现的位置看,按照习用说法,可以是主语(1、2、6、9、11),内嵌句主语(5、10、13),宾语(7),定语(3、4、12、14)等等。这种形式中的"自己"没有独立的词汇意义和语法意义,只有语用意义,它强调或加强 X 自身的作用。

1.4 不附着 X 的"自己"出现在主语或宾语位置,泛指任何人或事。例如:

(15) 自己养不起自己的娘儿们。　　　　　　　(《日出》)

(16) 天天自己骗着自己。　　　　　　　　　　(《日出》)

(17) 有的产品制造技术,国内早就有了,在国内还自己封锁自己,这种现象要坚决克服。　　　　　　　(《邓小平文选》)

(18) 自己动手,丰衣足食。

这类"自己"在句法结构中占据席位,充当句子成分,有语法意义;同时又是泛指人或事,也有词汇意义。

## 二

我们想要着重研究的是,X 与"自己"分离的情况下,"自己"在句法结构中的指代问题,亦即"自己"怎样受 X 约束的问题。

2.1 根据诺姆·乔姆斯基(Noam Chomsky)的约束理论(binding theory),"自己"不属于代名词,而是一个照应词(anaphor),它在管辖语域内受约束;代名词(如"他")是自由的,它在管辖语域内不受约束。[①]所谓管辖语域(scope of government),乔姆斯基最先的定义是：α 是 β 的管辖语域，当且仅当 α 是包含 β 和 β 的管辖成分的最小语域，其中 α＝Np 或 S。② 所谓受约束的意思，是指受论元约束，即被一个在论元位置（主语、宾语）上的成分所成分统率，并且与其有相同下标。这里统率（command）概念所指的是，如果 α 统率 β，则 α 与 β 彼此互不管辖，且 α 属于一个管辖 β 的节点（node）。

我们还是举实例来说明这种奥妙的理论吧。

(19)（他痛苦，）他恨自己。　　　　　　　　　　《雷雨》

(19)的结构树是：

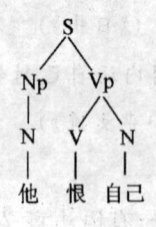

```
      S
     / \
    Np  Vp
    |   /\
    N  V  N
    |  |  |
    他 恨 自己
```

这个结构树，从管辖语域来认读，S＝α（即句子），它包含 β（照应词，自己）和 β 的管辖成分（V，恨）；从统率概念来认读，α（他）统率 β（自己），α（他）与 β（自己）互不管辖，且 α（他）属于一个管辖 β（自己）的节点（S），并与其有相同的下标。因此，(19)可以改写成：

[S 他ᵢ 恨 自己ᵢ]

其中，S 是个管辖语域，"他"处于 S 的论元位置（主语），"他"统率"自己"，并与其有相同的下标（i）。也就是说，"自己"在 S 语域内受"他"约束，因此"自己"就指代"他"。

(20) 我不喜欢[Np 张三ᵢ 对自己ᵢ 的态度]。

(20)方括号[　]内是个 Np，即 α＝Np，它也是个管辖语域。在 Np 内照应词"自己"受"张三"约束并与其有相同下标（i），因而"自己"指代"张三"。

按照乔姆斯基的约束理论，照应词在其管辖语域（S，Np）内受约束，而代名词（他）在其中则是自由的（不受约束），如把(19)(20)

中的"自己"换成"他",则指代不同,语义各别。这样,就把照应词和代名词区别开来了。

2.2 以上简述乔姆斯基的约束理论看来好像是有道理的,照应词在管辖语域(Np, S)内受约束,而代名词则是自由的,它们处于互补分布状态。但是,正如黄正德所举出的:③

(21) 张三$_i$看见了[Np 自己$_i$的书]。

(22) 张三$_i$看见了[Np 他$_i$的书]。

(21)(22)照应词(自己)、代名词(他)都出现在 Np 内所有格的形式中。根据乔姆斯基的 X 阶标理论,Np 的中心语是名词,中心语以外的成分是名词所管辖的补语。④因此,(21)(22)中的"自己"和"他"都是 Np 中心语"书"的补语,都应该受"书"所管辖。如果说(22)的代词在 Np 内是自由的,那么,(21)的照应词就应该在 Np 内受约束,可是(21)的照应词在 Np 内找不到约束它的先行词。显然,乔姆斯基的约束理论是不完善的。

2.3 为了弥补上述缺陷,后来,乔姆斯基重新规定了管辖语域:α是β的管辖语域,当且仅当α包含β、β的管辖成分和可接近于β的 SUBJECT 的最小语域。⑤

这里的 SUBJECT 是乔姆斯基的一个专用术语,它的含义是指 Np 或 S 内部"最突出的名词性成分",它包括通常意义的主语。如(19)中 S 的"他"、(20)中 Np 的"张三"都是个最突出的名词性成分,它成分统率照应词。虽然(21)中的 Np 的"自己"也是一个最突出的名词性成分,但这个最突出的名词性成分就是照应词本身,它不包含一个可接近照应词的 SUBJECT,因此这个 Np 不是照应词的管辖语域。只有全句(S)才是照应词的管辖语域,它包含一个可接近于照应词的最突出的名词性成分,这就是全句的主语"张三",它成分统率照应词并有其相同下标。

2.4 乔姆斯基重新定义的管辖语域,正如黄正德指出的,虽然成功地说明了涉及照应词的大量句子,但约束理论中存在的问题仍然存在。他举出:

(23) a. 张三$_i$以为[S[Np 自己$_i$的相片]最好看]。

b. 张三$_i$以为[S[Np 他$_i$的相片]最好看]。

(24) a. 张三$_i$说[自己$_i$会来]。

b. 张三$_i$说[他$_i$会来]。

(23)a(24)a 都符合上述的乔姆斯基关于照应词的约束原则。但是,为什么相应的(23)b(24)b 用代词去替换照应词同样合乎语法而不互相排斥? 就是说,(23)a(24)a 中的照应词要求一个可接近的最突出的名词性成分(张三)成分统率它,为什么(23)b(24)b 中的代词(他)也同样要求一个最突出的名词性成分去成分统率它呢? 这样,就违背了代词在管辖语域内是自由的原则。

针对乔姆斯基约束理论存在的问题,黄正德提出了修改管辖语域的意见:α 是 β 是管辖语域,当且仅当 α 包含 β、β 的管辖成分以及一个 SUBJECT 的最小语域,而且,当 β 为照应词时,这个 SUBJECT 是可接近于 β 的一个 SUBJECT。[6]

按照黄正德的修改意见,(19)的 S 和(20)的 Np 仍然是管辖语域,它都包含一个接近于 β 的最突出的名词性成分(即"他"和"张三")。黄正德说:当某个语域包含 β(β 为代词或照应词)、β 的管辖成分和一个不可接近的 SUBJECT 时,这种代词和照应词互补分布就不存在了。如果 β 是代词,这个语域是它的管辖语域,如果 β 是照应词,这个语域就不是它的管辖语域,一个范围更广的语域才是它的管辖语域,即只有主句才是它的管辖语域。[7]黄正德认为这样就可以轻易解决乔姆斯基约束理论存在的问题。这就是说,黄正德想用他的修改管辖语域的意见,既维护了乔姆斯基的约束理论,又解释了汉语照应词受约束的问题。

# 三

3.1 我们认为,黄正德的修改意见仍然存在问题。他把管辖语域作了不同的解释:一个是代词的管辖语域,它不要求有一个可接近的最突出的名词性成分;一个是照应词的管辖语域,它必须要求一个可接近的最突出的名词性成分。这种意见似乎可以维护乔姆斯基的约束理论,即照应词在管辖语域内受约束,而代名词则是自由的,但是,这已经不是乔姆斯基所说的同一个管辖语域,即使解决问题,也没有多少实际意义。另外,无论是乔姆斯基,还是黄正德,他们对于约束理论的研讨大都局限于单句范围。其实,汉语的照应词远不止于这种现象,似乎也不是用约束理论可以完全解释清楚的。我们举出一些实例来看吧。

3.1.1 汉语的句法具有灵活性,省略主语是常见现象。在一个小句中要解释照应词受约束,就必须考虑这个小句是否承前省略主语的问题。汉语的内嵌句就常有这种情况。如果照应词是内嵌句的主语(或主语的限制语),它通常受主语的约束,并且指代它。例如:

(25) 许多人常常以为[S 自己写的讲的[S 人家都看得懂,听得懂]]…… (《毛泽东选集》)

(26)(列宁曾多次强调指出:)工人一分钟也不会忘记[S 自

己需要知识的力量]。 　　　　　　　　　　(《邓小平文选》)

(27) 你同你母亲都不知道[S 自己的病在哪儿]。

(《雷雨》)

(28) 他们起了留声机的作用,忘记了[S 自己认识新鲜事物和创造新鲜事物的责任]。　　　　　　　　(《毛泽东选集》)

(29) 我一个人在雨里跑,不知道[S 自己在哪儿]。

(《雷雨》)

(30) 他们都是可怜的孩子,不知道[S 自己做的是什么]。

(《雷雨》)

这些方括号[　]中的 S 都是内嵌句,(25)(26)(27)中的照应词都受主句主语的约束,这没有问题。(28)(29)(30)中的 S 也是内嵌句,可是这个小句无主语,而实际是承前句主语的省略,也应把其中的照应词解释成受主句主语的约束。

3.1.2　在一个主从复句中,照应词是从句的主语,它通常要受主句主语的约束,并且指代该主语。例如:

(31) 当了母亲的人,处处应当替孩子着想,就是自己不保重身体,也应当替孩子做个服从的榜样。　　　　　　(《雷雨》)

(32) 第二天早上,她起得很迟,于福虽比她着急,可是自己既没主意,又不敢叫醒她,只好自己先去做饭。　　　(赵树理)

(33) 他们不告诉我,自己就签了字了?　　(《雷雨》)

(34) 我们只好不服从你,自己走了。　　　(《雷雨》)

(35) 您光给孩子们花钱,就不自己添补点什么吗?

(《女店员》)

(36) 还有些胆子小的,虽然也跟咱是一气,可是自己又不想出头。　　　　　　　　　　　　　　　　　　(赵树理)

3.2 我们以上所举例句,无论是内嵌句还是主从复句中的照应词,都受主句主语的统率。以(31)(32)为例,其结构树分别是:

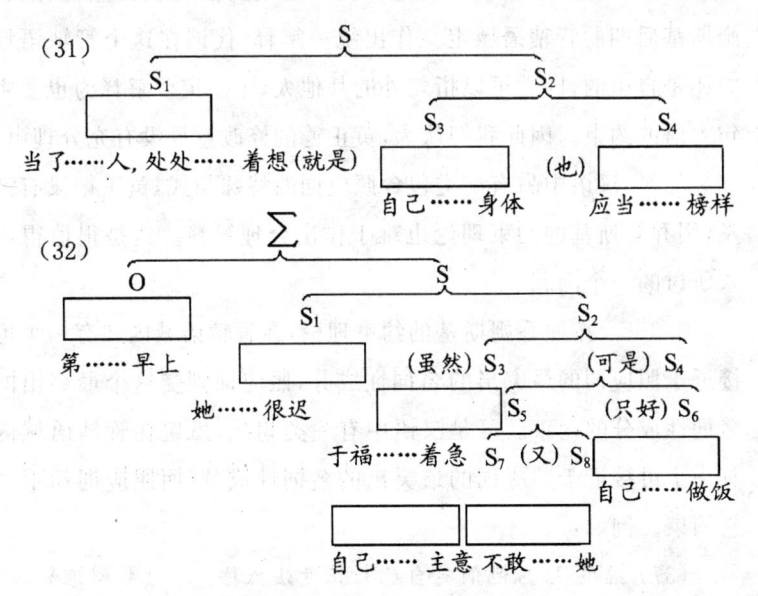

(31)

```
                    S
        ┌───────────┴───────────┐
        S₁                      S₂
                          ┌─────┴─────┐
                          S₃          S₄
当了……人,处处……着想(就是)
                      自己……身体   (也)应当……榜样
```

(32)

```
                         Σ
              ┌──────────┴──────────┐
              O                     S
           第……早上          ┌──────┴──────┐
                            S₁             S₂
                         她……很迟    (虽然)S₃  (可是)S₄
                                              ┌────┴────┐
                                              S₅   (只好)S₆
                                          于福……着急  自己……做饭
                                          S₇(又)S₈
                                       自己……主意 不敢……她
```

(31)中 $S_1$ 的主语(当了母亲的人)成分统率(或者说,弱成分统率[⑧])$S_3$ 中的照应词;或者说,$S_3$ 中的"自己"受主句主语(当了母亲的人)约束,并且指代主语(具有相同下标)。同样,(32)中的 $S_3$ 的主语(于福)也成分统率 $S_6$、$S_7$ 中照应词,亦即 $S_6$、$S_7$ 中的"自己"受"于福"约束并且指代它。因此说,主句是照应词的管辖语域,主句的主语就是乔姆斯基所说的 SUBJECT。从这一点来说,乔姆斯基后期规定的管辖语域要包括一个可接近于 β 的最突出的名词性成分,这是有道理的。

关于黄正德的修改意见,我们说他把管辖语域作了不同的解释。其实,本文第三部分所举的例句,如果主句主语属第三人称,句中照应词所处的位置都可以换上代词(他或他们);但是,换上代词(他、他们)就含有歧义,它既可以指代主句的主语,也可以指代句外的其他人。如果认识到这种代词的歧义性,我们仍然按照乔姆斯基后期的管辖语域定义作出统一解释,代词在这个管辖语域中还是自由的,即它可以指句外的其他人,不一定要解释为也受主句主语的约束。因此我们认为,黄正德的修改意见没有充分理由。

3.3 汉语中另有一类包含照应词的特殊句式,黄正德没有涉及,用乔姆斯基的约束理论也难于作出合理解释。这是很值得深入研讨的一个问题。

3.3.1 按照乔姆斯基的约束理论,在管辖语域内如有一个可接近于照应词的最突出的名词性成分,照应词则受这个最突出的名词性成分的约束。可是汉语中有一类句式,虽说在管辖语域内有一个可接近于照应词的最突出的名词性成分,而照应词却不受它约束。例如:

(37) 继圣见[S 他们笑自己],正没法抵挡。 (赵树理)

(38) 她想[S 婆婆在小娥面前败坏自己]。 (赵树理)

(39) 天明看看她,刚要走开,却不料[S 她紧紧抱住自己],身体轻轻颤抖着。 (苏叔阳)

(40) 他知道[S 二先生也不把这当成一回事跟自己生气]。

(赵树理)

这些例句中加括号的 S 都是管辖语域,虽然(40)中的照应词是个介词短语,其中的照应词都有一个可接近的最突出的名词性成分,它分别是(37)中的"他们"、(38)中的"婆婆"、(39)中的"她"、(40)中的"二先生"。可是照应词却不受这些 S 中最突出的名词性成分的约束,而是舍近求远,越界指代全句的主语。这是为什么?这能解释成是受主句主语的远程约束吗?形式上看,这也是内嵌句,但

## 关于"自己"的指代问题

同前举内嵌句又有所不同。前举内嵌句的 S,照应词处于主语位置,没有一个可接近于它的最突出的名词性成分;这里内嵌句的 S 有一个处于论元(主语)位置的最突出的名词性成分,理应成分统率照应词(照应词处于宾位),却没有统率。这令人怀疑乔姆斯基统率原则的普遍性。

**3.3.2** 兼语式更是汉语的一种特殊句式。我们曾说过,兼语式的后续动词前隐含一个空语类[e],而空语类是不受约束的。[9] 这种兼语式的照应词又指代什么?例如:

(41) 您别管,叫小李拿。　　　　　　　　　　(刊)

(42) 四爷,让咱们祭奠祭奠自己。　　　　　(《茶馆》)

(41)(42)是兼语式,它的后续动词前都隐含一个空语类,这个空语类的控制语(controller)分别是它的毗连名词"小李"和"咱们"。(41)(42)的结构树是:

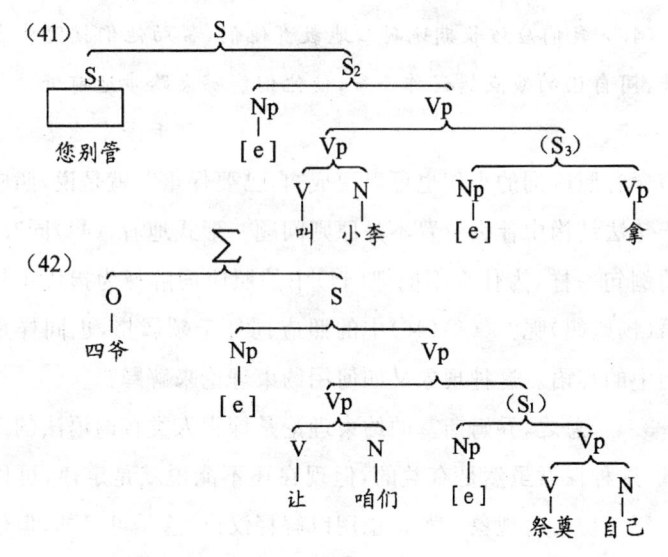

(41)
```
                    S
         ┌──────────┴──────────┐
        S₁                    S₂
      ┌────┐         ┌────────┴────────┐
      │您别管│        Np                Vp
      └────┘         │         ┌───────┴───────┐
                    [e]        Vp            (S₃)
                           ┌───┴───┐      ┌────┴────┐
                           V       N      Np        Vp
                           │       │       │        │
                           叫      小李    [e]       拿
```

(42)
```
                    Σ
         ┌──────────┴──────────┐
         O                     S
         │           ┌─────────┴─────────┐
        四爷          Np                  Vp
                      │           ┌──────┴──────┐
                     [e]          Vp          (S₁)
                              ┌───┴───┐      ┌────┴────┐
                              V       N      Np        Vp
                              │       │       │    ┌───┴───┐
                              让      咱们    [e]   V       N
                                                   │       │
                                                   祭奠    自己
```

值得注意的是,(41)中($S_3$)的空语类[e],可以由照应词"自己"填

充,变换成:

(43) 叫小李自己拿。

这里,不能把(42)(43)的照应词说成是受主句主语的约束。(何况兼语式的主语也常常是空语类)从语义解释看,这里的照应词倒是指代兼语(咱们、小李),可是它们之间没有统率关系,似不便说这里的照应词受兼语约束。

3.3.3 另一种并非兼语式,可是照应词不是承前指代主语,而是承后指代宾语。例如:

(44) 杨妈妈嘱咐她的女儿,多注意身体,要保重自己。

(刊)

(45) 所以我劝那些只有书本知识但还没有接触实际的人,或者实际经验尚少的人,应该明白自己的缺点,将自己的态度放谦虚一些。

(《毛泽东选集》)

(46) 我们应该长期地耐心地教育他们,帮助他们摆脱背上的包袱,同自己的缺点错误作斗争,使他们能够大踏步地前进。

(《毛泽东选集》)

(44)含有照应词的小句也可以说成"自己要保重",就是说,照应词处于句法结构中什么位置不是原则问题。形式地看,(44)同3.1.2中的例句一样,为什么不能把(44)中的照应词解释为指代主句的主语(杨妈妈)呢?(45)(46)中的照应词处于领属格,也同样是指代句中的宾语。这种现象又如何用约束理论来解释?

3.4 总之,乔姆斯基的约束理论是探索人类普遍语法的一种尝试,这种探索虽然是有益的,但现在还不能说就是定律,可以用它解释一切语言现象。黄正德用以解释汉语,这是可喜的,但他不是从汉语的实际材料着眼,而是从理论原则出发,因而得出的结论是不够全面正确的。我们认为,研究语言既要重视一般理论的指导,也要注意具体材料的分析,使两者结合,从中概括出规律。当其还不能用一般理论解释某种语言现象时,也不要轻易毁誉,而应当指明问题所在,鼓励人们继续深入研讨,这才是实事求是的科学态度。

### 注 释

①④徐烈炯《管辖与约束理论》,《国外语言学》1984年第2期。

②③⑤⑥⑦黄正德《汉语生成语法》第五章,黑龙江大学科研处,1983年。又,Np表示名词短语,S表示句子。

⑧弱成分统率的意思是,α弱成分统率β,当且仅当直接管辖α的节点成分统率β。

⑨徐思益《从空语类说开去》,1986年10月在北京西山第四次现代汉语语法学术讨论会上宣读。

原载《新疆大学学报》1988年第1期。又载第二届哈尔滨国际生成语法研讨会论文集《生成语法论丛》,1988年。
曾于1987年5月在黑龙江大学召开的第二届哈尔滨国际生成语法研讨会上宣读

# 语法修辞结合的面面观

当前,语法修辞结合问题的讨论已经展开,为了在同一论题的前提下进行深入讨论,有必要分辨语法修辞结合的含义及其有关问题。如果各说各的结合,就无法使讨论深入,也难于统一认识。

根据当前的讨论,语法修辞结合似有两种含义:一是说讲课或编书把语法修辞结合起来,便于联系语言的运用,一是指汉语语法规律本来是和修辞结合的。两者所指的对象不同、性质不同,结合的可能性就大不一样。我们的观点是,前者或可以结合,后者不能结合。

## 一、讲课的结合不同于体系的结合

语言好像一个多面结晶体,人们从不同的侧面、不同的角度去观察,显示的形状和纹理迥然有别。单从交际的角度说,一个语句有通不通、好不好、恰当不恰当诸方面的问题。为了提高人们的交际能力,从不同层次、不同角度对语言进行综合分析,这是必要的、有益的。教师在讲授语法或修辞课时把这两方面结合起来,或者编写一本理论结合实际、雅俗共赏的语法修辞教材,这都是可行的。正如讲授《庄子》、《史记》等古典名著,把其中的哲学、文学、历史知识结合起来,进行综合分析,这对于学习的人来说是会受欢迎的。所以我们说,从讲课(或编教材)的角度把语法修辞结合起来,这是可以的。但是,即使在这种含义下讲语法修辞结合,也不是句句结合、全面结合。主张结合的人也只是说"能结合多少就结合多少";就是郭绍虞先生的《汉语语法修辞新探》也包含有这层意思,他说:"修辞一课既是'薄弱部门',不妨暂缓开设,取其部分可与语法合并者并入语法中讲。"这说的是讲课,说的是"取其部分可与语法合并者"。这是实事求是地看问题。在这种含义下讲结合,想必没有多少分歧意见。

在科学体系上语法修辞是否可以结合呢?科学体系是指一门科学本身的体系,包括它自身的内在规律。郭绍虞的《新探》没有保持语法修辞结合这一论题的同一性,他既从讲课的角度谈结合,又强调"汉语的语法规律本是和修辞经常结合在一起的"。这后一种结合关系到语法和修辞两门科学自身的体系问题,倒是值得深入研讨。

语言是人类社会生活中异常复杂的现象,它本身是一个自足的符号系统,又同人类社会生活各个方面发生联系。我们既可以把语言作为自足的符号系统进行分析研究,又可以同人类社会生活联系起来,着重研究语言同社会的关系或某一个侧面。由于研究的着眼点不同,研究的对象和方法自然也不同。这好比人这个客体,人们既可以从社会的角度研究人的政治经济地位和种种社会关系,也可以从生理的角度研究人体构造,还可以从医学角度研究人的病理、病变,等等。难道研究某个人体生理构造能够从中发现某人的政治态度吗?语言也是这样,我们可以研究某种语言自身的结构规律,以至研究人类的"普遍语法",也可以研究人们交际过程中使用语言的表现手段。语法是语言本身的自足的符号系统,修辞则是使用语言的表现手段,语法和修辞作为两门独立的科学,它们各自的体系和规律不同,怎么能够说汉语语法规律本来是和修辞结合的呢?

要说结合,倒是语言与思维结合得更紧密,结合到了不可分割的程度,但是,研究语言规律的属语言学,研究思维规律的属逻辑学。语法和修辞远没有语法和逻辑关系密切,怎么能在科学体系上结合起来呢? 其实,逻辑、语法和修辞不能相混,这是早有定论的。王力先生早就说过:"若拿医学来做譬喻,语法好比解剖学、逻辑好比卫生学、修辞好比美容术。咱们虽不能说解剖学和卫生美容完全没有关系,然而咱们究竟不该把解剖和卫生或美容混为一谈。尤其是修辞学,必须和语法分别清楚。修辞学属于艺术的部门,语法学属于科学的部门。"[①]社会愈发展,人类愈进步,科学分工愈细密,一些在古代属于一门综合性科学的,现在分成了许多分支科学或独立科学,人们不能从现代的科学水平退回到古代的认识境地。因此我们说,语法和修辞要在科学体系上结合起来是不可能的。

## 二、语法语用结合不同于语法修辞结合

胡裕树先生说:"要使语法有新的突破,在语法研究中必须自觉地把三个平面(指句法、语义、语用)区别开来;在具体分析一个句子时,又要使三者结合起来,使语法分析做到形式与意义相结合,静态与动态相结合,描写性与实用性相结合;这样,语法分析也就更丰富,更全面,更系统,更科学。"[②]胡先生的话说得非常中肯。

可是有人据此发挥说,句法分析和语用分析相结合同语法分析和修辞分析相结合没有什么区别。这种说法值得商榷。

句法分析就是分析一个语符链的结构形式,也就是语法形式。这个语法形式的背面潜在的语义就是语法意义。语法形式和语法意义总是紧密结合的,没有无形式的语义,也没有无语义的形式。这好比一张纸的表里两面,通过语法形式的分析,就能力透纸背,发现另一面的语法意义。虽然句法和语义是属于不同的平面,但这两者总是不可分地结合在一起的。(即使歧义句,也总是有语义的)语用意义又有所不同,除去超语言的语境意义外,它通常是句法变换过程中产生的附加语义,是和句法联系在一起的。举实例说:

(1) {a. 您喝了这杯酒。
     b. 这杯酒您喝了。

对(1)a作句法分析是"主-谓(述-宾)"关系,语义分析是"施事-动作-受事"关系;对(1)b作句法分析是"主-谓(主-谓)"关系,语义分析是"受事-施事-动作"关系,语用分析则是"话题(topic)-说明(comment)"关系,即"这杯酒"是话题,是表达的重点。如果把上面语句变换为准分裂句(pseudocleft sentence),与问话相对照,则是:

(2) {问:您喝了什么?
     答:喝了的是这杯酒。
     或者:酒。

"酒"是焦点(focus),是问话的重心所在。这种话题、焦点,以及蕴涵(entailment)、前提(presupposition)等等,都是通过句法结构的变换增添的语义(这就是乔姆斯基说的表层结构也能决定部分语义),是与句法结构联系在一起的。这就是胡裕树先生说的,语法分析要区别三个平面,达到三个结合。

在科学体系上把语法和修辞结合起来,这两者是什么关系?显然不是表里关系。修辞分析也不同于语用分析,它不能通过句法分析产生附加语义。还是举实例说明(另参见陈宗明《修辞的逻辑》,《逻辑与语言学习》1987年第3期):

(3) 僧游云隐寺,寺隐云游僧。

从修辞角度看,这是对偶、回环格,形式非常奇巧优美。从语法角度看,却是普通的具有主谓关系的联合语句。如果用a代表僧(云游僧),b代表寺(云隐寺),H表示"游",$H'$表示"隐",另加语形美的算子FB,例(3)这个语句的逻辑表达式则是:

$$FB[H(a, b) \wedge H'(b, a)]$$

这个逻辑表达式就是例(3)这个语句的语义结构的映射。这就是说,例(3)这个语句,无论作为修辞分析或句法分析,它的语义结构是相同的;虽然修辞分析外加一个语形美(FB)的算子,但对句法分析并没有产生附加语义。

(4) 夕阳似火。

从修辞角度看,这是个比喻格,即本体"夕阳"与喻体"火"有相似之处。从语法角度看,这也是一个具有主谓关系的语句。如果用a代表"夕阳",b代表"火",R表示关系,H表示"红色",例(4)的逻辑表达式是:

$$R(a, b) \wedge H(b) \rightarrow H(a)$$

这意思是,如果"夕阳"同"火"有"相似"关系,并且"火"是"红色"的,那么"夕阳"也是"红色"的。这虽然增添了"红色"的比喻意义,可这不是语法意义或语用意义,与句法分析无关。

可见,句法分析同语用分析相结合根本不同于语法分析同修辞分析相结合,前者有内在的联系,可以结合,后者是不同的对象,从形式分析到内容分析都不能结合。

# 三、静态动态或语言言语结合问题

有人认为,语法是静态分析,修辞是动态分析,把语法和修辞结合起来,就是静态分析与动态分析相结合。这是一种误解。

如果从传统语法学观点看问题,孤立地确定词性,静止地分析句子成分,那还可以说语法分析是静态分析。现代语言学认为,辨别词性是根据词与词的关系、词与词的结合,即从全面结构关系中确定词性的;句法分析"不能满足于说出这是什么成分",即"不能贴上标签就完事",而要进一步分析某类词在句法结构中的活动方式以及句法结构的变换规律。这种分析当然是动态分析,也就是变形语法或转换语法的分析方法。所以吕叔湘先生说:"研究句子的复杂化和多样化,可以说是在静态研究的基础上进行动态的研究,是不仅仅满足于找出一些静止的格式,而是要进一步观察这些格式结合和变化的规律。怎样用有限的格式去说明繁简多方、变化无尽的语句,这应该是语法分析的最终目的,也应该是对于学习的人更为有用的工作。"[③] 这就是说,不能把语法分析片面地理解为静态分析。

修辞分析也不都是动态分析,历来以研究辞格为中心的修辞学,当然可以作静态分析。例如:

(5) 残阳似血。

(6) 共产党像太阳。

(7) 白发三千丈。

(8) 泪飞顿作倾盆雨。

把这些语句单独拿出来作修辞分析,仍然不会淹埋它们所表现的比喻、夸张等辞格。当然,现代修辞学打破了狭隘的辞格界限,主张联系语言使用的情景进行动态分析,但不能说修辞手段就不能作静态分析。不管静态分析和动态分析,我们认为,应该从体系上、本质上深入考察语法修辞结合的可能性,而不是做表面文章。

同样,把语法分析看成是对语言分析,把修辞分析看成是对言语分析,这也是不恰当的。人们通常把语言使用当成言语,认为修辞分析是在语言使用过程中发现其表现手段,就是言语分析;而语法是静态地分析语句的结构关系,所以是语言分析。诚然,语法是潜存在说某种语言的每个人的头脑中(语言能力),但同时也体现在每个人的实际交际过程中(语言行为)。难道语法只是陈列的样品而与人们使用语言无关吗?言语虽然是对语言的具体使用,但是,如果没有语法在其中起支配作用,则使用语言又怎能实现其交际职能呢?把语言和言语截然对立起来,还侈谈什么语法和修辞结合?这难道不是重陷"索绪尔式"的矛盾吗?关于这个问题,方光焘先生早有明确的论述,他说:"就拿语法学和修辞学来说,这两者都是以语言的表现手段作为研究对象,都是属于语言学的部门。它们虽然都同样地从具体的言语出发来进行研究,但各从不同的角度寻找语言的不同的规律,语法学寻找的是语言的语法结构规律,修辞学所寻找的却是语言的修辞手段的规律。它们的出发点是相同的,都是言语,它们的归结也是相同的,都是语言。我们认为,两者的对象并没有什么不同,只是对同一对象,从不同的角度加以考察而已。我们怎么可以把语法学和修辞学分别划归到'语言科学'和'言语科学'呢?"④我们重温这段话,对于深入开展语法修辞结合问题的讨论是有启发的。

### 注 释

① 王了一《中国语法纲要》,开明书店,1946年。
② 胡裕树、范晓《试论语法研究的三个平面》,《新疆师范大学学报》1988年第2期。
③ 吕叔湘《汉语语法分析问题》,商务印书馆,1979年。
④ 方光焘《漫谈语言和言语问题》,见《语言和言语问题讨论集》,上海教育出版社,1963年。

原载《修辞学习》1988年第2期。
又载《语法修辞结合问题》,北京语言学院出版社,1996年

# "(在)X 上"的语法特点
## ——兼论方光焘划分词类的思想

## 一、引 言

1.1 "(在)X 上"是一个形式类(formclass),其中的"(在)"有条件的同现(cooccurrence),是一个可选词项,X 是个变项,这个形式类就只是一个"X 上"。可以填入"X 上"这个形式类替换 X 的项目(词或短语)有:

甲:纸、书、桌子、石头……

乙:政治、方法、数量、精神……

丙:学习、宣传、安排、接待……

1.2 现在通行的汉语语法把"上"定为方位词,方位词属名词或体词范畴。甲项的词置于"上"之前组成方位结构,仍是名词性的,它再与介词(在)组合成介词结构,常做句中的状语(谓语前)和补语(谓语后)。乙项的词置于"上"之前,也是一种名词性的方位结构;这是方位词的引申用法,意义上表示事情的方面。它再与介词(在)组合成介词结构,还是在句中做状语、补语。至于丙项的词置于"上"之前该是什么性质的结构,似乎还没人专门研讨过。

1.3 本文拟就这种方位结构再作一番检讨,着重考察乙、丙两项的词进入"X 上"这个形式类的语法特点,看看是否可以从现行的词类中划出来,构成一个新的词类。在此基础上,并对方光焘划分词类的思想进行评介。

## 二、方位结构的组合特点

2.1 现行的一般语法书上说,方位词主要用途是附着在名词后头,构成表示处所或者时间的名词性的方位结构,一般只作状语用(墙上挂着一幅画)。我以为这样解说是不够严密的。因为名词还可以划分出各种次类,并非所有的名词都可以组成方位结构,表示处所或时间的。例如上列乙项的名词组成的方位结构(?)就不表示处所或时间。

2.2 上列甲、乙、丙三项词,从它们的组合关系来看,甲、乙词项的前面可以与数量词结合(一张纸、一种政治),排斥与"不"结合(*不纸、*不政治);丙项词的前面排斥与数量词结合(?一种学习、*一种接待),可以与"不"结合(不学习、不接待)。这证明甲、乙与丙是互相对立的,前者属体词范畴,后者属谓词范畴。同属体词范畴的甲、乙内部还有区别,甲项前面与数量词结合,要求个体量词与之相配,形成近似一致关系(一张纸、一本书、一块石头);乙项对数量词没有这样的选择性(selection),只通用种类量词(一种政治、一种方法)。由于选用量词的不同,我们可以把选用个体量词与之相配的甲项叫做具体名词,通用种类量词与之相配的乙项叫做抽象名词。由此看来,上面所说的方位词附着在名词后头表示处所或时间,应该限于甲项一类的具体名词,不是泛指一切名词,这才大致符合汉语实际。

2.3 方位词附着在具体名词之后组成方位结构,在它前面仍可用个体数量词修饰(一张纸上、一本书上、一块石头上);乙项抽象名词后附着"上"却不具有这种特点(*一种政治上、*一种方法上)。这反映出甲、乙词项不同的结构特点。从组合关系看,方位结构是自由的,其语法意义是修饰关系,即具体名词修饰方位词;其整体结构的语义是具体名词与方位词和原有意义的加合关系,如表示具体名词"桌子"的意义和表示位置的"上"的意义加合起来表示处所(桌子上)。乙项的词后附着"上",语法上不存在修饰关系(政治上),语义上不是加合关系、表示处所,而是融合关系,即"上"原有表位置的意义受抽象名词的影响而发生了变化,共同表示事情的方面。基于上述特点,应该把甲项词组成的方位结构同乙项词进入"X 上"严格区分开来。

# 三、"X 上"的语法特点

3.1 我们把方位结构从"X 上"里区分开来后,前面说过,能进入"X 上"的词还有乙、丙两项,它们不是方位结构。汉语随着历史和科学技术的发展而发展,能进入"X 上"的乙、丙两项的词数量可观。我们随便调查了一些材料,下列乙、丙两项的词都可进入"X 上":

乙 项

政治 方法 数量 精神 经济 思想 作风 军事 制度

| 理论 | 业务 | 方针 | 政策 | 内容 | 形式 | 技术 | 艺术 | 风格 |
| 方式 | 想法 | 看法 | 水平 | 成就 | 能力 | 手法 | 措施 | 步骤 |
| 权力 | 决策 | 经验 | 观点 | 口头 | 行动 | 文化 | 国际 | 社会 |
| 习惯 | 职称 | 效率…… |

丙 项

| 学习 | 宣传 | 安排 | 接待 | 工作 | 生活 | 组织 | 领导 | 教育 |
| 生产 | 建设 | 研究 | 认识 | 分配 | 管理 | 表达 | 经营 | 改革 |
| 称呼 | 发展 | 记录 | 创作 | 判断 | 要求 | 团结 | 关系 | 享受 |
| 出版 | 写作 | 报告 | 处分 | 调动 | 估计 | 计算 | 交流 | 解释 |
| 翻译 | 决定 | 准备…… |

所举的词例可以看出,"X上"是个能产的形式,是个开放的类。

3.2 前面已作过分析,乙项的词是抽象名词,且都是双音节的,在它后面附着"上",不是方位结构,而是一个构词、构形(formative)语素,它们在语义上相互融合成为一个整体,表示事情的方面。如果以谓语为中心把句子分为两段,这种形式可出现在谓语前段,也可以出现在谓语后段。出现在谓语前段,不要求与介词(在)同现,即介词用或不用是任选的。例如:

(1)总之,经济上实行进一步的调整,政治上实现进一步的安定,这都是为了贯彻三中全会以来的一贯方针。

(《邓小平文选》)

(2)他们(指知识分子)可能有些缺点,领导工作者要经常同他们谈谈心,政治上思想上帮助帮助。　　(《邓小平文选》)

(3)思想上没有认识到这个问题的严重性,只当作一般性的问题来对待。　　(《邓小平文选》)

(4)如果只是口头上讲联系,行动上又不实行联系,那末,讲一

百年也还是无益的。　　　　　　　　（《毛泽东选集》）

(5)他们不应该自满,在政治上、业务上都要不断求得新的进步。　　　　　　　　　　　　　　　　（《邓小平文选》）

(6)我们进行社会主义现代化建设,是要在经济上赶上发达的资本主义国家,在政治上创造比资本主义国家的民主更高更切实的民主。　　　　　　　　　　　　　　　（《邓小平文选》）

(7)我们自己在精神上解除了武装,还怎么能教育青年。
　　　　　　　　　　　　　　　　　　（《邓小平文选》）

(8)有许多党员,在组织上入了党,思想上并没有完全入党,甚至完全没有入党。　　　　　　　　　　（《毛泽东选集》）

这些例句中,(1)、(2)、(3)、(4)不用介词(在),(5)、(6)、(7)、(8)使用介词(在),看来用不用介词在语义结构上没有明显分别。如果这种形式出现在谓语后段,就非用介词(在、到)不可。例如:

(9)我们要为这四种人服务,就必须站在无产阶级的立场上,而不能站在小资产阶级立场上。　　　　（《毛泽东选集》）

(10)党政不分使党处于行政工作第一线,容易成为矛盾的一个方面甚至处在矛盾的焦点上。　　　　（"十三大"报告）

(11)但一定要实事求是,分析各种不同的情况,不能把所有的问题都归结到个人品质上。　　　　　（《邓小平文选》）

(12)科学技术人员应当把最大的精力放到科学技术上去。
　　　　　　　　　　　　　　　　　　（《邓小平文选》）

从这些例句看,"X上"处于谓语后必须与介词(在、到)同现,这是谓语的性质(不及物动词)或句法结构上(后面另有名词性语词)的原因,它与"X上"处于谓语前的语义结构没有什么不同。

3.3　丙项的词,从与"不"结合的关系看,是属于谓词范畴的动词一类,它与属于体词范畴的乙项的名词是根本对立的。但是,从乙、丙都能进入"X上"这个形式类来看,它们在结构上、用法上和语义上完全同一。例如:

(13)对顾问,组织上要关怀。　　　　　(《邓小平文选》)

(14)对台湾的探亲人员,政治上不强加于人,经济上不索钱要物,接待上不弄虚作伪。　　　　　　　　　　　　　　(报)

(15)目前教育上要解决好贫困地区入学率问题。　(报)

(16)就是党员打仗冲锋在前,退却在后,生活上吃苦在前,享受在后。　　　　　　　　　　　　　　　(《邓小平文选》)

(17)对他们的家属应该一视同仁,在生活上、工作上、政治上加以妥善照顾。　　　　　　　　　　　　(《邓小平文选》)

(18)最近在有些问题的宣传上,确有考虑不周和片面的地方。
　　　　　　　　　　　　　　　　　　(《邓小平文选》)

(19)真正的好心,必须顾及效果,总结经验,研究方法,在创作上就叫做表现的手法。　　　　　　　　　(《毛泽东选集》)

(20)在所有制和分配上,社会主义社会并不要求纯而又纯,绝对平均。　　　　　　　　　　　　　　("十三大"报告)

这些例句的动词也都是双音节的,它们后头附着"上"出现在谓语前面可以不用介词(在),如(13)、(14)、(15)、(16)中的组织上、接待上、教育上、生活上;也可以用介词(在),如(17)、(18)、(19)、(20)中的生活上、工作上、宣传上、创作上、分配上。语义上也都是表示事情的某个方面。如果出现在谓语后面就必须用介词(在、到)。例如:

(21)不要大兴楼堂馆所,腾出钱来用在教育上。　(报)

(22) 进口的重点要放在引进先进技术和关键设备上。

("十三大"报告)

(23) 如果能够节省出一点用到经济建设上就更好了。

(《邓小平文选》)

(24) 要把增收节支订在计划上。  (报)

以上用例证实,丙项的词与乙项的词进入"X 上"具有同一性,我们有理由认为,"X 上"应属于同一词类。

3.4 乙、丙词项后面附着"上",从构词角度看,它产生了新的附加意义,表示事情的某个方面;从构形角度看,"上"是同一类词的形式标志。根据"X 上"在句法结构中的同一性,完全可以独立成为一种新的词类。这类新词的结构特点,既不同于名词,不同数量词结合(*一种政治上、*一种接待上)。也不同于动词,不与"不"结合(*不政治上、*不接待上)。根据它在句法上绝不做谓语的特点,可以归属体词范畴,或可命名为事项词,即表示事情的某个方面。

3.5 我们把"上"作为"X 上"的构词、构形手段,比单独把"上"作为方位词来看待,在理论上和语法体系上更合乎情理。

第一,如果把"上"作为方位词,势必要把"X 上"作为方位结构。我们已经证明,"X 上"并不具有表示位置或处所的语义,把它作为方位结构是不符合汉语实际的。把"上"作为构词构形手段,也就是把"上"看成语素(词缀),它构成"X 上",在语义上是可解释的,也符合汉语内部发展规律。不愿承认"X 上"的"上"是语素(词缀)的人,恐怕多少是受了汉字的荧惑,缺乏对现代汉语的现代意识。其实,像赵元任等一些著名语言学家,早已把我们现在通行的语法体系的结构助词、时态助词之类都看成词缀了。

第二,按照现在通行的语法体系,认为"X上"在语法结构中做状语(谓语前)和补语(谓语后),也是名不副实。按照规定,状语是修饰动词的(广义包括形容词),补语是补充说明动词的。"X上"无论处于动词前后都很难说对动词有什么修饰、补充关系。进一步看,"X上"+VP或VP+"X上"这种格式,如不带其他成分,就很难成为自由的句法结构。如不能说,* 分配上要求↔要求分配上、* 宣传上有↔有宣传上。况且,"X上"还常做主语,如前举的不与介词(在)同现的"政治上、思想上、经济上、口头上、行动上、组织上、接待上、教育上、生活上"等在句法结构中都应看成是主语。再如:

(25)我们希望报刊上对安定团结的必要性进行更多的思想理论上的解释。　　　　　　　　　　　　　　　(《邓小平文选》)

(26)去年10月中旬,组织上决定调我县一位副书记到南京任职。　　　　　　　　　　　　　　　　　　　　　(报)

即使坚持"X上"做状语的人,也不好否认这两例的"报刊上"、"组织上"是地道的主语(前者是内嵌句主语)。所以,主张"X上"状语说,对现在通行的语法体系也很难讲通的。

第三,我们把"X上"划为一类事项词,属于体词范畴,它在句法结构中的成分,可以按照吕叔湘先生的主张,通通叫做补语(跟现行的补语含义和所指范围均不同)。也就是说,"X上"这类词,不管它处于动词谓语前后,也不管它是否与介词(在)同现,都是补语;只把其中处于句子主题地位的"X上"提出来做主语。主语是直接受句子管辖的成分,补语是直接受动词或介词管辖的成分,各自的辖域不同,结构层次也不在同一根轴上。"X上"不管是句中的主语或补语,从"格"的关系看,它与动词谓语的语义联系都是系事,即动作与事情的某个方面发生了联系。我们这样处理,既符合汉语实际,又可避免把"X上"当做方位结构所出现的种种矛盾。

# 四、关于词类划分问题

4.1 以上我们讨论了"X上"的性质、特点,并主张从体词范畴划出来,立为事项词一个新类。这个新类的词,从构词角度看,是由名词性或动词性的词根加后附成分"上"构成的。可是,人们对名词性成分后附"上"构成新词还有怀疑(一般当做方位结构就是证明),对动词性成分(丙项词)后附"上"构成新词就更难接受。他们宁愿把丙项的词看成是由动词转成名词后再加"上"组成的结构体。这就给我们划分词类提出了一系列原则问题:根据什么标准划分词类?判定词性、划分词类要不要照顾词义?如何对待词的转类?

对于这些问题,我认为我国已故的著名语言学家方光焘先生在理论原则上作了精湛的论述,在方法论上给我们指明了解决问题的道路。方先生这些精辟见解,在他生前未公开发表,知道和理解的人不多。我想根据方光焘《汉语词类研究中的几个根本问题》(提纲)的思想,结合对待"X上"的问题,再作进一步的研讨。

4.2 方光焘认为,"作为范畴的词类,是在结构中互相规定的词的分类"。"离开结构,我们就无法谈词形变化。词形变化应该是词在结构中的变化,而不是孤立的词的变化。"这种思想给我们概括出了词类划分的普遍原则,这就是无论形态变化丰富的语言(如印欧语),还是缺少形态变化的语言(如汉语),词类都是在结构中互相规定的词的分类,而不是脱离结构关系的孤立的词的分类。可是,人们不把"X上"的"上"看做构词、构形语素,始终认定是方位词,这正是脱离结构关系孤立地划定词类。

4.3 方光焘又把互相规定的词的整个结构叫做形态,坚持用形态标准划分词类。他说,"具有一定的形式标志,表达出一定关系的结构、构造叫做形态","词类划分也应该以形态为唯一的标准"。我们知道,形态有广义狭义之分,广义形态概指一切语法形式,狭义形态仅指词形变化。方光焘说的形态是广义的。如果要避免形态用语引起的误解,也无妨使用"语法形式"这一术语。这就可以把方光焘的形态标准转述成用表达一定结构关系的语法形式划分词类。以"X上"为例,这是由X和"上"两个最小的语言要素组成的结构体(construction)。这个结构体的两个组成部分不是没有关系的,而是互相规定的。如"接待上",孤立的"接待"和"上"都有各自的含义;一经组成一个结构体,"接待"受"上"的限定,就变成了"接待"这件事,"上"受"接待"的限定,就变成了表达这件事的一方面。再从广义的构形角度来分析,"X上"的"上"是具有普遍性的"形式标志",用以表达"X上"这类结构关系的语法形式就可划分成一类。

4.4 不过,方光焘坚持用"形态"这个术语还有更深刻的用意。他吸收了房德里耶斯(J. Vendryes)的semanteme和morpheme用语,把它译解为"意义部"和"形态部",认为形态是由意义部和形态部相结合的整个结构。这样的形态,内藏词义,中有功能,外显为结构,真正是把主张用词义、功能、形态(狭义的)、句法、结构等划分词类的多重标准有机地结合起来和统一起来了。

第一,方光焘说,"我把意义部和形态部相结合的整个结构、构造叫做形态;所以形态并不等于形态部"。"构形法中词形变化部分,构词法中前加、后加成份,都是形态部,而不是形态。"这样解释形态的思想,既避免了传统语法孤立地把词的接头、接尾等要素当做形态,但又包括了传统的狭义形态。例如,传统的看法把英语的 books 的-s 当做形态,认为是表示名词复数的语法意义。我们认为,脱离开 book 的孤立的-s 只是个音素,它不表示任何语法意义。只有意义部 book 和形态部-s 相结合的整个结构才是形态,才能表示英语名词复数的语法意义。又如"X 上"的"上",孤立地看,只是一个语素,只有作为"X"的后加成分并同它结合起来的整个结构,才能表示事情的某个方面。可见方光焘的形态包括了传统的狭义形态(体现在形态部中)。

第二,方光焘认为,"功能是指一语言要素与另一语言要素排他地相结合的能力"。形态和功能是互相依存关系。"形态是凭功能决定的、表达一定关系的构造。抽去了功能的形态是不可能有的。我们也不能想象'没有形态的功能'的存在。"可见功能是自然蕴涵在形态之中。以"X 上"为例,"X"和"上"这两个语言要素互相规定,就是互相依存的功能体现。把"X 上"作为词的一个整体,再扩展开来,它不同于名词,排斥与数量词结合(*一种政治上、*一种接待上),也不同于动词,排斥与副词"不"结合(*不政治上、*不接待上),并根据它在句法结构中常做补语而不能做谓语的特点,就把它从名词、动词的对立关系中划分出来,成为事项词一类。词与词的这种结合关系,仅就关系方面看,也是通常说的句法关系。这种语素与语素或者词与词的排他地相结合的能力,就是功能(function)的体现。两个语言要素结合成为一种结构体,就是形态。可见形态的出现就预定了功能的存在,也包括了句法关系。

第三,方光焘认为,形态是指意义部与形态部相结合的整个结构,单就意义部与形态部的结合能力看,只有意义部才具有与其他语言要素相结合的能力。意义部本身含有实在的语义基础,它对形态部具有选择性。以"X 上"为例,"X"是意义部,它具有选择形态部相结合的能力,甚至可以选择不同形态部相结合,表现为不同的形态,标志着不同的词类,隐含着不同的意义。如丙项词的"学习"、"接待"等,它与"上"结合构成形态,是体词范畴的事项词,表示事情方面的意义;它选择"了、过"等语素结合构成形态,是谓词范畴的动词,表示动作行为的意义;这里的意义,当然是指作为范畴的一般意义。可见形态本身就隐含着意义。从这里还可以看出,如果注意形态的意义部可以选择不同形态部相结合,区分出不同的词类,似乎就可以避免许多词的转类或兼类的问题。

第四,方光焘的形态已经打破了传统的形态观念,不把孤立的构形、构词要素当做形态,而是这些要素与词干结合的整个构造才是形态,所以形态也包含结构,而结构正是形态的体现。以"X 上"为例,从"X"和"上"这两个语素构成的整体看,它是一种结构;从"X 上"是一类词的语法形式着眼,这就是形态。

4.5 总观方光焘的形态理论,真正是把划分词类的多重标准的结构、功能、句法、词形变化和词义从理论体系上有机地统一成为一个整体,是表现一切语法形式的高度概括的科学概念。所以方光焘说,"语法学是以形态为研究对象的,词类的划分也应以形态为唯一的标准"。

我认为方光焘用形态这一术语统一词类划分标准,概括一切语法形式,不是在术语上绕圈子。这种统一和概括不是杂乱无章的自我解释,而是有机的、分层次的、符合语法规律的科学体系。

具体地说,从总体看,形态是具有一定形式标志、表达一定关系的结构体。从分解看,形态是由意义部和形态部组成的;意义部和形态部组合过程,必定有一种内在的结合能力;这种能力正是意义部选择不同形态部的基础。因此,方光焘坚持用形态这一术语,是对语法科学的高度抽象,是更深刻地反映语法结构内在规律的。当然,人们对于这种科学的理论体系还有一个理解和实践的过程,也可以不使用容易引起争论(甚至误解)的形态这一术语,但是,方光焘划分词类的指导思想是我们应该深入研究和借鉴的。

### 参考文献

[1] 赵元任《汉语口语语法》,商务印书馆,1979年。
[2] 吕叔湘《汉语语法分析问题》,商务印书馆,1979年。
[3]《方光焘语言学论文集》,江苏教育出版社,1986年。
[4] 丁声树等《现代汉语语法讲话》,商务印书馆,1961年。
[5] 徐思益《描写语法学初探》,新疆人民出版社,1981年。
[6] 张志公主编《语法和语法教学》,人民教育出版社,1956年。

本文于1988年5月在北京召开的
第五次现代汉语语法学术讨论会上宣读。
原载《新疆大学学报》(哲社版)1989年第4期

# 语法在语文教学中的地位

## 一、研讨的前提

1.1 我们研讨"语法在语文教学中的地位"这个问题,首先要明确规定我们研讨的前提,即在什么条件下对什么人讲授语法知识的问题。不明确前提,泛谈语法教学,是无的放矢。明确研讨问题的前提,才能提出中肯的对策,收到预期的效果。

1.2 我们教学的对象一般是中等文化程度的青年学生,或者是成人,他们已经具备母语知识,又在中学阶段学过语法常识,能够运用本民族语言文字进行正常交际,这跟初学外语的人的起点是不相同的。从这一前提出发,必须精心设计有针对性的教学内容,才能收到良好的效果。如果把我们的教学对象同初学外语的人等同看待,从零开始设计语文教学,或者讲授一些具有母语知识的人从不会用错的语法现象(如讲"我读书"是主谓宾句式之类),势必浪费时间和精力,反为学生所厌弃,认为学语法无用。

1.3 我们的教学对象已经具有一定的逻辑思维能力,能够运用母语思考问题,一般具有辨认母语用得通不通的能力,例如:能够辨认"猫捉老鼠"的正常现象和"老鼠捉猫"的异常现象。从这一前提出发,我们的教学设计就不能停留在知其然上面,而应着重教其所以然,把语法教学同逻辑训练结合起来。激发学生积极思考,使学生的感性认识升华为理性认识,达到知识和认识的质的飞跃。

1.4 还应说明的,我们的论域是语文教学,"语文"既指语言和文字,也指语言和文学,语文教学或可概括为由语言文字表达出来的有一定思想内容的文章讲授。如果这样理解,这就跟系统地讲授语法知识的语法课教学不同。语文教学是以综合分析来讲授语法知识。但是,这并不是说,语法在语文教学中不占有重要地位,相反,语法是语文的经脉,是表意传神不可或少的手段;语法"赋予语言一种有条理、有含义的性质","正是由于有了语法,语言有可能赋予人的思想以物质的语言的外壳"。(斯大林语)在语文教学中应该精心选择学生习焉而不察的句式把它讲活,它对提高学生的语言运用能力是非常重要的。还要附带说一句,我们这里所说的语法是广义的,是联结音义结构的表现纽带。

明确了研讨的前提,就可以在此基础上提出切合实际的对策。

## 二、目的和对策

2.1 在语文教学中讲授语法的目的应该是提高学生理解语句和说话、写作的能力,也可以概括为提高学生的交际能力(communicative competence),其目的完全是为了实用。据此就可以限定语法讲授的范围,估计学生不会用错的语法现象不讲,属于"专家语法"的问题(比如"台上坐着主席团",究竟哪个成分是主语的一类问题)也不讲。只着重讲解一些常见的,但是学生在使用上把握不准或容易引起误解的语法现象。举一个实例说:

(1) 秘书问校长今天的会开不开?

(2) 秘书问校长今天开不开会?

(1)(2)两句都是常用的问话,语法属双宾语句,表达的基本语义相同,而语用含义(pragmatic implication)却不同。(1)重点问的是事情(会),预设"开会"是已知事项;(2)重点问的是时间(今天),预设"开会"是未知事项。正确理解语用含义对于使用语言的人来说更为重要。

2.2 每种语言的语法都是一套规则系统。教师在语文教学中应该引导学生发现语法规则、内化规则并且创造性地运用规则,收到触类旁通、举一反三的效果。也举一个实例说明。例如:

(3) 郭兰英的白毛女演得最好。

(3)这个语句应该怎样分析?教师可以这样设计:第一步可以启发学生切分主语和谓语,谓语是"演得最好",学生切分没问题。主语呢?"郭兰英的白毛女"类似定中结构的名词短语,按照向心结构(endocentric construction)的理论,名词短语的功能等同于它的中心语名词,那么"白毛女"就是主语中心,如果用主语中心提问:白毛女怎么样?用谓语回答:"演得最好",这就背离了语句的原意,使语法分析背离语义解释的原则,也就是通常说的主谓搭配不当。可见,把例(3)的主语按照定中结构来分析是有困难的。于是,教师提出第二步设计,保持例(3)的基本语义不变,让学生造句,看看能有哪些表达形式。这就引起了学生积极思考,他们可能造出下列句子:

a. 郭兰英演白毛女演得最好。

b. 郭兰英演的白毛女演得最好。

?c. 白毛女,郭兰英的演得最好。

d. 白毛女,郭兰英演得最好。

……

学生造出的句子有通的、好的,也会有不通的、不好的。

第三步,教师把学生造出的句子搜集起来,进行排列分析(切忌教师唱独角戏)。先指出有问题或不通的句子(如 c),然后分析造得正确的句子:如说 a,可以分析成主谓结构做主语的句子,也可以分析成连动式;b 就只能分析成定语从句做主语,就是说,b 是从 a 变换来的,即把 a 的主谓结构的主语变换成 b 的定语从句做主语。根据重复语词的删略原则,b 句前一个动词"演"可以删略,于是就变成例(3)的句子。写出它的变换过程就是:

a. 郭兰英演白毛女演得最好→

b. 郭兰英演的白毛女演得最好→

(3) 郭兰英的白毛女演得最好。

到达这一步就可以指出,例(3)的主句不能分析成定中结构,它是一个黏着式的名词短语做主语。至于 d 句,那是例(3)的移位变换,即把例(3)的"白毛女"移置句首做话题(topic),具有强调话题的语用含义。[①]

最后,教师就可以总结说,一个语句在保持基本语义不变的原则下,可以有多种表达形式,达到最佳的说话效果。

这仅仅是就一个具体语句的分析过程来说的,如果把这个语句的结构模式提取出来,进一步引发学生推导,就可以生成一系列同类的句式。例如:

(4)张师傅的衣服做得好。

　　a. 张师傅做衣服做得好。

　　b. 张师傅做的衣服做得好。

　　c. 衣服,张师傅做的做得好。

　　d. 衣服,张师傅做得好。

(5)他的话说不清楚。

　　a. 他话说不清楚。

　?b. 他说的话不清楚。

　*c. 话,他的说不清楚。

　　d. 话,他说不清楚。

通过推导、比较又可以看出,例(4)有歧义,一是说张师傅身上穿的衣服(别人给他)做得好,这是(4)c 表达的意思;一是说张师傅(自己)做衣服的技术很好,这是(4)d 表达的意思。这时教师又可以指出,有些语句一种表达形式可以包含两种以上的意思,但在特定交际环境中使用,一般都有确定的含义,不会使人误解。

　　这样讲授语法,由具体语句的语法分析达到洞察一类的规则变换,让学生感到学语法有兴趣而且有用。当然,这是举例说的,对具体教师来说,是否讲这么多,甚至怎样讲,都可以另有对策。我的用意是根据我们的教学对象的逻辑思维能力的情况,积极诱导,充分调动学生学习的主动性,由真正理解而反馈为正确运用。这跟教初学语言的人由感性积累达到"一旦豁然贯通焉"的教学程序是有别的。

　　2.3　语言是音义结合的符号系统。系统是由同类要素互相作用、互相依存组成的具有新的功能的有机整体。从系统观点分析和讲授语法,就不是静止地分析语句本身的结构,而应看成语句组合是可以变化的,从变化中发现表达功能,并指明规则,解释含义,从而把句法分析、语义分析和语用分析有机地联系起来。吕叔湘教授曾经说过:"研究句子的复杂化和多样化,可以说是在静态研究的基础上进行动态的研究,是不仅仅满足于找出一些静止的格式,而是要进一步观察这些格式结合和变化的规律。怎样用有限的格式去说明繁简多方、变化无尽的语句,这应该是语法分析的最终目的,也应该是对于学习的人更为有用的工作。"[②] 我完全赞同吕先生的这一观点。用实例来说:

(6) 知道这件事的人不多。

 a. 知道这件事的人,不多。

 b. 知道这件事的,人不多。

 c. 人不多,知道这件事的。

 d. 这件事知道的人不多。

 e. 这件事不多的人知道。

 f. 不多的人知道这件事。

例(6)是由八个词组成的句子。按照数学上排列式的运算可以有千万个形式,但语言是受语法规则制约的,汉语这八个相同的词的不同排列,仅仅可以组合成有含义的六个句子。我们现在来逐个分析这六个句子的句法结构和它所表达的语义、语用情况。

 例(6)是歧型句,既可分析为主谓句,如(6)a,我们记作 s+p,又可分析为主谓谓语句,如(6)b,我们记作 s+s−p。从语用角度看,(6)a 侧重于对主语的表述,(6)b 则是对主语的说明。(6)c 是(6)b 的易位句,说话的重点是强调谓语"人不多"。(6)d 也可作主谓谓语句分析,我们记作 s+s−p。从语用角度看,(6)b"知道这件事的"和(6)d"这件事"都是话题,是说话的重点所在。但

(6)b和(6)d又有分别,(6)b的话题是说人,(6)d的话题是论事。(6)e是主谓谓语句,记作 s+s-p。(6)f是主谓句,记作 s+p。从语义表达看,例(6)的 a、b、c、d 与 e、f 有别:前者的谓语表义核心是"不多",是对量的否定,传达的信息是"少",即很少人知道这件事;后者的谓语是动词"知道",是对话题或主语的肯定,传达的附加信息是肯定有人知道这件事。

讲语法是否要这样过细地分析,倒是可以斟酌的,但从中可以看出,讲语法如果静止地就一个语句本身分析它的结构关系,是讲不出多少道理的,也没有多少实用价值。如果从一个语句可能的(即合乎规则的)变化中,从相同语词的不同排列组合形式中,指明规律和用法,就使学生好比进入一个异彩纷呈、别有洞天的新境界。

## 三、内容设计

3.1 在语文教学中应该讲什么语法,即讲哪些内容,前面已经陈述了我们的建议。总的来说,语文教学中讲授语法是为语文教学的目的服务的,是根据教学对象提出的对策决定的。这不是系统地讲授语法知识,也不宜每堂课或每篇课文都安排语法教学的内容,而应结合学生运用语文实际,有计划、分专题作几次讲授。具体来说,我以为下面这些内容是应该讲授的,这对提高学生的交际能力是很有帮助的。

3.2 语言是交际工具,是传递信息的符号系统。一切传递信息的符号都要有物质材料作为载体,才能使信息发出、传递和被人感知。语言符号的语音就是传递语义内容的物质载体,是语言符号区别于其他符号的本质特征。因此,我们认为,在使用语言的交际过程中,说话的逻辑重音和语词轻重缓急的读音,以及语句的不同停顿和语气、语调等,都是传情表意的重要手段,这应该在语文教学中作为语法教学的内容给学生讲授,须知这是提高学生听说能力的首要的知识。遗憾的是过去语法教学对这方面的内容讲得太少,甚至认为有些内容不属于语法范围,我们必须改变这种看法。下面择要举例来说。

(7)一块钱就买一斤葡萄。

例(7)主语、宾语都是数量名结构,"就"重读,表示买得少,"就"不重读,表示买得多。在这种句式里,一音之轻重表达的句义相反。

(8)东西的来路断了。

例(8)的"东西"同重读,是两个词,表示方向;"西"轻读,是一个词,表示货物。③现代汉语的词和非词的界限有时难分,一般说,由两个语素构成的词,常有一个语素的读音要重一点,也就是说,一个词大致只有一个音节读音稍重。根据这一规律,便可划分词和非词的界限。划清词的界限是切分语法单位、解释语义内容的基点。

(9)我叫他去。

例(9)可划分为两种句式,《现代汉语语法讲话》解释说:"这句话可以是连动式,'去'必须轻读,意思是'我去叫他'。也可以是兼语式,'去'字不能轻读,意思是'我要他去',跟'我去叫他'不同。"④

(10)坏人要打击好人就表扬。

例(10)是我在一篇文章里分析过的材料。[5]我分析说:句子的语音形式是有结构层次的,这就是音位组合规律及其节律音位(prosodeme)。特别是节律音位,它与语符链(string)的结构层次是直接相关的,并且是互相吻合的。如例(10)是尚未划分结构层次的语符链,因而它表达的语义是不确定的,它可能是(10)a,也可能是(10)b:

(10)a. 坏人、要打击,好人、就表扬。

(10)b. 坏人要打击好人,就表扬。

如果例(10)语符链的结构层次划分如(10)a,那么,在"坏人"、"好人"的语词上一定有对比重音,在这两者之后必须有短暂的语音停顿(我们用顿号[、]表示),在"打击"之后还必须有较长的语音停顿(我们用逗号[,]断开)。如果划分如(10)b,那么"坏人"、"好人"之上绝不能有对比重音,这两者之间也不能有短暂的语音停顿,"打击"之后更不能断开,整个句子只在"好人"之后有较长的语音停顿。

我们明确划分出例(10)语符链的结构层次之后,现在就可以说,(10)a是联合复句,其中的"坏人"、"好人"在语义结构上都是受事;它们隐含着共同的施事,可以用"我们"去指代。(10)b是偏正复句,在句法结构上,其中的"坏人"在偏句中是主语,"好人"是宾语;正句中隐含一个施事,也可以用"我们"去指代。

由此可见,句子的语音形式也是有结构层次的,而节律音位是与语符链的结构层次相互吻合的,并且是表达句子的语义内容的。

(11)a. 对违法乱纪、扰乱社会治安的,公安政法部门必须严加惩处。 (电台播音)

b. 对违法乱纪、扰乱社会治安的公安政法部门,必须严加惩处。

例(11)是我在一本书里举过的例子,⑥从(11)a和(11)b对比中可以明显看出,相同的语词组合序列,由于切分不同、切分出来的单位不同,因而句法结构不同,与此相应的语义解释则不大相同。由此证明,语音停顿绝不能只看成是语音现象,实质是句法结构的标记,是语法问题。中国古代启蒙教学先讲"明句读",就是这个道理。至于语气、语调问题,学生一般能掌握,可以从略。

3.3 汉语语法的一个重要特点是运用虚词手段来表达不同的语法意义。吕叔湘说:"我认为应当把语法教活。就是说,不仅仅告诉学生这是什么词,而是着重讲用法,着重引导学生观察人们怎样运用各种虚词和各种句法。"⑦虚词不做句法成分,难于单个讲清它的含义,但在句子里它所表达的语法意义是明显的。通过用法的对比分析,更能看清不同虚词在句法中的作用。我这里只举"的、了、吗、呢"几个语气词做例子,说明虚词在汉语语法中的重要作用。

(12) a. 张先生什么时候走?

b. 张先生什么时候走的?

例(12)a不用语气词"的",表示张先生尚未走,(12)b用了"的"表示张先生"已经走了",说明用不用"的",隐含"走"的时间不同。

(13)(小张不用你介绍,)我们认识的。

(14)(小张经过你介绍,)我们认识了。

例(13)用"的",是说早就认识,"的"表示"已然事态";例(14)用"了",是说经过介绍"才认识","了"表示"事态的变化"。

(15)你认识他吗?

(16)你认识谁呢?

"吗"和"呢"都表示疑问语气,"吗"主要用于是非问句,"呢"主要用于特指问句。如果把(15)的"吗"换成"呢"就成为不通(不合语法)的句子了。

我认为在语法里讲虚词,通过对比点明用法就够了,不宜单个地把虚词的各种用法都列出来讲。

3.4 汉语缺乏印欧语言那样的词形变化(狭义形态),汉语动词常与一些助词或副词组合表示动作的时态,这些组合的用法,一般说汉语的人也不易分辨清楚,这应该在语文教学中作为语法的内容重点讲明。例如:

(17)a.小张上过三年大学。

b.小张上了三年大学。

例(17)a和(17)b在形式上似乎只是"过"和"了"的不同,它们在句法、语义和用法上有什么区别呢?

通常认为,"过"、"了"是构成汉语动词的"体","V+过"是经验体,"V+了"是完成体,是动词两种语法形式所表示的不同语法意义。这里的"过"和"了"实际上是构形语素,而不是助词"了"。从语法分析入手可以进一步比较分析它们的不同用法。动词的经验体是说动作行为有过某种经验,它总是与过去的时间发生联系;既然动作行为是与过去的时间发生联系,也就不能延续到现在,经验体也不表明动作行为一定有结果。动词的完成体只表示动作的完成,什么时间完成不确定,因此它与过去时间没有必然联系,可以是过去,也可以是现在或将来;据此,动作就可能延续到现在;完成体必定表明动作行为有一定结果。这样解释后再来检验例(17):(17)a是说,小张曾经上过三年大学,现在不上了;(17)b是说,小张已经上了三年大学,可能现在还继续上大学。从时间副词

"曾经"和"已经"的不同搭配上(选择限制)也可以看出,"曾经"表示从前的行为和动作的结束,"已经"表示动作完成的情况,还可以继续。

汉语否定副词"不"和"没"与动词结合具有明显的时制分别,我曾说过:"否定语素'不'、'没'有明确的分工,'没'与动词组合,否定动作行为在过去和说话的现在时间内发生,'不'与动词组合,否定动作行为在现在和将来时间内发生,就是说,否定语素不仅否定了动作行为,而且否定了动作行为发生的时间。"⑧

例如:

(18) a. 他昨天(没)游泳。
　　 b. 他现在　没游泳。 ｝用"没"
　　 　　今天　不
　　 c. 他明天(不)游泳。｝用"不"

如果把(18)a的"没"和(18)c的"不"互相掉换一下,就成为不通的违反语法规则的句子了。再比较:

(19) a. 你这次出差去不去北京?

　　 b. 你这次出差去没去北京?

(19)a、b句法结构相同,仅仅是"不"和"没"一字之差,而在语义表达上却大有讲究。(19)a是送客前的问话,表示动作行为未实现,是预设将来;(19)b是接客归来的问话,表示动作行为已实现,是预设过去。如果不懂得"不"和"没"的用法规律,把对客人行前的问话误用成归来的问话,就会闹笑话,叫人无法回答。

汉语中一些表示动作重复或继续的副词,也与动作发生的时间有密切关系,单从副词词义看,是难于分辨的,只有在句法结构中进行对比,才能发现动作所表明的时间关系。例如:

(20) a. 你明天再来吧。

b. 你明天还来吧?

c. 他昨天又来了。

d. 他昨天才来。

"再+V"、"还+V"表示动作行为未实现,只能与将来时间发生联系,"又+V"、"才+V"表示动作行为已实现,只能与过去时间发生联系,因此,(20)a、b 的"再"、"还"不能与(20)c、d 的"又"、"才"互换。(20)a、b 虽然都是表示动作未实现,但还有差别,"再+V"预定某时实现,"还"不预定实现,即也许实现,也许不实现。同样,(20)c、d 也有差别,"才+V"不表示动作的重复,只强调动作实现得晚。这些细微差别只有在句法结构中、在用例中才能发现。

3.5 层次性是语言符号的特性之一,句法结构是有层次的,相同语序而结构层次不同,语义表达也不同。这是语法教学必须讲授的内容。例如:

(21) 一个工人的孩子。

例(21)的结构层次可以划分为 a、b 两式,a 表示一个孩子,b 表示可能不止一个孩子。

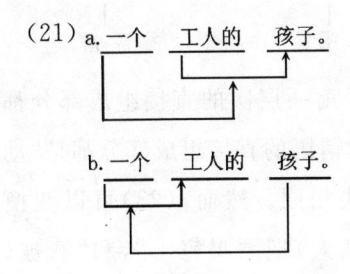

(21) a. 一个　工人的　孩子。

b. 一个　工人的　孩子。

(22) 爱护学校的学生。

例(22)可以分析成 a 名词短语,也可以分析成 b 动词短语:

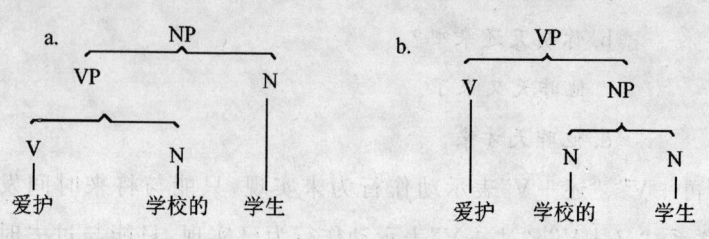

```
a.        NP                    b.         VP
      ┌────┴────┐                      ┌────┴────┐
     VP         N                      V         NP
   ┌──┴──┐                                    ┌──┴──┐
   V     N                                    N     N
   │     │                           │        │     │
  爱护  学校的  学生                  爱护    学校的  学生
```

例(22)a 表达的是"学生爱护学校",在语义结构上,"学生"是施事,是隐性主语。(22)b 表达的是"什么人(校长或教师)爱护学校的学生",在语义结构上,"学生"是受事,是显性宾语。

语法分析必须形式和意义相结合,分清句法结构层次是否就能完全揭示它的内在句义呢?我们再举两例来比较。

(23)酒喝完了。

(24)酒喝醉了。

例(23)和(24)的结构层次如下树形图:

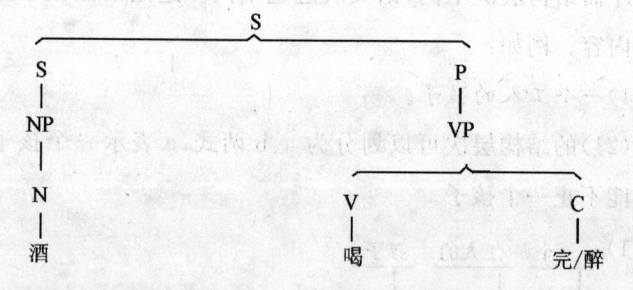

```
                S
         ┌──────┴──────┐
         S             P
         │             │
        NP            VP
         │        ┌────┴────┐
         N        V         C
         │        │         │
         酒       喝       完/醉
```

就是说,(23)和(24)这两个句子第一层次的直接组成部分都是"主语(S)+谓语(P)",第二层次谓语的直接组成部分都是"动词述语(V)+补语(C)",结构模式相同。然而,(23)可以变换成"把"字句和"被"字句,说成"(某人)把酒喝完了",和"酒被(某人)喝完了",(24)不能这样变换。可见(23)和(24)内在的语义结构却大不相同。(23)表达的是"某人喝酒+酒完了"。(24)表达的是"某人喝酒+某人醉了"。我们用(S)代表隐性的主体,V代表动词,N代表名词,a代表形容词,把(23)和(24)的语义结构形式化,就是:

(23)(S)VN+Na 了。

(24)(S)VN+(S)a 了。[9]

可见语法教学不能仅仅停留在静止地对句子表层结构的分析,必须是动态地从变换中揭示句子深层结构关系。这样由表及里,从变换中深入理解形式和意义结合的关系,对学习语法的人更为有用。

以上仅仅是举例性地谈了一些我对语法教学内容的设想,当然不止是这些问题。总起来说,如果教师勤于调查研究,善于观察分析,把学生的说话和写作联系起来,把课内和课外结合起来,就会发现许多可讲而必须讲的语法问题,大大丰富我们的教学内容,从而就可以把语法教活,使学生觉得学习语法重要且有用。

### 注 释

[1] 徐思益《语法分析与语义表达》,《新疆大学学报》1985 年第 3 期。
[2] 吕叔湘《汉语语法分析问题》,商务印书馆,1979 年,91 页。
[3] 徐世荣《普通话语音讲话》,文字改革出版社,99 页。
[4] 丁声树等《现代汉语语法讲话》,商务印书馆,1962 年,122 页。
[5] 徐思益《论句子的语义结构》,《新疆大学学报》1984 年第 1 期。又见《汉语语义学论文集》,湖南人民出版社,1986 年,459 页。
[6][8] 徐思益《描写语法学初探》,新疆人民出版社,1981 年,98 页,243 页。

⑦《吕叔湘语文论集》,商务印书馆,1983年,173页。
⑨徐思益《语言学简明教程》,新疆教育出版社,1989年,44页。

原载香港语文教育学院第五届国际研讨会论文集<br>
《语文应用、语文教学与课程》,1989年。<br>

本文作者于1989年12月以"嘉宾讲者"身份应邀参加香港教育署语文教育学院第五届国际研讨会,本文是作者在大会上作的报告

# 原则性和灵活性
## ——简谈移位和省略

一

1.1　汉语句法结构同有屈折变化的语言相比较,具有灵活多变的特点,特别是吕叔湘先生发表了《汉语句法的灵活性》①这篇重要文章之后,汉语句法具有灵活性这一特点已成为汉语学界的共识。吕文指出,汉语句法的灵活性主要表现在移位、省略和动补结构的多义性这三件事上。并且说明,汉语句法的灵活性绝不仅仅表现在这三件事上,这为我们深入研究汉语语法拓宽了思路,指明了方向。

1.2　吕先生提出汉语句法的灵活性是有鲜明针对性的,他针对汉语语法教科书常常只给出汉语句子的基本模式,给人的印象是汉语句法很呆板的这种情况,着重指出,"汉语句法不光有固定的一面,还有灵活的一面"②。这样全面看待汉语句法结构的观点,无疑是十分正确的。可是,一讲汉语句法的灵活性,有人又走到另一个极端,说汉语历来就是讲究"文从字顺",是意合法的语言,没有多少语法规律可以遵循。这显然是曲解了吕文的用意,也不符合汉语实际。

1.3 语言作为人类最重要的交际工具,作为传递信息的符号系统,不管具体语言之间的差别性有多大,总有受共同制约的一些原则。"这些原则具有普遍性,适用于每种语言,同时又具有灵活性,允许不同的语言在一定范围内有些差异。"③本文试图从移位和省略着眼考察汉语句法的灵活性一面如何受原则性制约的另一方面。

1.4 乔姆斯基(Chomsky)的管辖与约束理论(the theory of government and binding)提出了一套"普遍语法"的原则系统(共有七个子系统),④认为它对人类语言普遍起到制约作用。这是值得深入研究的问题。我想简要地谈谈制约人类语言的三个原则,看看它在制约汉语句法灵活性方面的作用。

(一)逻辑语义结构原则。逻辑形式和规律在人类认知系统里起着特殊的重要作用,这是人类认识客观世界、反映客观世界共同的普遍性原则。人们违反这条原则,使用不同语言的人无法进行交际、交流思想,就是使用同一种语言的人也会引起思想混乱。现代语言学常用的"共存限制"(cooccurrence restriction)、"选择限制"(selection restriction)以及"功能"(function)、"分布"(distribution)等概念,其显性关系是语法形式,而隐性关系则是逻辑语义结构。这就是说,一切语法形式(包括句法结构在内)都是以逻辑语义结构为基础。背离逻辑语义结构原则,说出的话语就不合语法,无法叫人理解。

(二)语词的组合序列性原则。各种语言的语词不是一堆杂乱无章的零散的材料,它们的排列组合都是有序的、成系统的,这就显示出个别语言的语法规则,任意移动某个句法成分,都使人无法理解。

（三）语境（包括上下文句）制约原则。人们说话是以句子为单位，说话离不开语境。我们这里说的语境是泛指说话的环境（包括说话的时间、地点和对象种种因素），也包括说话的上（前）下（后）文句。语境为句法成分的移位或省略提供了语义解释的背景条件，脱离语境的话语往往产生模糊性和歧义性，造成种种误解。

根据以上三原则，我们将在下面分别考察汉语句法的移位和省略如何受它们制约的问题。

## 二

2.1 移位，是把某个句法成分从原来的位置挪到另一个位置，在原来的位置留下语迹（trace，记作 t），在另一个位置上标记与语迹同下标，表示它是从什么地方移动来的。例如：

(1)我相信张三喜欢李四。

　　a.张三$_i$，我相信[$t_i$]喜欢李四。

　　b.李四$_j$，我相信张三喜欢[$t_j$]。

(1)a"张三"表示是从内嵌句主语的位置移置句首，在原来位置上留下语迹[t]，并标记与语迹同下标 i。(1)b 的李四表示是从内嵌句宾语的位置移置句首，在原来位置上留下语迹[t]，并标记与语迹同下标 j。这说明，移位是句式的变换，标明和语迹同下标，是为了更简明地解释话语的语义结构关系。从语用（pragmatics）角度看，移位是强调说话的重点，增加表达的信息量。可见，移位能够把句法、语义、语用紧密结合起来，使语法变得简单、灵活而更有用。

2.2 吕叔湘先生说过,"一种句子成分如果有不同的几个位置,大概都有一定的条件"⑤。移位不是任意的,什么句式及其成分可以移位、移到什么位置,既要受普遍原则制约,也要受个别语法的限制。举例来说:

(2)王校长奖励每个三好学生一本书。

 a.每个三好学生$_i$,王校长奖励[$t_i$]一本书。

 *b.一本书$_j$,王校长奖励每个三好学生[$t_j$]。

 *c.王校长把一本书$_j$奖励每个三好学生[$t_j$]。

(3)张老师告诉我这个重要消息。

 *a.我$_i$,张老师告诉[$t_i$]这个重要消息。

 b.这个重要消息$_j$张老师告诉(了)我[$t_j$]。

 c.张老师把这个重要消息$_j$告诉(了)我[$t_j$]。

从比较中看出,(2)(3)都是双宾语句式,为什么(2)a可以把间接宾语移置句首做话题(topic),(3)a却不能?(3)b可以把直接宾语移置句首做话题,(3)c更可以把直接宾语移置动词谓语前,而(2)b(2)c却都不能这样移动呢?

2.2.1 从逻辑结构看,(2)(3)两句谓词要求三个主目(argument),即施事、受事、接受者,不管怎样移位,不能改变这种逻辑结构,从语义关系看(动词的语义价),一般地说,带双宾的"给予类"动词与间接宾语联系紧密,与直接宾语联系松散,具体地说,"奖励、告诉"等动词光有间接宾语可以独立成句,只有直接宾语就不能成句。把逻辑结构同动词的语义关系结合起来就是逻辑语义结构,所以移位需要受逻辑语义结构原则的制约。

2.2.2 从语词的组合序列看,与动词联系松散的宾语(直接宾语),移动的灵活性大,如(3)b(3)c,与动词联系紧密的宾语(间接宾语)移动受限制(共存限制),如(3)a,这些都是显性语法关系。

为什么(2)a可以把间接宾语移于句首做话题?这里有一个量词辖域(scope)问题,即"每个"可以包括"一个(本)","一个"却不能包含"每个",所以(2)b(2)c移位不能成立。如果(2)b(2)c移位成立,就会解释成把"一本书"奖励给"每个学生",这显然违背逻辑常识。如果我们设X代"王校长",Y代"学生",Z代"一本书",修饰语"三好"为M,谓语"奖励"是F,把(2)写成逻辑表达式是:$\exists X \forall Y \exists Z (M<Y> \rightarrow F<X,Z>)$,读成:"有X对于每个Y来说使得有Z,如果Y是M,则X奖励Z。"可见量词辖域是有序的,显示为语词组合的有序性。

2.2.3 从语境看,每个句法成分移位都具有突出、强调的语用含义,如(2)a(3)b(3)c。另外,(3)b(3)c把直接宾语移置句首做话题,或移前变换成"把"字句式,都要求移位的成分是有定或有指的,这是受汉语个别语法的移位限制。

2.3 移位是现代语言学普遍使用的规则,乔姆斯基把早期生成语法各种转换规则都合并成移位一条规则来处理,因此移位应用得很广泛。我们再举一类句式来考察。

(4)小李和小张是好朋友。

    a.小李,是小张的好朋友。

    b.小张,是小李的好朋友。

    c.小李的好朋友是小张。

    d.小张的好朋友是小李。

(5)小李和小张是好学生。

    *a.小李,是小张的好学生。

*b. 小张,是小李的好学生。

　　*c. 小李的好学生是小张。

　　*d. 小张的好学生是小李。

(4)和(5)表面形式相同,而内在关系迥然有别。(4)可以有 a、b、c、d 的移位变换,(5)则不能。(4)是加合关系(加而且合),(5)是分合关系(可分可合)。

　　2.3.1　从逻辑语义结构看,我们设(4)的个体词"小李"为 X,"小张"为 Y,谓词"……是……好朋友"为 G,(4)的表达式是:$\exists X \exists Y(X \in G \wedge Y \in G \wedge G(X,Y) \leftrightarrow G(Y,X))$。(4)是二元谓词的对称关系。设(5)的谓词"……是好学生"是 P,(5)的表达式是 $P(X) \wedge P(Y) \leftrightarrow P(X \wedge Y)$。(5)没有(4)的那种关系。

　　2.3.2　从语词的组合序列看,(4)(5)的表现形式必须适应逻辑关系,逻辑语义结构是语词组合序列的基础。(4)有 $X \in G$,且 $Y \in G$ 的逻辑语义结构,所以(4)有"小李的好朋友"、"小张的好朋友"等语词组合序列。(5)是合并省略的并列式,即"小李是好学生"并且"小张是好学生",所以"小李和小张是好学生"。

　　2.3.3　从语境看,在语用平面上,(4)a(4)b 的"小李"、"小张"是话题,(4)c(4)d 的"小张"、"小李"是分裂句的焦点(focus),都是说话强调的重心。(5)是合并省略,不是移位变换,不具有语用特征。

　　2.4　一般说,移位要移出整个名词短语(NP)。如(3)b(3)c 都是把"这个重要消息"全部前移。但是,具有领属性或描写性的 NP,移位也可以分割,只移出其中的一部分。例如:

　　(6)他只看过《红楼梦》的前二十回。

　　a.《红楼梦》$_i$,他只看过[$t_i$]前二十回。

*b. 前二十回$_j$,他只看过《红楼梦》[t$_j$]。

(7)他要买新鲜的蔬菜。

a. 蔬菜$_i$,他要买新鲜的[t$_i$]。

*b. 新鲜的$_j$,他要买[t$_j$]蔬菜。

(6)的 NP《红楼梦》与"前二十回"具有领属关系,移位只移出物主(《红楼梦》),留下属物(前二十回)。(7)的 NP"新鲜的"与"蔬菜"是描写关系,移位只移出中心语(蔬菜),留下修饰语(新鲜的)。

当然,不同句式各有不同的移位规则,这只是举例。由此看出,汉语的移位确实使句法灵活多变,而在表达上异彩纷呈。

## 三

3.1 省略,是省去句法结构中一些重复的语词,或意在不言中的语词,使其在交际过程中言简意赅、洗练明快。吕叔湘先生说,"严格意义的省略应该只用来指可以补出并且只有一种补法的词语,否则不能叫做省略,只能叫做隐含"⑥。这为防止滥用省略提出了限制条件。省略和移位同样,既要受普遍原则制约,也要受个别语法限制。为便于理解,我们在省略的位置用"∧"表示,并加注下标表示可以补出的语词。例如:

(8)小张$_i$给我打电话,(∧$_i$)说你没来上班。

(9)我$_j$给小张$_i$打电话,(∧$_{j/i}$)说你没来上班。

(10)小张给你打电话,[e]说你没来上班。

*(11)你$_k$给小张打电话,(∧$_k$)说你没来上班。

这里举的例句,后续句完全相同,起始句主要是语词的组合序列不同。后续句"说"的施事是谁？形式上没有出现,暂作省略看待。根据语境,"说"的施事有的可以在起始句中找到,有的却找不到。我们认为,对省略的识别,在一定意义上是对全句作出语义解释。

3.1.1 我们先把(8)(9)两句作一比较。从逻辑语义结构看,(8)(9)起始句的谓词"给"要求两个主目,"小张"和"我"满足了谓词的要求。但(8)的"小张"是主事者(打电话),"我"是与事者(接电话),都是在场(电话上)的交谈者;后续句"说"的对象是"你",是不在场的谈及者。根据语境,(8)是主事者"小张"告诉"我""你没来上班"的信息,后续句"说"的施事者自然是"小张"。

(9)的起始句语词组合序列与(8)相悖,主事者和与事者也同(8)相反。根据语境,如果是"我"打电话告诉"小张""你没来上班"的信息(已知信息),后续句"说"的施事是"我";如果是"我"打电话向"小张"询问"你"是否上班的信息(未知信息),后续句"说"的施事就是"小张"。因此,(9)有两种省略的可能性,全靠语境来识别。据此判定,按前一种省略解释,前后两句的句法结构是连贯关系,按后一种省略解释则是并列关系。可见逻辑语义结构不同,语法形式也不相同。

3.1.2 再看(10)和(11)。(10)"小张给你打电话",对于"你"是否"上班"是未知信息,"说你没来上班"的施事绝不能是"小张"(否则,有逻辑矛盾),也不能是"你"("你"不在场),只能是第三者。第三者是谁？不便指定和补出,这是一个没有语音形式而有语义内容的空语类(empty category,记作 e)。

(11)有逻辑矛盾。"你"是打电话的主事者,"说你没来上班"的施事不能是"你",因这后续句的解释必须与(8)(9)(10)保持同一,预设(presupposition)电话在"上班"的办公室(地点)。如果预设"你"家里有电话,"你"打电话告诉"小张""你没上班"的信息,那么,就必须把后续句中的"没"换成"不",或者把"来"换成"去",才合语法,这里有个说话的时间、地点和行为方向的问题。这又看出,预设不同,对省略的解释不同。

3.1.3 从(8)(9)与(10)的对比中可以看出省略与空语类的异同。(8)(9)后续句的省略成分与(10)后续句的空语类都是句法基础部分产生的,都是独立的论元,这是它们的相同处。但是,(8)(9)的省略成分可以在起始句找到被省略的先行词,并受它约束(bound)⑦;(10)的空语类在起始句找不到,也勿需找到先行词,更不受约束。(8)(9)的省略成分可以补出来,是词汇性成分;(10)只可意会,不能具体补出来。⑧这是省略和空语类的相异点。严格区分省略和空语类,对于深入探索人类语言机制是有重要作用的。

3.2 省略不限于 NP、VP、AP、PP 等等都可以省略。例如:

(12)许多去中国旅行的人,还常常对缺乏热情和好客的态度感到失望。 (报)

(13)所谓气度,就是人们对自己的存在、自己所从事的工作有着十分自尊、自敬。 (报)

这两句省略了什么成分?至少可以说,(12)"对"之后省略了"中国人","好客"之前省略了"缺乏"。详细一点说,"热情"之后还省略了"的态度,感到失望","好客"之前还省略了"对中国人缺乏",这是把两句话合并成一句而出现的合并省略了。

(13)"存在"之后省略了"有着十分自尊、自敬",后一个"自己"之前省略了"就是人们对",同时"自敬"前也省略了"十分"。这同样是把两句话合并成一句话而出现的省略。

省略是避免重复出现的语词,更常见的是把某一句法成分重复的语词予以删除。例如:

(14)我的看法跟你的看法一样。

(15)我的看法跟你一样。

这样理解省略,是从逻辑语义结构和语词组合序列来说的,理论上是严密的,完全站得住脚的。但是,从语用角度看,(14)反而难于接受,人们实际使用语言并不是这样啰里啰唆说话的。两个句法结构有相同的组成部分,采用递归或提取因子的方法加以合并,只要不违反约束、管辖(支配)关系,就是正常的。

3.3 比较不同语言的句法成分,可以看出省略还要受个别语言的语法限制,不能把"你有我无"的句法成分滥解作省略,例如:

(16)你吃过早饭没有?

　　Have you had your breakfast?

(17)虽然他有钱,可是没买车。

　　Although he is rich, he did not buy a car.

讲汉语的人说(16)这句话,用英语表达,意思是"你吃过你的早饭没有?"(或者:你的早饭得了吗?)这对汉语来说,不存在省略所有格"你的"(your)的问题,有了它反倒别扭,而对讲英语的人,your却是不可少的。(17)这句话,汉语常常用成对的关联词语(虽然……,可是……)前后关联,英语却只用一个连词 although(虽然);后一句,英语必须重复使用人称代词 he(他),汉语则可用、可不用,而以不用为常。站在英语的立场看问题,说汉语的(16)省略了"你的",(17)的后一分句省略了"他",这显然是不正确的。不同民族的思维方式不尽相同,语法规则也有差异,某种句式是否有省略、省略了什么成分,只受本民族的语法规则制约。

## 四

4.1 移位和省略有时也互有影响,汉语句法也有因移位而引起省略的现象。例如:

(18) 大家对于社会主义初级阶段的理论还研究得很不够。

(刊)

    a. 对于社会主义初级阶段的理论$_i$,大家[$t_i$]还研究得很不够。

    b. ($\wedge_p$)社会主义初级阶段的理论,大家还研究得很不够。

(19) 同学们对王老师的教学方法有很多意见。

    a. 对王老师的教学方法$_i$,同学们[$t_i$]有很多意见。

    b. ($\wedge_p$)王老师的教学方法,同学们有很多意见。

($\wedge_p$)表示在(18)b(19)b中省略介词,这种省略是移位产生的。看起来,移位也可以不省略介词,如(18)a(19)a。但是,省略不省略,句式不同,通常认为,(18)a(19)a是状语前置,(18)b(19)b是话题主语。

4.2 汉语句法换位也可以引起介词省略,严格说是删除。换位是指两个句法成分互换位置,与一个成分的移动略有不同。例如:

(20) a. 他用大碗吃。

    b. 他吃大碗。

(21) a. 两个人睡在一张床上。

b. 一张床睡两个人。

（20）a 有介词"用"，表示"吃"所用的工具，换位成（20）b 介词删除，表示容量。（21）a 有介词"在"，表示处所，换位成（21）b，介词删除，表示容量。我们把（20）b 解释成表示容量，自然不排除表"工具"的意义，一切器皿除做工具外，还兼有大小的容量。如"一锅饭吃五个人"，是说足够五个人吃。或者预设在宴席上摆着大小不一的酒杯，在未加酒前，有人抢换小杯，说"我喝小杯"，是表示容量小。或进羊肉面馆，开票员问你"吃大碗？小碗？"都是指的容量。从语法形式看，（20）b 以及（21）b 都能在动词谓语前自然地加进"可以"、"能够"等情态词，就是证明。

（20）a、b 用英语表达都是：He's eating with a big bowl。（21）a、b 用英语表达都是：Two persons sleep on one bed。从这一比较中更能看出，移位和省略使汉语句法更富于灵活性。

4.3 移位和省略在句法中的活动范围和作用均不相同，是两种不同的句法现象，我们再举一例来说明，例如：

（22）库尔勒香梨$_i$，小李买了一斤[$t_i$]，（∧$_i$）非常好吃，他又去买（∧$_i$），可是（∧$_i$）卖完了（[e]卖完了∧$_i$）。

（22）包括四个小句，第一个小句是移位，把"库尔勒香梨"移置句首做话题，以下三小句都是省略，省略的是"库尔勒香梨"。最后一小句动补式的语义结构理应是："某人卖香梨+香梨完了"，而实际讲汉语的人并不说这样绕脖子的话。

（22）这话也可以把移位成分还原，省略成分补出，说出来还是通顺的。但是，移位成分还原就显不出说话的重点，省略成分补出就显得重复啰唆。可见移位和省略是表达的要求，是语用问题。移位在本句内能找出移动的语迹，不能跨越本句的界限，且不改变支配关系,如"库尔勒香梨"虽然移置句首做话题,而在语义结构上仍然受"买了"支配。省略的活动范围大,可以跨越句界,要靠语境识别,如(22)中二、三、四小句的省略成分要从全句句首找出它的识别的对象。为了保证省略的识别的对象不致找错,第一,在一段话语中必须出现先行词,如"库尔勒香梨";没有先行词而有省略成分的语句令人费解(比如交谈中说话人忽然插进新话题),以至于不解。第二,一切省略成分都要受逻辑语义结构制约,如(22)第四小句的省略成分是显性的主语、隐性的受事,是从形式和内容相结合确定语法关系的。

总之,汉语句法的移位和省略既有灵活性,又有原则性,两者是对立统一的辩证关系,灵活性是个别语言的参数(parameter),原则性是人类语言的普遍规律。

### 注 释

①②⑥吕叔湘《汉语句法的灵活性》,《中国语文》1986年第1期。
③④⑦徐烈炯《管辖与约束理论》,《国外语言学》1984年第2期。
⑤吕叔湘《汉语语法分析问题》,商务印书馆,1979年,68页。
⑧可否把空语类算作"隐含",另撰专文讨论。

1989年5月30日初稿。
原载香港《语文建设通讯》1993年12月号。
曾于1989年杭州第五届中国语言学会会议上报告,
《中国语言学报》第6期,商务印书馆,1995年

# 再谈意义和形式相结合的
# 语法研究原则
## ——兼论语法研究三个平面

## 一、引　言

  1.1　语法研究应遵守意义和形式相结合的原则,早在50年代后期,语言研究所现代汉语小组就明确提出来了,但怎样结合,当时有不少学者对这一问题进行过讨论。我在《谈意义和形式相结合的语法研究原则》一文中,曾表明两点看法:"(1)任何语言的语法形式都是表现在一定的'言语的贯串性'里,语法形式不存在于各个孤立的词的本身之中。(2)语法形式是表现语法意义的,我们研究语法不可把意义和它的表现形式分割开来;但是,也不可把研究语法的出发点放在意义上,再去寻找与意义相照应的表现形式。这就是语法研究所应遵守的基本原则。"[①]1986年10月在北京举行的第四次现代汉语语法学术讨论会,又一次把意义和形式结合的问题作为中心议题进行讨论。我在一篇文章中又说,"语言的结构特点才是语言的本质","我们主张语法研究要凭借形式去发现意义和解释意义,这是语法研究的基本原则"。[②]最近读到邵敬敏先生很有分量的新著《汉语语法学史稿》,其中有针对我前一篇文章的观点评论说:"这些观点说明作者受结构主义语法理论影响颇深,因此不可避免地忽略了问题的另一面:即从语法意义入手去研究它的表现形式也是语法研究不可缺少的课题。"③该书最后第九章"汉语语法学发展的历史趋势"带有总结性的论点说:"当前语法研究中有两种倾向值得警惕,一是强调语法研究只能从形式入手,而不能从意义入手,这种机械的观点显然是不符合事实的,也是忽视了汉语的特点的;二是强调汉语的'意合法',用语义的分析来取代形式的分析,这就有可能回到历史的老路上去。"④邵敬敏先生的这种看法具有相当的代表性。看来,我们主张语法研究只能从形式出发、不能从意义入手的观点,还没有得到正确理解,故有进一步澄清的必要。

1.2 80年代,胡裕树等先生又提出了语法研究要把句法、语义、语用三个平面区别开来并结合起来的新理论。三个平面理论的提出,引起了语法学界普遍重视。但是,研究刚刚起步,更需要深入研讨。不过,后者是前者的发展,弄清了语法研究中意义和形式结合的问题,就有可能较好地解决三个平面理论中的一些重要问题。

其实,我以为,语法研究中意义和形式结合问题,不是一个从何入手的简单的方法问题,而是一个语言观的原则问题,是如何认识语言本质特点的根本问题。由于对这个根本问题认识不统一,致使研究者入手难,结合更难。

## 二、形式是语言的本质特点

2.1 语言是传递信息的符号系统。德·索绪尔说:"语言是一种表达观念的符号系统。"⑤信息、观念是被传递、表达的内容，语言符号是这种内容的表达形式。形式和内容是永远、始终结合在一起的，没有内容的空洞的形式，或没有形式的赤裸裸的内容，都是不存在的。内容是被形式包藏着的深层的东西，是不能凭直观感知的。形式是表层的东西，是看得见、摸得着的，是内容的物质载体。同样的内容（或意义）由于表达它的形式——物质载体不同，事物的本质就不同。我们举一个实例说。苏轼写有一首《惠崇〈春江晚景〉》小诗："竹外桃花三两枝，春江水暖鸭先知。蒌蒿满地芦芽短，正是河豚欲上时。"惠崇是位僧人、北宋画家，《春江晚景》是他的画作。这是苏轼为惠崇的画作题的诗。惠崇的画已经失传，但读了苏轼的诗，仿佛使人看到《春江晚景》的真实画面：青竹桃花，江水游鸭，蒌蒿抽条，芦芽出土，生机盎然。这就是说，惠崇画图所表现的内容和苏轼诗作所表现的内容是基本一致的，但画图的内容是用线条、笔墨浓淡的色彩形式表现出来的，而诗作的内容是用语言、格律形式表现出来的，人们是凭借不同的表现形式判定画是画，诗是诗，而不是根据内容区分的。所以索绪尔把语言符号比之于文字、聋哑人的字母、象征仪式、礼节形式、军用信号等等，因这些都是符号，都能表达观念、传递信息。施铁布林·卡勉斯基也说："意义，绝不是仅语言独有的东西，任何符号系统，任何符号语言（Мета язык）也都有意义。语言所不同于其他符号系统的地方不在于意义，而在于其结构，在于这些意义用什么表示。因此，表示意义的那种东西的结构应该是语言学中的主要研究对象，而意义本身则应该只在它们所帮助揭示这一结构时予以利用。"⑥这是在符号学内把语言符号同其他符号相比较而显示出事物的本质不同。

2.2 单从语言符号系统看,它是音义两面结构体,声音是形式,意义是内容,两者是永远结合在一起的。索绪尔把它们比作一张纸的两面,"思想是正面,声音是反面。我们不能切开正面而不同时切开反面,同样,在语言里,我们不能使声音离开思想,也不能使思想离开声音"⑦。但语言的形式和内容是相对的、可转移的,在语言层级关系上,在此为形式,在彼为内容,不是固定不变的。在语素层级上,音位的组合是形式,语素的意义是内容;在词的层级上,语素的组合是形式,词与现实的联系是内容;在短语层级上,词的组合是形式,短语的意义是内容;在句子层级上,短语结构是形式,句子所表达的思想感情是内容。一种语言与另一种语言的本质区别,不是内容(意义)的不同——否则就无法通过翻译表达思想,而是语言层级上音位、语素、词、短语等排列组合的关系不同,即形式的不同。因此研究语言最重要的是着眼于表达意义的形式特征,而不是相反。所以索绪尔说:"语言是形式,而不是实质。"并且指出:"人们对这个真理钻研得很不够,因为我们术语中的一切错误,我们表示语言事实的一切不正确的方式,都是由认为语言现象中有实质这个不自觉的假设引起的。"⑧索绪尔所说的"语言是形式",是指语言系统内部的结构关系,是指语言要素之间的差别、对立和关系,而不是具体的语音实质和语义实质。我们多年来已经习惯接受和承认语法是从词和句的个别和具体东西中抽象出来的一般规则和规律,是语言特点的本质,为什么不可以追根溯源接受和承认语言是形式,而形式是语言特点的本质呢?

2.3 我们认为,说"语言是形式",这是科学抽象。某些复杂现象只有进行科学抽象,才能认清事物的本质,把握研究对象。恩格斯曾举纯数学的研究为例说:"纯数学是以现实世界的空间的形式和数量的关系——这是非常现实的资料——为对象的。这些资料表现于非常抽象的形式之中,这一事实只能表面掩盖它的来自现实世界的根源。可是为要能够在其纯粹状态中去研究这些形式和关系,那么就必须完全使它们脱离其内容,把内容放置一边作为不相干的东西;这样我们就得到没有面积的点,没有厚度和宽度的线,$a$ 和 $b$,$x$ 和 $y$,常数和变数。"[9]这使我们认识到某些事物只研究它的形式和关系的必要性和可能性,这是科学发展的需要。索绪尔也说,"语言可以说是一种只有复杂项的代数"[10]。我们同样认为,着重研究语言的形式和关系也是必要的和可能的。

2.4 如果承认形式是语言的本质特点,那么,语法研究的原则只能从形式出发,不能从意义入手,这是由语言观而产生的方法论问题。其实,这一原则我们的师辈学长们早已提出并在研究实践中卓有成效地运用。方光焘师很早讲过:"我认为语法是研究形式的。""我们不是不问意义,只讲形式。事实上,抛开意义的语言形式是没有的。我们只是为研究的方便起见,暂时撇开意义,弄清对象。这也是为了更好地明了意义,弄清意义,并不是什么形式主义。意义是我们研究的终点,不是出发点。一句话,从听话者的角度来说,是从声音到意义的。因此,研究者不能从意义出发,分析的结果要同意义相符,但决不能从意义出发,否则就容易夹杂主观的东西。"[11]张斌、胡裕树先生说:"我们认为,分析任何语言的结构,都必须从结构的形式系统的分析中去发现语言的结构意义,都必须从形式到意义。"[12]朱德熙先生也说过"不能从意义出发来区分句法结构"[13]。可见,"从形式到意义,这是语法研究的通则"。

## 三、从形式到意义的分析程序

3.1 我们强调语言是形式、语法研究应着重形式分析,目的是使形式和意义结合,并非不管意义。我曾说过:"语言最重要的是形式,它表现为语法结构的网络关系。因此描写语言学在方法上最基本的要求,必须最大限度地对语言进行形式化的描写,根本拒绝把意义作为研究的出发点,因为意义没有外部形式标志,而且是不可计量的。但是,描写语言学拒绝把意义作为解决科学问题的标准,这并不是根本排斥意义、不考虑意义;相反,它对语言结构进行形式化的描写,恰恰在于能够科学地发现意义和解释意义。"[14]这就是我们从形式到意义的分析程序。

我们讨论的是语法问题,我们说从形式到意义自然是指语法形式和语法意义。为了讨论的深入,我们先对语法意义、语法形式作个界定。语法意义存在于语素、词、短语、句子等语言层级单位的关系之中,是从语言层级单位之中抽象出来的关系意义、结构意义和类意义,而不是指单位本身的具体的实质意义。语法形式是指表现语法意义的一切语法手段的总和,它包括重音、声调、停顿、语调、词形变化以及内部屈折和异根法、重叠、辅助词(虚词)、语序及其结构层次和变换,等等。

我们所说的语法形式不是指具体的、孤立的某种形式(或词形变化),而是从语素和语素、词和词、短语和短语以及小句和小句的结构整体中去认识语法形式,从语法系统中去把握语法形式。举一个实例说,像"代表、编辑、领导、导演"等词,一方面,它前面可以同数量词"诸位、一个"结合,后面可以加"们";另一方面,它后面又可以加接"了、着、过"等。我们把这种结合的整体结构认作语法形式,再从系统角度判定前者属于汉语词类系统的名词类,后者属于动词类,这都是形类。我们不赞同把孤立的"们"或"了、着、过"认作语法形式,从系统观点看,它只是语法形式的标志。至于没有标志的"代表、编辑、领导、导演"等,它与分属词类两个子系统的语法形式相对立,它的形式标志为零。根据这些词的整体结构的语法形式所构成的不同的子系统,就分属于名词类和动词类,而不存在"兼类词"。

弄清了语法形式后,我们再分析与形式相对应的语法意义是什么?以"一位代表"为例,它是数量词与名词结合,从结合关系(分布)看,它表示限定关系的语法意义;从结构整体(功能)看,是名词短语,表示称谓意义;这些语法意义又可以概括为更高的类意义(范畴)。再如"代表+(了、着、过)",这是语素同语素的结合,从结构关系看,它分别表示动作完成体、持续体、经验体;从结构整体看,它表示动作的某种情态;再进一步把动词的其他语法形式所表示的"体"的语法意义概括起来,就形成汉语动词体的类意义(体的语法范畴)。所以,我们把各种形式的语法意义概括为关系意义、结构意义和类意义。从全面联系、互相制约的系统观点看问题,一切语法形式都可以看成是差别、对立和关系。从结构体的项目看是差别,如"代表+了"是两个不同的项目。从语法系统看是对立,如"代表+0(零)"和"代表+了"是两种语法形式,是动词子系统内部"体"的对立;"代表+们"和"代表了"也是两种语法形式,是名词和动词不同子系统的对立。从结构体的构成看是关系,项目与项目能够结合成一个结构体就存在着某种关系,凡不能结合的项目就没有任何关系,如汉语副词与名词不能结合(*不人),彼此就没有关系。当然,它与有关系的结构体相对立,也算是一种关系。

在这里,我们需要特别说明的是,语素和语素、词与词等的结合本身就是形式和意义的统一体。我们着眼点是形式,分析程序是从形式入手,但语素和语素、词与词等之所以能够结合而构成表达某种关系的形式,这不是任意的,而是有条件的,这个条件就是选择限制(selectional restriction)。比如说,"人、书"等词前面能够与数量词"一个、一本"结合,表示限定关系的语法意义,而"听、说"等词的前面就不能同数量词结合表示某种关系;反之,"听、说"等后面可以与"了、着、过"结合,表示"体"的语法意义,而"人、书"等后面却排斥同"了、着、过"结合。选择限制的基础是语义,其表现形式是语法。两个语言单位凡能结合在一起的就必定有意义,凡不能发生结合关系的就不会有任何意义。不难看出,我们上面说的结合关系就必然预定是有意义的语法形式,它不同于数学上可穷尽的排列组合关系。由此进一步看出,语言形式或语法形式不是一般的形式,而是同意义胶着在一起、不可分割的特殊形式,它好比人的躯体和灵魂,始终是共生共灭的。我们强调形式,因为形式是语法意义的表现,只有从形式入手才能发现意义和解释意义。

3.2 现代语言学已经深入到研究句法结构内部的语义关系,如歧义句的分解,不同动词与名词相互结合的种种语义关系,这些是不是语法意义呢?回答应该是肯定的。它是由动词、名词等次范畴相互结合的深层语义关系,仍然属于关系意义、结构意义和类意义的范畴。我们也举一些实例再来看形式和意义相结合的分析程序。

关于歧义结构的分解,朱德熙先生进行了卓有成效的研究。例如,"咬死了|猎人的狗"和"咬死了猎人的|狗",分析的层次不同就化解了歧义。朱先生还用变换方法分析了"狭义同构"的语法形式和语法意义的不同。例如,"门外点着灯"可以变换成"灯点在(得)门外",而"屋里开着会"却不能变换成"*会开在(得)屋里"。由于变换形式不同,就可以说前者的语法意义是表示"存在",说明事物的位置,着眼点是空间;后者的语法意义表示动作行为的"持续",着眼点是时间。⑮ 又如"在黑板上写字"可以变换成"把字写在黑板上",而"在飞机上看书"却不能变换成"*把书看在飞机上"。这就看出前者的语法意义表示的是人或事物所在的位置,后者表示的是事件发生的处所。⑯ 朱先生把变换上升到理论和方法上进行概括,提出"变换分析中的平行性原则",指出"变换式矩阵里的句子无论在形式上还是在语义上都表现出一系列的平行性"。⑰ 这是形式和意义结合的重要理论和分析方法。

怎样理解从形式入手去发现意义和解释意义的分析程序呢?就歧义句来说,有些语法歧义句(我们只管语法歧义句)是层次不同,就从层次上入手。例如,"咬死了猎人的狗"、"关心医院的病人"、"爱护学校的学生"、"保卫边防的战士"这一类句式,只能作两种层次分析:一是动词短语,可以写成[V+(N的+N)]Vp,一是名词短语,可以写成[(V+N的)+N]Np。这就是两种语法形式。这种分析是客观的、符合汉语短语结构类型的,也是符合讲汉语的人的语感的。这两种语法形式就有相对应的两种语法意义:与Vp相对应的语法意义,最后的N是V的对象(客体);与Np相对应的语法意义,最后的N是V的主体。

有的歧义句可从句子的节律音位(prosodeme)去分解,特别是口语中的句子。我们说过,一个句子的节律音位与语符链(string)的结构层次是相互吻合的。例如,"坏人要打击好人就表扬"也是一种歧义结构,它可以分解成"坏人、要打击,好人、就表扬",和"坏人要打击好人,就表扬"两种形式,前者是联合复句,后者是偏正复句。这两种形式所表示的语法意义和深层语义关系大不相同。[18]

有的歧义句只能用转换规则(transformational rule)进行分解,才能解释造成歧义的原因(表层结构相同,深层结构不同)和分解后的不同形式。例如,"铁梅叫他表叔"有两种意义:一是 a"铁梅呼唤他的表叔",一是 b"铁梅称呼他为表叔"。看起来这是"叫"这个动词的多义性引起的歧义,似可把"叫"分解为"呼唤"和"称为"两个义项就解决了问题,但这不是语法分析。或可从代词"他"的指称着眼,"他"指称"铁梅"是 a 的意义,"他"指代"表叔"是 b 的意义,但这是偏重于逻辑解释。运用转换规则分出的最后形式是,a 是"铁梅叫他的表叔",b 是"铁梅把他叫表叔",形式不同,意义各别。[19]可见句法结构是可以控制语义的。

分解狭义同构句式的深层语义关系,似只能运用变换分析的平行性原则。例如 a"饭吃完了"和 b"酒喝醉了"这两个句式模式(pattern)相同,它们组成部分的直接成分功能(function)相同,关系也相同,都是主谓关系。这是否可以说,它们的深层语义关系也相同呢?我们用变换分析就进一步发现,a 可变换为"(S)吃完了饭→把饭吃完了→饭被吃完了",动词"吃"前隐含一个动作的主体。而 b 却只能变为:"(S)喝醉了酒",没有"把"字句式和"被"字句式的变换,同 a 的变换不存在平行系列性。于是就可以把 a 解释成：[(S)吃饭+饭完了]，b 解释成：[(S)喝酒+(S)醉了]；并进一步看出，a、b 动词后的补语"完、醉"指向不同，"完"指向宾语"饭"，而"醉"指向隐含的主语(S)。我们用(S)代表隐含的主体，N 代表名词，V 代表动词，a 代表形容词或不及物动词，分别把 a、b 的语义结构形式化，a 式是：(S)VN+Na 了，b 式是：(S)VN+(S)a 了。[20]可见，根据 a、b 变换形式不同，运用从形式到意义的分析程序，就可以发现和解释与形式相对应的深层语义关系。

至于动词和名词次范畴结合的深层语义关系，我们愿举动宾关系试作解释。请看表例：

| 动宾关系 | 可变形式 | 宾语性质 |
| --- | --- | --- |
| a. 来客人了 | 客人来了 | 施事 |
| b. 刮风了 | ?风刮了 | 系事 |
| c. 吃饭了 | 饭(被)吃了 | 受事 |
| d. 吃大碗 | (用)大碗吃 | 工具 |
| e. 吃馆子 | (在)馆子吃 | 处所 |
| f. 祝贺您 | (向)您祝贺 | 当事 |
| g. 祝贺新年 | (为)新年祝贺 | 原因、目的 |
| h. 盖房子 | (把)房子盖了 | 结果 |

从表例中看出，这些动宾关系有不同的可变形式：a 的宾语可换位到动词前，b 一般不能换位，其他格式可用不同的介词作为形式标志（当然不是一对一的），一般不能互换。根据动宾关系不同的可变形式，似可判定宾语的性质。总之，我们的看法是，只要不是孤立的、静止地看待语法形式，而是全面地、系统地看待形式，是可以从形式出发去发现意义和解释意义的。我们以为，词汇意义

也是在词与词的结合关系中才确定它的本义和变义而被固定下来的,怎么能孤立地看待语法形式和语法意义呢？现代语言学连语义研究都要求形式化,难道语法研究还不能从形式出发吗？

## 四、三个平面的联系问题

4.1 汉语语法研究进入80年代,张斌、胡裕树先生首先提出了句法、语义、语用三个平面的区分和联系问题,说:"句中词语与使用者（符号与人）之间也有一定的关系,这种关系是属于语用的","三者之中,句法是基础,因为语义和语用都要通过句法结构才能表现"。[①]他们回顾语法研究的趋向说:"近年来,我们在语法分析方面的讨论取得了一些成绩,可是没有把句法分析与语义分析、语用分析很好地联系起来,应该说是一个缺点。"并且指出,"如何把语法分析与语义分析、语用分析科学地结合起来,是摆在我们面前的新课题"。[②]三个平面的提出,拓宽了语法研究领域,有利于深入、细致、全面地研究语言内部结构各种关系,在语法理论和语言实践上都有重要的指导作用。

句法分析与语义分析结合,也就是语法形式与语法意义的结合,这两方面的结合比较容易理解,也能做到有机的结合,我们前面已经谈到了。在句法结构基础上如何进一步与语用分析联系起来、结合起来,这确实是个新课题。

我们理解作者提出的语用分析是在语法范围内所涉及的问题。不全同于语用学（pragmatics）所研讨的问题。作者区分句子分析和句法分析,指出语序的改变、虚词的运用以及句外成分（插说、复指)等都是语用问题,[23]这就给我们指明了联系语用分析的范围和步骤。根据"语义和语用都要通过句法结构才能表现"的说法,语义和语用都应该是句法结构形式所表现的内容,那么,作者说的"语用"应该是一般的语用意义,又不同于根据语境研究话语的语用含义(pragmatic implication),即说话用意或言外之意。我们弄清了三个平面思想之后,才能进一步研讨三者的联系和结合问题。

4.2 我们仅谈谈语序改变所涉及的语用意义问题。如果我们把语序改变作广义理解,包括变换或转换在内,并从语法系统观点着眼,似可较好地解决三结合的新课题。下面举的一些问题,有的是作者谈过的,为了说明问题,也归在一起试作分析。

(1)话题和焦点。在交际过程中,为了突出说话的重点,就把这个语句需要突出的成分(通常是名词性成分)提到句首,意在强调它,这就是话题(topic)。例如"知道这件事的人不多"这个句子可以变换成"这件事知道的人不多",其中"这件事"就是话题。从整个句子格局看,前一句是主谓句,变换后成为主谓谓语句;原句和变换句中动词"知道"同"这件事"和"人"相互结合的深层语义关系仍然是受事、施事关系,表达的基本语义不变,但变换句新增加了突出说话重点的语用意义。在交际过程中,传达新信息的语义重点称为焦点(focus),通常出现在句末。例如,"我家来了客人",由于传达信息重点不同,也可以说成"我家客人来了"。两句基本语义相同,"客人"也都是施事,但句子的格局不同,前者是非主谓句,后者是主谓句;传达新信息的重点也不同,前一句是"客人",后一句是"来了"。当然逻辑重音也可以转移焦点,但不属于语序改变增加语用意义的问题。

(2)有定和无定。有定、无定本属语义学考察名词与现实相联系的指称问题,它同句子有联系,也可以从句子角度去考察。一般说,句子的主语是谓语表述的起点,通常是指有定事物,而动词所带的宾语多指无定事物。例如,"客人来了"这句话的"客人"是说话人心目中已经想到的"客人",是有定的;而变成"来了客人"中的"客人",可能是不速之客,是无定的。这一点在表示存在的句子里最为明显,例如,"书在桌子上",说话人心目中的书是专指某种书,是有定的;而改说成"桌子上有书",并无专指某种书的意思,是无定的。可以说,"在"是表有定的标志,"有"一般是表无定的标志。再如,在存现句里,"前面来了一个人",说话人不能判定来者是谁,是无定的,这句话不能改变成"一个人(从)前面来了"。这种有定、无定的语用意义不是句中语义关系的映射,而是通过句子结构表现出来的,离开了句子也就没有这种语用意义了。

(3)肯定、否定和辖域。汉语用"是"、"是……的"表示肯定,"是"后面的部分是肯定的焦点,但"是……的"仅用于表达过去发生的事情。请比较:"他是在北京上大学的",说明是过去发生的事情;"他是在北京上大学",说明现在还在北京上大学。"他是在北京上大学的"也可以说成"他是在北京上的大学",但焦点不同,后者的语义重心是"北京"。对肯定的否定用"不"(没、非),也可以用双重否定表示肯定,例如,"他不能不去"、"他并非不去"表达含有强调"必定去"的意思,同一般肯定"他能去"、"他去"的语用意义有别。还有"非……不……"和"非……才……"格式表达同义关系,但语用有别。例如,"非请你来不能解决问题",和"非请你来才能解决问题"这两句话同义,但强调的条件不同,前者是唯一条件(主要条件),后者是必要条件,这是语用上的差别。这就是说,某些句式的差别、对立并不表现语义关系上的差别和对立,而却隐含着语用的不同。语法研究如不联系语用分析,这些语用意义就不能被揭示出来。

此外,否定词与表数量的词结合,以及与表可能和必然范畴的词结合,就不同于数学上的单纯的肯定和否定,它增加了新的语用意义,这是由否定词的辖域不同而产生的。例如,"不都是"=部分不是,"都不是"=全部不是;"不可能不是"=必然是≠可能是,"不一定不是"=可能是≠必然是,等等。这些都是在句法分析基础上必须联系语用再分析的。

(4)数量对应。一个动词前后联系两个表数量的名词短语的句子,有的可以换位,有的不能换位。能够换位的,如果人物、处所名词在前,含有计量、规定的语用意义;如果人物、处所名词在后,含有可容性的语用意义。请比较:"三个人坐一张沙发↔一张沙发坐三个人","两个人吃一盘抓饭↔一盘抓饭吃两个人",但是,"一间客房装一部电话↔*一部电话装一间客房"。

(5)功能变换。一个语句的语序改变并不影响句义,也不增添新的语用意义,但在使用上往往是有条件的。这是由于说话人的交际需要、语境要求而改变语序,使语句协调,这在语言中是普遍现象。例如,"我们消灭了敌人→我们把敌人消灭了→敌人被我们消灭了","你真好!→真好,你!","他伤心透了→他伤透了心","我送给他一本书→我送一本书给他",等等。这些变换式,说话人可根据交际功能的需要选用其中某一表达式。我们从语用的角度应该着重研究这些变换式出现的条件和使用环境。

4.3 以上只是举例性地谈了我们的一些看法。我们总的想法是,语法研究要把句法分析、语义分析和语用分析联系起来、结合起来,首先要从形式入手解决句法和语义结合问题,然后才进行语用分析。表现语用意义的句法结构并非都是显性的,这就必须从语法系统观点看问题,运用变换方法,找出系统中的潜在形式,进行对比分析,从同一性和差别性中解释语用问题。

### 注 释

① 徐思益《谈意义和形式相结合的语法研究原则》,《中国语文》1959年6月号。

② 徐思益《从空语类说开去》,见《语法研究和探索(四)》,北京大学出版社,1988年。

③④ 邵敬敏《汉语语法学史稿》,上海教育出版社,1990年,180页,355页。

⑤⑦⑧⑩ 德·索绪尔《普通语言学教程》,商务印书馆,1980年,37页,158页,169页,169页。

⑥ 施铁布林·卡勉斯基《机器翻译对语言的意义》,《语言学译丛》1959年第2期。

⑨ 恩格斯《反杜林论》,人民出版社,1956年,37—38页。

⑪ 方光焘《六十年来的汉语语法研究》,《谈谈语言结构的分析》,见《语法论稿》,江苏教育出版社,1990年,13页,113页。

⑫㉒㉓ 张斌、胡裕树《有关句子分析的几个问题》,《汉语语序研究中的几个问题》,《句子分析漫谈》,见《汉语语法研究》,商务印书馆,1989年,50页,125—126页,34页,36页。

⑬ 朱德熙《语法答问》,商务印书馆,1985年,49页。

⑭ 徐思益《描写语法学初探》,新疆人民出版社,1981年,78页。

⑮⑯ 朱德熙《句法结构》,《汉语句法中的歧义现象》,见《现代汉语语法研究》,商务印书馆,1980年,64页,176页。

⑰ 朱德熙《变换分析中的平行性原则》,《中国语文》1986年第2期。

⑱ 徐思益《论句子的语义结构》,《新疆大学学报》1984年第1期。

⑲ 徐思益《语言学简明教程》,新疆教育出版社,1989年,127—129页。

⑳徐思益《语法结构的同一性和差别性》,《语文研究》1984年第3期。
㉑胡裕树、范晓《试论语法研究的三个平面》,《新疆师范大学学报》1985年第2期。

        1992年7月20日于新疆大学。
        原载《新疆大学学报》1994年第2期。
        曾于1992年在第七次现代汉语语法学术研讨会
        南开大学会议上报告

# 谈隐含

## 一

"隐含"这一概念是吕叔湘先生首先提出的。他在《汉语语法分析问题》中讨论"关于省略和倒装"问题时,把"省略"和"隐含"作了比较后说,省略是有条件的,"经过添补的话是实际上可以有的,并且添补的词语只有一种可能。这样才能说是省略了这个词语"。"跟这个不同,'你一言,我一语',可以在'一言'和'一语'前边添补'说'或者'来',但不是限定是'说'或者是'来',并且实际上都不这样说。我们就只能说这里隐含着一个'说'或'来',不能说省略了一个'说'或'来',至多只能说省略了一个动词。同样,在'他要求参加'和'他要求放他走'里边,可以说'参加'前边隐含着'他','放'前边隐含着'别人',但是不能说省略了'他'和'别人',因为实际上这两个词不可能出现。'隐含'这个概念很有用,'隐含'不同于'省略'。"[①]他在《汉语句法的灵活性》这篇重要文章里又一次强调说:"严格意义的省略应该只用来指可以补出并且只有一种补法的词语,否则不能叫做省略,只能叫做隐含。"[②]

我们赞同吕先生在严格意义上规定的省略和隐含的概念。吕先生的"隐含"还包括现代语言学常用的"空语类"(empty category)概念,如例证"他要求参加"等。应当把"省略"、"隐含"和"空语类"严格区分开来,它们是属于不同平面的问题。简单地说,"省略"是属于语用平面的问题,"空语类"是属于句法平面的问题,而"隐含"却是属于语义平面的问题。③虽然这三方面密切相关并相互影响,但毕竟各有自己的地位和活动领域。本文着重研讨吕叔湘先生提出的"隐含"。

## 二

当前语言逻辑学界有几个与隐含近似的常用概念,往往引起混淆,我们有必要先辨析一下。

美国伯克利加州大学教授格赖斯(H. P. Grice)于 1967 年首先提出了 implicature 这个概念,意指话语所表达的超越字面意义的意义。这一理论很快在世界范围内被语言学家和逻辑学家所接受和应用。我国学者于 1983 年引进时,④对 implicature 使用了不同的译名,石安石先生译作"寓义"⑤,周礼全先生译作"隐涵"。此外,在语言逻辑学界还有一个常用的术语 entailment,石安石译为"蕴含",周礼全译作"意涵"或"蕴涵",也有人译作"衍推"⑥,而"蕴涵"译语最为常见。这都是逻辑语义范畴的概念。我们要着重辩明石安石的"蕴含"(entailment)、周礼全的"隐涵"(implicature)与吕叔湘的"隐含",这三者字面上最易相混,而概念实质并不相同,尽管这三个概念都关涉语义问题。

石安石在《句义的预设》文章里说:"蕴含是一种基本的语义组合关系。在没有本话语外的知识参加的情况下,如果有甲就必然

有乙,就说甲蕴含乙,或甲以乙为蕴含。"他举出例证:

(1)他是中国青年。→他是中国人。

(2)他买了一支笔。→他得到一支笔。

(3)他过节照样要上班。→他国庆节要上班。

然后说,"(1)-(3)甲乙蕴含关系的建立,有赖于词语自身语义间的关系。一般地说,是上下位关系,如(1)中'(中国)青年'是'(中国)人'的下位词语,(1)的甲端与乙端从而也是下位与上位的关系"⑦。据此来看,石安石说的"蕴含",是指(1)、(2)、(3)的甲端话语本身的意义可推演出(1)、(2)、(3)乙端话语的意义,即甲→乙。这如同杰弗里·N.利奇《语义学》说的"x蕴涵y:如果x真实,y也真实;同样如果y谬误,x也谬误"⑧。或如尼尔·史密斯、达埃德尔·威尔逊在《现代语言学》里说,"一个陈述句的蕴涵命题就是离开任何语境,可以从句子本身推理出来的那些命题;只要那个句子本身表达一个真实的判断,其蕴涵命题必定真实"。举出例证:

(9)我们刚买了一只狗。

(10)我们刚买了某物。

(9)蕴涵着(10)。⑨这就是语言逻辑学家常用的"蕴涵"(entailment)概念的含义。

关于格赖斯的implicature概念,周礼全译作"隐涵",他引进并作了评介。周礼全主编的《逻辑——正确思维和有效交际的理论》这部重要著作的第13章"隐涵",首先介绍格赖斯的"隐涵"理论说,"格赖斯认为,在人们的谈话中,说话者的话语所传达的意义可分为两个部分,一部分是话语的言说内容,另一部分是话语的隐涵内容"。他举出例证:

(1) 小王年纪很轻,但成就不小。

根据语词和语句的约定规则,(1)这句话语的意义是:

(2) a. 小王年纪很轻 ∧ 小王成就不小。

b. (小王年纪很轻 ∧ 又成就不小)是令人感到意外的。

他解释说,(2)a 是(1)这句话语的言说内容,即通常所说的真值条件的内容。(2)b 不是(1)这句话的言说内容,而是(1)的隐涵内容。格赖斯又把话语隐涵内容分为约定隐涵和非约定隐涵。约定隐涵是根据话语中语词和语句的约定意义得出的隐涵。上面(1)这一话语隐涵(2)b,而(2)b 是根据(1)中的语词"但"的约定意义得出的隐涵。但约定隐涵虽是话语的约定意义,却不是话语真值条件内容。话语非约定隐涵,是那些不是由于语词或语句的约定意义而得出的隐涵。周礼全还介绍了格赖斯的谈话隐涵。⑩这可说就是格赖斯关于隐涵(implicature)的基本理论。

周礼全的"隐涵"概念是对格赖斯隐涵理论的修正和发展。他说:"我们认为,格赖斯所说的约定隐涵是一种仅仅根据语义规则或广义语义规则的意涵(entailment)。我们要把隐涵限制在应用了合作准则或语境这些语用因素而得出的意涵内。"他修正了格赖斯的隐涵理论而提出自己的隐涵定义后说:"因此,在交际语境 C 中,话语'U(FA)'隐涵命题态度 F * B,不同于 FA 蕴涵 F * B(或 A 蕴涵 B),也不同于 FA 意涵(entail)F * B(或 A 意涵 B)。"⑪请注意:周礼全在上述话语里使用了"蕴涵"、"意涵"两个概念。他对于格赖斯说的约定隐涵,认为是根据广义的语义规则得出的,用了"意涵",括号注明的用语是 entailment。这个用语包括格赖斯言说内容的真值条件和非真值条件的约定隐涵。接下来,他又用了"蕴涵"和"意涵",而"意涵"的括号注明(entail),这里的"蕴涵"只指话语的真值条件(A 蕴涵 B),而"意涵"(entail)指话语的非真值条件包括约定隐涵内容在内的语义关系。所以,他最后归结说:"由上面隐涵的这些特性就可以看出:隐涵是和蕴涵、意涵不同的。蕴涵和意涵是仅仅根据语形和语义规则得出的,是独立于合作准则、也独立于交际语境的。但隐涵则主要是根据语用规则得出的。语用规则是涉及合作准则和交际语境的。"⑫据此看出,周礼全的"隐涵"(implicature)是一个语用学(pragmatics)概念,而不是语形学(syntactics)或广义语义学(semantics)的蕴涵(entailment)。周礼全也提到过"隐含"。他说,话语的语旨用意,"有时以语旨动词的形式直接表达出来,有时以隐含的形式表达出来"。如不说:"我命令你出去。"而说:"你出去!"或"出去!"通过一定的语气,就可以把它的"命令"的语旨目的充分表现出来。这就是隐性施行式。"所谓隐性施行式,就是在话语中省略表示语旨用意的动词。"⑬不过,周礼全没有把"隐含"作为逻辑或语言学的术语来使用。

吕叔湘说的"隐含"(或广义的省略),不是石安石说的"甲→乙"这种"基本的语义组合关系"的"蕴含",或逻辑上通常说的真值条件的"蕴涵";也不是格赖斯说的"约定隐涵",更不是周礼全根据语用规则界定的"隐涵"。吕叔湘说的"隐含"是根据话语的"意思里有而话语里不出现"的情况省略名词、动词等现象,这是针对汉语特点提出的一种崭新的深层次的语义概念,不可同上述诸人的"蕴含"、"蕴涵"或"意涵"、"隐涵"等语义概念相混淆。

## 三

我曾在《原则性和灵活性——简谈移位和省略》一文里提出制约人类语言的三个原则,即(一)逻辑语义结构原则,(二)语词的组合序列性原则,(三)语境(包括上下文)制约原则,并应用这三个原则研讨过吕文的"移位"和"省略"问题。[14]现在,我试图再用这三个原则着重研讨吕文中的隐含。[15]下面,根据吕文并借用他举出的"不那么简单"的几个例句(借用例句,编号仍旧)来分析研讨。

(33)旁边一位阿姨的长头发碰在我脸上,∧怪痒痒的,∧也不能去挠,∧手被管着呢。(我脸上,我,我的)

吕叔湘用∧表示省略,括号标注的是表示语句依次省略的词语。这确实是严格意义上的省略,因为"只有一种补法的词语",就是括号注明的词语。

我们把省略看成是语用平面的问题,因为省略的目的是为了语用的经济和表达的简洁,如果一句话能把意思表达清楚,就不必浪费口笔、啰唆重复。要把一句话的意思表达清楚,首先是思维规律问题,即要遵守逻辑语义结构原则;然后是应用语言问题,即要遵守语词的组合序列性原则;如果在交际语境中,一句话的意思还要遵守语境制约原则。我们把三个原则结合起来考察(33)例,这句话使用了省略,符合语用经济和表达简洁的要求。第一小句省略"我脸上",因上文有"我脸上",为了表达简洁,可以说是承前省。第二小句省略"我",似乎"不合法",承接上文找不出依据;但从逻辑语义结构原则看,这一小句的谓语部分"也不能去挠",必须有动作行为的主体,而这主体只能借用前面隐含的"我",换成别的词语都不合逻辑。第三小句谁的"手被管着",同样只能顶接前句隐含的"我"来理解。"我"和"我的手"是固有属物整体和部分的关系,有时可用整体代替部分,有时也可以用部分代替整体,如果"我有手"为真,"我的手"必然为真,反之亦然,即"甲⇆乙"互相蕴涵(entailment)。这样解释省略,正如吕叔湘说的,"可见哪儿省略了什么都是一清二楚,因为有上下文管着"。"有上下文管着"这句话很重要,"上下文"就是一种狭义的语境(context),这就是说,一个语句要受语境制约。再进一层说,我们可以把(33)分为两大部分,"∧"号前的部分看做前言,"∧"号后三个小句看成后语,前言部分是说话的背景知识,后语部分是说话的语旨,说话总是先交代背景知识,再说语旨,前后不能倒置;如果把(33)的前言和后语两部分易位,就无法理解,这就是汉语所谓"流水句"的特点。这种前言和后语的组合顺序,就是语词的组合序列性原则。可见,汉语不是不讲形式的语义语法,只是没有狭义形态的形式,而更讲究语词组合序列的整体形式。

(53)赤膊磕头之后,居然还剩几文,他也不再赎毡帽,统统喝了酒了。

(53)例不是严格的省略,是隐含,因为"结构上不缺什么",无法添补什么词语。吕叔湘指出:"(53)的'几文'跟'赎毡帽''喝酒'之间的关系也没有明文交代",这是一种"语法上的默契"。一个语句有语法上的默契而不致产生误解,必定暗含着逻辑语义结构关系。(53)例的"几文(钱)",跟"赎毡帽"、"喝酒"之间的逻辑语义关系是工具和行为目的的关系,即"赎毡帽"要钱,"喝酒"要钱,"赤膊"没有把"剩下的几文"拿去"赎毡帽",而是"统统喝了酒了"。这样看来,隐含完全是一种逻辑语义关系。但是,一个语句隐含的语义关系要能得到正确理解,必须符合语词的组合序列性原则。我们同样把(53)分为两部分,"几文"接前的部分是前言,"他"续后的部分是后语,整句的表达从语句的背景到说话的目的,前后相续,一脉贯通,整个语句的词语之间的语义关系自明。反之,如果把(53)的前言和后语部分易位,不仅"几文"跟"赎毡帽"、"喝酒"之间的语义关系无解,连整个语句也不知所云了。可见,研究汉语,特别是汉语的流水句,深入发掘它整个语句的表达形式规律甚为重要。从这一点说,我以为吕叔湘的"隐含"概念,就是针对汉语语法特性提出的新理论。

我们分析(33)、(53)例句整体表达形式,应用了"前言"和"后语"两个用语。前言部分不出现省略或隐含,省略和隐含都出现在后语部分。作为背景知识的前言部分总是先出现,位于整个语句的前面,否则后语的语义不明。例如:

(65)卖破烂不用研究。近处∧,谁要? 远处∧,火车才站一分钟。

(65)例是两个语句,用句号断开,前一个语句是前言,后一个语句是后语,后语部分两处"∧",可认为是省略或隐含"卖破烂"。如果只有后一句则语义不明。这就是说,语句的前言部分总是先出现,即使不出现于本语句,也要出现于与本语句相毗连的前一语句,这是人类的思维规律使然。

(60)真的,叔叔,∧骗人∧小狗儿。

(61)鬼话! 熟人∧还不知道∧名字?

(63)旧社会,穷人生了病,∧小病∧抗,∧大病∧躺,根本得不到医治。

吕叔湘指出,这里"每句都省去不止一个成分"。我们认为,(60)、(61)、(63)三句是省略还是隐含,不便确定,要随着交际语境定位,我们用X代替。不过,这三句是鲜活的话语,是交际语境中的逻辑推理。(60)的推理是:如果不是"真的"就是X(说话者)在"骗人";如果X"骗人",X就是"小狗儿"。因为X不是"小狗儿",X没有"骗人";X没有"骗人",可见是真的。(61)的推理是:既然X是"熟人",Y必然"知道"X的"名字";是"熟人(而Y)还不知道X的名字",这是"鬼话!"(63)的推理更复杂一些,大致是:按照常理(公理),人生了病就要医治,治病就需要钱。前言部分说明"旧社会,穷人生了病",自然无钱医治;于是后语部分插入无钱医治的另一种说法:"(穷人生了)小病(穷人就)抗,(穷人生了)大病(穷人就)躺",所以"根本得不到医治"。这就是自然语言表达人们的生活逻辑。这种逻辑推理是属于人类的思维规律,表达思维规律的形式因具体的自然语言不同而有所不同,思维规律的某些环节不一定必需具体语言都表现出来,这就出现了省略或隐含。从传递信息角度看,在交际语境中只需凸显表达主要信息的词语,一切负载次要信息或冗余信息的词语都可略去。因此,像"骗人小狗儿"、"小病抗,大病躺"这种语句,如果没有"上下文管着",就是通常说的词语搭配不当,简直不成话语了。再从语词的组合序列性原则看,(60)的"真的"、(61)的"鬼话!"以及(63)的"旧社会,穷人生了病",分别是各句话语的前言部分,后续部分是各句话语的后语,前后不宜倒置。我们还应着重指明,省略必定在前言部分有先行语,如(33)例"我脸上"、(65)例"卖破烂"、(63)例"穷人生了病";隐含无须出现先行语,因为结构上不缺什么。

## 四

吕叔湘还举出"动词也常常省略"(包括上面分析的"每句都省去不止一个成分"在内)的一组例句,我们再引两例作个简要分析。

(46)要写信就快点儿∧!

(49)他说:"办公社,要条件,每户∧一匹马,每人∧五百五十个大洋,拿得出来吗?"

吕文指出,(46)"'快点儿'之后省了个'写'"。(49)"每户"和"每人"后边都省略了动词,"这个动词是'出'大概可以肯定"。我们认为,从语句的语义关系看,这都是对的;从表达形式看,似还可以再研讨。(46)是复句的紧缩,前段已出现动词"写",为了避免重复,"快点儿"后面的"写"以不出现为常例;如果这句话是强调"写"的时间而不是动作行为,"写"不出现更妙,这就不便肯定说"快点儿"后面省了个"写",只能说隐含着"写"。(49)的"每户∧一匹马,每人∧五百五十个大洋",虽然意念上隐含着一个"出",但语言事实以不出现为常,因为汉语的数量结构可以直接做谓语。如"一斤白菜五角钱"或"白菜五角钱一斤",这究竟是"(买)一斤白菜五角钱"还是"一斤白菜(卖)五角钱",要根据交际语境来确定,单凭上下文还管不着。

动词是句法结构的核心,是决定句法结构是否正常的关键。动词省略要分清不同情况,大致有复句(包括复句紧缩)承前续后的省略,有移位出现的省略,有单句的省略;还有省略的动词在句法结构中所处的位置,是做谓语,还是其他成分,都宜分辨清楚。

汉语有一类表示日期、年龄、籍贯的句子,可以用名词短语(包括名词)直接做谓语,如"十月一日国庆节"、"他二十三岁"、"老张上海人"等。过去语法学者认为这中间省略了"是",其实,有没有"是",句义不一样,有"是"是断定,无"是"是说明。还有说明某种场景的句子也勿需动词谓语,如"一个夏天的上午,在周宅的客厅里"。"杏花巷十号,鲁贵家里。"(《雷雨》)"××大旅馆三楼陈白露的一间休息室。"(《日出》)这类句子极少,也不能用作交际话语。

从以上例句分析看出,隐含都出现在复句里,因它必须先出现前言语句,或凭借上下文,或依托交际语境先表达背景知识,否则隐含无据。我曾举出"他在食堂吃的饭"、"我用冷水洗的脸"等语句,虽说有动词"吃"、"洗",因它们连缀着"的",类似定语,而不是句子的谓语。既然"吃的"、"洗的"不是谓语,那么"在食堂"、"用冷水"等介词结构做状语也就没有着落;这也不好说主语后隐含有谓语"是",因整个谓语仍然不便于进行成分分析。我当时运用话题主语变换来解释。[16] 现在明确了汉语的隐含概念。应说这是一种后续句,没有前言起始句(如"老张爱人不在家"、"热水用完了"之类),不能单用。这种句子的逻辑语义结构隐含着生活推理,即老张平常在家吃饭,是由他爱人做饭,现在"老张爱人不在家",没人做饭,所以"他在食堂吃的饭",话语传达的主要信息是吃饭的处所,而不是动作行为。同样,另一句推理是,按照人们生活常理,洗脸要用热水,现在"热水用完了",所以"我用冷水洗的脸",凸显使用工具。逻辑思维规律的每个环节无须用语句都表现出来,这就是语句中出现的隐含。这里的语句隐含着"吃饭"、"洗脸",句中的"的"有两个位置,或在"饭"前,或在"饭"后,口语以在"饭"前为常位。并且,有没有"的",语义有别,"在食堂吃的饭",表现行为的实现；"在食堂吃饭"，只表示行为，不意味着行为的实现。因此，"吃的饭"、"洗的脸"不是定语和中心语的关系，而是隐性的动宾关系。

我还分析过电影《青松岭》中两个人物的对话：钱广以不赶马车相威胁说，"这车我是没法赶了"。共青团员周秀梅立即斥责说，"你爱赶不赶！"我把周秀梅的话分析为"如果你爱赶就赶，如果你不爱赶就不赶"的紧缩形式，认为是汉语复句结构的脱落异化。⑰现在从隐含理论看，这句话只剩下表示反义关系的两个谓词项，以凸显主要信息，其他结构成分及其关联语词统统隐含了，并且表达出原句没有的强烈语气。如果脱离语境，单看语句本身，实难进行句法分析。这种隐含确实显示出汉语句法灵活、精练的特点。总之，汉语句法的语义隐含问题很值得继续深入研究。

## 注 释

①吕叔湘《汉语语法分析问题》，商务印书馆，1979年，67—68页。
②吕叔湘《汉语句法的灵活性》，《中国语文》1986年第1期。
③徐思益《从空语类说开去》，见《徐思益语言学论文选》，新疆大学出版社，1994年，127页。荣晶《汉语省略、隐含和空语类的区分》，《新疆大学学报》1989年第4期。
④程雨民《格赖斯的"会话含义"与有关的讨论》，《国外语言学》1983年第1期。
⑤石安石《说寓义》，见《语义研究》，语文出版社，1994年，19页。
⑥[瑞典]詹斯·奥尔伍德、拉斯·冈纳尔、安德森《语言学中的逻辑》，王维贤等译，河北人民出版社，1984年，19页。
⑦石安石《语义研究》，语文出版社，1994年，167—168页。
⑧[英]杰弗里·N.利奇《语义学》，李瑞华等译，上海外语教育出版社，1987年，106页。
⑨[英]尼尔·史密斯、达埃德尔·威尔逊《现代语言学》，李谷城等译，外

语教学与研究出版社,1983年,163页。

⑩⑪⑫⑬周礼全《逻辑——正确思维和有效交际的理论》,人民出版社,1994年。

⑭徐思益《原则性和灵活性——简谈移位和省略》,《中国语言学报》1995年第6期。见《徐思益语言学论文选》,新疆大学出版社,1994年,195页。

⑮本文的"隐含"大体依据吕文的观点。以下引文均见《汉语句法的灵活性》一文,不再注明。

⑯徐思益《语法分析与语义表达》,《新疆大学学报》1985年第3期。见《徐思益语言学论文选》,新疆大学出版社,1994年,96页。

⑰徐思益《描写语法学初探》,新疆人民出版社,1981年,70页。

原载《新疆大学学报》2000年第4期

# 关于汉语流水句的语义表达问题

## 一

汉语流水句的提出首见吕叔湘《汉语语法分析问题》。他说："因为汉语口语里特多流水句,一个小句接一个小句,很多地方可断可连。"[①]吕先生提出流水句,似乎想用它来取代通常所说的复句。吕先生主张用小句而不用分句的名称,说"小句是基本单位,几个小句组成一个大句即句子。这样就可以沟通单句和复句,说单句是由一个小句组成的句子"[②]。他在讨论汉语单句、复句区分的复杂性时说:"总之,像汉语这种不爱搞形式主义的语言,要严格区分单句和复句,确实是一件相当困难的事情。"[③]

本文不讨论汉语单复句区分问题,只说吕先生提出的流水句。既然流水句是一个小句接一个小句,它的范围仍限定于句子,而不是超句子的句组。一个小句能够与另一个小句连接起来,必定有内在的语义关系和外显的句法结构;否则不能成句。这就是本文研讨的主要问题。

## 二

我们拟用语料先举一组例句,考察一下流水句及其语义表达形式。

(1)(他决定去拉车,就拉车去了。赁了辆破车,他先练练腿。第一天没拉着什么钱。)第二天的生意不错,可是躺了两天,他的脚脖子肿得像两条瓠瓜似的,再也抬不起来。 (《骆驼祥子》)

例(1)共四个语句,总共算是句组。括号内的三个语句算是上文。最末这个语句才是流水句,其中包括四个小句,一个小句接一个小句,组成一个大句。这个流水句的第一小句"生意不错",是什么意思?联系上文看,是说"拉车";"拉车"算什么生意?必须联系语境(人物生活环境)才能知道是指出卖苦力拉洋车。第一小句与"可是"后续的三个小句有什么关系?既然知道是做出卖苦力拉洋车的生意,并且"生意不错",根据生活逻辑(或说生活常识)推导,就要腿跑得快,甚至整天不停地拉着车跑,结果他的脚脖子跑肿了(肿得像两条瓠瓜似的),"(腿)再也抬不起来",所以"躺了两天"。这就是这个流水句表达的具体意思。这个具体意思,字面上没有,是根据生活逻辑推导出来的。但是,这个意思不是逻辑蕴涵(entailment),也不是语用隐涵(implicature),倒像吕叔湘说的"意思里有而话语里不出现"的"隐含"。[④]不过,这里的"隐含"不是简单的名词或动词,而是许多话语了。

语法不研究具体句子的具体意思,因为那是无规律可循的。语法只研究句子的结构模式及其所负载的语义关系,它给予具体句子一种投影,赋予语言一种有条理有含义的性质。拿例(1)这个流水句来说,以连接词"可是"为标记,第一个小句与后三小句之间是偏正关系,"可是"后是正句,是语义重心所在。第二小句"躺了两天"与第三、四小句之间是因果关系,先说结果,后述原因,使第二小句语义凸显。第三、四小句之间也是因果关系,前因后果。这种小句之间的种种关系,表现出句子结构模式的层次性,其隐性关系是逻辑语义结构而显性关系是语法形式,这就使语言具有可理解的性质。还要着重指出,"可是"是这个流水句必不可少的语法标记,缺少它就不得其解。再就各小句内部结构看,"躺了两天"指谁?这个表述是空位(Φ),势必要从上文去找出先行语词;即使跨句界找出"他"作为表述的主体,也还必须进一步找出"他"所指代的个体名词,即要回溯语境找出"他"所指代的"祥子",这单凭上下文还不够。"抬不起来"这个表述也是Φ,根据逻辑推断,拉车把"脚脖子"跑肿了,应该是指"腿抬不起来",可上文字面上无"腿",只有"脚脖子",说"脚脖子抬不起来",有悖于语词的选择限制(selection restriction)。但是,人们的生活常识知道,"脚脖子"是"脚"的固有部分,而"脚"又是"腿"的连肢体,这句话也就可以理解了。

(2)(自从买了车,祥子跑得更快了。)自己的车,当然格外小心,可是他看看自己,再看看自己的车,就觉得有些不是味儿,假若不快跑的话。 (《骆驼祥子》)

例(2)是由两个语句组成的句组。后一个语句是流水句,由五个小句组成。这个流水句的第一小句"自己的车,当然格外小心",必须联系上文"跑得更快"来理解,意即如果"跑得更快",难免碰坏自己的车,所以要"格外小心"。接着用"可是"语气一转,"假若不快跑","就觉得有些不是味儿",意即必须"跑得更快"。第二、三小句"他看看自己,再看看自己的车"与后续小句有什么联系呢?这就必须从语境中考察祥子其人和买车的背景条件:祥子才二十来岁,身强力壮,他赁车整整拉了三年挣得一百元钱,就用了九十六元才买上新车。据此推断,祥子觉得自己年轻力壮(不是年老体弱),拉着新车(不是赁的破车),是"跑得更快"的充分条件;假若不快跑,自己就不配是个漂亮的洋车夫,别人看到也会笑话他,所以"觉得有些不是味儿"。这里隐含着很多意思。从句子结构模式看,以"可是"为标记,前后两段是偏正关系,这是流水句的整体格局。二、三小句与四、五小句以"就"为标记是条件关系。作为条件的二、三小句是并列关系,作为结论的四、五小句是假设关系,以"假若"为标记,先说结论,后讲条件,凸显语义重心。各个小句的相互关系是流水句的结构层次。再从各小句的表述的主体看,第三、四、五小句的主体为Φ,暂可借用承前回指的"他",这就是通常说的省略主语。

(3)老头子棒着呢,别看快七十岁了,真要娶个媳妇,多了不敢说,我敢保还能弄出两三个小孩来,你爱信不信。

(《骆驼祥子》)

例(3)是由六个小句组成的一个流水句。整体格局前五个小句与最后一个小句"你爱信不信"是并列关系。这种并列关系,根据表达的情况,也可以换位,不会改变句子的格局和语义。其中一、二句是承接关系,第三小句与四、五小句是假设关系,四、五小句是条件关系。各个小句一层套一层的关系是这个流水句的结构层次。再看各个小句内部结构,动词谓语"别看"管辖二、三两个小句,"别看"的主语可能是听话者"你",也可能是包括说话者在内的"我们",不便确定,是真正的空语类(empty category)。"快七十岁了,真要娶个媳妇"以及"还能弄出两三个小孩来"的主语虽被高层谓语"别看"隔断,仍是跨句界回指"老头子",这是由语词的选择限制决定的。最末小句"你爱信不信"是并列关系内含假设关系的四个小句浓缩结构,即如果你爱信,你就信,如果你不爱信,你就不信。弄清了这些结构层次的内部关系,就能发现并解释流水句的语义。

(4)晚上愿意还吃我,六点以后回来,剩多剩少全是你们的;早回来可不行!(听明白了没有?)　　　　　　　　　　(《骆驼祥子》)

例(4)这个流水句由四个小句组成,整体格局即第一小句与二、三、四小句是假设关系,这是它的第一层次;二、三小句与第四小句是并列关系,这是第二层次;二、三小句是连贯关系,这是第三层次。各小句之间的关系没有关联词语做标记,全凭逻辑语义结构判定。再看各小句内部结构,都没有表述的主体,即无主语,这可看做命令句的表达式。这些表达对听话者而言,作为表述主体的听话者由语境制约,可以不出现。还有,句中的"吃我"似乎违背选择限制,"剩多剩少"表述不明,这些在上下文里都找不到影迹,必须凭借语境才能理解。根据语境,这是描写人和车行老板刘四爷做七十大寿,大摆酒席,宴请宾客。他的这些命令式的话是面对他车行的车夫们说的,"吃我"是说吃我摆的酒席饭菜,"剩多剩少"也说的是酒席饭菜。可见语境是语义解释的背景条件。

## 三

我们从考察的例句中可以看出,所谓流水句仍属通常所说的复句范畴,各小句之间的关系也是复句内部结构的种种关系。只是汉语口语里的流水句往往少用,甚至不用关联词语,如上举(3)、(4)两例。王力把不用联结成分的复句叫做"意合法",说"有两个以上的句子形式,它们之间的联系有时候是以意会的,叫做'意合法'"[5]。吕叔湘也说,句与句之间的联系主要是用虚词语法手段,此外,"常常只依靠意义上的连贯,没有形式标志"[6]。后来,依靠意义连贯的"意合法"的说法几乎成为汉语语法的一大特点。诚然,汉语没有印欧语言那种狭义形态变化,确实是一种"不爱搞形式主义的语言"。但是,汉语并非没有语法规则和规律,是只可"意会的"。我们上面考察的4例流水句(或说复句),它涉及逻辑语义关系、句子的结构层次以及语境(包括上下文)诸多方面,蕴涵着更深层次的语法关系,是有规律可循的。

我们曾提出制约人类语言的三个原则,即(一)逻辑语义结构原则,(二)语词的组合序列性原则,(三)语境(包括上下文句)制约原则,认为对一切语言都有普遍性。⑦现在,我们用这三个原则再对汉语流水句的语义表达作出分析和解释。

我们知道,每个单句,从平面图式看,都成线性序列,即语词的排列组合是有序的。符合逻辑语义结构原则的语词的排列组合,就赋予语言一种有条理、有含义的性质,即符合语法;违背逻辑语义结构原则的语词的排列组合,就不成其为话,即不符合语法。符合语法,但语词的排列组合不同,则句子成分间关系不同,语法意义不同,这是都明白的事实。每个单句各个组成成分有直接和间接的关系,这就显示出句子的结构层次,这是句子的立体形状。同样句子(如歧义句)因结构层次不同,则语法性质不同,语法意义也不同,这也是明白的事实。流水句也是这样,一个小句接一个小句按线性序列组合,组合不当就没意义,无法理解。各小句之间组成各种结构层次,结构层次不同,则语法关系和语法意义不同。语词的组合序列及其结构层次是一切语言的语法基础,更是汉语最重要的语法形式。

流水句分析难点不在于它的结构层次,而在于各小句之间的衔接关系,它的底层是逻辑语义结构,其表现形式是句法结构。逻辑语言学家强调语言符号的指谓特性。所谓指谓特性,是说语言符号具有指称和谓述的特性。人们认识客观对象,反映客观对象,用语言符号记载下来,表现出来,就说这个语言单位跟某个对象存在一定的对应关系,就是指称。人们进而对该对象的属性认识、反映,就说这个语言单位对那个对象的性质、情况、状态、特征有所表述,就是谓述。语言符号的指谓性在逻辑语义结构里表现为命题的谓词和个体词的关系,逻辑谓词主要是动词,个体词是名词。根据谓词可能联系个体词的性质,能够联系一个个体词的是一元谓词,能够联系两个个体词的是二元谓词,能够联系 n 个个体词的是 n 元谓词。谓词所联系的个体词必须处于论元位置,非论元位置的个体词不能与谓词发生关系。逻辑结构的论元表现在句子里称之为主位(theme)或叫主目(argument),也就是处于句法结构主宾语位置上的名词。谓词还有选择个体词的语义特征,即能与某种个体词发生联系和不能与某种个体词发生联系,这在句法里就叫做选择限制。逻辑语义结构映射在句子里,就说句子具有表述性。原则上说,每个句子必须具有主语和谓语,并且主谓关系吻合,才具有表述性。如果句子没有主语,则表述不明,没有谓语则不成为句。谓语是句子的中心,特别是动词谓语,它既陈述主语,又支配其补语(包括宾语)。汉语流水句各个小句同在线性的语符链里,每个小句并非主谓俱全,常常是几个不同动词谓语陈述同一个主语,或者同一个动词谓语支配几个补语以至小句,小句又包含着小句,层层叠加,陈述和被陈述、支配和被支配关系连环嵌套,这就出现了句子成分的省略、隐含或空语类。找出 Φ 的指称成分是确认小句的衔接关系,从而识别流水句结构层次的根本问题,而执着动词谓语选择限制特征,又是解决这根本问题的钥匙。我们下面举出各种流水句来加以说明映证。

(5)"嗨!"她往前凑了一步,声音不高地说:"别愣着,去,把车放好,赶紧回来,有话跟你说。屋里见。" (《骆驼祥子》)

例(5)引号内的话是动词谓语"说"的管辖语域,共两句,用句号断开。前一句是流水句,共五个小句,都是动词谓语句,都没出现主语。后一小句"有话跟你说"是连动式,已有指代词"你"占位,主语不能再是"你",只能是"说"的表述主体,即句首指代名词的"她",其余四小句的主语,句中没有出现。说话者"她"是面对听话者而说,说出的是一连串祈使句,祈使句一般省略或隐含主语。如定要找出主语,只能求助语境判定"你"所指代的"祥子"。语法分析可不必像逻辑或语用学那样,一定要指明个体词"祥子"。这个流水句末一小句与前四小句是并列关系,前四小句是连贯关系,小句排列组合有序,面对听话人的祈使句,不出现主语,仍具有表述性。

(6)平日,他觉得自己是头顶着天,脚踩着地,无牵无挂的一条好汉。现在,他才明白过来,悔悟过来,人是不能独自活着的。

(《骆驼祥子》)

例(6)是两个流水句,用句号断开。前一句高层动词谓语"觉得"的管辖语域有三个小句,它才是流水句。后一句,"明白过来,悔悟过来"两个动词谓语共管一个小句"人是不能独自活着的"。语句组合有序,结构层次分明,把结构层次弄清楚,语义表达也就明确了。但这里确实存在着单句、复句区分的标准问题,把这叫流水句,或许更便于接受和理解。不过就单句说,一个动词谓语句最多只能同三个名词发生联系,所谓三价动词,而流水句的高层动词谓语则可与它前后若干小句发生联系,更富于灵活变化。

(7)吃晚饭桌上,遁翁夫妇显然偏袒儿子了,怪周家小气,容不下人,要借口撵走鸿渐。　　　　　　　　　　　　(《围城》)

例(7)这个流水句,前一小句"吃"和后一小句"怪"的动词谓语都没有出现主语,根据上下文,自然可以认定是中间小句"遁翁夫妇"。最后小句动词谓语"怪"又管三个小句,其中最后两个小句的主语是承前"周家"的省略,这是容易理解的。一般说,确定小句的主语,总是优先选择与动词谓语前后毗连的先行名词。像例(7)句中套句,层层叠加,根据动词谓语排列的次序及其选择限制的特征,与动词谓语"吃"、"怪"毗连的先行名词是"遁翁夫妇",与"容"、"要"毗连的先行名词是"周家"。整句格局是连贯关系,而"怪"所管辖的三个小句是因果关系套因果关系。

(8)想起来未婚妻高中读了一年书,便不进学校,在家实习家务,等嫁过来做能干媳妇,不由自主地对她厌恨。(《围城》)

例(8)动词谓语"想起来"的管辖语域有四个小句,除第一小句有主语"未婚妻",后续的三个小句都没有出现主语,认定是先行名词"未婚妻"的省略,这是常见的语法规则。最末小句"对她厌恨"虽然也没有出现主语,但已有"她"指代"未婚妻",自然这一小句就不在"想起来"的管辖语域;而是与"想起来"相接续的继起的另一小句,其共同主语必须跨句界从上文中找出个体词"鸿渐"。其实,语法分析对高层谓语不出现主语,只要组合有序,句子的表述就是自明的。

(9)鸿渐送她出去,经过陆子潇的房,房门半开,子潇坐在椅子里吸烟,瞧见鸿渐俩,忙站起来点头,又半坐下去,宛如有弹簧收放着,走不到几步,听见背后有人叫,回头看是李梅亭,满脸得意之色,告诉他们俩高松年刚请他代理训导长,明天正式发表,这时候

要到联谊室去招待部视学呢。　　　　　　　　（《围城》）

例（9）这个流水句长若蜿蜒小溪，句中包括三个人的动作行为，而且中间被隔断，必须分别找出各个人的动作行为，即各个小句动词谓语所陈述的主语，才能弄清关系及其表达的语义。其中"走、听见、看"相继出现的三个动词谓语的主语是"鸿渐"，还是"陆子潇"？按语序的组合，似应定"陆子潇"，因它是毗连的名词。但是，联系上句"又半坐下去"与下句"走不到几步"有逻辑矛盾。再回溯前面小句的动词谓语，"出去"、"经过"与被隔断的"走、听见、看"有逻辑连贯性，就可以确定主语是"鸿渐"。接下去，"回头看是李梅亭"，"李梅亭"处于小句的宾语位置，做后续小句动词谓语"告诉"的主语，而"告诉"是带双宾语句，其直接宾语又包括三个小句，指所"告诉"的事情。"高松年刚请他代理训导长"是兼语式，"明天正式发表"的主语，又是承前直接宾语小句的主语"高松年"；最末小句是连动式，其主语又是被隔断的"李梅亭"。这种隔断和嵌套关系可以说是汉语流水句的一个特点。

（10）直到傍晚，鸿渐才有空去通知孙小姐，走到半路，就碰见她，说正要来问赵叔叔的事。　　　　　　　　（《围城》）

例（10）这个流水句由五个小句组成，前四个小句的主语，凭上下文就可以认定是"鸿渐"，末一小句"说"的主语是承前"她"所指代的"孙小姐"。虽然"她"在前一小句是宾语，但从逻辑看也处于论元位置，在句中是主目，作为下句的陈述对象，符合语法。照此说来，第三小句"走到"的主语也可以说是承前宾语"孙小姐"吧，假定"碰见她"的"她"是"他"，说主语是"孙小姐"也未尝不可。既然是"她"，从语言符号上就能断定男女了，而不至于发生误解。

（11）苏小姐有亲戚在这儿中国领事馆做事，派汽车到码头来接她吃晚饭,在大家羡慕的眼光里,一个人先下船了。

(《围城》)

例(11)的第一小句是兼语式,兼语式后续动词主语是空语类,空语类是独立的论元,不是前一动词的宾语"亲戚"又兼任后一动词的主语,那样是不合逻辑的,后一动词的主语空语类是毗连名词"亲戚"的映射。⑧后一句是连动式套兼语式,其主语就是承前的空语类。

(12)(卖力气的事儿他都在行。他可是没抱过孩子。)他双手托着这位小少爷,不使劲吧,怕溜下去,用力吧,又怕伤了筋骨,他出了汗。

(《骆驼祥子》)

例(12)是由六个小句组成的流水句,第一小句"他"和"小少爷"分别处于主宾语位置,后续四个小句分别依次陈述,支配被省略的"他"和"小少爷",这种表达形式既有句法结构的组合序列,又有动词谓语的选择限制,条理井然。句中最末小句与前列小句是因果关系,是整个流水句的格局。中间四个小句是选择关系嵌套假设关系,它与第一小句是承接关系。

我们上面举出了处于句中主语或宾语位置上的名词(包括兼语式和连动式的Φ)做后续小句的主语,这是通例。下面举出一些非主宾语名词做后续小句的主语,这或可说是汉语的特例。

(13)夫妻吵架,给她听见了,脸绷得跟两位主人一样紧,正眼不瞧鸿渐,给他东西也只是一搡。

(《围城》)

例(13)最末小句的主语指谁?凭借上文,用选择限制来辨认,不能是"鸿渐",因"给他东西"的"他"就指代"鸿渐",更不能是"脸",只能是"给她听见了"这个小句的"她"。可是这个"她"似非主目名词,按照汉语传统分析,这里的"给她"是介词结构或介宾结构,做句中的状语。但是,如果从历时看,介词是由动词虚化来的,它原本与动词一样具有谓词性,只不过虚化之后,谓词性极弱。从逻辑结构看,介词与名词的关系同动词与名词的关系一样,它后面能直接联系名词做它的补语,格语法(case grammer)就是凭借动词和介词定位名词的格。可见,句子底层的逻辑语义结构判定了"她"是最末小句的主语,虽然有悖于汉语的传统分析。

(14)两人起床,把衣服脱个精光,赤身裸体,又冷又笑,手指沿衣服缝掏着捺着,把衣服抖了又抖,然后穿上。出房碰见孙小姐,脸上有些红点,扑鼻的花露水味,也说痒了一夜。 (《围城》)

例(14)是两个流水句,后一句暂放下,先看前一句,其中"穿上"的宾语指什么?从生活常识就能判定是指前一小句的"衣服"。可前一小句的"把衣服"是介宾结构,而把"衣服"作为后续小句的宾语其道理同例(13)。

(15)鸿渐的心不是雨衣的材料做的,给她的眼泪浸透了,忙坐在她头边,拉开她手,替她拭泪,带哄带劝,她哭得累了,才收泪让她把这件事说明白。 (《围城》)

例(15)里"坐在、拉开、替她拭泪、带哄带劝"四个小句动词谓语,从选择限制看,只能说共同的主语是"鸿渐",可是"鸿渐"是定语,不是句中的主目,主目是这个名词短语的中心名词"心",这看似违背汉语语法规则。但是,从认知角度看,"鸿渐"这个"人"与"心"的关系是物主与固有属物的关系,即凡人必生长有心,用固有属物指代物主,这是汉语表达的正常现象。如例(13)的"脸、眼"和例(14)后一流水句的"脸"都分别是"她"和"孙小姐"的固有属物一样,人们不必追问是谁的"脸、眼"。

(16)她手上生的五根香肠,灵敏得很,在头发里抓一下就捉到

个虱,掐死了,叫孩子摊开手掌受着,陈尸累累。 (《围城》)

例(16)这个流水句由五个小句组成,除第一小句有"五根香肠"的手指做主语外,其他小句都没有出现主语,其中"叫孩子摊开手掌受着"是兼语式套兼语式。谁"叫孩子"? 不应是"五根香肠"的手指,理应是"她",而"她"又非主目;但"她"必生长有"手指",这也是固有属物"手指"代替物主"她"做该小句主语。最末小句的主语是承前兼语式中"手掌"所映射的空语类。

(17)李梅亭得到通知,忙把压在褥子下的西装裤子和领带取出,早刮过脸,皮破了好几处,倒也红光满面。 (《围城》)

例(17)最末小句"倒也红光满面"所陈述的主体,从选择限制看,不是毗连名词"皮",而是跨界的"脸","脸"在前小句是动词谓语"刮过"的宾语,处于论元位置,用作末句的主语没有什么问题。但仔细看,"脸"和"皮"不是无关的两个个体,而是特指长在脸上的皮,即"脸皮",隐含的"脸"非主目名词。用"皮"指代"脸",也可以说是属物指代物主,准确地说,应是脸上部分的皮指代脸部整体。

(18)天极冷,小茶馆里的门窗都关得严严的,充满了煤气、汗味,与贱臭的烟卷的干烟。 (《骆驼祥子》)

例(18)最末小句"充满了"的主语,根据选择限制,只能是"小茶馆",不是"门窗",可是"小茶馆"是非主目名词,不应做主语。人们生活常识认定,"门窗"是"小茶馆"整体结构的部分构件,用部分指代整体,这也是汉语表达常见的现象。

(19)他血升上脸,恨不能大喝一声,直扑进去,忽听到李妈脚步声,向楼下来,怕给她看见,不好意思,悄悄又溜出门,火冒得忘了寒风砭肌…… (《围城》)

例(19)是个漫长的流水句,省略号所示还连续有六个小句没有录入。从上面小句看,只有始发句主语"他"统率全局。我们感兴趣的是"忽听到李妈脚步声,向楼下来,怕给她看见"三个小句的主谓关系。小句里"脚步声"是主目名词,是动词谓语"听到"的对象,"向楼下来"的主语,用选择限制辨认,并从"怕给她看见"的"她"映证,应是"李妈",而不是"脚步声",可是"李妈"却非主目名词。"李妈"与"脚步声"不是整体与部分关系,也不好认定是物主与属物的关系,只可看做是因类连及物。借用"李妈"做"向楼下来"的主语,这是汉语不多见的现象。

(20)(那几个新派到安南或中国租界当警察的法国人,正围着那年轻善撒娇的犹太女人调情。……)这女人的漂亮丈夫,在旁顾而乐之,因为他几天来,香烟、啤酒、柠檬水沾光了不少。

(《围城》)

例(20)这个流水句整体格局是因果关系,句中有"因为"做标记,因果倒置,凸显"他——旁顾而乐之"。问题是最末小句,从选择限制看,"香烟、啤酒、柠檬水"既非动词谓语"沾光"的主语,也不是它的宾语,而是"沾光"的关涉物。对这个流水句的解释必须联系语境进行逻辑推导。根据上文,这些将到租界当警察的法国人正在与年轻善撒娇的犹太女人调情,调情时,拿出香烟、啤酒、柠檬水招待,"这女人的漂亮丈夫"因此沾了他女人不光彩的光,得到了不少的"香烟、啤酒、柠檬水"享用。这种解释是以语境为必要条件的。单凭上下文还不得其解。如果说,把这种"意思里有而话语里不出现"叫做隐含,这种隐含才真是汉语的灵活性,可以算作汉语流水句的一大特点。

纵观汉语流水句,我们可以简要地说,一溪流水,也有河床控制,不是遍地漫流。汉语流水句的语义表达也并非没有章法,总的章法是,要受逻辑语义结构、语词组合序列和语境三大原则的制约;具体规则的表达形式是小句的组合序列、结构层次以及谓词与主目的关系。这就是我们对汉语流水句的基本看法。

### 注 释

①②③⑥吕叔湘《汉语语法分析问题》,商务印书馆,1979年,27页,27页,89页,29页。

④吕叔湘《汉语句法的灵活性》,《中国语文》1986年第1期。

⑤王了一《中国语法纲要》,开明书店,1946年,171页。

⑦徐思益《原则性和灵活性——简谈移位和省略》,《中国语言学报》1995年第6期。

⑧徐思益《从空语类说开去》,见《语法研究和探索(四)》,北京大学出版社,1988年。

原载《语言与翻译》2002年第1期。
又载《新疆大学语言文化国际学术研讨会论文集》,
新疆大学出版社,2002年

# 现象与规律

## ——漫谈语言研究

语言是一种简单而又复杂的社会现象。说它简单,因为每个人从小就自然地习得了自己的母语,如同吃饭走路一样,无须经过专门训练,生理本能就掌握了它。说它复杂,因为人们日常见到的只是使用语言工具的言语行为现象,人们至今还没有揭开人类语言机制的奥妙,弄清它的内部规律。语言科学是一门古老而年轻的科学。作为一门独立学科必须揭示出研究对象的规律,建立科学体系。我们可以说,现代语言学从上世纪德·索绪尔开创,中经布龙菲尔德发展,直到今天乔姆斯基的革新近百年历程,语言学才从理论到方法初步走上了比较科学的轨道,但离真正弄清语言内部规律,建立起公认的语言科学体系,这仅仅是初步探索,还有很长的路要走。尽管如此,现代语言学总比传统语言学偏重语言现象解说、忽视语言规律提取的研究前进了一大步。

社会在发展,人类在进步,科学发展更是日新月异。我们研究汉语应该借鉴现代语言学的初步成果,继续探索前进。我不认为,学习、借鉴现代语言学的理论和方法来研究汉语是"抄袭西洋语法学的理论"(张世禄语),[①]更不认为,汉语是一种"以神统形"、只能

"意念分析"的语言(申小龙语)。②语言作为人类外部表征的重要交际工具,尽管存在民族语言差异,毕竟共性多于个性。正如人类种族差异,共同基因总是占据主导,否则人便不成为人。以乔姆斯基为代表的现代语言学派在探索人类"普遍语法"(universal grammar)中提出的理论和方法,吸引了国内外众多学者的注意力。我曾说过:"科学是无国界的,好的方法,应该吸取,为我所用。我们既不能跟着乔姆斯基亦步亦趋,生搬硬套,也不能不加研究就一概否定。"③我学习、借鉴现代语言学的理论和方法,立足汉语,提出了制约人类语言的 3 个原则,即逻辑语义结构原则、语词的组合序列性原则、语境(包括上下文)制约原则。④我们将在下面举出几条语料来具体研讨看看汉语有无规律可循。

西方传统语言学偏重词法研究,现代语言学注重句法分析,但又偏重单句内部结构成分组合变换分析,而对复句结构的研讨则是比较薄弱。诚然,人们说话的基本单位是单句,弄清单句内部结构成分的关系,就掌握了生成语句的基础,这样研究是必要的。但是,人们说话通常不是说出一个单句,而是说出几个单句组成的复句才能表达一个完整的意思。因此,我们似应扩大研究视角,更注重探讨多个单句组成复句的内部种种关系。下面举例说明。

(1)Aa(Φ)说英语小张最好,Bb 去年(○)参加新疆大学中文系的( )比赛,Bc(○)获得第一名。

从逻辑语义结构看,例(1)是个逻辑证明。逻辑证明至少应用两个判断 AB,A 是论题,B 是论据(即证明论题的前提)。根据证明规则,当 B 为真时,则 A 为真;如 A 为假,则 B 无意义。AB 具有依存关系。逻辑语义结构是人们认识世界、反映世界的思维结构。思维结构是潜在的,必须通过语言结构才能显现出来。语言和思维是表里关系。

从语词的组合序列看，Aa 和 B(b、c)组合有序，不能换位；如果没有 Aa，则 B(b、c)不能独立成句。可见 Aa 和 B(b、c)的组合也具有依存关系。Aa 和 B(b、c)的语词组合序列与 AB 的逻辑语义结构表里相应，就是这个语句的表层结构和深层结构。

从表达这一逻辑证明语句组成看，它是由 a、b、c 3 个小句组成的一个复句，各个小句的联结没有关联词语。王力把不用关联词语的这种句子形式的联结叫做"意合法"，说"有两个以上的句子形式，它们之间的联系有时候是以意会的，叫做'意合法'"。⑤吕叔湘把这种形式的句子叫做"流水句"，说它"常常只依靠意义上的连贯，没有形式标志"。⑥我们认为，找出 b、c 两个语句谓词论元的○位指称成分，就解决了 a、b、c 3 个小句形式上的联结关系。⑦b 句动词谓语"参加"没有出现主语，c 句动词谓语"获得"也没有出现主语，谁"参加"谁"获得"，其主体都是○。只有找回○位的指称成分，a、b、c 3 个小句才能衔接起来，整个复句才有意义。根据 b、c 动词谓语"参加"、"获得"的选择限制（selection restriction）特征，只有跨越 b、c 小句而从 a 句找出"小张"充当论元才符合条件。这就可以判定 b、c 中的○是回指"小张"，从而解决了 a、b、c 3 个小句形式上的联结关系。传统语法学把这种○位成分叫做承前省略，有时难免滥用省略。现代语言学把这叫做○回指，但必须实有可指的先行语词。这里找回指称成分时必须跨越句界，依据语境（上下文）才能实现。另外 b 句的（　）内可以说是承 a 句"说英语"的省略，因这不处于论元位置，为表达简洁而省，一般不影响语句理解。

总起来看，整个复句结构是因果关系，Aa 为果，B(b、c)为因，先讲结果，后说原因，凸显语义表达重心，与逻辑证明表里一致。B 的 b、c 是条件关系，不存在 b，无所谓 c，即没有参加某种比赛就不会取得名次。可见语句结构与逻辑结构表里相应，句子的语义结构正是逻辑结构的语义映射。

再看 a 句。根据生成语法理论，a 大致是由"$a_1$ 小张说英语（小张）说得最好→$a_2$ 小张说英语说得最好→a 说英语小张最好"经过删除、合并、移位等转换程序生成的。

移位是乔姆斯基的转换总则，它往往可以使句子表层结构增添语用含义（implicature）。如 $a_1$、$a_2$ 在移位前的"说英语"是表示"小张"个人行为，移位后的 a 句把"说英语"置于句首做话题（topic），就变成了事件，凸显"说英语"这件事非"小张"个人行为，而"小张"仅是这件事的参与者之一，因而"说英语"的主事者是 Φ 位。这就是语法成分移位附着于表层结构的语用含义。

Aa、B(b，c)这个复句结构还隐藏着一系列蕴涵（entailment）、预设（presupposition）关系。Aa 蕴涵"小张做了某件事"、"某人做了某件事"、"X 做了什么"等等，B(b，c)预设"新疆大学有中文系"、"中文系举办过某种比赛"、"某单位搞过某种活动"等等，这都是由这个复句表层结构推导出来的语义。

此外，Aa 除"小张"之外，还隐含（吕叔湘用语）X、Y 等人会"说英语"；B(b，c)也隐含着 X、Y 等人参加过新疆大学中文系的"说英语比赛"，而且还暗示新疆大学中文系重视英语学习、参加比赛者可以认为都是新疆大学中文系的成员等意思。这就是吕叔湘说的"意思里有而话语里不出现"的隐含语义。[⑧]

（2）有夫妻俩进一家面馆吃面，向服务员说，要两碗鸡汤面，一碗加辣椒。服务员向厨师高声报单："两碗鸡汤、一碗红油。"

服务员的话在特定的语境（地点、条件等）中是常见的，完全合法的，可以理解的。这是个连贯复句，意思是"做两碗鸡汤面，其中一碗加红油辣椒"。这句话离开语境，单从形式上看，没有动词谓语"做、加"，也没有中心语"面、辣椒"，可以说不成话，不是句子，以致使人误解：要"吃面"变成了"喝鸡汤"，要"两碗"变成了"三碗"。但在特定语境中，服务员的话蕴涵着这家面馆还有"牛肉面、海鲜面"等等，"面"是已知信息，只报道"面"的区别性新信息"鸡汤"就够了。可见具有区别性的名词短语在一定条件下，可以用定语代替中心语。⑨从传递信息角度看，服务员的话只报道新信息，凸显信息焦点，语句简洁明快，符合交际原则。我曾说过："语境为句法成分的移位或省略提供了语义解释的背景条件，脱离语境的话语往往产生模糊性和歧义性，造成种种误解。"⑩就是这个道理。

由此可见，我们应用逻辑语义结构原则、语词的组合序列性原则、语境制约原则，借鉴现代语言学的理论和方法研究汉语，句句都是有严密规律可循的，汉语并非是只可"意会的"、"以神统形"的语言。

我们再问，这种理论和方法能用于分析古代汉语吗？答案应该是肯定的。我们从《论语》里举两条语录试作分析。

(3) 子曰："为命，裨谌草创之，世叔讨论之，行人子羽修饰之，东里子产润色之。"　　　　　　　　　　　　（《论语·宪问》）

人们常把例(3)作为中国古代重视修辞的名证。例(3)是由4个小句组成的并列关系复句，我们要研讨的是其中"为命"是什么成分，4个小句的"之"指代什么。根据文句，"为命"是个动宾结构，意思是"制作文告"，原本是"草创、讨论、修饰、润色"4个动词谓语的宾语，把它移位置于句首，变成这4个小句的共同话题。

"为命"移位后,原句宾语空位必须留下语迹(trace),其支配关系不变。现在语迹空位由"之"指代,成为复指成分。从句法结构看,这4个小句有无"之"不影响语义解释。"为命"移作话题后,已不看做是郑国4位学人专有的行为成果,而是当时春秋各国诸侯都应做的事,只不过暗示郑国更为重视"为命"这件事。经过移位,使原句的表层结构增添了语用含义。

(4)子路问政。子曰:"先之,劳之。" (《论语·子路》)

例(4)是个逻辑推理,孔子用"先之,劳之"并列复句的答语做"子路问政"这个推理的前提。孔子答话怎么释义?句中两个"之"指代什么?据朱熹《论语集注》引文解:"凡民之行,以身先之","凡民之事,以身劳之",意即(子路)自己应先于"民行",先劳"民事",就叫做"政"。这是根据《论语》文本语境的意解,"之"便是指代"民行"、"民事"。根据"先之,劳之"词句解,意即"先正自身,磨砺自己"。这符合孔子"其身正,不令而行"、"苟正其身矣,于从政乎何有?不能正其身,如正人何?"(《论语·子路》)的思想。据此,这两个"之"似应作"自己"解。汉语"自己"类似英语的反身代词。根据约束理论(binding theory)反身代词是照应词(anaphor)。在管辖语域内受约束(bound)。参照约束理论,这里用"之"释"自己"指代"子路",也大体符合。[11]但再仔细斟酌,如果这里的"之"仅仅指代"子路",就有疑孔子答话错题,因题目是"问政",应首先回答"政"的内容,即朱注说的"民行"、"民事"。很显然,孔子回答"先之,劳之"两个"之",应理解为指代"问政"其事兼及其人。汉语的这种句法规律是:"代词的所指可以在由其先行名词表示的事物和包含该名词的动词短语(主要是主谓结构)表示的事件之间发生波动。"[12]这就是汉语在普遍原则性下的参数(parameter),即原则性下的灵活性表现。

《论语》一书记录了孔子与其门弟子等人许多问答语录,如"问政、问仁、问孝、问士、问君子"等等。问同一问题,孔子没有同一答案;同一个人前后问同一问题,孔子也没有同一答案。例如:"樊迟……问仁。曰:'先难而后获,可谓仁矣。'"(《论语·雍也》)"樊迟问仁。子曰:'爱人。'"(《论语·颜渊》)"樊迟问仁。子曰:'居处恭,抗事敬,与人忠。'"(《论语·子路》)樊迟三次"问仁",孔子给了三种不同的回答,难道孔子对"仁"没有准定思想吗?我们认为,孔子的这些答话(包括其他问题的答话),或根据问话人的个性差异、行为得失而说,或根据时地不同、事势变化而解,具有很强的针对性。要想透析孔子思想旨要,不能单凭某条语录的上下文而获得,必须依据全部《论语》文本语境才能诠释清楚。这就是语境制约语义解释。

总起来说,人们的语言生活是丰富多彩的,天天在说,时时在用,变化万千,永世不绝,这为我们语言工作者提供了比任何科学研究都更为便利的条件。我们的任务就是要对人们交际生活复杂纷繁的语言现象理出头绪,找出规律,便于提高人们交际生活质量。

任何科学研究都要有一种指导思想、一套基本理论和方法。我以为应用现代语言学的理论和方法来研究语言,是我们时代的优先选择。经过实践,这种理论和方法好比解剖术,它可以对各种语言从表到里进行透析、分解和组装,从章句到义理都能大致说出个所以然。即使如有人说"汉语特殊",像"香稻啄余鹦鹉粒,碧梧栖老凤凰枝"这类语句够"特殊"的吧。王力在《诗词格律》一书中指出:"语序的变换,有时也不能单纯了解为适应声律的要求。它还有积极的意义,那就是增加诗味,使句子成为诗的语言。杜甫《秋兴》(第八首)'香稻啄余鹦鹉粒,碧梧栖老凤凰枝',有人以为就是'鹦鹉啄余香稻粒,凤凰栖老碧梧枝',那是不对的。'香稻'、'碧梧'放在前面表示诗人所咏的是香稻和碧梧,如果把'鹦鹉'、'凤凰'挪到前面去,诗人所咏的对象就变为鹦鹉与凤凰,不合秋兴的题目了。"[13]我们用现代语言学理论来解释,《秋兴》诗句应是"鹦鹉啄余香稻粒,凤凰栖老碧梧枝"的移位变换而来的。移位程序是:把"香稻"、"碧梧"移置句首做话题,凸显所咏对象,与《秋兴》题目吻合,增添语用含义(即王力说的"积极的意义")。但诗的语言还要受"诗律"约束,按诗律调整字句就变成了现存诗句,"增加诗味,使句子成为诗的语言"。按说,移位应该把处于句中宾语位置的"香稻粒"、"碧梧枝"整个名词短语移出,现在只移出表示整体的"香稻"、"碧梧",留下表部分的"粒"、"枝"。这除了适应诗的句法节奏外,汉语表示部分的词可以作为语迹代替整体。还有,诗句的动词谓语"啄"、"栖"的语义特征是[+动物]、[+鸟类],根据选择限制,其陈述主体只能是"鹦鹉"、"凤凰",而"香稻"、"碧梧"支配关系不变。看来,我们只要善于灵活应用这套理论和方法,用新发现的汉语规律去修正、充实和发展,就可以解释前人未能解释或解释不周的特殊问题。我愿在此引用袁毓林的话来说:"我们相信:汉语(即使是古代汉语)中许多表面上只可意会,不可言传的语义现象,大都可以通过严格的结构分析来加以说明。"[14]总之,我们语言文字工作者要与时俱进,不断学习新理论,敏锐观察语言生活中的新现象,研究、解释汉语中的新问题,这是时代的要求,也是汉语走向世界的需要。

## 注　释

①张世禄《关于汉语的语法体系》,《复旦大学学报》1980年第3期。
②申小龙《中国文化语言学》,吉林教育出版社,1990年。
③徐思益《语法结构的同一性和差别性》,《语文研究》1984年第3期。
④⑩徐思益《原则性和灵活性——简谈移位和省略》,《中国语言学报》1995年第6期。
⑤王了一《中国语法纲要》,开明书店,1946年,171页。
⑥吕叔湘《汉语语法分析问题》,商务印书馆,1979年,29页。
⑦徐思益《关于汉语流水句的语义表达问题》,《语言与翻译》2002年第1期。
⑧吕叔湘《汉语句法的灵活性》,《中国语文》1986年第1期。另参见徐思益《谈隐含》,《新疆大学学报》2000年第4期。
⑨具有区别的名词短语处于动宾结构的宾语位置,常可以用定语代替名词中心语。我曾举证"他要买新鲜的蔬菜",经过移位,说成"蔬菜,他要买新鲜的"。
⑪汉语的"自己"有个性,不全同于乔姆斯基约束理论的"照应词"。参见徐思益《关于"自己"的指代问题——谈约束理论》,黑龙江大学《生成语法论丛》,1988年。
⑫⑭袁毓林《名词代表动词短语和代词所指的波动》,《中国语文》2002年第2期。
⑬王力《诗词格律》,中华书局,1962年,137页。

原载《语言与翻译》2003年第1期

# 汉语的特点及其研究方法

## 一、引　言

　　一类事物同另一类事物的区别,在于它们各自具有特点(个性、特殊性)。同类事物内部的个体事物又是在具有同类属性基础上显示出个性。研究事物的个性,就是研究事物的特点或解决特殊矛盾,这是确定科学对象的理论基础。

　　语言是人类特有的交际工具,是人区别于其他动物的标志。现今人类社会有五六千种语言,都有各自的特点;汉语是当代使用人数最多的语言,它与其他语言相比较有什么特点,这是研究汉语的立足点。

　　语言是人类共同的资源,它同人类社会各个方面都有关系。语言又是一个多面结晶体,不同学科的学者从各自的学科需要出发,从不同角度对语言进行观察、开发和研究,形成了不同的语言观及其相应的研究方法。"人类学家认为语言是文化行为的形式;社会学家认为语言是社会集团的成员之间的相互作用;文学家认为语言是艺术的媒介;哲学家认为语言是解释人类经验的工具;语言教师则认为语言是一套技能。"[1]语言学家内部由于学派趋向不同而对语言界定的区隔,使得建立的研究方法也难趋同。简言之,由于科学研究的切入点不同,即观点不同,研究方法也不相同。我们应当提倡不同学科、不同学派从不同侧面去研究语言,互相取长补短;不能以自己的观点和方法去强加于人,唯我正确。

## 二、怎样认识语言

作为语言工作者,我们怎样认识和研究语言?语言学研究对象固然是语言,但语言是什么?它客观存在在哪里?这不是一般人能够说得清楚的问题。现代语言学之父德·索绪尔(F. de Saussure)开创了从言语活动中区分出语言和言语的理论,对我们认识语言本质、确定语言学的对象、建立科学的研究方法,具有重大的普遍性的启迪意义。虽然索绪尔的具体论述存在矛盾,只要我们善于批判继承、去粗取精,它仍然是我们认识人类语言共性的指导理论。具体地说,语言客观存在于言语活动(speech event)中,语言是言语的具体应用,表现在每个人的实际话语(discourse)之中;言语是语言的个别体现,每个人的言语行为(speech act)都具有个人特点,但是,人们使用话语进行交际都要受本民族语言共性的约束。这里涉及三个概念需要解释一下:言语活动是指完整的言语行为中语言和超语言成分的统称,它在交际过程中说明说话人和听话人的个人特点和传达信息的方式。言语行为是指按照一定规则发出一连串语音,从而产生有意义的话语。话语是指构成一个相当完整单位的语篇(text),通常限于指说话者传递信息的连续话语。我们或可以简要地用方光焘先生的话概括地说:"言语活动就是说话。说话要通过说,说指能力而言,是人类共有的。说的是话,是社会共有的材料。言语活动就是专指运用语言材料,按个人表情达意来进行。"[②]据此解释,我们从言语活动或说话(话语)去进行剖析,语言是一般的,言语是个别的,一般和个别的辩证统一,就把语言和言语有机地统一起来了。在此认识的基础上,我们把语言看成是传递信息的符号系统,执着语言是人类最重要的交际工具这一社会职能,从交际着眼,从应用入手,科学地分解话语结构,从而建立起我们的研究方法。

## 三、话语结构的组成

人们看到的实际交际活动是用话语进行的。话语既有社会成分,又有个人成分,其中包括语言成分和超语言成分,还有各式各样的交际环境,是一个多样异质的结构体。我们必须对这个多样异质结构分层剖析,认清话语结构各个层级在交际中的作用。

首先,在鲜活的话语中表现为前后相继的一连串音波,这些音波是语言存在的物理基础和生理基础,它是多样异质、无法计量的。按照区别性特征原则,从这些音波中归纳出具体语言的音质音位,并在此基础上又分解出非线性的高低、轻重、长短的节律音位,共同构成具有社会基础的音位系统,成为语言的底层。语言存在的物理基础和生理基础是人类语言共有的,构成语言社会基础的音位系统是具体语言特有的。一种语言的音位是有限的,由有限数量的音位组成音节,成几何图形衍生,构成表义的语言上层,即音节构成语素,语素构成词,词构成短语,短语构成句子,形成无限的表义单位语符链,从而形成语法系统。

其次,语法系统是语言符号组成的网络结构,它的纵向是离散的语言符号,它的横向是按照线性序列组合的语符链,这是话语的核心结构和骨干,是用以传递信息、表达思想感情的物质载体,是一种语言不同于另一种语言本质特征的体现。所以人们学习和研究语言首先要掌握语言的核心结构,即语法系统。

再次,语言(或语法)系统毕竟是一种交际工具,掌握了工具之后,还有一个最重要的问题,就是如何应用和用好这个工具,才能达到交际目的,这就要研究异常复杂的交际环境,即语境问题。

语境(context)是一个很难界定的概念。我在四十年前认定,语境只限于说话人所认知的时间、地点、条件、目的、对象这五项,即说话人在何时、何地、出于何种原因、要达到什么目的而对某人表达自己的思想感情。[3]这五项要素是话语组成的必要条件,只要人们开口说话,这五项要素必定在场,缺一不可。我把语境的五项要素同一个完整的语符链组成的语篇统称为语用场(pragmatic field),这就是人们使用语言工具进行有效交际的话语结构。

此外,在交际过程中,还有说话者个人的副语言成分(paralinguistic features),如声调异常、拖音超长、重音错位、停顿失序,等等,它依附于语境,协助话语增添新意。[4]

由此可见,组成话语结构的这四个层面在交际过程中各有不同的作用。话语结构是人们用以表达思想感情的完整的形式,只有全面理解和掌握话语结构,才能进行有效的交际。

## 四、汉语的特点

以上说的都是研讨人类语言和用于实际交际中鲜活的话语的共性。任何一种具体语言同世界上其他语言相比都有自己的民族特点。这种特点主要表现在构成语言的系统不同。语法系统是语言的本质特征,研究语言必须首先执着语法系统。那么,汉语在人类语言共性中的语法系统有什么特点呢?

汉语同研究最多的印欧语言相比较,通常认为是缺乏狭义形态的语言。国外一些学者据此断定,汉语是孤立的语言,甚至是没有语法的语言。国内也有人过分强调汉语的特殊性,认为汉语是意随字通、以神统形的语言,研究汉语只能从意义出发,到意义归结,就是不搞形式主义的意合法语言。殊不知意义不是预先规定的,语言的意义必须通过语言的物质载体才能表现出来,是由语言价值决定的。索绪尔批评说:"如果词的任务是在表现预先规定的概念,那么,不管哪种语言里,每个词都会有完全相对等的意义;可是,情况并不是这样。"⑤吕叔湘先生对于强调汉语特殊性的人批评说:"强调汉语特殊性到不适当的程度,例如说汉语不能分词类,汉语一个字就是一个词,等等。再进一步就会说汉语没有语法,一切取决于字义,那就是因噎废食了。"⑥

我们认为,一种语言的特点不会是很多的,多了就无所谓特点;它总是在人类语言共性和话语的共性基础上显示出民族语言的特性,共性大于和统辖特性。这好比人的基因链,每个民族以至每个人的基因都不同,但不同之处仅在基因编码的差异,差别微乎其微。汉语的特点或个性主要表现为语素序列嵌合少量虚词。执着语素序列的组合变换，就抓住了汉语特点的关键。汉语确实没有印欧语言那种狭义形态，但所谓狭义形态只是一种片面的、不完整的语法形式，它只存在于语素序列之中，表现在词与词的相互关系、词与词的结合之中，即方光焘先生所说的广义形态；它离开了语素序列不能表示任何意义。所以索绪尔批评说："在语言学上，形态学没有真正的和独立自主的对象，它不能构成一门与句法分离的学科。"[7]我们认为，一切表示意义的形式、手段都是广义形态，包括构成话语结构的诸多因素，这是有形的，是看得见、摸得着的，是一切表义的物质载体，这是以坚持物质第一性的观点认识语言的。这是我们从语言及其应用的全局来考察它的表达形式，不限于句法结构这种形式；当然，句法结构始终是语言的骨干和核心。

## 五、研究汉语的方法

研究汉语通常是研究表现汉语本质特征的语法系统。吕叔湘先生曾经感叹："研究汉语语法，采用什么样的方法才能取得比较圆满的结果，这是多年来未能很好解决的问题。"[8]如果只根据过去研究的路子，列举汉语句子基本模式去分析，确实难于解决语言应用中的实际问题，即使分析得再精细，也只能解决语言工具本体问题，离具体应用还有一段距离。

我们根据对话语结构的认识，主张把本体论和应用论有机地结合起来，从制约人类语言的三大原则着手，即（一）逻辑语义结构原则、(二)语词的组合序列性原则、(三)语境(包括前后上下文)制约原则,进行分层研究,用以解释汉语表达的原则性和灵活性。[9]

(一) 逻辑语义结构原则

逻辑是人类思维的共同形式和规律,不同的人能够互相交际,全凭人类共同的逻辑结构。语言是把人类思维成果记载下来、表现出来。表现人类逻辑结构的语言,因民族语言形式不同而不同。这就形成了具有民族特点的语法形式,但却有共同的逻辑语义结构。我们曾经证明汉语某些因果关系复句同逻辑证明表里相映。[10]现再举一例作简要分析:"老张病了,还在工作。"这两个小句,从逻辑语义结构看,表达的是真值条件内容;从汉语的表达形式看,表示的是逆反条件关系,即"老张病了,就应该休息,可他还在工作"。它超出了字面意义,表达出说话人的用意,强调"老张热爱工作的精神"。这句话前后两个小句不能颠倒,"还"不能省略,这是汉语语法的原则性。据此可以说,逻辑语义显性关系是语法形式,其隐性关系是逻辑语义结构,是形式和意义的统一体。语法分析既要看到逻辑语义结构的共性,更要重视不同语言表达形式的特性。

(二) 语词的组合序列性原则

语词组合序列是人类语言共性和民族语言特性的统一体。语言的表义载体都是通过语词组合序列显示出来的。但语词组合排列的具体方式不同,就显示各民族语言的特点不同。这好比人类记数或手机编号所用的阿拉伯数字,即"0、1、2、3、4、5、6、7、8、9"符号,根据它们的组合排列不同,或再加上大小括号,把线性序列变成立体结构,用有限的符号变换成为无穷的表达形式,具体语言就是这种共性中的特性表现。例如汉语的"吃了|饭"和"吃饭|了"分

别表示"吃过饭"和"未吃饭"的意思;"不能去"和"能不去"分别表示"不去"和"必须去"的意思;"去不去"和"去没去"分别表示行为发生前后的意思,等等,这都是语词组合序列或虚词不同而表义各别。特别是像温庭筠的"鸡声茅店月,人迹板桥霜"一类诗句,全用名词有序组合,表达道路艰辛、羁旅愁思,意在言外,有如一幅水墨丹青。汉语就是用这种最简洁的形式,蕴涵最丰富的信息,产生最经济的交际效果,这就是汉语的特点。

(三) 语境制约原则

语境是应用语言工具实行交际职能的藩篱,是准确表义的必要条件,脱离语境的语句难于断定其正误巧拙,甚至不知所言何意。从实际交际角度看,有些语句似乎不合法,但它却传递出最重要的信息,产生最佳的交际效果。举一个简单的例句说吧,如农贸市场小贩的叫卖声:"白菜五毛了。"小贩说这句话的时间、地点一般是早晨的农贸市场,条件是宣扬自己的白菜便宜,目的是尽快卖出自己的白菜,对象是买菜的市民。然而这句话没有说出斤两单位,市民明白是指"斤";"白菜"是定指小贩所卖的,非泛指市场的"白菜"。这句话的表面也没有白菜减价或便宜的意思,可是用在特定语境中,谁都明白小贩叫卖声的用意。这就是看似有缺陷的话语却用得非常得体。

我们再举两例复杂一点的话语来分析。如:

……栾家超脚踏匪徒的肚子,剌刀直逼匪徒的心口,低声严厉地喝道:"别嚷!洞外还有多少人,说实话。要是说半句假的,我活活开你的膛。"

匪徒被吓得满身乱抖,语不成声地哀求道:"我,我是,伙夫,人都在洞里,饶,饶命……"

"山顶上有多少人?不问你洞里。"

"两、两个做、饭的,外、外加、十、十个、弟兄。"

(曲波《林海雪原》)

这里,匪徒所说的话,停顿失序,不成句读,是依托语境出现的副语言成分。匪徒说话的语境是:匪徒被活捉,我解放军战士"栾家超脚踏匪徒的肚子,刺刀直逼匪徒的心口","匪徒被吓得满身乱抖,语不成声地哀求"。在这样的条件下,匪徒的心理反应是"满身乱抖",生理表现是"语不成声",自然说出的话停顿失序,极不正常。但正是这种极不正常的话,非常形象地表现了匪徒在这种环境下的狼狈丑态。匪徒说的这种话在我们语言生活中屡见不鲜,却没有人研讨,这不能不说是我们语言学者的失误。再如:

鲁侍萍　什么,孩子。

鲁四凤　(抽咽)我,——我跟他现在已经……(大哭)

鲁侍萍　怎么,你说你——(讲不下去)

周　萍　(拉起四凤的手)四凤,真的,你——

鲁四凤　嗯。　　　　　　　　　(《曹禺选集·雷雨》)

这里三个人物的对话都是只说出主位(theme)而不便说出述位(rheme)的半截话。我们把这类话叫做空白,⑪含有言未尽而意无穷的作用。这类只说出主位而没有述位的半截话,从语法角度看是不合法的,但在特定语境中,却是最巧妙、最得体地表现了人物的身份和地位。这里的语境是:周萍与四凤偷情(互相不知道彼此是同母异父兄妹),四凤已怀有身孕,准备告别母亲鲁侍萍,黄夜私奔。四凤是个18岁的闺女,即便当着亲生母亲的面也不便明说"已有身孕"之类的话。母亲鲁侍萍听到四凤说"我——我跟他现在已经……(大哭)"也不便深问,只能欲言吞声说"你说你——(讲不下去)",而周萍却心知肚明,(拉起四凤的手)说"真的,你——",又惊又喜表达他复杂的感情。

以上用例说明,我们汉语语法系统的规范语句常常在日常交际过程中变形,以至变得不成句读,但在交际中受特定语境约束,不仅无碍于理解,而且能产生最佳的交际效果。这是我们语言工作者必须努力开拓、耕耘的处女地。

# 六、结　语

根据以上认识,我们建议把汉语的特性置于人类语言共性中去观察,把交际职能当成语言的生命去研究,从语言应用的大环境去把握语言系统,从话语的结构层级去剖析它所表达的各种意义、意思。再具体一点说,就是把语言本体论和应用论贯通起来。本体论着重研究语言工具,核心是描写汉语语法系统以及在应用中各种句式变形的规律、规则。本体论研究应尽量汲取当代国内外一切有效的研究成果,解决汉语研究中的疑难问题。应用论具体研讨语用场。⑫着重研究说话人在特定语境中使用语言得体的问题,以及研讨听话人理解说话人话语的用意,达到互通心声,意在不言中的境地。这是一个新问题,需要我们去开拓。我们的建议,就是想把语言的宏观观察和微观分析联系起来,把静态和动态分析结合起来,把不同层级结构形式所表达的意义、意思匹配起来,把描写、解释和应用统一起来,从理论和方法原则为汉语研究试探一条新路。

## 注 释

①R.R.K.哈特曼、F.C.斯托克《语言与语言学词典》,黄长著等译,上海辞书出版社,1981年,189页。

②方光焘《评索绪尔的语言和言语的区分》,见《方光焘语言学论文集》,商务印书馆,1997年,487页。

③按:我在1962年撰写的《风格学简论》持此观点,该书稿在"文革"中被抄佚失;后在1975年撰写《描写语法学初探》仍持此观点。

④徐思益《副语言成分刍议》,香港《语言学研究与应用》2004年10月总第1期。

⑤⑦德·索绪尔《普通语言学教程》,高名凯译,商务印书馆,1980年,162页,187页。

⑥吕叔湘《漫谈语法研究》,《中国语文》1978年第1期。

⑧吕叔湘《关于"语言单位的同一性"等等》,《中国语文》1962年第11期。

⑨徐思益《原则性和灵活性——简谈移位和省略》,《中国语言学报》1995年第6期,商务印书馆。

⑩徐思益《现象与规律——漫谈语言研究》,《语言与翻译》2003年第1期。

⑪徐思益《空白及其标记语词》,《语言文字应用》1992年第2期。

⑫徐思益《重谈语用场》,《新疆大学学报》2005年第4期。

## 参考文献

[1]德·索绪尔《普通语言学教程》,商务印书馆,1980年。
[2]方光焘《方光焘语言学论文集》,商务印书馆,1997年。
[3]徐思益《描写语法学初探》,新疆人民出版社,1981年。

原载《语言与翻译》2007年第3期。
2007年6月,本文作者以特邀嘉宾身份参加
徐州师范大学主办的"第三届海外中国语言学者论坛",
在大会演讲后撰写成文

# 语言理论发微

君言野分文様

# 略论词及其变体

什么是词？长期以来，几乎所有语言学家都给词下过定义，然而，似乎至今还没有一条被公认的、能适合一切语言的词的定义。所以房德里耶斯(J. Vendryes)说："在不同的语言中词的定义是不同的。某些语言的词是独立而不可分割的单位。另外一些语言的词却和句子很难区别，这种词的定义不能不包括许多各种各样的要素……由此可见，不可能给词下一个一般的适用于一切语言的定义。"[①]

由于给词下个一般定义有许多困难，描写语言学派如哈里斯(Z. S. Harris)等人干脆不用词这个术语，而用语素(morpheme)去描写语法系统。另一些学者认为，词是语言中的重要单位，不能忽视。费尔迪南·德·索绪尔(F. de Saussure)说："尽管词这个概念下定义很难，我们还是可以指出，词是我们的意识脱离不开的单位，是整个语言机构中占据中心地位的单位。"[②]斯米尔尼茨基(И. Смирницкий)也说："词在词汇领域内和语法领域内都是语言必需的单位，因此一般必须把词认为是语言的基本单位，一切其他的语言单位(例如词素·短语单位，某种语法构造)无论怎样都是以词的存在为前提。"[③]因此我们认为，不管给词下定义多难，必须确认词在语法分析中的重要地位。

在汉语里,最常见的关于"词"的定义是:"词是一种能够自由运用的最小的语言建筑材料的单位。"④"词是最小的、能够独立运用的、有意义的语言单位。"⑤或者说,词是代表概念的或具有语法作用的单位,⑥等等。这后一种说法显然是随意性的而不是科学的定义。像"中国人民解放军"只代表一个概念,似乎不便说这就是一个词;"我们""锯子"中的"们"、"子"具有语法作用,也不便说它们就是词。前两种关于词的定义是具有代表性的。可是,怎样限定"自由运用"或"独立运用"呢?像这样的句子"她还结结实实跟汉斗了一次争"⑦。其中"斗"、"争"的用法算不算"自由"?"斗争"拆开了超过"最小"的限度没有"意义"吗?可是像"斗了他一顿"、"大家不要争"这样的语言片段,"斗"和"争"算不算"最小"?有没有"意义"?自由不自由?也许能单独说出来使人听懂意思的才算"自由"或"独立"吧。吕叔湘教授曾在《说"自由"和"粘着"》一文里讲得很透彻了:"不管是单说还是单用,又会遇到另一方面的问题,那就是:有些字在一种环境里能单说或单用,在另一种环境里不能单说或单用。""虚词不能单说,对的,除了极个别的例外";"实词都能单说,不尽然,名词和谓词(动词和形容词)都有不能单说的例子"。"因为'自由运用'的界限不明确,也很不容易明确。"⑧我们再举个例子,像"敌、友、各、其"等字,离开了语言环境能单说,可以"独立"?恐怕没人这样说。可是,要我们划出下列一句话中的词:"我们要分辨真正的敌友,不可不将中国各阶级的经济地位及其对于革命的态度,作一个大概的分析。"⑨似乎不好不承认这些字是词。承认吧,又跟"词"的定义不符合;守住定义吧,分析句子中的词又行不通。由于现代汉语的词和字搅在一块,这给确认汉语中的词造成了极大的困难。

我国已故语言学家高名凯教授曾著有《论语言系统中的词位》[①]一文,试图解决什么是词这个难题。首先,高氏批驳了中外各家对于词的定义,认为语言学家所以不能理解词,是"因为他们不能区别语言和言语及其关系"。他认为,"语言和言语有密切的联系,语言中的词总是以某种形式出现在言语里。但言语中的词只是语言中的词的具体应用,只是它的一个特殊表现"。于是,高氏提出了他自己对于词的规定,认为应当把词理解为"语言建筑材料的单位"。他说:"正是这个原故,斯大林认为词汇只是语言的建筑材料,因为词汇的任何一个单位都只是还没有被具体运用在言语里的材料。例如汉语的'革命',所以是个词,因为它可以被具体运用在'我们要把革命进行到底','革命先烈的榜样值得我们学习'……言语里,而不破坏其同一性。它是等着被具体运用的汉语词汇系统中的一个组成员或单位。"所以,要了解词的真谛,我们首先要从语言的角度来看它,我们首先应当把它看成本质上属于语言的词汇系统之中的一个组成员或单位。

看了高氏关于词的解说,"首先应当把它看成本质上属于语言的词汇系统中的一个组成员或单位",我们仍然不能划清具体语句中词和非词的界限。

我们想问:先有语言中的词,还是先有言语中的词?也许不能这样提出问题。不过,高氏却认为先是语言中有词,"它是等着被具体运用"到言语里的单位,如高氏举的汉语里"革命"这个词,就是等着被具体运用到"我们要把革命进行到底"、"无产阶级的革命是人类历史的最后的革命"、"革命先烈的榜样值得我们学习"……言语里的单位。如果先有作为语言建筑材料单位的词,这些词是从哪里来的?词典里的吗?那词典里的词又是从哪里来的?不好说是先验的吧!

不错,语言学家所以不能理解词,恰如高氏正确指出的,正是"因为他们不能区别语言和言语及其关系"。语言和言语是怎样的关系？我国语言学者曾对这个问题有过讨论,几乎大多数人都认为是一般和个别的关系,即语言是一般的,言语是个别的。列宁说:"个别一定与一般相联系而存在。一般只能在个别中存在,只能通过个别而存在。"[11]可是高氏认为先有语言中的词,它是等着被具体运用到言语里的单位,这就是认为先有一般的词（语言中的词）,然后才有个别的词（言语中的词）,而不是"一般只能在个别中存在,只能通过个别而存在"了。这恐怕在哲学上也说不过去。

词能先语言或言语而存在吗？我们这样提出问题使人感到奇怪。可是,说"词是语言建筑材料的单位",却使我产生了这样的问题。比如高氏举出的"革命"这个词,似乎就预先存在着,只是还没有被具体运用到言语里的语言建筑材料单位。当然,这样看待词,也是有原因的。原来,大家在谈到词汇问题时,喜欢引用斯大林的这一段话:"拿词汇本身来说,它还不是语言,它好比语言的建筑材料。建筑业中的建筑材料并不就是房屋,虽然没有建筑材料就不可能建成房屋。"[12]根据这一段话,人们就进一步发挥说,词汇是语言的建筑材料,词是语言建筑材料单位,好像建造房屋的砖头瓦块一样。这给人们造成一种印象,建造房屋要有先于房屋而存在的砖头瓦块等材料,好像语言的存在也要有先于语言而存在的一个个孤立的词。其实,这是一种误解。斯大林把建筑材料与建筑物的关系拿来说明词汇和语言的关系,只是一种比喻。我们不能把比喻当定义,更不能进一步引申把词当成建筑物的砖头瓦块。建筑房屋的确要有先于房屋而存在的砖头瓦块等材料,可是构成语言的词却不能先于语言或言语而存在。因此,我认为,不宜把词硬当成语言的建筑材料的单位。

如何规定词?高氏认为,应从"区分语言和言语及其关系"方面去找答案,我们认为这是很有启发性的见解。我们知道,第一个系统地提出区分语言和言语的是瑞士著名语言学家德·索绪尔。索绪尔认为:"为了使言语为人所理解,并取得完全的效果,语言是必要的;可是为了语言的成立,言语是必要的;就历史方面看,言语的事实总是先于语言。……所以语言和言语是互相依存的,前者是后者的工具,同时又是后者的产物。"[13]索绪尔关于语言和言语的区分虽然有不少的唯心主义的错误观点,但认为"言语的事实总是先于语言"的见解,却是可以接受的。就人类语言的产生说,言语事实总是先于语言事实,也就是说,先有个人的言语,然后才变为社会公认的语言。言语的基本单位是句子。句子是负荷着语义内容的一连串语音形式一个接一个地展现出来的,这就是言语的线性特质。人们说出的句子,既是个人产物,又是社会现象;即是说,它既有个人特色(个人说话的口音和用词造句的特点),又是社会的交际工具(为社会众多的人所理解)。从个人特色方面看是言语,从社会交际工具方面看是语言。可见语言是客观存在在个人言语里。从言语线性特质中分解出来的最小单位就是词。这样的词既是言语的分布(distribution)单位,又是反复使用来再造言语的语言单位。因此,我以为词的本来地位是在言语的线性之中。作为语言单位的词,不过是从言语线性中拆取下来的并经反复使用的。词典里的词也不过是从言语线性中拆取下来的词凭联想关系的类聚的记录。词的这种性质,如果可以比作砖头的话,那它是从房屋中拆取下来的完整的砖头,用这种砖头又可以再建房屋。

如果这算是恢复了词的本来地位的话,那么,我们不妨给词作这样的规定:词是言语里分布的最小单位和被反复用来再造言语的语言单位。不能只按着一头,单说词是语言建筑材料的单位。

举实例说,就用高氏举过的例子,比如"革命"这个词是从哪里来的呢?它是从"我们要把革命进行到底"、"无产阶级的革命是人类历史的最后的革命"、"革命先烈的榜样值得我们学习"……言语线性里拆取下来的。为什么知道把"革命"作为一个完整体拆取下来,而不会从这些言语线性里拆成"把革|命进|的革|命是|革|命先"等等前后粘连的残片呢?那是根据言语最小单位的分布,凭它的结构层次。因此,"革命"在这些线性里是分布的一个最小单位,拆取下来的"革命"又是一个语言的单位,用它可以再造"全世界人民的革命必定会胜利"、"高举革命红旗"等言语。所以我们说,词是言语里分布的最小单位和被反复用来再造言语的语言单位。作为言语里分布的最小单位的词是个别的,因为它在不同的言语环境里只以一种意义的身份出现,是单义性的。作为语言单位的词是一般的,因为它归集了不同言语环境中出现的多种意义,可以是多义的。词的这种性质,如果可以比作砖头的话,那么,在房屋结构里的砖头只有一种用场,而从房屋中拆取下来的砖头可以有多种用场:修水池、砌壁炉、垫地板,等等。

我们这样规定词,在分解具体言语的词的时候,就不至于左右为难了。比如说,在分解"明辨是非,分清敌友,团结朋友,消灭敌人"这种言语里的词的时候,"敌、友、朋友、敌人"都是它的分布的最小单位,是言语里的四个词,而不能因为"敌、友"不能单说或独立运用就否定它是词。但是,作为语言单位看,可以把这归并为"敌人、朋友"两个词。因为语言里的词是从言语里拆取下来的,并且是经过加工整理的,即根据形状和意义的联想关系加以归并的。词的这种性质,如果可以比作砖头的话,那么,同型的砖头为了在建筑房屋中砌得合缝,可以把它去角切小或涂泥加大;当把这种去角切小或涂泥加大的砖头从房屋中拆取下来的时候,仍不失去砖头的性质。因此,在不同言语里的分布的最小单位,可以根据联想关系归并为典型的语言单位;当这种典型的语言单位被用来再造言语时,又可以有不同的变形。这就是同一个词的不同变体。吕叔湘教授的新近著作谈到词和语素的划界时指出:"一般不单用,在特殊条件下单用的,单用的时候是词。"[14]这"特殊条件"也符合我们从具体言语(句子)里分解出来的词,包括"分清敌友"中的"敌、友"是两个词。不过,我们从言语和语言的角度分解出来的词,把"敌、友"和"敌人、朋友"看成是同一个词的不同变体。我们认为,只有这样理解词的性质,在理论上和实践上才可以处理汉语里"一个字有时是词,有时不是词"的问题,同时也容易说清"虚词"是词的问题,从而避免了单从语言观点去孤立地看待词,也就不致困惑于它们能否单说或独立运用的圈子了。

我们上面谈到一个词的不同变体,这是在言语(句子)中出现的。其实,言语中的词的变体,也就是词在组合关系中的变体。每个人说出的句子,都是言语的基本单位。句子是由词按照一定的语法规则组织起来的。离开了语法规则的无数词的汇集,就不成其为言语的基本单位——句子。所以斯大林说:"语言的词汇也并不就是语言","但是当语言的词汇受着语言语法的支配的时候,就会获得极大的意义"。[15]

词在组合关系中可以有各种变体。例如:

我们应该划清敌友界限。……A

我们应该划清敌人和朋友的界限。……A₁

A 的"敌友"和 A₁ 的"敌人、朋友"出现在同一环境里,它们互相替换之后语义也不发生变化。但是,把 A 替换成 A₁ 似乎是有条件的,即必须增添语素"和"跟"的"。这种条件是说话人为了说话的音节节奏整齐划一,并不附加新的语义。从这种情况看,"敌、友"和"敌人、朋友"这两个词替换的可能性是附有一定条件,可以看成是词的条件变体。似乎可以说,单音节的词换成双音节的词都是有条件的。如果是双音节的词就可以自由替换,如"互相=相互"、"欢喜=喜欢"、"畅通=通畅"。这种情况外语也有,俄语 лиса=лисаца(狐),英语 enclose=inclose(封入)。这是词的自由变体。无论是条件变体,还是自由变体,都不增添词的语义。这可以叫做词汇单位的词的变体。

在具有词形变化的语言里,词有各种变化。比如俄语的名词有六个格、两个数(单复数)共十二种变化。这并不是一个词本身在孤立的(单说的)情况下发生的许多变化,而是在组合关系中才发生的变化。例如:Это моя книга(这是我的书)、Я читаю книгу(我正读书)、Я прочитал об этом в его книге(关于这一点我在他的一本书里读过)。在这些组合联系中,книга 这个词的词汇意义不变,但语法意义却不同,我们把这叫做同一个词的语法变体。词的语法变体是一种条件变体。上列三种组合关系,книга、книгу、книге 各自出现在不同的环境,它们彼此的位置不能互换。

词在组合关系里语义各别。例如,在"人老了"、"菜老了"、"资格老了"等组合关系中,同一个"老了",却语义各别。在"人老了"中是指"年岁大",在"菜老了"中是指"长过了适口时期",在"资格老了"中是指"经历长"。这是同一个词的语义变体。词的语义变体也是一种条件变体。"老了"一词所具有的"年岁大"的意思,只在"人老了"中体现出来,而不是在"菜老了"中也出现,反之亦然。

把词的语义变体的原则用在词汇研究上,比如说,"白跑了一趟"的"白"和"一张白纸"的"白",是同一个词的语义变体呢(即所谓"一词多义"),还是不同的词呢(即所谓"同音异义词")? 一般人处理这个问题的观点是:如果两个词的意义之间差别不大,可以由一个核心意义联系起来,就是"一词多义";如果两个词的意义之间相差很远,不能由一个核心联系起来,就是"同音异义词"。我们认为,离开了词的组合关系来谈"核心意义"是很成问题的。比如"打",在"打井"中是"建造"的意思,在"衣服被虫打了"中是"毁坏"的意思,在"打酒"中是"购买"的意思,在"打食"(服药助消化)中是"除去"的意思,它们的语义几乎是相反或相对,并没有一个"核心意义"可以联系起来,那么,这些"打"就是"同音异义词"吧。然而,从没有人这样认定过。无怪乎有人认为,"词的多义性和同音性之间没有绝对的界限"[16]。我们认为,界限是有的,但不能执着有无"一个核心意义相联系"这一点。如果从组合关系看问题,当词受着语法支配的时候,各自的界限就异常分明。"白跑了一趟"的"白",出现在动词之前,一张白纸的"白"出现在名词之前,它们的组合关系不同,因而是不同的词("同音异义词")。"打酒"、"打食"中的"打",尽管语义各别,但都出现在名词之前;"衣服被虫打了"是被动句,"打"也属于同一范畴都表示某种动作。因而这些"打"是同一个词的语义变体(即"一词多义")。

就是同音词,它在组合关系中也消除了含混不清的现象。例如"公事、工事、公式、攻势"都读 gongshi,是同音词。可是,我们只能说"办公事"、"修工事"、"立公式"、"猛烈的攻势",不能说"修公事"、"办公式"等等。就是说,"公事、工事、公式、攻势"等同音词,它们与哪些词发生组合关系,都有一定的选择性。

词在组合关系中,还可能引起语音变化。如"关"的语音是[kuan],"门"的语音是[mən],当它们发生组合关系,在快说的时候,"关门"的语音就变成了[kuammən]。可是现代汉语的词没有[-m]收尾的音节结构,而在说话过程中出现这样的音节结构,并不改变词的性质使人产生误解。我们把这种情况的语音变化,叫做词的语音变体。掌握词的语音变体对于研究语言和学好一种语言的口语都是十分必要的。

由此可见,语言中的词不是孤立存在的,它是受组合关系的制约的,是语言系统的有机组成成分。脱离组合关系去孤立地研究词,无论是描写它的语音、语义或语法,都会遇到极大的困难,甚至是不可能的。这就是我们研究语言的基本立足点。

### 注 释

①转引自《词的语法学说导论》,科学出版社,1960年,143页。
②⑬德·索绪尔 Курс общей лингвистнки,莫斯科,1933年,111页,42页。
③斯米尔尼茨基《词的词汇成分和语法成分》,见 Вопросы грамматического строя,苏联科学院,1955年。
④高名凯、石安石主编《语言学概论》,中华书局,1963年,107页。
⑤北京大学中文系汉语教研室编《现代汉语》,商务印书馆,136页。
⑥张志公《汉语语法常识》,中国青年出版社,1953年,2页。
⑦例句摘自孔厥《受苦人》。
⑧见《中国语文》1962年1月号。
⑨《毛泽东选集》第1卷,3页,着重号是作者加的。

⑩见《北京大学学报》(人文科学版)1962年第1期。以下引文不再注明出处。
⑪列宁《哲学笔记》,人民出版社,1956年,363页。
⑫⑮斯大林《马克思主义和语言学问题》,人民出版社,1964年,15页,15页。
⑭吕叔湘《汉语语法分析问题》,商务印书馆,1979年,19页。
⑯周祖谟《汉语词汇讲话》,人民教育出版社,1959年,41页。

原载《语言学论文集》,新疆大学编印,1980年

# 论语言的共时性和历时性

19世纪以前的语言研究,无论在中国或外国,都是以古代语言为研究对象,而不注重研究现存的活的口语。研究的目的是为了读懂古书。研究的方法大多是注疏式地解释古语词的音义,而不大注重语法研究,特别是不重视语言系统的描写。针对这种情况,结构主义学派的奠基人、著名的瑞士语言学家费尔迪南·德·索绪尔(F. de Saussure,1857—1913),在他提出区分语言和言语之后,又系统地提出了划分语言共时性(synchrony)和历时性(diachrony)的原则。今天我们来重新认识索绪尔提出的这一理论原则,在语言研究的方法论上仍然有重要的现实意义。

索绪尔根据语言在时间和空间所处的位置,他用下列图式表示语言的这两种关系。索绪尔说:"1.同时性的轴(AB),牵涉到存在的东西之间的关系,在那里排除任何时间的干扰;2.连续性的轴(CD),在它上面从来也不能一下子看到多于一个以上的东西,它被安排着带有一切变化的第一轴上的现象。"①索绪尔强调说:"绝对区分这两方面,是语言学家的义务;因为语言是纯粹的价值(有意义)系统,除了作为在它自己组成的要素中所形成的状态外,什么也不能确定。"索绪尔认为,"目前已有的术语完全不能表现出这

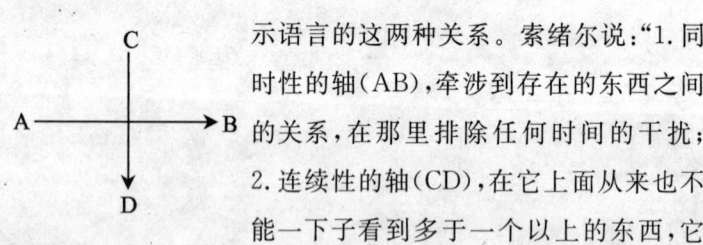

种区分。'历史'和'历史语言学'这样的术语是不适用的,因为它们同不清楚的概念相联系着的。术语'进化'和'进化语言学'更确切些,我们常常使用它;在它的对立面可以谈到语言的'状态'(静态)的科学,或者'静态语言学'。但是为了更鲜明地指出这两种对立和这个序列现象的交叉点是牵涉到同一对象,我们宁愿说'共时'语言学和'历时'语言学。共时的一切,牵涉到我们科学的静态方面,历时的一切,牵涉到进化方面。名词'共时'和'历时'将适合于表示语言的状态和进化的阶段"[②]。

接着,索绪尔进一步阐明语言共时性和历时性的区别和关系。他说:"这两种观点的对立——共时性的和历时性的——是绝对的和不容许妥协的。系统在任何时候也不直接变化,它本身是不变易的;变化的仅仅是个别要素,而不管它同整体的联系。在历时性的情景中,它无论如何也不牵涉到系统,虽然系统制约着它。语言是一种系统,它的一切部分能够和应该被看作是处在共时的联系中。变化永远不是整个地在系统之中产生,而仅仅是在它的要素中一个或另一个的联系中产生,我们只能够在系统之外来研究。当然,一切变化都重新反映在系统上,但是最初的事实只牵涉到这一点,它不能够在同那个结果的任何内部联系中找到。"[③]索绪尔又用形象的比喻来说明这两者的关系,"共时和历时是有独立性的又是互相依赖的,这好比把树干加以横切和纵切后所看到的情景一样,它们是一个依赖于另一个的;纵的切口表明植物构成的纤维本身,而横的切口是纤维组织的个别的平面;但是第二个切口与第一个切口不同,在纵的切口平面上要求发现纤维之间的某些关系是不可能的"[④]。索绪尔认为,语言共时性和历时性的研究方法也不同,"a.共时仅仅知道一个情景,它的一切方法可以归结事实的收集。而历时语言学可以随着时间从上往下探究或从下往上追溯。b. 共时的研究只是联系到每一种语言的事实的总和;在必要的范围内达到方言和土语。恰恰相反,历时语言学不仅不需要,而且拒绝类似的专门化。认为它的要素不一定属于一种语言。这样,共时的'现象'同历时的'现象'没有任何共同之处;前者是在同一个时期内存在的要素之间的关系,后者是在时间之中一个要素为另一个要素代替"⑤。

索绪尔最后的结论说:"语言中一切历时的事实都是这样通过言语的。言语是一切变化的源泉;最初它当中的每一个在进入一般使用以前,开始是为某些数目的个人使用的,这样的形式常常被重复着,集体采用了就变成了语言的事实。但是,不是言语的一切革新都是同样成功的。语言在历史中任何革新,我们常遇到两个不同的时期:1. 它作为个人所有的出现时期;2. 它为集体所采用变成语言事实的时期。我们下面所列的表是合理的,它应当为语言科学所采纳:

$$
\text{言语活动}\begin{cases} \text{语言}\begin{cases} \text{共时性} \\ \text{历时性} \end{cases} \\ \text{言语} \end{cases}
$$

……

"共时语言学研究的是联系各同时存在并且构成系统的成份之间的逻辑的和心理的关系,这些成份是同一集体意识所感觉到的。历时语言学恰恰相反,它研究联系各个不为同一集体意识所感觉到的连续的成份间的关系,这些成份一个代替一个,互相间不构成系统。"⑥

我们把索绪尔以上说的这许多话简单地概括为:共时语言学

要排除时间的干扰,它只描写语言的静止状态,研究组成语言系统各要素之间的关系。历时语言学是在时间流程中去研究,它只研究语言各个要素的变化,而各个要素的变化又只能在语言系统之外去研究,不牵涉到语言系统;虽然要素变化的结果最终要反映在系统上。因此,语言的共时性和历时性是绝对对立的,是不容许有妥协的。

对于索绪尔的这套理论,语言学家们有毁有誉,持有不同的评价。

契珂巴瓦(A. C. Чикобава)说:"在德·索绪尔以前,语言的静态分析的基本的方法问题还没有被人认为有意义;这些问题第一次在德·索绪尔的观念里得到原则上的承认,但不是拿历史语法学的成就来做基础,而是以损害历史主义的当然权利作代价的。"[7] "在索绪尔和结构主义的概念中的脱离历史主义是用静态语法学各主要原则没有研究的意义来提出论证的,动态语言学和系统语言学的对立渐渐地发展为泛时间主义,最后又发展为超时间主义。"[8] 布达果夫(P. A. Будагов)认为:"索绪尔关于断代研究和历代研究的学说是和他对语言体系的理解不可分离的;同样,他对脱离开语言历史形成过程的语言体系(秩序和系统性)的理解使他建立了关于断代研究和历代研究的学说。因此,我们认为某些苏联语言学家下面的意见是错误的:他们认为索绪尔把断代研究和历代研究割裂开来是不正确的,但是他关于语言体系的学说则是正确的。"[9] "索绪尔坚信语言的变化本身是偶然的,因此他就不仅否定了语言的历史变化的规律性,同时也断言无论在什么时候都看不出语言有什么发展或日趋完善的趋向。"[10] 谢列勃连尼柯夫(Б. A. Серебренников)说:"索绪尔把割裂历代和断代看作是一种方法论手段的时候,绝对没有低估研究语言历史的必要性。索绪尔把历代和断代割裂开来也不是绝对的。""批评索绪尔的人有时给语言现象的历史主义提出完全歪曲的解释,说历史主义要求只在历史方面研究一切现象。马克思主义辩证法认为人类语言是一种历史地发展着的、处于运动和发展状态中的现象。但是马克思主义辩证法绝不排斥研究局部问题的可能性。往往有这样的情况,为了更深入研究一个复杂整体的个别细节,必须暂时集中研究一些现象而抛开其他现象。因此,抽象、限制研究对象、缩小情况以及其他研究方法,都是研究过程中不可避免的。在这里,重要的是不要离开了一般的方法原则——历史主义。""可是我们不能完全同意索绪尔的论断。断代和历代的划分作为一种方法论手段是完全可以接受的,但是这绝不意味着,这种划分不能有任何妥协。"[11]列弗尔玛茨基(А. А. Реформатский)的评价是:索绪尔的这一划分,"正确在于语言里的共时方面和历时方面是真实的并且必须区分它们;在实践上'共时方面比历时方面更重要,因为对于说话的大众是真实的现实'"。"在任何研究上我们不能忘记,辩证法的基本要求在学科中是要研究既是联系的现象,又是发展的现象,索绪尔宣称共时性和历时性割离,两次违反了这个原则,因为他的共时的语言研究是研究联系的现象,可又是发展之外的联系的现象;而历时的研究是研究发展中的现象,可又是联系之外的发展中的现象。"[12]我国已故语言学家高名凯教授认为:"德·索绪尔的语言学理论有许多不正确的地方,他把横序语言学和纵序语言学对立起来,更是一个错误,但这不等于说把语言学分为横序语言学和纵序语言学两者是错误的,相反的,这种概念的确立是德·索绪尔的一个贡献,而德·索绪尔之提起人们对语言描写学或描写语法学的注意也有其不可磨灭的功绩。"[13]

对于索绪尔划分语言共时性和历时性这一理论原则,我们如何评价呢?

第一,为了深入研究语言系统,划定研究范围,限制研究对象,作为一种描写语言系统的有效方法,划分语言的共时性和历时性是完全必要的和正确的。索绪尔机智地提出这一划分原则,可以说是对语言研究的方法论上的一次革新。在索绪尔以前,欧洲传统语言学,可以说都是历时语言学。正是索绪尔提出划分语言共时性和历时性原则之后,描写语法学才成为现实。当欧洲传统语言学(语言的历时研究)占统治地位的情况下,索绪尔提出划分语言共时性和历时性并强调两者的绝对对立,也是有其鲜明的时代针对性,是可以理解的。

索绪尔强调语言共时研究比历时研究更重要,也并非是忽视语言的历史。索绪尔说:"共时方面比历时方面重要,因为对于说话的群众只有它才是真正的和唯一的现实。这对于语言学家来说也同样是正确的,假如他只注意历时的情景,他所看到的绝不是语言,而仅仅是它的现象变化的序列。"[14]语言是交际工具,广大人民群众天天使用的语言才是真正的唯一现实的语言;至于这种要素的语源考察对于使用这种语言的人民群众来说未必是重要的。鲁迅的一段话很能说明这个问题:

> 诚然,如太炎先生说:"乍见熟人而相寒暄曰'好呀','呀'即'乎'字;应人之称曰'是唉','唉'即'也'字。"但我们即使知道了这两个字,也不用"好乎"或"是也",还是用"好呀"或"是唉"。因为白话是写给现代的人们看,并非写给商周秦汉的鬼看的,起古人于地下,看了不懂,我们也毫不畏缩。[15]

列弗尔玛茨基也有类似的看法,他说:"的确,一切说话的人在共时性的范围内找到了这种语言,他把这种语言当作听从的工具,为了便于掌握它,他应当知道这种机构,他决不深入到历史的语音、历史语法和历史的词的事实。这些知识可能妨碍他在语言实践上的兴趣。把'马'叫 лошадь,把'狗'叫 собáка,如果知道第一个词是借自土耳其的,而第二个词是借自伊朗的,又未必有利。尤其是,如果他知道口语 кавардак(乱七八糟)是从哈萨克语里借来的,原义是'很多块烤肉',也未必有利。这些知识可能在许多情况下把说话者弄糊涂,并妨碍他正确地表达思想。"[16]我们认为,索绪尔强调语言共时研究的重要性,正是从使用语言的现实考虑问题的,并非是割断语言历史或"反历史主义"的。

第二,索绪尔的语言共时研究(即语言的静态描写),并不否定语言在时间上的变化,而是作为一种方法论手段暂时撇开微小的变化罢了。索绪尔说:"绝对的'状态'被规定为无变化的状态,可是语言总是一点一滴地变化着的,所谓研究一种语言状态,实际上是把轻微的变化抛开不论罢了,有如数学家在计对数时把微小的数字舍去不算一样。""静态语言学也可以说是处理一个时代的,可是还是说'状态'较为好一些。在一时代的开头和结尾里,一般是多少有些较大的变化表现出来,'状态'一词在语言学里可以不会发生类似的事实。""总之,'语言状态'这个概念仅仅是近似的。在静态语言学中正像在其他科学中一样,对于既定的材料若不加以限定使之单纯化,任何论证都是不可能的。"[17]细心研读索绪尔的这些话,就会消除人们的误解——认为语言的共时研究是"泛时间主义",甚至是"超时间主义"的。

第三,索绪尔认为,在历时的轴上只看到个别要素的变化,其中一个要素被另一个要素所代替,而不牵涉到整个系统,它是在系统之外发生的。这既否定了语言发展历史规律性,也忽视了要素交替和系统调整的辩证关系。

我们认为,语言的发展是有规律性的,而不是杂乱无章的;往往一个要素的发展变化影响到同类要素有规律的变化,并非孤立的个别要素任意变化。以语音为例,如现代汉语普通话以北京语音为标准的[tɕ、tɕ'、ɕ],一是来源于中古汉语齐齿呼的[k、k'、x],一是来源于中古汉语齐齿呼的[ts、ts'、s]。这些舌根破裂音、舌根摩擦音、舌尖破裂摩擦音、舌尖摩擦音,都是由于受舌面前元音[i、y]的影响,而变为舌面前辅音[tɕ、tɕ'、ɕ]的。这是语音学上所谓同化作用。[18]这些例证说明,语音变化是有条件的,如中古汉语的[k]或[ts]变化为现代汉语的[tɕ],是由于受舌面前元音[i、y]的影响;也是有规律的,即发音部位相同的[k、k'x]或[ts、ts'、s]在同样条件下都变为[tɕ、tɕ'、ɕ]。这并非如索绪尔所说的只是一个个孤立的要素的变化。这种变化也必然要影响到汉语的整个语音结构,最终改变汉语的语音系统,也并非如索绪尔说的是在系统之外发生的变化。

再以语法的演变为例,如现代汉语表示复数的"们",最初产生大约是在10世纪和11世纪之间,但在当时既不稳定,也不规范,并且不一定表示复数。在宋元白话文学中,"们"也可以写作"懑、瞒、门、每"等;而不表示复数的例子,王力教授举的有:

自家懑都望有前程。　　　　　　　　　　(晁元礼词)
我扶你门归去。　　　　　　　　　(元曲《张协状元》)
教他好看承我爹娘,料他每应不会遗忘。

(巾箱本《琵琶记》)[19]

可是,"五四"以后,在印欧语的影响下,在翻译的作品里,"们"才逐渐地普遍运用起来,形成了现代汉语表示"数"的语法范畴。

这个例证也说明,要素交替将会影响到系统的改变。语法系统也不是被动地接受孤立的要素,如索绪尔所说的,"一个要素被另一个要素所代替";而是通过类推作用和规范化的途径调整同类的要素。所以,我们认为,索绪尔在这一点上用他的机械论的观点来看待要素交替和系统的变化,是完全错误的。

我们上面对索绪尔划分语言共时性和历时性原则作了全面的分析批判,然而我们今天又怎样划分和运用这一原则呢?

我们认为,语言是在时间过程中流动,它是有发展的;现代汉语不同于古代汉语,这是汉语历史发展的结果。但是,我们今天说的现代汉语,跟解放初期,跟30年前的汉语还是一个样子,没有感觉出有什么质的变化,这是汉语的相对的静止状态。一切事物的发展过程,既呈现出相对的静止状态,又显现出绝对的变化状态,这是矛盾运动的普遍法则。毛泽东同志指出:"无论什么事物的运动都采取两种状态,相对地静止的状态和显著地变动的状态。两种状态的运动都是由事物内部包含的两个矛盾着的因素互相斗争所引起的。当着事物的运动在第一种状态的时候,它只有数量的变化,没有性质的变化,所以显出好似静止的面貌。当着事物的运动在第二种状态的时候,它已由第一种状态中的数量变化达到了某一个最高点,引起了统一物的分解,发生了性质的变化,所以显出显著地变化的面貌。"[20]事物的静止的面貌和显著的变化的面貌,就是我们划分语言共时性和历时性的理论根据。我们把语言发展过程中的某一相对的静止状态,叫做语言的共时性;而把语言在历史进程中逐渐质变的发展过程,叫做语言的历时性。

## 论语言的共时性和历时性

语言的共时性,从严格的科学意义上来说,几乎是不可能存在的。因为,作为人们交际工具的语言,总是在时间上活动着的,它或多或少是在变化的。无论从形式方面看,还是从内容方面看,语言都在永恒地变化。一个词的语音或语义,总是一代一代、一年一年、一天一天地在起变化,甚至说话者在几秒钟内说同一句话都不可能完全相同。因此变化是绝对的。语言的共时性是一种科学的抽象。"一切科学的(正确的、郑重的、不是荒唐的)抽象,都更深刻、更正确、更全面地反映着自然。"[②] 这是从方法论的角度截取语言发展过程中的横断面,把它看成是纯粹静止状态的现象,而不管它的细微变化。这好比数学家在计算数目时舍去小数点三位数以后的数字一样;或者好比一江春水,尽管它日夜不停地流逝着,但始终保持在平静的一个水平面上。在这种情况下,我们就把握住了语言的共时性。语言共时性和历时性的关系,可以用下图表示:

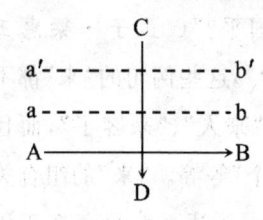

CD 代表历时性的轴,在它上面反映出语言变化的面貌,即语言要素沿着从 C 到 D 的方向逐渐变化着。AB 代表共时性的轴,它截取历时性轴的一个横断面,从而排除时间因素的干扰,在它上面反映出语言的静止状态。语言的共时性指的是共存的语言状态。其最主要的是正在作为人们交际工具的活的语言状态;当然它也包括历史上一定时期的语言状态。假定可以把我们的汉语划分为上古汉语、中古汉语、近代汉语和现代汉语的话,那么,这不同时期的汉语就是它所服务时代的共存的语言状态。如上图所示:AB 代表现存的活的语言状态,而 ab 和 a′b′ 代表语言发展过程中不同时期的语言状态,它已成为历史遗物,故用虚线表示它是拟构的语言状态。这好比打井取样,不同地层的土质反映出不同的地质年代。语言的共时性同历史上时代划分没有必然关系。一种共存的语言状态可以存在于历史上几个不同时代,如古代汉语可以代表包括秦汉在内的以前一个很长历史时期的语言面貌。切分语言共时性的平面图,是根据语言内部结构的质的状态,而不是语言要素交替的数量变化。

语言的共时性是同一平面的语言要素构成的系统,其中最重要的是语法系统。现代汉语不同于古代汉语,不是量的变化,不是某个语词的内容或形式的变化,而是语言要素的组合关系发生了变化,也就是语法系统的不同。比如"来",在古代汉语和现代汉语里都是动词,孤立地看它,几乎古今一样,没有什么变化。可是,从"来"与其他语言要素的组合关系看,情况就大不一样。上古汉语的"来"不带宾语。比如:"有朋自远方来,不亦乐乎?"(《论语·学而》)"叟,不远千里而来,亦将有以利吾国乎?"(《孟子·梁惠王上》)"荣辱之来,必象其德。"(《荀子·劝学》)这些例句的"来"都不带宾语。可是在现代汉语里,不仅可以说"来人"、"来客了",而且可以说"来一瓶果露"、"你唱得好,再来一个"等等。"来"的组合关系不同,反映了古今汉语的语法系统不同。语法系统只存在于语言的共时性之中,也是语言共时性和语言历时性赖以划分的根本标志。

语言的共时性是获得语言要素现存价值的基石。使用这种语言的人民群众最根本的是掌握现存的语言要素的价值,即这些语言要素在系统里的职能,应该怎样说怎样用才算正确,才能达到交际的目的。至于这些语言要素的形式和内容的历时性,即它的演变情况,不必追根溯源去探究;这虽然对于语言历时性的研究是必要的,但在语言共时性里弄清这些问题,反而给学习和使用这种语言的人增加不必要的负担。比如说吧,"钱"这个词所代表的物体,在古代是用铜造的,中间有小孔,可以用绳子穿起来,可以说"一吊钱"。后来,用金子、银子、镍等铸造的货币,也可以统称为"钱"。可是现在通行的"人民币"是用棉纸造的,我们还是叫"钱",即"钱"这个词的内容已经改变了。我们现在说"有钱"、"无钱"的时候,谁还考虑它是什么造的呢?只要它是社会上流通的货币,具有交换价值,就是"钱"。这好比下象棋,假定我的棋子丢了一个"马",于是我们就随便找一个物体——纽扣、镍币、石子去代替,只要这个代替物体能够与其他的棋子区别开来——赋予它"马"的价值就行了。"文章"这个词,在先秦是指"刺绣品";"处分"这个词,在唐以前是指"委任"或"安置"。我们现在说"写文章"、"给他警告处分",谁还管它们古代的用法呢?

这对于借词和外语翻译更能看出语言要素在语言共时性系统里的现存价值。比如"世界"、"现在"、"因果"、"法宝"等词,都是随着佛教传入、翻译佛经创造的新词,原来这些词义与佛教的教义有直接关系;但是我们现在使用这些词,完全按它们在现代汉语里通行价值使用,一般人根本不会联想到佛教用语上去。"五四"以后的一些音译借词,如 beer(啤酒)、jeep(吉普车)、трактор(拖拉机)等,我们却用"音+义"的方法来借用,即"啤"表 beer 的音,"吉普"表 jeep 的音,"拖拉"表 трактор 的音,然后再加上"酒"、"车"、"机"的中文意义,变成中外合璧的词,完全本土化了。而表音的部分也完全按照汉语语音系统模拟,根本不同于这个词的"原籍"的语音了。特别是在翻译文学作品时,有些用语用直译的办法会损伤原义,必须选择该民族语言中能够引起心理文化的联想的语义去表达,才算佳作。例如英国学者 David Hawkes 翻译我国的《红楼梦》,其中的"怡红院"、"怡红公子"应该怎样翻译呢?Hawkes 认为,"红"在中文里往往与春天、幸福、昌盛连在一起,在英文里足以引起相应的联想的(即具有同样信息价值的)颜色是绿色与金黄色。"怡红院"取义"怡红快绿",于是 Hawkes 就取了"快绿"的意思,把它译为 green delights,并把"怡红公子"译为 green boy。这从字面上来看,中英两种语词的含义几乎完全无关,然而却具有同样的信息价值。

以上例证说明,无论是古代语词、外来语词以及作品翻译,最重要的是根据它在语言共时性系统里现存价值来运用,完全不必考虑它的"语源"。这是语言共时性的根本立足点。

语言共时性和历时性是语言客观存在的纵横交错的两个方面,把它们明确地划分开来,不仅符合语言实际,而且在语言研究的方法论上具有重要的意义。它使人分清什么是历史的和现在的东西,什么是要素和系统的东西,以及怎样去描写现存的语言系统。不这样划分,人们往往只见树木,不见森林,只看到要素交替,而看不到语言系统的演变,甚至认为古今语言没有质变。

曾经有人主张,在汉语语法研究上,"语体文和文言文可用同一架格的文法来处理,决不会遇到窒碍"。认为"语体文和文言文的文法不分",就可以"接得上本国语言演变的历史的线索"。[②]这就是说,语言有历史继承关系,不必划分古今汉语,因而可以写一部适用于古今汉语的语法。这种主张不仅违背语言事实,混淆语言共时性和历时性的界限,而且在研究方法上会造成极大的混乱。提出这种主张的人,就在当时,已遭到我国语言学家方光焘教授的批评。方光焘说:"我以为建立一时代的文法体系,应该以同时代的,用这言语的民众的共同意识为基础。文法体系的建立,和语源研究不同;若以单语的历史,作为建立体系的根据,那一定也会引起许多无谓的纠纷。""我不相信有什么'文法的历史的体系'。我也不相信有一个可以通用于文言和语体的中国文法体系。"[23]

又有人强调"汉语语法的历史继承性",说"自周秦到现在,中国有三千多年的历史,然而汉语的基本结构却没有什么变动"[24]。认为有一种情形,看起来与古代汉语语法不同,"其实只是写法不同,语音变化,或词汇变化的结果"。举出的例证有:现代口语的"的",就是古代的"之"[tjəg];现代口语的"吧",就是古代的"夫"[pjiu];现代口语的"在泰山举行旅祭",古代就说:"旅于泰山","在"和"于"是同义词,等等。也就是说,这一切只是要素交替,不涉及语法系统的变化。

我们认为,这种看法是片面的。语音变化或词汇变化,这是语言的要素交替,而要素交替的结果必然要引起语法系统的变化。比如说古音"之"念为[tjəg],似符合古无舌上音的音变规律;"夫"念为[pjiu],也符合古无轻唇音的音变规律。然而,"之"变为"的","夫"变为"吧",仅仅是语音变化而不影响语法系统吗?现代汉语可以单独说出"我的"、"你的",而在古代汉语中却没有"吾之"、"汝之"、"尔之"的单独说法;现代汉语说"三分之一"、"光荣之家",也不便把"之"换成"的"。这说明"之"和"的"与其他语素的组合关系是不同的。同样,"夫"在古代汉语里,可以助句、助词,表感叹或表疑问。例如:"逝者如斯夫!不舍昼夜。"(《论语·子罕》)"仁夫公子重耳!"(《礼记·檀弓》)"吾歌,可夫?"(《史记·孔子世家》)而"吧"在现代汉语里,只用于句末,不用于句中,并且主要是表祈使语气。如"我们走吧!"、"请说吧!"这说明"夫"和"吧"在古今汉语里的组合关系也发生了变化。再说"旅于泰山"就是"在泰山举行旅祭",即"于"等于"在"吧。"于"和"在"虽是同义词,即使在古代用法也有分别。例如:"子在齐闻韶。"(《论语·述而》)"在陈绝粮。"(《论语·卫灵公》)"子击磬于卫。"(《论语·宪问》)"子畏于匡。"(《论语·子罕》)即"在"带宾语用于动词前,"于"带宾语用于动词后,我们现在说"他在学校学习",似也不便把"在"换成"于"。以上用例,孤立地看,都是要素交替,然而无一不涉及系统的演变。如果不从系统着眼看问题,就不能把握住语言的共时性,而在研究方法上有可能回复到诠释词语的老路上去。

还有人看起来很注意把语言的共时性和历时性分开,但由于含混不清,而陷入自相矛盾。如说:"有一些文言词,在现代普通话里已经不用或很少用了,只在许多古典作品当中可以见到。……至于这里所讲的文言词,不但不属于现代语的基本词汇,而且也不属于现代语的一般词汇。"可是在后面,作者又从八个方面谈了现代汉语吸收文言词的情况,如"酝酿"、"诞辰"、"矛盾"、"父母"等等都是吸收的文言词。这里所谓"文言词",究竟是汉语共时性的东西,还是历时性的东西?按照作者前面讲这段话的意思,应该是属于历时性的东西。可是又说"酝酿"、"诞辰"、"矛盾"、"父母"等是现代汉语的文言词,这就令人难于理解。如果说"文言词"是具有"历史性的、陈旧的、书面性的"这三种性质,那么,像"天、地、人、马、牛、羊"等词最有资格算文言词,因为它们在汉语历史上和书面上至少比"酝酿"、"诞辰"出现得早。如果按照这个标准给现代汉语的词汇分类,恐怕绝大部分词都应该算成历时性的文言词,而真正算得上共时性的现代汉语的词汇,就可能为数不多而且十分贫乏了。我们认为,在现代汉语里提出"文言词"的说法在理论是没有什么意义的。虽然从来源上说,似乎也可以分文言词(古语词)、方言词、外来词等等,但是对于文言词,划界困难,且没有多少实用价值。各种来源的词作为共时性的现代汉语的词汇,都要受现代汉语语法系统制约,是现代汉语的有机组成成分,谁还管它原来是什么用法?

我们以上谈到的这三种情形,都涉及划分语言共时性和历时性在研究方法上的问题。由此可以看出,不分清语言的共时性和历时性,认为古今语法一体,不仅否定了语法的发展,而且在研究方法上必然陷入绝境。只看到语言的要素交替,看不到语言的系统演变,好比玩万花筒,使人眼花缭乱,抓不住要领。这在研究方法上使人陷入迷宫,认不清一种语言的本来面目。把不同来源的语言要素糅杂在一起,弄成个大杂烩,这不是语言,也不是语言研究;只考察个别要素的"出身",而不看它的现实表现(使用价值),这样研究的结果,是脱离现实的、无益的。总之,这样的研究方法都不能科学地描写出一种语言的系统。语言是一种符号系统,这是认识语言内部结构的基本观点。这又只能立足于语言的共时性,才能科学地描写出一种语言的系统。因而执着语言的共时性,同样是描写语言学或描写语法学的基本出发点。

**注　释**

①②③④⑤⑥⑭⑰德·索绪尔《一般语言学教程》,俄文译本 Курс Общей Лингвистики,莫斯科,1933年,88页,89页,93页,94页,96页,102—103页,95页,104—105页,着重号是原有的。

⑦⑧《语言学中的历史主义问题》,五十年代出版社,1954年,22页,77页。

⑨⑩《语言学论文选译》第7辑,中华书局,1958年,54页,55页。
⑪《有关语言学的几个问题》,科学出版社,1959年,19—21页。
⑫⑯Введение в языкознание,莫斯科,1955年,30—31页,30页。
⑬高名凯《语法理论》,商务印书馆,1960年,31页。按:高氏把共时语言学和历时语言学译为横序语言学和纵序语言学。
⑮鲁迅《名人和名言》,见《且介亭杂文》2集。
⑱王力《汉语史稿》上册,科学出版社,1957年,119页。
⑲王力《汉语史稿》中册,科学出版社,1958年,274页。
⑳《毛泽东选集》(四卷合订本),1968年,306—307页。
㉑列宁《哲学笔记》,人民出版社,1956年,155页。
㉒㉓《中国文法革新论丛》,中华书局,1958年(重印本),44,46页,51页。
㉔高名凯《论汉语语法的历史继承性》,《北京大学学报》1955年第1期。
㉕张世禄《普通话词汇》,新知识出版社,1957年,上海。

原载《新疆大学学报》(哲社版)1980年第1期。
又载《语言学资料选编》(下),中央广播电视大学出版社,1983年;
赵蓉晖《索绪尔研究在中国》,商务印书馆,2005年;
王铭玉、宋尧《符号语言学》,上海外语教育出版社,2005年

# 论句子的语义结构

语义问题是当前语言学界颇为重视的一个问题,但大家比较注重语义构成成分(semantic component)的分析,很少对句子的语义结构进行全面深入的研究。

本文尝试对句子的语义结构作一些探讨,很可能是错误的。

## 一、句子是交际的基本单位

语言是交际工具,人们利用语言进行交际,句子是交际的基本单位。句子包含着形式和内容两个方面,语音是它的形式,语义是它的内容。在交际过程中,人们说出的话语是负载语义的、具有物理性质的一连串音波;听话人接收并理解的也是负载着语义的这一连串的音波。如果说话人故意发出一串不负载语义的物理音波,尽管客观存在着"被振动的气层",然而,却无法使人理解。反之,如果听话人不懂说话人的语义,那他听到的也只是客观存在的音波,并不能理解说话人的话语。可见语义是交际的基础,是句子的重要部分。

句子是由短语组成的线性的语符链(string),它是有结构层次的、可以分析的。分析句子的结构层次就是对组成句子的短语作直接成分分析和结构关系分析,这实质上是在对句子进行语法分析。

句子的语符链是音义结合体,我们不仅可以从音义结合整体方面去分析语符链的结构层次,也可以从语符链的表现形式(语音)和它隐含的内容(语义)两方面分别进行结构分析。

句子的语音形式也是有结构层次的,这就是音位组合规律及其节律音位(prosodeme)。特别是节律音位,它与语符链的结构层次是直接相关的,并且是相互吻合的。例如:

(1) 坏人要打击好人就表扬。

例(1)是尚未划分结构层次的语符链,因而它的语义也是不确定的,它可能是(1)a,也可能是(1)b:

(1)a. 坏人、要打击、好人、就表扬。

b. 坏人要打击好人,就表扬。

如果例(1)语符链的结构层次划分如(1)a,那么,在"坏人"、"好人"的语词上一定有对比重音,在两者之后必须有短暂的语音停顿(我们用顿号〔、〕表示),在"打击"之后还必须有较长的语音停顿(我们用逗号〔,〕断开)。如果划分如(1)b,那么,"坏人"、"好人"之上绝不能有对比重音,这两者之后也不能有短暂的语音停顿,"打击"之后更不能断开,整个句子只在"好人"之后有较长的语音停顿。

我们明确划分出例(1)语符链的结构层次之后,现在就可以说,(1)a是联合复句,其中的"坏人"、"好人"在语义结构上都是受事;它们隐含着共同的施事,可以用"我们"去指代。(1)b是偏正复句,在句法结构上,其中的"坏人"在偏句中是主语,"好人"是宾语;正句中隐含着一个施事,也可以用"我们"去指代。

由此可见,句子的语音形式也是有结构层次的,而节律音位是与语符链的结构层次相互吻合的,并且是表达句子的语义内容的。①

句子的语义内容当然也是有结构层次的。一般说来,句子的语义结构是与组成句子单位的直接成分相对应的,就是说,一个单位的两个直接组成成分也就是这个单位的语义结构。如果没有潜在其中的语义起作用,这两个部分就不能直接发生组合关系,从而组成一个单位。比如我们可以说"吃饭"、"老母亲",以至"老闺女",却不能说"吃石头"、"老孩子"。这后者的两个部分不能直接发生组合关系,并不是"饭"和"石头","母亲"、"闺女"和"孩子"所属的类有什么不同,而是它们的语义不能组合,或者说,缺乏直接组合的语义结构。

组成句子单位的直接成分是显现的,而它的语义结构是潜藏的。虽然句子的语义结构常常与它的直接成分相对应,但并非处处相吻合。这有两种情况:一种是语义结构不是显现它的直接成分。如朱德熙先生曾在一篇文章里说的,"写文章的人"的直接成分"写文章"和"人"之间是修饰关系,而间接成分"人"是"写"的潜主语;在"我写的文章"里,间接成分"文章"是"写"的潜宾语。②这种"潜主语"、"潜宾语"的语义结构就不显现它的直接成分。另一种是直接成分不是表现它的语义结构。例如"(迎接)大有作为的年代"、"祝贺春节愉快"。形式上,"大有作为的"和"年代"是直接成分,但内容上,"年代"怎么能"大有作为"呢?很显然,这个直接成分并不表现它的语义结构。③同样,"祝贺"和"春节愉快"之间,"春节"和"愉快"之间,都是不同层次上的直接成分,也不表现它的语义结构。这后一种情况更值得注意,它常常隐含着某种语法成分,我们凭直观往往难于发现,以至搞错关系,这时就更需要深入分析它的语义结构。

句子的语义结构是以逻辑结构为基础的。传统语言学家就认为,"句子是逻辑判断的语言表达"。我们平常评判语词搭配是否得当的问题,其实多半都是逻辑问题。比如我们前面举的不能说"吃石头"、"老孩子",是因为"吃"和"石头"、"老"和"孩子"缺乏直接组合的语义结构。其实这种语义结构完全是逻辑的。人们实践证明,"石头"是不能吃的,"孩子"是指称未成年的人,未可言"老",因此才不能有"吃石头"、"老孩子"这样的直接组合。

逻辑结构是人类在长期实践过程中对自然规律的认识,是人们思维活动的结果、认识活动的成果,它对人类具有共同性和约束力,并且是人所特有的、天赋的能力。我们汉语不能有"吃石头"的逻辑结构,其他民族语言也同样不能有这种结构。逻辑结构是通过语言把它记载下来,巩固起来,因此它又成为语言的语义结构的基础,是语义的重要内容。根据逻辑结构的共同性和约束力,我们可以推导出下列句子语义的异同和正误情况:

(2)
a. 大李是小李的哥哥。
b. 小李是大李的弟弟。
c. 小李的哥哥是大李。
d. 大李是小李的弟弟。

(3)
a. 《小街》里的俞是夏的弟弟。
b. 《小街》里的俞是个姑娘。
c. 如果俞是夏的弟弟,俞就不是个姑娘。
d. 如果俞是夏的弟弟,俞就是个姑娘。

例(2)中的 a、b、c、d 四个句子,如果分别来看,各自都是正确的句子;如果合起来看,a、b、c 同义,d 与此相反,或者 a、b、c 是真实的、正确的,或者 d 是真实的、正确的,d 与 a、b、c 的语义是不相容的,不能共存于一体。例(3)中 a、b、c 三个句子,分别看来,都是正确的,而 d 是错误的;可是合起来从形式上看,c、d 是从 a、b 推导出来的,d 是 a、b 合乎逻辑的推导,反而是错误的。由此可以追溯 d 句的错误是由 a、b 构成的复合命题的虚假造成的。

句子的语义结构除逻辑结构之外,还有各民族语言特有的语义组合特点和规律。例如表示领属关系,在汉语里有时用"的",如"人民的医生",有时不用"的",如"国家财产",这似乎是任意的。在英语里一般表示法是,有生命名词末尾加's,如 children's books(儿童读物),无生命的名词则用 of 构成短语,如 the door of the room(房间的门),这是有规律的。这种有规律的组合特点,正是各民族语言语义或语法特点的体现。

## 二、句子的语义具有层级分明的结构关系

组成句子的单位是:句子⊃短语⊃词⊃语素。符号⊃表示包含,即句子包含短语,短语包含词,词包含语素,大单位包含小单位,一层包一层,层级分明。这每个单位都有语义,句子的语义不是它的下属单位的语义累加,而是层级分明的语义结构。为了弄清句子的语义结构关系,我们从最小单位开始进行逐层解剖,这好比从解剖细胞组织入手,一步一步地弄清物体的结构。

首先说语素[④]。语素是音义结合的最小单位。任何一个语素都可以分解它的语义构成成分。我们可用语义双项对立分支图求得"父"和"二"的语义构成成分:

(4) 父 $\begin{cases} 非人 \\ 人^{[2]} \begin{cases} 女 \\ 男^{[3]} \begin{cases} 未成年 \\ 成年^{[4]} \begin{cases} 无子女 \\ 有子女 \end{cases} \end{cases} \end{cases} \end{cases}$

(5) 二$^{[1]}$ $\begin{cases} 非正整数 \\ 正整数^{[2]} \begin{cases} 不大于一 \\ 大于一^{[3]} \begin{cases} 不小于三 \\ 小于三 \end{cases} \end{cases} \end{cases}$

例(4)"父"的语义构成成分是："有子女的成年男人。"其实第[3]层是多余的，可以删除。例(5)"二"的语义构成成分是："小于三并且大于一的正整数。"其中[2]与[3]是相并而不是包含。

语义构成成分分析实际上是逻辑分析。因为逻辑是语义结构的基础，是语义的重要内容，这种分析所获得的语义是必要的，但不是唯一的。我们必须把语素放在组合关系(syntagmatic)和类聚关系(paradigmatic)之中作定性定量分析，进一步确定它的语义价值，这才是更为重要的。我们以"二"为例，"二"可以同度量单位发生组合关系，如"二尺（布）"、"二斤（糖）"。在组合关系中，同类要素可以互换，可以说成"两尺（布）"、"两斤（糖）"。于是我们初步观察，"二"和"两"具有类聚关系，并且同义。"二"和"两"是否完全同义，我们不能凭初步观察下断语，还必须扩大组合面及其变换的可能性进行对比分析。"二"还可以有"十二"、"二十"、"第二"、"二楼"等组合、变换形式，这都不能用"两"替换。"两"可以有"说两句"、"玩两天"等组合，这又是"二"所不能替代的。由此可见"二"和"两"的语义区别特征是表示序数义项（二楼）和表示不定数义项

(说两句)的根本对立,这就是"二"和"两"的语义价值,也是汉语不同于其他语言同类语素的语义价值。

有时候一个语素有几个义项,彼此语义相反、相对,如"打粮食"的"打",语义是"买回、收回",而"打食"(服药助消化)的"打",语义是"除去"。但是,只要它们的组合模式相同,即出现在"动+名"框架的前项,我们就认为是同一语素的语义变体。如果表现形式(语音和书写形式)相同,组合模式迥异,如"两斤(糖)"的"两"和"二两(糖)"的"两",那只是同音语素,而没有语义联系。

再说词。词是由语素构成的,它和语素的语义有许多相通之处。但作为句子高一级单位的词,并不是构成它的语素意义的加和,如"国家"不等于"国"的语义加"家"的语义之和,"人口"不等于"人"加"口"的语义,反倒可以说,词义是语素意义的融合。就是由一个自由语素升格构成的词,也有不同于语素意义之点。词一般都有词汇意义和语法意义。词的词汇意义同客观事物以及人们思维中的概念发生直接联系,而词的语法意义则和句子结构有着密切关系。

意义(词汇的)是什么?它是怎样同客观事物和概念发生联系的?我们可以用奥格登(C. K. Ogden)和理查兹(I. A. Richards)的语义三角关系来说明:(1)所指的是事物或概念;(2)用来指该事物或概念的符号或名称;(3)说话者或听话者在脑海中产生的该事物的形象或概念的意义:

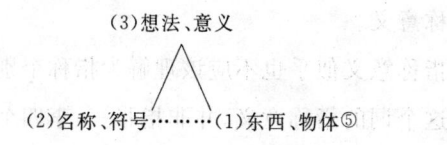

```
              (3)想法、意义
                  /\
                 /  \
                /    \
   (2)名称、符号……(1)东西、物体⑤
```

据此,我们可以概括地说,人们所反映的现实现象(所指的事物或概念)用名称(或符号)记载下来就是意义。名称(或符号)同现实现象的联系是间接关系,没有客观物体作依据(如"鬼神"之类的虚假概念),却仍可以有名称指称或符号记载它。名称和意义的联系是形式和内容的关系,缺一不可的。意义是词的内容,是指称现实现象的,不与现实现象相联系的词义是没有的。

基于这种理解,我们不赞同"词义是从概念来的"、"词义是概念在语言里的表现形式"[6]这种观点。这样,就否定词义来源于现实的客观基础和指称对象,而把词义和概念混同起来了。

词是语言的单位,概念是思维的单位,这两者固然密切相关,但各有自己的独特领域,而不应该彼此混同。概念是对象本质属性的反映,它的内涵是确定的、单一的;词义是对象属性的反映,它可能是多义的。例如"人"这个概念的内涵是指"能制造劳动工具的动物",而"人"的词义除指"能制造劳动工具的动物"这一本质属性之外,还可能指"有语言、会思维的动物",甚至指"有理性的"或"直立行走的"动物。这后者虽然不是"人"这一对象的本质属性,却是"人之异于禽兽者"的属性。因此人们在交际过程中使用语词的意义,并不强求概念的同一性,而只要求指称的同一性。从概念必须用语词表达的角度讲,可以说"语词是概念的语言形式",但语词还有它自身的内容(词义),不能简单地说"概念是语词的思想内容"[7]。语词除了理性意义之外,还有感情色彩。语词的多义性和概念的单一性是不能对等的,它们仅仅是指称对象相同,所以一般说词有指称意义。

词的指称意义似乎也不应该理解为指称个别事物、具体对象。比如"人"这个词的指称意义,并非指张三、李四个别的、具体的人,而是舍弃了张三、李四以至男人、女人的许多具体特征,是指同其他对象区别开来的一般的人。这就是列宁说的,"任何词(言语)都已经是在概括","在语言中只有一般的东西","这是谁?是我。一切人都是我。感性的东西?这是一般的东西等等、等等。'这个'??不论什么都是'这个'"。⑧就是说,词的指称意义是指一类的事物、一般的对象。

词的指称意义是概括指称一类事物、一般对象,它只标明大致的范围,并没有精确的界限,因而具有模糊性。比如"青年"、"中年"、"老年"的划分并没有精确的年龄界限,"早晨"、"上午"的划分也没有精确的时间界限,而且各种语言所指的大致范围也很不相同。⑨这种不同正是各民族语言语义特征的表现。

词还有语法意义。汉语中词的语法意义不是通过词形变化显现出来的,而是隐含在词的组合关系之中,是与句子结构密切相关的。例如:

(6) { 再:你明天再来吧。
     又:他今天又来了。

(7) { 产生:老王产生了无穷的力量。
     生产:老王生产了几万斤粮食。

(8) { a. 小明打破了茶杯。→茶杯被小明打破了。
     b. 有人打破了茶杯。→茶杯被打破了。

例(6)的副词"再"和"又"都表示"动作的重复或持续时",但"再"用于未实现的,含有"现在、未来"时之意。"又"用于已实现的,含有"过去"时之意。例(7)的"产生"和"生产"词义极相近,并且都可带宾语,但"产生"的宾语是抽象事物,"生产"的宾语是具体事物。例(8)都是由主动句变为被动句,但(8)a的主事者是有定的(小明),变为被动句不能删除;(8)b的主事者是无定的(有人),变为被动句可以删除。这些用法是不能互相对换的,它表现了不同的句子结构关系。

进一层说短语。短语是由词组成的,是组成句子的单位。短语又分为固定短语和自由短语。固定短语包括成语、熟语、专门用语等等,它们的语义是现成的、确定的,它们的用法大致相当于词。但又与词不同,短语往往含有该民族的文化意义。例如:"嗟来之食,吃下去肚子要痛的。"[10]这里的"嗟来之食"是个成语,语义是确定的,表示"带侮辱性的施舍"。这种语义是从中国古代的一则故事中提炼出来的,它大意是说:齐国遭了灾荒,齐国有个黔敖在路边向受灾人施舍食物。有个饥民眯着眼睛走来,黔敖就冲着他喊道:"嗟!来食呀!"那饥民瞪着眼睛对黔敖说:"我就是因为不吃嗟来之食才饿成这样子的。"这饥民最终饿死而不受食。因此"嗟来之食"不仅带有"带侮辱性的施舍"的语义,而且还隐含着"有气节抗食"的民族文化意义。这句话的英译文是:But he who swallows food handed cut in contempt will get a bellyache。[11]而字面意思是:他咽下给予的侮辱性食物要肚子痛。英译文只表达出了"嗟来之食"的语义,而不能表达出这一成语所暗含的汉民族特有的文化意义。

自由短语还可分为向心结构和离心结构。向心结构的短语不仅是构成它的词的语义加和,而且还有语法意义和伴随而来的功能语义(functional meaning)。例如汉语的动宾短语就很复杂,在"动词+名词"这种表面结构关系里,根据动词与名词的语义制约关系可分为:施事宾语(来人)、中性宾语(姓张)、对象宾语(看小说)、结果宾语(写小说)、工具宾语(写钢板)、处所宾语(去北京)等等,这就是它的功能语义。

短语是由词临时组合起来的,句子又是由短语临时组合起来的,在由词组成短语再组成句子的过程中,有一种确定的逻辑的格制约它。例如:

(9)老张(主事者)从上午八点(时间)拿钱(工具)到机场(处所)给老李(受益者)买飞机票(对象)。

例(9)这个句子是由六个短语组成的,每个短语都有确定的逻辑关系,这就是主事者、时间、工具、处所、受益者、对象。这种确定的逻辑的格主要是由动词以及介词和它们所联系的名词表现出来的。

此外,短语的组合还要受逻辑语义的制约。例如动宾短语,在汉语普通话里一般说"吃饭"、"喝酒"、"吸烟",因为动词语义"吃"要求固体(饭),"喝"要求液体(酒),"吸"要求气体(烟)。这完全是逻辑关系。可是在四川话里,不管固体(饭)、液体(酒)和气体(烟)都可以同"吃"组成动宾短语,这是由一种语言或方言的习惯用法而产生的语义价值。因此,一种语言或方言的语词组合能力要受逻辑和语义两方面的制约,这就是短语组合的选择关系。

以上谈的是常例,是对短语的组合作静态分析,如果把短语用在实际的言语里,对它作动态分析,就会出现种种变体。例如:

(10)(他看着)那几个诧异得咧开了嘴的、畏缩地挤在一起的茶叶蛋……⑫

例(10)是一个修饰性的名词短语,名词"茶叶蛋"是无生物,而它的修饰语"诧异得咧开了嘴的、畏缩地挤在一起的"则要求与有生物(动物)的名词组合,按常例,这两者的组合违反逻辑语义结构,是不能成立的。但从变体角度看问题,这个短语用得很形象,它符合修辞的拟人化手法。

一个短语结构,由于组成它的词的语义相互失去制约关系,往

往会产生歧义。例如:

(11) 爱护医院的病人。

例(11)可以分析为(11)a[爱护+(医院的+病人)],也可以分析为(11)b[(爱护+医院的)+病人]。就是说,例(11)可能是(11)a(动词短语),也可能是(11)b(名词短语),当它未划分层次时是多义的。这种歧义是语法的,而不是词的多义性引起的。也就是说,只要起首动词是双向的(我们记为 $V_2$),末尾名词是有生命的(我们记为 $N_1$),由它们组成的短语结构模式:$V_2+N+的+N_1$,就会产生歧义,例如:

(12) 关心祖国的人。

(13) 保卫边防的战士。

(14) 咬死了猎人的狗。

如果把末尾名词换成无生命的,如"爱护医院的财产"、"关心祖国的建设",那就不会产生歧义。因为它们只能分析为动词短语:[爱护+(医院的+财产)]、[关心+(祖国的+建设)]。这说明深入分析词类的次范畴对解释短语所产生的歧义是很有帮助的。

最后说句子。句子是由短语直接组合起来的,短语的语义内容也直接带进句子中来。但是句子的语义也不是短语的语义内容的简单加和。句子的首要特征是节律音位,其中包括区分句类的语调。例如:

(15) {a. 北京有好多好多县城大吗?
b. 有好多好多县城大。[13]

(16) {a. 老师:上课了!
b. 学生:上课了?
c. 老师:上课了。

这是由相同语词组成的句子,由于语调不同,句类不同,因而语义也不同。例(15)a 是疑问句,"北京"大小的语义内容是不确定的;例(15)b 是陈述句,语义是确定的,肯定北京"有好多好多县城大"。例(16)的 a、b、c 三句的语义内容更是大不相同,(16)a 是命令句,假定打了上课铃,学生还没听到,老师发出上课的命令。(16)b 是疑问句,学生对是否到上课时间表示怀疑,所以对老师发出的命令产生了疑问。(16)c 是陈述句,老师肯定上课时间到了,否定了学生的怀疑。可见,语调是句子语义的重要内容之一。

前面谈过,句子的语义结构是以逻辑结构为基础的,那么,逻辑的前设条件(presupposition,或叫预设、前提)自然是句子的语义内容之一。例如:

(17) 周老师还吸烟吗?

(18) 周老师还 X 吗?

对例(17)不管肯定回答"吸",或否定回答"不吸",都不否定"周老师吸过烟"这一事实的真实性。这就是前设条件。如果预设"周老师吸过烟"是假的,即周老师从来不吸烟,或不能确定周老师干过什么[如例(18),用未知数 X 代替],这就是一句空话,问话本身就不能成立。

此外,句子在使用过程中同一定的语境相联系,还直接表达说话人的思想内容。[14]

句子的语义内容,除了节律音位、逻辑前设条件和语境所附加的意义之外,最主要的是它的逻辑语义结构。例如:

(19) 酒喝完了。

(20) 酒喝醉了。

例(19)和(20),表面形式相同,它们的语符链都是"N+V+a

(了)"[15]，但是，它们的语义结构很不相同。例(19)可以变换为"把酒喝完了"、"酒被喝完了"；例(20)却不能有这种变换。根据变换的可能性，我们发现例(19)的语义结构是："（某人）喝酒＋酒完（了）"，把它形式化就是："(S)VN＋Na(了)"；而例(20)的语义结构是："（某人）喝酒＋（某人）醉（了）"，把它形式化则是："(S)VN＋(S)a(了)"。由此可见例(19)和例(20)潜藏的语义结构是大不相同的。句子的语义结构可以用数理逻辑换算出来的。从这里我们得到一点启发：语法分析必须弄清句子潜藏的语义结构和它的表现形式（句法结构）之间的对应关系，否则，就会使语法分析出现矛盾和错误。

## 三、语言的句子和言语的句子

如果承认现代语言学必须区分语言和言语，或者语言能力和语言行为（competence and performance），那么，也必须区分语言的句子和言语的句子。语言的句子是指句子的结构模式，它具有语义结构，但不表现说话人的思想内容，因而不同客观现实发生直接关系。言语的句子是句子结构模式的应用，它与一定的语境相联系，并同客观现实发生直接关系，它一般在句子的语义结构基础上表现说话人的思想内容。

这样区分，我们就可以把句子结构的语义内容和它所表达的思想内容分解开来，句子所表达的思想内容不属于语言学的研究范围。同时，我们可以把非逻辑句划归言语的句子，让其在风格学里评价它的表现手法，从而就可以判断语言的句子的合法度（wellformedness）。

如何对待非逻辑句,这是语言工作者,特别是语文教学工作者非常棘手的问题。例如：

(21) 书上写着这许多字,佃户说了这许多话,却都笑吟吟的睁着怪眼看我。　　　　　　　　　　(《狂人日记》)

(22) 板凳爬上墙,灯草打破锅。　　　　(《古怪歌》)

语言工作者对例(21)、(22)这类句子的合法度持有不同的评价;语文教学工作者指导学生要注意语词搭配的逻辑性,可是遇到名家的这类句子也就不便评判了。我在教学中曾写出下面两个句子让全班学生(大学生!)评价它的合法度：

(23)《小街》里夏的弟弟俞是个姑娘。

(24) 小张的弟弟是个姑娘。

全班五十名学生一致认为例(23)是合法的,例(24)是不合逻辑的。我进一步问他们评价的根据,学生回答例(23)是现实事实,电影文学里有的,例(24)没有现实事实作根据。这正如一些人对例(21)、(22)的评判一样,凡是名人说的或上了书的句子总是合法的。如果我们把这类非逻辑句划归言语的句子,一方面,有利于分析言语句子风格色彩,另一方面,也便于分析语言句子的语义结构,这就不至于左右为难了。

语言的句子的语义又可分为附丽于单位的和超单位的语义。句子中超单位的语义就是节律音位所表达的语义,它不是属于某一个词或短语的,而是上加于句法结构的,所以赵元任先生把这叫"上加成素"[16]。这是要在分析句子的语义结构之前先行确定的,不应使它胶合在句法结构之内。这样划分之后,我们分析句子的语义结构就仅限于句法单位的语义,而不再涉及句子语音结构的表义问题。

句子的语义是潜在于句子的深层结构之中,是不能凭语感或经验来确定的。分析句子的语义结构必须有一套转换规则(transformation rule)把深层结构的语义表现出来,这就是转换语法(transformational grammar)。因此转换语法要评价句子的合法度并赋予语义的可解释性。这样,我们就可以用一套转换规则来解释歧义句、同义句以及同型异构句等的语义。例如"这个人谁都不相信"有两个意思:(1)他不相信任何人,(2)没有人相信他。后者可以换成"谁都不相信这个人",就解决了歧义。[17] 就是说,"这个人"做句子主语是第一种意思,做句子的宾语是第二种意思,运用转换规则就可以充分解释这个句子的歧义。

说到句子的歧义,这是指语法的,即句法结构上的。我们不能把修辞上的双关辞格之类当成歧义句。例如:

(25)(匪徒们)为了不露他们的马脚印,想了个"雪里埋死尸"的穷点子,把马蹄全部用破麻片、破布、乌拉草包裹起来。妈的!他想得倒周到。可是匪徒们走上这十几里的大山背,他没想到包马蹄的麻袋片会踏烂掉在路上,露出了他们的马脚。[18]

例(25)"露出了他们的马脚"这是一句双关语,字面上说的是露出了匪徒的马脚印,骨子里指的是潜逃的匪徒现出了原形,即言在此而意在彼。这实际上是句子在使用过程中同语境相联系而产生的言外之意。这类句子是属于言语的。

同义句指的是句子表层结构不同,深层结构相同,实际是句法结构变换的结果。例如 a."我们消灭了敌人",b."我们把敌人消灭了",c."敌人被我们消灭了",a、b、c 这三个句子语义相同。我们运用转换规则把主动句(a)变为"把"字句(b)和"被"字句(c)。结构关系弄清楚,就可以解释 a、b、c 三句同义的由来。

这里,特别是同型异构句,如不运用转换规则,就很难发现它所隐含的语义。我们借用朱德熙先生一篇文章的例子来说:⑲

(26) {A. 在黑板上写字。→a. 把字写在黑板上。
B. 在家里吃饭。→b. 把饭吃在家里。

例(26)的 A、B 同型,但 A 可以变成 a,B 却不能变成 b,因而不同构。朱先生把 A 解释为"表示的是人或事物所在的位置",把 B 解释为"表示的是事件发生的处所"。这种解释无疑是正确的、精湛的。如果不通过变换,A、B 表面形式同型,无法发现它们的语义差别,通过变成 a、b 的可能性,就能深入发现和解释它们的语义。

由此可以得出简单的结论,句子的语义结构是客观存在的,它不是脱离句法结构而另行有一套语义结构,它是潜在句子深层结构之中的,必须用一套转换规则把它描写出来。因此研究语言(包括语义)的出发点不在语义,而应对语言进行形式化的描写,从中去发现语义和解释语义。这就是我们信守的原则。

## 注 释

①或许有人认为,(1)b 的语义内容不合逻辑,因而划分出的结构层次不能成立。这个问题是属于我们后面谈的非逻辑句。并且,在"十年浩劫"时期,人民就是用(1)b 的句子去嘲讽"四人帮"的。

②《"的"字结构和判断句》,见朱德熙《现代汉语语法研究》,商务印书馆,1980 年,129 页。

③⑭徐思益《描写语法学初探》,新疆人民出版社,1981 年,94、321—324 页,50—58 页。

④一般分为自由语素和黏着语素。我们这里只讨论具有实义的语素,不涉及构词、构形的语素。

⑤《语言与语言学词典》,上海辞书出版社,1981 年,309 页。

⑥高名凯《语言与思维》,三联书店,1956年,66页。
⑦金岳霖主编《形式逻辑》,人民出版社,1979年,20页。
⑧列宁《哲学笔记》,人民出版社,1956年,278、281页。
⑨伍铁平《模糊语言》,见《语言漫谈》,上海教育出版社,206页。
⑩《毛泽东选集》(四卷合订本),1968年,1384页。
⑪《毛泽东选集》(第四卷英译本)(重印本),外文出版社,1967年6月,437页。
⑫⑬例句采自张贤亮《灵与肉》,《小说选刊》1980年第2期,4页。
⑮N表示名词,V表示动词,a表示形容词。
⑯赵元任《语言问题》第六讲,商务印书馆,1980年,84页以次。
⑰赵元任《汉语口语语法》,商务印书馆,1979年,48页。
⑱《林海雪原》,作家出版社,1959年,492页。
⑲朱德熙《现代汉语语法研究》,商务印书馆,1980年,176页。

*原载《新疆大学学报》1984年第1期。*
*又载《汉语语义学论文集》(下),湖南人民出版社,1986年*

# 重视语言应用和理论研究结合

## ——也谈重新认识语言问题

一

1994年,《语言文字应用》杂志相继刊登了《重新认识语言,推动语文规范化——第4次语法学修辞学学术研讨会择要》(简称《择要》)、《索绪尔的语言观在中国的传播与中国现代语言学的发展——"现代语言学在中国"座谈会纪要》(简称《纪要》),以及王希杰教授《深化对语言的认识,促进语言科学的发展》等重要文章,[①]都对现代语言学奠基人德·索绪尔的语言观展开了检讨,提出了重新认识语言问题。在这之前,还有一些学者从计算机语言学着眼也对索绪尔的语言理论进行过评析。我学习了这些文章后,很受启发,也想谈一些个人的理解和认识。

我们正处于信息科学飞跃发展的时代,卫星传播、光缆通讯、计算机应用、机器翻译、人工智能等新科技的发展,都对作为信息主要载体的语言提出了新的要求。这就促使语言学者回过头去检讨索绪尔对语言的规定似嫌褊狭,不能适应新时代的需求,自然地提出了重新认识语言问题,目的是想从语言观和方法论的关键问题启动,推进语言科学的健康发展。这是科学发展、社会进步的需要。

的确,正如《纪要》的先生们所说,"中国语言学界对索绪尔学说的引进和传播正是从语言观和方法论着眼的,这种引进和传播对中国现代语言学发展起了重要的推动作用"。方光焘先生"是中国语言学界全面而系统地、严肃认真地介绍索绪尔学说的第一人"。王希杰先生也说,"就我个人而言,年轻时代,接受的是经过索绪尔学说在中国的最早传播者方光焘老师修正过(?)的索绪尔的语言观,坚信语言是一个严密的音义结合的符号系统"。这就是说,我们很有必要简单地回顾一下索绪尔的语言观,特别是经过方光焘先生改造过的索绪尔的语言观之后,才便于提出我们今天对语言的重新认识问题,使理论研究更好地同语言应用结合起来。

## 二

索绪尔极少用严格的定义表述他所用的术语。他在区分语言和言语的基础上说,"语言是一种表达观念的符号系统"[②]。这可以看做是索绪尔语言观的表述。我们可以说,索绪尔以前的语言学都是以言语为研究对象,只有索绪尔在《普通语言学教程》中机智地区分语言和言语,才找到了语言学的真正对象——语言。索绪尔学说的实质就集中表现在语言和言语的区别上,其他一切理论和方法论都是从这一基本命题推演出来的。

但是,索绪尔虽然从多样异质的言语活动中分解出语言和言语,认为语言是言语活动的社会部分,却又把言语看成是纯粹个人的东西,从而把社会的语言和个人的言语分割开来、对立起来,造成了"索绪尔式的矛盾"和错误。索绪尔一方面认为语言是一种社会制度,另一方面,又认为语言是储存在每个人头脑里的词语形象,是心理的东西,从而否定了语言客观存在的物质基础。

索绪尔把语言符号也看成是心理的。他说,语言符号是由能记和所记结合构成的整体,能记指音响形象,所记指概念(或意义),"符号的两个部分都是心理的"。③他从心理出发看待语言符号,所以把语言规定为"表达观念的符号系统"。这一规定的缺陷在于:第一,把语言仅仅看成是表达个人观念的心理现象,容易误解为语言不必受社会约束而个人可以自由地选择表达方式。第二,否定语言符号的物质特性(说话的音响),用存在于大脑中的语言知识代替客观存在于社会集团中的活的语言,就否定了语言是人类最重要的交际工具这一社会功能。

方光焘先生介绍和发展索绪尔学说的贡献,正如《纪要》指出的,在20世纪30年代后期乃至40年代初期的"中国文法革新讨论"和50年代末至60年代初期的"语言和言语问题讨论"中,他对索绪尔学说有精要的介绍和充满卓见的分析,一再论述"体系和方法"问题,区分"语言和言语",强调理论和方法论对于语言研究的重要性,他既指出索绪尔理论上的不足之处,也认真纠正人们对索绪尔理论的误解。具体地说,方先生在改造和发展索绪尔学说方面最主要的有三点。

第一,索绪尔说,"语言是形式而不是实质"④。这一论断被严重误解,甚至认为结构主义语言学派把语言(语法)当成纯形式分析,而不管它的内容(意义)。方先生在"中国文法革新讨论"中,结合汉语实际,提出"词与词的互相关系,词与词的结合"的"广义形态"学说;到 50 年代又进一步丰富和发展了他的"广义形态",把意义和形式有机地结合起来,把功能、结构和句法统一起来,极大地丰富和发展了理论语言学。⑤

第二,把握形态核心,从意义和形式结合纽带着眼,提出了科学分析语法程序。他在《体系与方法》一文里指出,"文法学是以形态为对象的,是要从形态中发现含义",最早提出了"凭形态而建立范畴,集范畴而构成体系"的分析程序。⑥这是从语言观和方法论的高度指明研究方向。后来在《谈谈语言结构的分析》里,更明确地指出,"我们不是不问意义,只讲形式。事实上,抛开意义的语言形式是没有的。……一句话,从听话者的角度来说,是从声音到意义的。因此,研究者不能从意义出发。分析的结果要求同意义相符,但决不能从意义出发,否则就容易夹杂主观的东西"⑦。具体阐明从语言观到方法论的研究方向和分析程序,这是方先生对语法理论的重要贡献。

第三,在"语言和言语问题讨论"中,纠正了索绪尔区分语言和言语把两者割裂开来、对立起来的错误。方光焘说,"为了认清语言学以语言为研究对象,从言语活动中区分语言和言语是完全必要的,但是不能把个人的言语和社会的语言对立起来。纯粹的个人的言语是不存在的。……索绪尔不注意一般和个别的统一关系,把一般和个别完全对立起来了"。"索绪尔区分出来的语言是所谓心理意识中的语言,并不是客观存在的物质语言本身,不是在言语活动中具有物质外壳的语言。他在区分中的主要错误就是以存在于意识中的语言,即心理的语言,代替实际的语言。"⑧

我在学习、接受方光焘先生所改造和发展了的索绪尔学说后,很同意《纪要》所说,"从总体上来看,索氏的理论给中国语言学带来了一股强劲的新风,带来了新的思想和方法"。"但是,与国外相比,我们对索绪尔语言学思想的介绍及实践还差得很远,可以说我们还处在前结构主义阶段。需要有更多的人钻研、传播索绪尔的方法。"还应加一句,需要有更多的人钻研、传播方光焘的语言学思想。因此,我认为在正确区分语言和言语的前提下,说"语言是表达观念的符号系统"这句话还是可以接受的。为了避免误解或跟上时代潮流,我常把这句话中的"表达观念"改为"传递信息"[③],因为"传递信息"有编码、解码,是交际双方的事。把语言规定为传递信息的符号系统,我以为有几点值得注意。首先,传递信息必须使用同一社会理解的共时状态的语言(通过中介语解码不在我们研究的范围),当然必须有物质载体。其次,把语言放在符号世界中比较其异同,既可以看出一切符号具有的共性——物质性(语言符号的物质性就是音响),又能发现其特性,这就是索绪尔指出的,能记和所记联系的任意性、能记的线条性。现在通常说的语言的层次性、递归性等,是从语言符号特性中推导出来的。最后,系统是索绪尔首创的概念,如何从语言系统中研究语言,还需要深入探索。我理解的语言系统是指语言结构内部的层级关系、类聚关系和组合关系。一切语言要素或单位,在层级关系中定位,在类聚关系和组合关系中定性定量。如果我上面说的有一定道理的话,那么,当前提出的重新认识语言的问题,似可分别另作解释。

第一,把握事物的特性是非常重要的。特性不同于属性,属性是某些事物共有的,而特性或特点是一事物区别他事物的界标,是研究对象的需要,是一门科学赖以独立的根据。一种事物的特性是不会很多的,多了就没有特点。因此,我们要注意,不能把属性或非语言的东西当成语言符号的特点而罗列出七八条,这反而会模糊语言的特点,导致我们在研究方法上无所适从,或顾此失彼。

第二,要重视语言同思维的联系,但也不可把思维的问题误当成语言的特点或缺漏。比如说语言的模糊性吧,这确实是它的属性之一,但语言的模糊性是从思维即认识的模糊性派生的,还是语言符号固有的特性呢?恐怕是从思维的模糊性来的,而语言只是把人们思维活动的结果、认识活动的成果记载下来、巩固起来罢了。中国古代思想家很早就认识到"言不尽意"的真理。现代科学证明,人的思维器官大脑是由约一百五十亿个神经元细胞组成,每个神经元相当于一台精密电子计算机。人们思考问题时,眉头一皱,浮想联翩,恍兮惚兮,至微至大,就是用 CT 扫描,也无法明其奥妙于万一,用我们常人的语言去表述,怎能同步而无缺漏?简单地说,我们不宜把思维的问题记到语言的账上。

第三,当然,我们这里说的思维和语言,是指我们这个可能世界里人们常识可理解的思维和语言,而不是高人悟出的语言＝符号＝思维的"广义语言"。在这个前提下说,离开语言的物质属性或信息载体去谈论语言或它的符号特点,是不可能的,甚至是危险的。

第四,既然我们主张区分语言和言语,并且认为二者是一般和个别的互相依存关系,那么,我们在研究语言时不是用来装潢门面,而要在语言系统中贯彻始终,就可以解释无序和有序、变异和稳定的辩证关系。简单地说,我们先从底层音位来观察,它有音位和音位变体之分。"一个民族人民说话的语音,其音质可能是无限量的,这就是在言语里人们直接观察到的具体表现形式——音位变体,但从中提炼、抽象出一个民族语言的音位则是可以计数的。"[⑩]在它的上层,我们也说过,语素和词在言语里有各种变体——语法变体、语义变体、语音变体。[⑪]我们也谈到言语中的短

## 重视语言应用和理论研究结合

语变体是修辞的重要手段;我们主张区分语言的句子和言语的句子,"语言的句子是指句子的结构模式","言语的句子是指句子结构模式的应用,它与一定的语境相联系"。[12]总起来说,语言层级装置上的各种单位——音位、语素、词、短语、句子——从言语角度看,都有变异的、无序的一面,而从语言角度看,又都有稳定的、有序的一面。有序和无序、稳定和变异,可以说是一切事物运动、发展的规律,是永恒的。这样认识语言,诚如王希杰教授说的,"语言科学的重要任务便是揭示语言的自我调节机制的奥妙"。这完全是正确的。

### 三

上面,我谈了个人对语言的理解和认识。我的意思是,应该把索绪尔,特别是方光焘的语言学说在认真吃透、用够、用活的基础上,分辨其利弊,提出新对策,更有利于促进语言的应用研究。我愿意在上述认识的基础上,用一条语言应用的实例来分析印证,向同行请教。通常认为,诗词是语言艺术的结晶,也是最精练的言语作品。我们举王安石的《元日》为例,其诗云:"爆竹声中一岁除,春风送暖入屠苏。千门万户曈曈日,总把新桃换旧符。"[13]这诗现在有译本,我们写出来比较分析:"伴随着声声爆竹又过了一年,端起这屠苏酒仿佛春风送暖。温煦的阳光洒进了千家万户,换上新符祝愿新的一年平安。"原诗可能写于宋神宗熙宁三年(1070年),即王安石始拜相时所作。从诗的写作时代的语言系统看,当属中古汉语。作者系抚州临川(今江西)人,诗作难免带赣方音,但诗的韵律是社会共同的,势必要以《广韵》音系为准。至于诗作者音系的音位变体(说话音),现已无法测定了。

从语言系统观点看问题,一切语言要素或单位在语言层级关系中定位,确定单位与结构体的关系;在组合关系和类聚关系中定性定量,确定词语的性质及其含义。王安石这首诗有三处需要仔细辨认:(1)爆竹。这是词,还是短语?根据诗句及《荆楚岁时记》记载:"正月一日……鸡鸣而起,先于庭前爆竹,心辟山臊恶鬼。"可确认是短语。从"爆竹声中一岁除"组合关系看,并比照刘禹锡《畲田行》:"照潭出老蛟,爆竹惊山鬼"句(即反复使用或同类替换),可定为动宾短语,即爆裂竹竿之意。它已不同于现代汉语作为词的爆竹了。译诗的"爆竹"按现代汉语用作词,是对的,而在原诗中如作词用就欠通了。(2)屠苏。是单纯词,还是合成词?根据辞书可作草名、房屋、酒名诸解,应是一个语素构成的单纯词。从"春风送暖入屠苏"的组合关系看,属名词,是动词"入"的宾语;比照陆游《剑南诗稿十九·除夜雪》:"半盏屠苏犹未举,灯前小草写桃符"句,定作酒名解更贴切。这个词现代不见用,已成为历史遗物了。全句译诗是好理解的,而原诗照字面组合解,是"春风把温暖送进屠苏酒中",就有词语搭配不当之嫌,反而不如把"屠苏"当"房屋"解通达。但是,诗的语言就是要情化、美化,采用各种修辞手法寄情于景、情景交融,否则就没有诗味。这是应用语言的变异而产生的艺术效果。同样,第三句"千门万户曈曈日",仿佛只是词语排列而主谓不粘连;事实上,词语排列也是一种表义形式,诗词语言既要受格律约束(包括字数),又要洗练,点出主要信息即可。这是应用语言的又一种变异形式。(3)新桃、旧符呢?辞书未收,无解;只有"桃符"条。《辞海》解说,"相传东海度朔山有大桃树,其下有神荼、郁櫑二神,能食百鬼。故俗于元旦,用桃木板画二神于其上,悬于门户,以驱鬼辟邪"。参照《荆楚岁时记》:"正月一日……贴画鸡户上,悬苇索于其上,插桃符其旁,百鬼畏之。"和上引陆游诗句,"桃符"皆做合成词。王安石或受诗体格律制约(这是在应用语言基础上的又一种形式——文体)而把"桃符"拆开,始造"新桃""旧符"短语,即加上"新""旧"对比、点化,顿生革故鼎新的气势,是他的言语创新或变异。译诗作"换上新符",语虽通达,然表义欠明,气势不足。以上我们从中古汉语系统着眼,对诗中难解的词语作了定性定量的解释。单就这三个词语说,它是汉民族文化载体的结晶,应属文化语言学的研究范围。由此看来,一个时期的言语作品应该放在当时的语言系统中去分析,才是正确的。

从语言和言语关系看,我们上面说道,"言语的句子是指句子结构模式的应用,它与一定的语境相联系"。我们曾用下面的图例来解说这种关系:

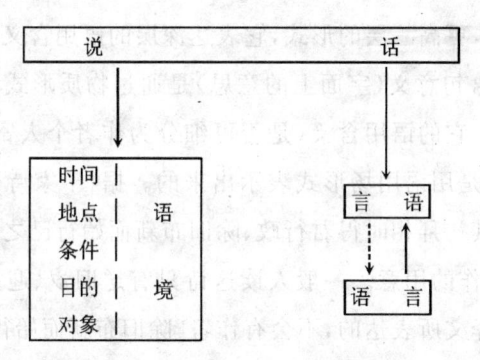

```
        ┌─────────────────────────────┐
        │      说              话      │
        └─────────────────────────────┘
                │
                ▼
        ┌──────────────┐
        │ 时间 │        │         ┌──────┐
        │ 地点 │ 语     │         │ 言 语 │
        │ 条件 │        │         └──────┘
        │ 目的 │ 境     │            ▲
        │ 对象 │        │            ┆
        └──────────────┘         ┌──────┐
                                 │ 语 言 │
                                 └──────┘
```

我们说,"构成语境的时间、地点、条件、目的、对象五种要素,在言语行为中是永远在场的,缺一不可的,或可把这叫做'语用场'。……我们认为,语言是社会共同遵守的一套规则系统,是言语行为的决定因素,它通过言语个例体现出来;箭头表示语言规则系统贯穿在言语之中。言语是个人具体使用语言所形成的一套表达形式,它容许个人创新。个人创新的表达形式并不一定都成为语言新的规则。它要经过反复使用并得到社会公认之后才能进入语言规则系统;虚线箭头表示这种关系。语境对语言的制约和影响,是通过说话人具体使用语言,即选择言语表达形式实现的"[14]。联系这首诗来看,王安石是在具体使用他那个时代语言所形成的一套表达形式,其中语音、语义和句法都有他自己选择的自由(如二、三句的变异用法,有他个人特色),并容许创新(如"新桃""旧符"),但贯穿在他言语之中的,仍然是他那个时代的语言规则系统;他创造的"新桃""旧符",当时就没有人再用,后世更没有流传。这大概可以看做是从无序到有序,从变异到稳定(规范)吧。

我们还可以进一步对语言符号的配件组装作深层观察。语言符号的物质形式表达词语意义,语词组合的结构形式表达语法意义,语句有目的的布局构成文体篇章结构,形成语用场。语用场也是一种形式,更高一层的形式,它表达深层的语用含义。以这首诗为例,它的语句意义(字面上的意思)是通过物质形式和结构形式表示出来的,它的语用含义(是否可细分为作者个人寄意、用意和作品寓意?)是用语用场形式表示出来的。据《千家诗》选注者说:"此诗自况其初拜相时得君行政、除旧布新而始行己之政令也。"这是王安石诗作的用意。一般人读这诗只有送旧岁、迎新春的喜悦之感,恰如译文所表达的,不会有作者"除旧布新而始行己之政令"的政治抱负。据报载,1976年春节,"四人帮"的张春桥也欣喜若狂地朗诵这首诗以寄托他篡党夺权的政治野心,这说明不同的人进入语用场,因说话的目的不同而表达的含义不同。王安石的语用含义恰是从他创新的语句"总把新桃换旧符"中映射出来的,这是点睛之笔。王希杰说得对,"语用失误不过是没有语用合理性缺乏语境得体情况下"产生的,如果改变语用条件,语用失误可以转化为艺术佳句。

我们再研究一下这种超越字面意思的语用含义是怎样产生的?它还是语言系统派生的,是从索绪尔的联想关系——我们称之为类聚关系(物以类聚)中产生的。索绪尔说,"在话语之外,各个有某种共同点的词会在人们记忆里联合起来,构成具有各种关系的集合",就是联想关系。联想关系是"把不在现场的要素联合成潜在的记忆系列"。[15]就是说,根据小至词语或它的组合关系,大至语用场的某种类似点(声音、意义和形式)产生联想,构成隐喻,就出现了言在此而意在彼的艺术效果。我国古代诗论讲比兴,就是这个道理。所以雪莱说:"诗人的语言主要是隐喻的。"[16]由此看出,我们在语言学里研究修辞艺术、风格不很理想,恐怕是我们面对语言这座艺术大殿,没有升堂入室进入语用场,即没有讲明怎样有效地应用语言就止步了。

基于这种认识,我很欣赏于根元研究员的一句慧心之言:"语言是座立体交叉桥。"[17]这是一种形象、生动的比喻说法。的确,立交桥是现代化城市不可或缺的交通通道,它缩短了人们交往的时空,密切了人际关系;它又是多渠道、多层次的艺术景观,可供游人欣赏品味。表面看来,车辆行人,纷纷扬扬,是无序的;而深入其境,左盘右旋,各有通道,互不碰撞,又井然有序。语言就是这样,在实际应用中,在言语行为中,有个人灵活驾驭的一面,又有固定的、遵守交际规则的一面。我们这样认识和研究语言,就是把语言看成是一种生命体,是活的、可变化的,又有新陈代谢规律的。换句话说,就是在应用研究中提炼理论,在理论建设中重视应用,把两者结合起来,从应用中去发现新的规律,才是全面认识和研究语言。因此,我很赞赏《语言文字应用》同仁的胆识,敢于发表《纪要》和《择要》以及有关研讨文章,把语言的应用和理论研究结合起来,确实"给中国语言研究吹来一股春风",必将"为新时期中国语言学的研究开辟新的道路"。

我还要特别赘一句,敢于提出重新认识语言的先生们,不管从什么角度去认识,说出了多少真理,这本身就是解放思想、多方位地搞活语言研究的表现,是深化语言研究的动力,应该继续提倡和鼓励。

## 注 释

①《语言文字应用》1994年第1期、第3期。引文不另注出。
②③④⑮德·索绪尔《普通语言学教程》,商务印书馆,1980年,37页,36页,169页,171页。
⑤⑥《方光焘语言学论文集》,江苏教育出版社,1986年,197、6页,139页。
⑦⑧方光焘《语法论稿》,江苏教育出版社,1990年,113页,164—165页。
⑨《徐思益语言学论文选》,新疆大学出版社,1994年,84、96、187、196、209、362、405、429页。
⑩徐思益《描写语法学初探》,新疆人民出版社,1981年,105页。
⑪⑫⑭《徐思益语言学论文选》,新疆大学出版社,1994年,222页,260页,407页。
⑬陈绪万《千家诗全译》,语文出版社,1987年。
⑯《十九世纪英国诗人论诗》,人民文学出版社,1984年,121页。
⑰参见《择要》。

原载《语言文字应用》1995年第2期

# 试论语言的民族变体

## 一、引 言

语言是一种结构模式、一种价值体系,它存在着地域差别和应用变异,形成语言的种种变体。语言学者通常所说的语言变体大致有三种,即语言的地域差别形成方言,它相对于同一民族语言来说,是民族语言的地方变体;同一民族语言,因社会交际需要,使用场合不同,形成不同语体(文体),是民族语言的功能变体;一些著名的语言巨匠,在使用语言过程中,往往具有个人艺术特色,形成自己的言语风格,这是语言的个人变体。

我们这里研讨的语言的民族变体与上述种种语言变体有本质的不同。语言的民族变体指的是一个民族使用另一个民族的语言而普遍带有母语印迹,它相对于本民族的母语来说是"双语现象";从被使用的民族语言来看,它是这种语言的民族变体。我们调查新疆维吾尔、哈萨克等少数民族当代使用的汉语就存在这种现象。具体地说,从新疆少数民族掌握、使用汉语的角度看是"双语现象";从汉语普通话的角度看,他们使用的汉语具有民族特色和地域特色,几乎可以同语言的地方变体——方言相比附,是汉语普通话的民族变体。

"双语现象"和语言（汉语）民族变体并非认识角度不同的等价物。"双语现象"是指一部分群体掌握和使用第二语言。语言民族变体指的是，凡该民族的人使用另一民族语言都普遍带有规律性和系统性的母语印迹。新疆少数民族使用的汉语普通话就出现这种情况。请先看我们调查的概况。

## 二、语法问题

语法是语言的本质特征体现，一种语言不同于另一种语言最主要的区别是语法系统不同。汉语普通话属于汉藏语系汉语族，现代维吾尔语、哈萨克语属于阿尔泰语系突厥语族。汉语普通话缺乏严格意义上的狭义形态变化，主要靠词序和虚词来表示各种句法关系，是分析型语言。维吾尔、哈萨克语有丰富的狭义形态变化（名词变格、动词变位），主要靠构形形态来表示各种句法关系，是黏着型的综合语。这两种不同系属、不同类型的语言，在语法方面表现出一系列的重要区别。因此，维吾尔、哈萨克族人学习和使用汉语，要从类型学上彻底排除母语的干扰和影响，才能说（写）出基本像样的汉语。我们的调查表明，维吾尔、哈萨克族人如果从小进汉族学校学习汉语，他们使用的汉语跟汉族人使用的汉语没有什么差别。但是，达到这种程度的，现在和将来都毕竟是少数人，更多的维吾尔、哈萨克族人使用的汉语都带有严重的、明显的母语干扰和影响，严格地说，他们是按照维吾尔、哈萨克语的语法系统套用汉语。我们下面就分析这类人使用汉语的语法问题。

1. 维吾尔、哈萨克族人使用汉语的一个显著特点是动宾错位。汉语的基本句式是"主＋（动＋宾）"（SVO），维吾尔语、哈萨

克语的基本句式是"主＋(宾＋动)"(SOV)。因此,维吾尔、哈萨克族人说汉语常用母语的句式去套用汉语。例如:

(1) 我们这个范围的嘛,文明建设委员会有哪。

(2) 有的老师二三十年干了。

特别引人注意的是,有的维吾尔、哈萨克族人已经按照汉语的语序 SVO 说出了正常句子后,似乎觉得不符合母语的习惯,于是又重复动词谓语赘于句末,变成维吾尔、哈萨克语和汉语相互套用的现象。例如:

(1) 他的妈妈有个亲戚有。

(2) 科室有科技干部七名的人有。

这些语句表明,维吾尔、哈萨克族人使用汉语受母语的影响很深。

2. 汉语体词谓语句常用系动词"是"表示主谓之间的联系关系,或断定主语的性质、类属。维吾尔、哈萨克语的体词谓语句一律不用系动词"是、属于"等,故维吾尔、哈萨克族人说汉语就直接用母语句式套用汉语。例如:

(1) 我的名字(叫)哈斯木·帕尔沙尤夫。

(2) 这(是)实际问题嘛。

3. 汉语的几个特殊句式如兼语式、连动式,维吾尔、哈萨克族人说汉语很少使用,从我们调查的材料看,他们或改变句式来表达,或者误用。因为在维吾尔、哈萨克语句法结构里,每句只允许出现一个变化动词做谓语,再有动词出现就使用原形动词(不定动词)。汉语动词没有狭义形态变化,一句话中不管出现几个动词,其外形都一样。所以维吾尔、哈萨克族人说(翻译)汉语的兼语式、连动式常常依照自己母语的语法系统加以改变。例如:

A. 汉语兼语句式

(1) "现在家里经常有三口人住。"

则说成"家里经常住的有嘛,现在算三口人"。

(2) "班长让我把教室打扫干净。"

则说成"班长对我们说把教室打扫干净"。

B. 汉语连动句式

(1) "昨天我到一个地方去做客。"

则说(译)成"昨天我一个请客的地方去了"。

(2) "他又想回家探亲了。"

则说成"他又想回家了探亲了"。

4. 汉语主谓结构做谓语的主谓谓语句和"把"字句也是比较特殊的,维吾尔、哈萨克语没有这种句式,他们使用汉语这类句式,或者加以改造,或者掌握不好而误用、泛用。

A. 汉语主谓谓语句

(1) "我文化水平低。"

则说成"我嘛,文化水平低的"。

(2) "我们干部群众关系好。"

则说成"我们干部的群众关系好的"。

这里的汉语主谓谓语句,维吾尔、哈萨克族人都改成主谓句使用了。

B. 汉语"把"字句

汉语"把"字句构成是有条件的,即第一,只有及物动词才能构成"把"字句;第二,动词后边有补充的成分,不能是光杆动词;第三,"把"字句提前的宾语必须是有定的。这三条是"把"字句构成的必要条件,并且是同现关系。我们的教师给维吾尔、哈萨克族学生讲解"把"字句可能没有讲清这些条件,只简单说,动词谓语后的宾语可用"把"字句变换,把宾语提到动词前。这样就正好使维吾尔、哈萨克族学生按照母语"SOV"的格式套用,以致出现误用和泛用。例如:

(1) 我们最好还是把他们协作。

(2) 我把这个句子明白不了。

(3) 把吐鲁番的葡萄任何人都喜欢。

C. 汉语存现句

汉语存现句也是维吾尔、哈萨克族人较难正确掌握和使用的。汉语存现句是一种非主谓句,表示事物存在、消失的状态,句首的处所名词是全句的状语,动词后的名词是无定的,其格式是:"处所词+动词+(数量)名词"。维吾尔、哈萨克族人常把这种存现句改成主谓句表达。例如:

(1)"羊圈里跑了一只羊。"

则说成"从羊圈里一只羊跑了"。

(2)"桌子上有一本书。"

则说成"一本书在桌子上"。

这样改用,出现的问题是,汉语原句的"一只羊"、"一本书"处于动词后宾语的位置,都是无定名词;改变后的句子"一只羊"、"一本书"处于动词前的主语位置,一般要求主语是有定的,这样改变句式就违背了汉语语法规则。

5. 汉语的复句及其关联词语多是配套使用,如果关联词语的配套失误或遗漏,就会使话语表达不清以致误解,这也是维吾尔、哈萨克族人说汉语常出现的问题。例如:

(1)所以(因为)政治上的稳定,民族团结好,所以经济发展得比较快。

(2) 只有这四个工程师嘛,(才是)高级工程师。

(3) 整整一年,我们(除了)跟着领导翻译之外,(还)承担了文字翻译工作。

6. 维吾尔、哈萨克族说汉语另一个最显著的现象是遗漏或误用介词。因为维吾尔、哈萨克语没有介词。维吾尔、哈萨克语是通过名词变格来表达汉语用介词所表达的语法关系,由于受母语的影响,遗漏介词成为一般维吾尔、哈萨克族人说汉语的普遍现象。例如:

(1) 现在还一直在家里,(用)打字机打字。

(2) 我们这个喀什地区整个农业机械化嘛,(由)他负责。

(3) 我们麦盖提很多疾病,都(跟)水有关系。

(4) (给)水利厅写了几次报告我们单位。

(5) 不正之风(对)整个社会影响是比较大的。

(6) 他(在)汉族班学习。

(7) 我们在(到)学校去唱歌。

(8) 首先(从)自己做起。

7. 汉语表示语法关系的几个副词和助词也是维吾尔、哈萨克族人学习、使用汉语的一个难点。他们常常误用,以致造成歧义。

维吾尔、哈萨克族人说汉语分辨不清否定副词"不"、"没"同表现动作行为的时间关系,随意混用。汉语否定副词"没"是否定动作行为的过去和现在。"不"是否定动作行为的现在和将来,有明确的分工。①维吾尔、哈萨克族人说汉语却不加分辨。例如:

(1) 我没有打字嘛,急得很。

(2) 你自己不好好复习,我现在怎样帮助你?

从这两个例句中可以确认,(1)句中的"没有"应该用"不",说的是现在不打字的行为,(2)句中的"不"应该用"没",说的是过去不复习功课的行为,这样才符合汉语语法。

维吾尔、哈萨克族人还有把汉语用双重否定表示肯定的强调用意理解(翻译)为否定的意思,致使表义相悖。例如:

(3)他学习很好,没有一个人不赞扬他的。

有些大学生居然把这句汉语的意思理解(翻译)成"他学习很好,没有人赞扬他的",或者"他学习很好,没有赞扬他的人"。足见否定副词也是维吾尔、哈萨克族人使用的一个难点。

汉语表示重复继续的副词"再、还、又、才"也同表示动作行为的时间有联系。我曾说过,"再+V"、"还+V"表示动作行为未实现,只能与将来时间有联系,"又+V"、"才+V"表示动作行为已实现,只能与过去时间发生联系。[②]维吾尔、哈萨克族人对这些细微差别分辨不清,常常混用致误。例如:

(1)我1966年毕业以后,1967年把我分到和田。……1980年以后再调到新疆大学现在的单位来工作。

(2)过去两小时还来了电话。

从这些话语中可以确定,(1)句的"再"应该改用"才",表示动作行为已实现,并且实现较晚;(2)句的"还"也应改用"又"。

汉语的所谓时态助词"了、着、过",维吾尔、哈萨克族人也难于掌握和正确使用。例如:

(1)问:你上过大学没有?

答:没有,上高中了。

这句答话应该说"上过高中",表示过去经历的事。如回答成"上高中了",是表示现在才上高中;或回答说"上了高中",也仅表示行为的实现,并不表明经历。

(2) 这样就剩下三四个人,其他我们都扫盲。

这句话的原意是:除三四个人外,其他的人我们都扫(脱)了盲。"扫盲"和"扫了盲"有别,"V+了"表示完成体,说明动作行为已实现。这句话该用"了"而不用,人们误以为"其他的人"都未"脱盲"。

(3) 我在1973年生了。

这句话的本意是:我是在1973年出生的。这句话误用了"了",会让人误解。

我们在调查材料中尚未发现维吾尔、哈萨克族人使用"着、过"。上引话语表明,他们已经用"了"代替"过"所表示的语法意义。至于"V+着"表示持续进行的语法意义,他们是用汉语西北方言的语法手段"……的呢"来表示。例如:

(1) 还(有)两个娃娃在家待业的呢。

(2) 我(同)爱人一块儿生活的呢。

从以上分析看出,汉语动词本身(受汉字单个书写体的影响)没有时态变化,它要同某些副词或助词结合在一起才能映射出时态关系,如果我们教师不从词和词(或语素和语素)的结合关系上去讲解它所暗含的语法意义,维吾尔、哈萨克族等少数民族学生是难于正确理解和使用的。

8. 句子成分及其位置。汉语句子成分一般有六种,即主语、谓语、宾语、定语、状语、补语。汉语的主语、谓语、宾语的位置,除变式句外,常常是确定的;定语不进入句子就可以确定;状语和补语分别是以动词、形容词谓语为中心划界,在它前面的是状语,在它后面的是补语。维吾尔、哈萨克语没有补语,由于受母语的影

响,维吾尔、哈萨克族人说汉语,常把补语(特别是数量补语)移前改作状语表达。例如:

A. 汉语表达形式

(1) 他住院三个月了。

(2) 我现在工作了二十九年。

B. 维吾尔、哈萨克族人说汉语的表达形式

(1) 他三个月住院了。

(2) 我现在二十九年工作了。

汉语趋向补语如"上去、下来、起来"等和某些动补(宾)结构的词是比较松散的结构,中间可以插入别的成分。维吾尔、哈萨克族人对这种用法掌握不好。例如:

(1) "他一口气跑上八楼去了。"

则说成"他一口气八楼跑上去了"。

(2) "我们打起手鼓,跳起舞来。"

则说成"我们打起手鼓,跳舞起来"。

汉语有丰富的类别词(量词),这种类别词有选择限制名词的作用。因此在多重修饰成分的句子里,类别词修饰名词做定语一般可以远离中心语而不致发生误解。维吾尔、哈萨克语没有汉语这种类别词,凡汉语句子中远离中心语的数量定语,他们都要挪动位置,使其紧靠中心语。例如:

(1) "一位刚从美国回来的学生,上周来校和大家见了面。"

则说成"刚从美国回来的一个学生,上周来校和大家见面了"。

(2) "他写了一首歌颂老师的诗。"

则说成"他写了歌颂老师的一首诗"。或者"他写了一首诗,

歌颂老师"。

另外,汉语表示全称数量的一些词如"所有、一切、全体、全部"等,在多重定语的句子中要置于句首,并用表示周遍性副词"都"与之相照应。维吾尔、哈萨克族人说汉语,却把这些表示全称数量的词移后紧靠中心语,不再用"都"与之照应。例如:

(1)"所有参加运动会的女学生都到齐了。"

则说成"参加运动会的所有女学生到齐了"。

(2)"一切为国家民族作过贡献的人都不要忘记。"

则说成"为国家民族作了贡献的一切人不要忘记"。

从以上的分析比较可以清楚地看出,维吾尔、哈萨克族人使用的汉语因受本民族语言的影响而带有鲜明的母语印迹,可以说,他们是用母语的语法框架套用汉语。他们说的汉语具有新疆区域特色和民族特色,是民族式的汉语。

# 三、语音问题

语音是语言的物质材料。从生理机能说,人们可以学会发出世界上一切语言的语音,各种具体语言所使用的语音物质材料有同有异,或大同小异,都是人类言语器官可能发出的声音。然而,当人们幼小习得自己的母语之后,一般说来,他仅对母语的语音具有敏感性,而审辨另一种语言的语音却显得迟钝。或许可以说,人们已经形成了第二信号系统之后,要在原有的第二信号系统基础上再生成一套新的第二信号系统,未经过专门训练和反复刺激,是不容易达到目的的。从语言立场看,一种语言所需要的语音是有限量的,这就是音位。音位的重要作用是区别语素和词,使其不发生混淆,这就是音位具有区别特征的作用。一种语言音位系统的归纳和确定是以多项对立为原则,音位区别特征是以二项对立为原则。音位区别特征是属于具体语言的。一种语言音位区别特征在另一种语言里可能是同一音位的变体,反之,同一语言的音位变体在另一种语言里可能具有区别特征,是不同的音位。例如,汉语普通话的 b[p]、d[t]、g[k]和 p[p']、t[t']、k[k']是由不送气和送气二项对立的区别特征确定为不同的音位。而维吾尔、哈萨克语的[b]、[d]、[g]和[p]、[t]、[k]却是由浊、清二项对立的区别特征确定为不同的音位。说汉语普通话的人有时在语流中出现浊音性的[b]、[d]、[g],只能看成是[p]、[t]、[k]的音位变体,反之,在维吾尔、哈萨克语中有时出现[p']、[t']、[k'],也只能看成是[p]、[t]、[k]的音位变体。这就是说,各种语言使用相同的语音物质材料可以构成各自不同的语音系统,使用不同的或大同小异的语音物质材料,也可以模拟另一种语言的语音系统,其基本原则是,只要能够建立新的对立,在语音系统上彼此区别开来即可。这就是一般人学习和使用第二语言习惯于用母语的音位去套改目的语音位的常见现象。我们调查发现维吾尔、哈萨克族人说汉语就普遍存在着这种现象。维吾尔、哈萨克语音位基本相同,我们的专题调查报告已经对维吾尔、哈萨克族人使用汉语在语音方面存在的问题作了较详细的描写和分析,[3]我在这里再简要地加以综合归结。根据汉语分析语音的传统,把每个音节分解为声母和韵母。汉语普通话除零声母外,声母都是由辅音充当。除[n]、[ŋ]构成鼻韵母外,其他一切韵母都由元音充当。因此我们仍可以从元辅音角度去分析比较。

1. 辅音方面的主要问题

(1) 用维吾尔、哈萨克语与汉语发音部位相同的浊辅音[b]、[d]、[g]代替汉语清辅音 b[p]、d[t]、g[k]，用清辅音[p]、[t]、[k]代替汉语送气清辅音 p[p']、t[t']、k[k']，只是维吾尔、哈萨克语送气较弱。

(2) 用维吾尔、哈萨克语与汉语发音部位相近的舌叶音[dʒ]、[tʃ]、[ʃ]代替汉语舌面前音 j[tɕ]、q[tɕ']、x[ɕ]，但维吾尔、哈萨克语的[dʒ]是浊塞擦音，汉语的[tɕ]则是清擦音。

(3) 汉语普通话的舌尖音 z[ts]、c[ts']、s[s]和卷舌音 zh[tʂ]、ch[tʂ']、sh[ʂ]在北方话的一些次方言中也有不分或混淆的情况。维吾尔、哈萨克语除[s]外，没有与之近似的音。他们说汉语就用浊塞音[z]代替汉语清塞音 z[ts]，用[s]代替汉语的 c[ts']和 s[s]；又用[dʒ]代替汉语 zh[tʂ]，[tʃ～ʃ]代替 ch[tʂ']，[ʃ～s]代替[ʂ]。这样，维吾尔、哈萨克语的[dʒ]、[tʃ]、[ʃ]、[s]就出现了兼代作用。我们常听见维吾尔族人说汉语的"经济"和"政治"同音[dʒiŋdʒi]，就是他们母语的兼代作用造成的。

(4) 用维吾尔、哈萨克语的舌根清擦音[χ]代替汉语舌面清擦音 h[x]。

(5) 用维吾尔、哈萨克语舌尖颤音[r]代替汉语卷舌音 r[ʐ]。

(6) 维吾尔、哈萨克语原来没有唇齿清擦音 f[f]，只是为书写借词引进的。现在维吾尔、哈萨克族人用不确定的[p～f]代替汉语的 f[f]。

2. 元音方面的主要问题

(1) 维吾尔、哈萨克语没有汉语普通话的舌尖元音[ɿ]和卷舌元音[ʅ]，维吾尔、哈萨克族人说汉语一律用[i]代替[ɿ]和[ʅ]。

(2)维吾尔、哈萨克语没有复元音,按照母语的习惯,凡汉语以[i]、[u]、[y]开头构成的复元音韵母,维吾尔、哈萨克族人说汉语,一律丢掉[i]、[u]、[y];凡以[i]、[u]收尾的复元音韵母,维吾尔、哈萨克族人说汉语一般把[i]、[u]辅音化,变成[j]、[v]。总之,除少数例外,维吾尔、哈萨克族人说汉语总是把汉语的复元音改变成单元音,或丢掉韵头,或改变韵尾,只保留韵腹主要元音,使其符合母语的音节结构。

(3)汉语鼻韵母[in]和[iŋ]、[ən]和[uŋ]在一些方言(包括西北方言)中混淆不清,维吾尔、哈萨克族人说汉语也同样存在这种情况,这可能是受汉语西北方言的影响。

3. 声调方面的主要问题

一种语言的物质材料除了用元音、辅音的音质组合成音节外,还必定负载有音高、音强和音长这些超音质成分,这是话语中不可缺少的物理因素。超音质成分的作用在各种语言中是不同的,有的语言根据音高变化不同而区别语义,构成声调位;有的语言根据音强轻重不同而区别语义,构成轻重音位;有的语言根据音长的久暂而区别语义,构成时位。重要的是看这些超音质成分是否具有别义作用,不具有别义作用的就不予研讨,但这并不是说某种语言可以没有音高、音强和音长的物理因素。

汉语是声调语言,汉语普通话由语音高低曲折变化形成四个调位(阴、阳、上、去)可以区别语义。维吾尔、哈萨克语由音强的轻重不同构成重音语言,重音固定在词的最末音节上,一般不区别语义,但有给词划界的作用。根据我们的调查,形成维吾尔语的词重音不单是音强的作用,是音强、音高的共同作用,而音高还起了主要作用,或可以说是音高重音。维吾尔族人读维吾尔语单音节词伴随着音强读降调，而且降的幅度大，调值相当于[51]；读双音节和多音节词语，前面的音节读成降升调，调值相当于[325]，最末音节仍然是读降调[51]。④这说明维吾尔语有两个自然声调，其模式是[325]、[51]，而最末音的降调构成词重音。我们说维吾尔语有两个自然声调，是指这种声调不起区别语义作用，而是语言习惯自然形成的，以词为单位的上加成分（不同于汉语的所谓字调）。哈萨克语的情况，我们调查还不够深细，但大致情况跟维吾尔语相同。我们可以说，维吾尔、哈萨克族人说汉语，不管汉语的词以及成语各个音节的声调是什么，一律按照自己母语的自然习惯，把[325]、[51]声调模式迁移到汉语中。致使汉语带有维吾尔、哈萨克语的腔调。

## 四、语汇问题

语汇问题主要是它的语义所表达的现实世界问题。由于人类思维结构和规律相同，人们把反映世界的结果、认识世界的成果用词语记载下来，因而各种语言所表达的自然现象、社会现象、内心世界就有许多相同、相近和相通的地方，从而形成了人类语言的普遍语义因素。但是，由于使用具体语言的民族不同、地理自然条件不同、社会文化背景的差异，各种语言的语汇意义又蕴涵着许多特殊因素。从事翻译工作的人都知道，把一种语言的语汇译成另一种语言的语汇只是大体相同相通，没有绝对相当相等。认识到不同语言的语汇同中有异、大同小异，对于学习和使用第二语言的人特别重要。

人们习得母语之后，开始学习和使用第二语言时，在语汇问题上也总是站在母语立场上去观察和思考问题,这就是"心译"。心译就是把母语语汇的指称、含义和习惯用法迁移到目的语中,如不顾目的语语汇的使用价值,就会使目的语不能达意或生硬别扭。维吾尔、哈萨克族人说汉语就有这种情况。

1. 维吾尔族人把母语的词语直接或稍加改造后插入到汉语句子中,形似混合语。例如:

(1) 我给你白卡尔拉煤、拉瓜、拉大米。

(2) 煤,突拉突拉不拉,对不对?

(3) 又是企业法,又是破产法,艾来拜来,都出来了。

(4) 你糊里马堂搞了一下。

(1)句中的"白卡尔"是维吾尔语 bikar 一词直接插入汉语句中使用,维吾尔语表示"白白地"、"徒劳地"的意思。(2)句中的"突拉突拉"是维吾尔语 tola 一词的重叠形式,维吾尔语 tola 表示"多"的意思,按照汉语形容词重叠式构成"突拉突拉",表示"多多的"、"很多"的意思。(3)句"艾来拜来"是维吾尔语的俗语,或可能是 εlεjbεlεj。"拜来"表示"絮叨、喋喋不休"的意思,"艾来"是在"拜来"基础上按照维吾尔语构词形式附加上去的谐音成分,整个语汇的意思表示"多种多样",有点使人烦的意味。(4)句的"糊里马堂"是由汉语的"糊里糊涂"的前半部分"糊里"和维吾尔语 malimatan(乱糟糟的)的后半部分"马堂"组合成的,表示"胡乱地"的意思。

2. 新疆汉族人与维吾尔族人长期杂居相处,接触密切,也从维吾尔语中借入了一些常用词,按照汉语的构词法加以改造,形成西北方言的词汇特色。维吾尔族人说汉语照常使用西北方言借入改造后的词,并有类推的发展趋势。例如:

(1) 有些人以权谋私,捞牌档子。

(2) 我们家里现在两个娃娃工作了,洋冈子也工作了。

(1)句的"牌档子"原是借自维吾尔语的 pajda,表示"利益、好处"的意思。汉语西北方言借入后,在原词后加鼻音[ŋ],改变了读音,再加名词后缀"子",构成"牌档子",语义还同原借词。现在维吾尔族人说汉语已经不用母语 pajda,而用目的语"牌档子"。(2)句的"洋冈子"(或写作"洋鸽子")是借自维吾尔语的 jɛŋɡɛ,原义是指"大嫂",汉语借入后同样在原词后加鼻音和加后缀"子",构成"洋冈子",并把原义扩大为表示"妻子、妇女"。维吾尔人说汉语也照用汉语的借词。以此类推的还有许多,如:

| 维吾尔语词 | 汉语借入改装词 | 语义 |
|---|---|---|
| bala | 巴郎子 | 孩子(男性)、青年 |
| dada | 达当子 | 父亲、大伯、老爷爷 |
| uka | 富亢子 | 弟弟、老弟 |

这些是汉语从维吾尔语借入、经过改装后表示亲属称谓的词,它流行于南疆喀什一带,是汉族人与维吾尔族人交谈常用的。反过来,维吾尔族人用汉语与汉族人交谈也照样使用。这种现象说明,维吾尔、汉两族人民长期相处,语言上互相照顾,你中有我,我中有你,促进了感情上的亲近,增进了民族团结。

3. 各民族语言都有自己的特色和使用习惯,这是历史、社会环境形成的。各民族的语汇都有大同小异之处,这是反映语言特色的一个方面。如果不分辨语言的民族特色,而用母语习惯套用目的语,常常会出现语用失误。例如,汉语的"房子、家、屋"这三个词的语义有别,维吾尔语中都用 øj 一个词表示,通常做"房子"的意思。这可能是与维吾尔族较长时期过游牧生活,住的是不定居的穹庐有关。因此维吾尔族说出下面四个汉语句子所用的"房子"一词就有含混之处。

(1) 我进房子后,老师让我坐。

(2) (你)有时间,房子来沙。

(3) 一个房子嘛,有两三个这个服务员。

(4) 她房子在那个什么农场……房子的事情我不太了解。

按照汉语的说法,这里(1)句的"房子"应当用"屋",(2)句的"房子"应该用"家里",(3)句的"房子"应当用"房间",(4)句的前一个"房子"应当用"家",后一个"房子"应当用"家里"。当然,维吾尔族人这样说汉语,汉族人根据说话的情景还是可以基本理解的。又如:

(5) 我半天里干活,可以找上二十块钱,三十块钱。

(6) 他知道维吾尔语。

(5)句中的"找"是心译维吾尔语词 tapmaq,维吾尔语这个词有"找、得到、认为"等含义,按照汉语的说法应该用"挣"。(6)句中的"知道"是心译维吾尔语词 bilmεk,维吾尔语这个词有"知道、认识、会"等含义,按照汉语的说法,应该用"会"或"懂"。这说明两种语言的词即使基本相同,由于语用价值不同,语义并不相等,把母语的用法迁移到目的语中,就感到不顺当。

4. 维吾尔族人在日常交往中,接触最多的是新疆和西北的汉族人,他们说的汉语汲取西北方言的语汇较多,带有地域特色。例如:

(1) 反正哪达苦到哪达去。(哪儿)

(2) 麻达没有。(麻烦)

(3) 因为指标限制,不能给娃娃安排工作。(娃娃:指小孩,扩

大指青年或成年的孩子)

(4) 城里边的嘛,糟蹋(粮食)太歪得很。(厉害)

维吾尔族人还常用西北话"V+不上"这种短语格式表示"不会"的意思,如"说不上、做不上、答不上、算不上"等,即"不会(说、做、答、算)"。如果表示"会、得到"的意思,就用"V+下了"的格式,如"学下了"、"买下了"等。可见民族毗邻地区,语言接触和影响更多更大。

# 五、语言民族变体的探讨

## (一) 语言民族变体存在的客观性

我们上面的分析、比较可以明显地看出,新疆维吾尔、哈萨克族人所说的汉语在语法方面、语音方面,以至语汇方面都呈现出母语印迹。这些现象构成了新疆少数民族使用汉语的一个"集"(set)。我们使用"集"这个概念,是说新疆少数民族使用汉语出现的各种现象和问题都可以包括在其中,但又不是每个人都一样呈现出来,他们总是不同程度地、或多或少地表现出这个集中的一部分。尽管如此,这种母语印迹也并非少数人一时一地的偶然语误表现,而是所有作为第二语言使用汉语的维吾尔、哈萨克族人,其中包括各级党政干部、大中小学教师和学生以及工人、市民、个体商贩等都在不同程度上反复出现的带有规律性、系统性的母语架构,形成了汉语的一种变体。只要他们一开口说汉语,人们就客观地感觉到他们说的是民族式的汉语,不是规范的汉语普通话。这种情况几乎可以同语言的地域变体——方言相比附。就是说,新疆维吾尔、哈萨克族等少数民族说的汉语,在语法方面、语音方面、语汇方面都具有新疆的地域特色和民族特色,而且这种特色带有规律性和系统性。所以,我们拟把新疆少数民族使用的汉语看成是语言——汉语普通话的民族变体。这是当前实际存在的客观现象,任何人都不能忽视它或否认它的存在。

当然,语言的地域变体——方言同语言的民族变体具有本质性和原则性的不同。方言出现的历史源远流长,是语言分化和统一(包括语言融合)过程中出现的;汉语普通话的民族变体是在我国特定历史条件下出现的。方言是同一种语言的地方变体,它植根于本地人民群众之中,并为本地人民群众服务,是本地人民群众必需的生活语言。汉语普通话的民族变体是指一个民族同时使用另一个民族语言而普遍带有母语印迹,它不是直接为本民族人民群众服务,而是经济流通的需要与他民族进行交际的工具。方言有它自身发展的规律和前途,汉语普通话的民族变体是很难断定有它自身发展的规律和前途。

(二)语言民族变体交际的可行性

我们上述认定的这种民族变体能否进行正常交际呢?具体地说,新疆维吾尔、哈萨克族人使用汉语普通话的民族变体能否同汉族人进行正常交际、沟通思想呢?这可以从语言方面和交际行为方面来研讨。从语言方面说,首先必须区分语言和言语及其相互依存关系。我们说过,语言是语句的结构模式或组合规则,包括语音的组合规则和语词的搭配规则。言语是个人具体使用的语句,是语言的具体使用。人们在说话过程中,既要遵守语句的组合规则,又允许个人有某种程度的变异。[5]维吾尔、哈萨克族人说的汉语,变异超出了规则。他们用母语的语句结构模式套改汉语语句,用母语的浊辅音代替汉语的清辅音,改变了汉语的复元音和声调,从原则上说,这已经远离了汉语普通话,难于用它来进行正常的交际。但是,这种变异,从语音组合形式看,仍然基本符合汉语音节具有声、韵、调的结构模式(汉语方言也不同程度上存在类似模式);从语句的结构模式看,仍然是具有灵活性的分析型语言,而不是黏着型的维吾尔、哈萨克语;并且这些变异是成系统的、有规律可循的,而不是偶发的、杂乱无章的。因此我们认为,新疆维吾尔、哈萨克族人所说的汉语普通话的民族变体已经具备了作为交际工具的基本条件,可以与汉族人大体沟通思想。

其次,人们说话不是发出一个一个界限分明的标准语音,不是说出一个一个孤零零的词,而是说出瞬息即逝的一串语流即句子。在语流中语词相互制约的结构网络,限制了副语言成分(paralinguistic features)的干扰,提高了话语可理解的程度。作为交际工具的语言只是传递信息的基本载体,理解话语的意思还必须依托语境框架。我们说过,"要正确领会说话人言语行为的用意,必须凭借语境框架。最基本的语境框架包括共同话题、说话背景和一套逻辑知识三项内容"[⑥]。人类的思维规律是相同的,都具有共同的逻辑推理知识,而话题和说话背景是交谈双方现场事实。所以,人们说话,互相交谈,总是应用传递信息的语句结合语境框架自然进行的。同时,说话总是口耳并用,既传递信息,又接收信息。使用第二语言的人往往接收信息的能力高于传递信息的能力,一些善于笔译者并非都具有同等的口语表达能力,这有一个在习得母语之后再建新的第二信号系统的问题,维吾尔、哈萨克族人使用汉语普通话的民族变体就属于这种情况。他们习得母语之后,又学习第二语言汉语,在用汉语交谈时,在语境框架里又接收了充实语句以至超语句的信息,接收信息(听话)能力增强;在传递信息过程中,因母语的干扰,往往要通过"心译"才能表达,说话能力减弱。我们在实地调查中就常见维吾尔、哈萨克族人与汉族人交谈时出现这种情况。

从交际行为方面看,可以分为简单的交际行为和复杂的交际行为。简单的交际行为,话题局限于日常生活和本人工作范围内的事,复杂的交际行为是纵谈天下国家大事。从我们调查材料看,维吾尔、哈萨克族人(一般民众)说汉语大都属于简单的交际行为,表述的是他们身边熟悉的事。这些人仅可认为是初会汉语,似不能视为"双语人"。他们理解汉语的程度也仅限于语句的字面意思,难于理解在一定语境中说话的用意,作为"双语人"似应理解话语的用意才够水平。尽管如此,我们还欣喜地看到众多的维吾尔、哈萨克族人学习、使用汉语的积极性和初步达到的水平,并可以基本上同汉族人交谈。现在一些汉族人同维吾尔、哈萨克族人交谈,也有意使用他们熟悉的汉语普通话民族变体这种表达形式,以便融洽气氛,增加理解,达到民族团结和睦的目的。这种情况出现,是否会使汉语普通话的民族变体具有生命力,还有待静观。

(三)语言民族变体产生的原因

语言民族变体是语言相互之间长期接触和影响的结果,是语言随着社会发展而发展的产物。语言是人类最重要的交际工具,是人们用以扩大视野、增长智慧的钥匙。在一个多民族的国家里,少数民族不管处于何种政治地位,为了本民族的发展,总是自觉地学习人口众多的民族的语言。列宁在《关于民族问题的批评意见》一文中指出:"因为经济流通的需要总是迫使住在一个国家里的民族(只要他们愿意住在一起)学习多数人的语言。"[⑦] 列宁这里所说的"迫使",不是人口众多的主体民族用强迫手段"迫使"住在一个国家里的少数民族学习它的语言;相反,是指居住在一个国家里的少数民族"因为经济流通的需要",为交际生活所迫而自觉地"学习多数人的语言"。这是民族自觉自强的表现。

在中国历史上,汉族和少数民族共同缔造了中华民族辉煌历史。它们长期接触和影响,曾出现过民族和语言大融合的局面。在这个大融合过程中,一些少数民族学习汉语,最后改换语码,共同使用汉语,必然要经过"双语阶段",也可能出现过汉语的民族变体。众所周知,我国历史上拓跋鲜卑建立的北魏政权就属于这种情况。拓跋鲜卑是中国北方少数民族之一,曾建立北魏政权,居统治地位。其语言原是鲜卑语,属阿尔泰语系。公元494年,魏孝文帝率领部族数十万人自平城迁都洛阳后,锐意实行汉化政策,禁止用鲜卑语,改用汉语。《魏书·高祖纪》说:"太和十有九年六月己亥,诏不得以北俗之语于朝廷,若有违者,免所居官。"所谓"北俗之语"就是指鲜卑语。这是明令规定在"朝廷"等官方场所不得使用鲜卑语,如有违反者,就得罢官。《魏书·咸阳王禧传》更详细记载魏孝文帝与咸阳王禧讨论改变鲜卑语的事,说:"高祖曰:'自上古以来,及诸经籍,焉有不先正名而得行礼乎?今欲断诸北语,一从正音,年三十以上,习性已久,容或不可卒改,三十以下,见在朝廷之人,语音不听仍旧,若有故为,当降爵黜官,各宜深戒。如此渐习,风化可新。若仍旧俗,恐数世之后,伊、洛之人,复成被发之人。王公卿士,咸以然不?'禧对曰:'实如圣旨,宜应改易。'"魏孝文帝所说的"断诸北语,一从正音",就是禁止本民族再用鲜卑语,一律改用以洛阳语音为标准(正音)的汉语。为此目的,他具体规定:年过三十的人,"习性已久",改起来不太容易,可以放宽一些,不满三十的人，如不学习和改用汉语，则当"降爵黜官"。魏孝文帝实行汉化政策的目的，首先是为了语言统一，加强对汉族的统治，同时也是为了提高拓跋鲜卑族的经济文化水平，结果也就自然促进了拓跋鲜卑族和汉族之间的团结和融合。从这里可以看出，尽管当时拓跋鲜卑族居于统治地位，但由于汉族人口众多，政治、经济、文化都比较发达，为了拓跋鲜卑族的长远利益，不得不实行语言融合。这种融合不是汉族统治阶级强加给少数民族的同化政策，而是少数民族自觉"迫使"去学习多数人的语言，是语言的自然融合。

同样，满族在中国历史上建立了"大清朝"，居于统治地位达200多年。满族统治阶级为了长期统治汉族人民，不得不把本族成员分派到汉族广大地区去行使统治权；为了有效地统治，又不得不自觉地"迫使"改用汉语汉文。结果统治民族的满语在历史上自然消失了，汉语成为他们的交际工具。根据新中国成立后的调查，东北是满族的发源地和聚居区，可是在语言方面，"各地满族都应用汉语，只有个别地方六七十岁的老头儿还会说几句满语，年轻人就完全不会了"[8]。这说明"迫使住在一个国家里的民族学习多数人的语言"这条列宁主义原则是不以人们意志为转移的必然趋势。[9]在此顺便指出，语言并非构成民族的必要条件，改换语码，并不影响民族的存在。现在南北美洲某些印第安族语码改换，也属于这种情况。在一个民族改换语码过程中必须经过"双语阶段"，这是很自然的。在"双语阶段"是否出现过第二语言的民族变体，尚未见记载。我们调查新疆维吾尔、哈萨克族使用汉语却出现了这种情况。

但是，新疆维吾尔、哈萨克族人使用汉语所形成的汉语普通话的民族变体根本不同,也不会出现民族的语码改换而达到语言的自然融合。这是因为,一方面,新疆维吾尔、哈萨克族都是勤劳智慧的民族,有悠久的历史文化和丰富发达的语言,并且民族聚居在一个地区,使用本民族语言人口众多。新疆世居民族有13个,其中人口最多的是维吾尔族,现有人口700余万,主要分布在天山南部喀什、和田、阿克苏、克孜勒苏等地州;其次是哈萨克族,现有人口100余万,主要分布在天山北部阿勒泰、塔城、伊犁等地区。有史以来,他们的语言都是沿着本民族语言的内部规律发展,很好地为本族人民服务,没有因社会变革而改换语码的现象。另一方面,新疆自古以来就是中国的领土,新疆少数民族和汉族居住在一个国家里,历来就有互相学习语言的优良传统。[10] 1949年中华人民共和国成立后,中国共产党正确执行民族和语言平等方针,实行民族区域自治政策。我国《宪法》规定:中华人民共和国各民族一律平等。各民族都有使用和发展自己的语言文字的自由。国家推广全国通用的普通话。民族自治的地方使用当地通用的一种或几种语言文字。《宪法》的这些规定,既保证了各民族语言健康发展,又是我国在少数民族地区实行"双语制"的法律依据。

新中国建立以来,新疆少数民族同汉族和睦相处,互相学习,互相帮助,共同进步,少数民族和汉族"两个离不开"的思想深入人心。在这种形势下,汉语言文字在新疆各族人民中被广泛使用,新疆少数民族的语言文字也得到了迅速健康的发展。双语的使用成为人们生活、学习和工作的必要条件。实行改革开放政策以来,我国政治稳定,民族团结,各项建设事业取得了重大发展,人民生活得到了普遍改善,经济大流通,人员大流动,走出国门,走出家门,已成为当代的潮流,这就要求人们具备走出国门、走出家门的交际工具。因此学习第二语言自然成了热潮，特别是新疆少数民族人民自觉地学习汉语，使用全国通用的普通话，已蔚然成风。我们到维吾尔族人聚居区的喀什市作语言调查，见到维吾尔族的工人、市民、小商贩等都能用简单的汉语讲述与自己生活、工作相关的事情，就是很好的证明。

我们提出的语言民族变体问题是学习、使用第二语言客观出现的现象，在一定历史时期还孕育着语言发展的方向。但我们仅仅是根据新疆维吾尔、哈萨克族人目前使用汉语的情况概括出来了这个问题。我国其他少数民族使用汉语是否存在类似现象？其他国家和地区存在的双语现象发展趋势怎样？这都是理论语言学、民族学应当深入研究的问题。

### 注 释

①徐思益《描写语法学初探》，新疆人民出版社，1981年，242—243页。

②《语法在语文教学中的地位》，见《徐思益语言学论文选》，新疆大学出版社，1994年，192页。

③徐思益等《语言的接触与影响》，新疆人民出版社，1997年。

④《关于维吾尔语的重音、声调问题》，见《徐思益语言学论文选》，新疆大学出版社，1994年，276页。

⑤徐思益《语言学简明教程》，新疆教育出版社，1989年，25—26页。

⑥《空白及其标记语词》，见《徐思益语言学论文选》，新疆大学出版社，1994年，370页。

⑦《列宁全集》第20卷，人民出版社，1958年，2页。

⑧罗常培等《国内少数民族语言文字的概况》，中华书局，1954年，111页。

⑨徐思益、马俊民《发展少数民族语言的列宁主义原则》，《新疆大学学报》1978年第2期。

⑩《古代汉语在西域》,见《徐思益语言学论文选》,新疆大学出版社,1994年,285页。

本文是根据拙作《总论语言接触和影响》一文(见徐思益等《语言的接触与影响》,新疆人民出版社,1997年)的改写,于1997年3月由香港大学主办的"香港多语多文化(国际)研讨会"上宣读。分上、下刊载于《语言与翻译》2000年第4期、2001年第1期

# 方光焘与中国现代语言学

## 一、引　言

方光焘老师是我国语言学界"一代宗师"①。"是在我国大学里最早讲授普通语言学课程的学者之一。"②先生晚年困于肺疾，又担任繁重的教学和社会工作，无暇著述，把有限的精力用以培育后学。先生之风，口碑称颂。

虽然先生生前公开发表的著作不多，但从已发表的文章和存稿以及陆学海等师兄弟整理出版的先生讲课笔录来看，先生的语言学思想，早在20世纪30年代就与世界语言学接轨争鸣，先生堪称中国现代语言学的开拓者。

语言学界公认瑞士语言学家Ferdinand de Saussure（费尔迪南·德·索绪尔，1857—1913年）是"现代语言学之父"③。冯志伟教授说："瑞士语言学家索绪尔是现代语言学的奠基人。索绪尔提出的语言学说，是语言学史上哥白尼式的革命，对于现代语言学的发展有着深远的意义。现代语言学的流派各有不同，但是，不论哪一个流派，都直接或间接地受到了索绪尔语言学说的影响。"④在中国，诚如胡裕树教授所说的，方光焘"对现代语言学的奠基人、瑞士语言学家索绪尔的语言学说,作过全面系统深入的研究,有很高的造诣。他是我国语言学界全面系统地、严肃认真地介绍索绪尔语言学说的第一人"[5]。我以为,正因为方光焘先生对索绪尔语言学说作过全面系统深入的研究,紧密结合汉语研究的实际情况,有针对性地随心应手地运用,并且有所吸收,有所扬弃,有所创造,有所发展,才把索绪尔语言学说融化成"方光焘语言学思想",与陈望道一起,共同形成了汉语研究的南派学术思想。方光焘的语言学说,是对索绪尔学说的继承和发展。因此,如果称颂索绪尔是现代语言学的奠基人,那就应该承认方光焘是中国现代语言学的开拓者。

索绪尔开创的现代语言学,在语言学的对象、范围和研究方法上都同传统语言学(或语文学)截然不同。我们说方光焘继承和发展了索绪尔语言学说,也是在语言学的对象、范围和研究方法上作了革新。我们简要地作个比较分析就能知其要略。

# 二、语言学的对象和范围

## (一)语言和言语

语言是什么?语言学的对象是什么?传统语言学包括19世纪的历史比较语言学,对这个问题的认识都是含糊不清的。实际上,19世纪前的语言学,都是把多样异质的言语活动或言语作为研究对象的。只有在20世纪初,索绪尔在《普通语言学教程》里,才首次提出从言语活动中区分语言和言语,而语言才是语言学的真正对象。我们认为,索绪尔学说的核心就集中表现在语言和言语的区分上,确定了语言科学的真正对象,其他一切理论和方法论,都是从这一基本命题推演出来的。

但是,我们说过,索绪尔虽然机智地从多样异质的言语活动中分解出语言和言语,认为语言是言语活动的社会部分,却又把言语看成是纯粹个人的东西,从而把社会的语言和个人的言语分割开来,对立起来,造成"索绪尔式的矛盾"和错误。索绪尔一方面认为语言是一种社会制度,另一方面又认为语言是储存在每个人头脑里的语词形象,是心理的东西,从而否定了语言客观存在的物质基础。同时,索绪尔把语言符号也看成心理的。他说,语言符号是由能记和所记结合构成的整体,能记指音响形象,所记指概念(意义),"符号的两个部分都是心理的"[6]。他从心理出发看待语言符号,所以把语言规定为"表达观念的符号系统"。这一规定缺陷在于:第一,把语言仅仅看成是表达个人观念的心理现象,容易误解为语言不必受社会约束而个人可以自由地选择表达方式。第二,否定语言的物质特性(说话的音响),用存在于大脑中的语言知识代替客观存在于社会集团中的活的语言,就是否定了语言是人类最重要的交际工具这一社会功能。[7]

在中国,正如王力教授说:"中国在'五四'以前所作的语言研究,大致是属于语文学范围的。"[8]"在五四运动以前,没有产生历史语言学","也没有产生语言理论"。[9]在这种情况下,历代杰出的语文学家自然无人,也更不必要去探讨语言的性质和语言学对象这类纯理论问题。"五四"以后,到了西学东渐时期,"中国语言学吸收了西方语言学的优点,把这一门科学现代化了,使它有了崭新的面貌"[10]。方光焘就是在这一时期把索绪尔学说全面系统地引入中国,结合汉语研究实际,推进中国语言科学走向现代化的主将。

关于区分语言和言语,科学地确定语言学或语法学的对象,我们看到的资料,在中国首先是方光焘。早在 30 年代陈望道主持的"中国文法革新讨论"中,方先生就针对当时一些学者提出的汉语的词"只有在句中才能分类"的偏颇观点,在《体系与方法》一文里说:"parsing 是以'单语'(word)为对象,而 analysis 却是以'句'(sentence)为对象。语言学家告诉我们:'语'是言语(language)的单位,隶属于言语世界的,'句'是'言'(speech)的单位,隶属于'言'世界的……可是一涉及'句子',那已跳出了言语世界,而跑进'言'世界里去了。"[11]文中说的"语言学家"就是指索绪尔。方先生在《再谈体系与方法》一文里,更明确地提出区分语言和言语的主张,他说:"我觉得应该把'言语'与'言'的区别,略说一说。'言语'是社会的产物;'言'是个人的行为。说得简单一点,language 是言语材料,speech 是言语行动,研究单语形态,研究单语与单语间的互相关系,研究单语与单语的结合,那都无非是言语材料的研究。一旦用这些材料构成了句子,那就是个人的言语行动。……文法的对象是'言语'(language)同时是'言'(speech)。以'言语'为对象的部门叫做 morphologie(形态论),以'言'为对象的部门,叫做 satzlehre(句子论)。这是以言语事实做根据的回答……"[12]当时方先生在文章里用的"言语"和"言"这对术语,就是现在我们通用的"语言"和"言语"这对术语。这里应特别指出的,方先生虽然赞同索绪尔区分语言和言语的主张,但不是像索绪尔那样,把语言和言语对立起来,而认为语言和言语都是语言学(语法学)的研究对象,只是分属于不同部门罢了。这是对索绪尔学说的发展。

50—60 年代之交,方先生发起并主持了"语言和言语问题的讨论",系统、深刻地阐明了语言和言语的实质及其相互关系,澄清了一些人认为"言语有阶级性"的错误观点。他说:"在索绪尔以前的语言研究,始终没有把对象认识清楚。索绪尔要求从复杂的现象中提炼出单一的对象,要和其他现象区别开来,找到同质的对象,即找到语言。"[13]"我认为,索绪尔要从混质的言语活动中认清语言,这是正确的,必要的。他把语言和言语对立起来是错误的。""为了认清语言学以语言为研究对象,从言语活动中区分语言和言语是完全必要的,但是不能把个人的言语和社会的语言对立起来。纯粹的个人言语是不存在的。……索绪尔不注意一般和个别的统一关系,把一般和个别完全对立起来了。""索绪尔区分出来的语言是所谓心理意识中的语言,并不是客观存在的物质语言本身,不是在言语活动中具有物质外壳的语言。他在区分中的主要错误就是以存在于意识中的语言,即心理的东西,代替实际的语言。"[14]方先生的科学结论是"我们尽管承认语言和言语的区分,我们却仍然可以反对言语有阶级性,反对言语和语言是本质不同的两种社会现象的说法"。并扼要概括出五点区分语言和言语的必要性和现实意义。[15]这就从根本上纠正了索绪尔的错误,澄清了语言学界的模糊思想,促进语言学沿着健康的道路发展。尤应特别指出的是,在我国以"阶级斗争为纲"的政治形势下,方先生为"言语没有阶级性"的论点公开辩论,是具有超人的勇气和胆识的。

(二) 体系和要素

索绪尔从言语活动中,区分出语言和言语,认定语言才是语言学的真正对象。那么,语言是以怎样的形式出现呢?索绪尔以前的语言研究,只注意要素的历时探索和交替,而看不到语言体系(系统)的客观存在。索绪尔认为,"语言是一种表达观念的符号系统"。语言本身"是一种纯粹的价值系统",[16]而不是"一种'分类命名集',即一份跟同样多的事物相当的名词术语表"[17]。这就明确肯定了语言是以体系形式出现,而不是以要素形式(分类命名集)存在。语言这种"纯粹价值系统",不是语言的孤立的要素显现出来的,而是由要素之间的相互关系、相互结合、相互制约构成的。索绪尔把语言系统状态比作"棋法",他说:"下棋的状态与语言的状态相当。棋子的各自价值是由它们在棋盘上的位置决定的,同样,在语言里,每项要素都是由于它同其他各项要素对立才能有它的价值。"[18]"任何要素的价值都是由围绕着它的要素决定的。"[19]索绪尔的结论说,语言的实际情况,"随时随地都是这种互相制约的各项要素的复杂平衡。换句话说,语言是形式而不是实质。人们对这个真理钻研得很不够,因为我们的术语中的一切错误,我们表示语言事实的一切不正确的方式,都是由认为语言现象中有实质这个不自觉的假设引起的"[20]。索绪尔深刻而精辟的对语言系统的这些论述,成为后来各个结构主义语言学派发展的理论基础。

同样,中国传统语言研究只知道分析语言的音义实质,只注重语言要素的演变,看不到语言要素之间的关系,看不到体系。正如王力先生正确总结的,"大家知道,语文学(philology)和语言学(linguistics)是有分别的。前者是文字或书面语言的研究,特别着重在文献资料的考证和故训的寻求,这种研究比较零碎,缺乏系统性;后者的研究对象则是语言本身,研究的结果可以得出科学的、系统的、细致的、全面的语言理论。中国在'五四'以前所作的语言研究,大致是属于语文学范围的"[21]。

在中国,首先提出研究语法体系的是方光焘。他在"文法革新"时期发表的《体系与方法》和《再谈体系与方法》等文章中,鲜明地提出了建立语法体系问题。他用"广义的形态"术语概括词与词的互相关系、词与词的结合。他说:"我以为文法学是以形态为对象的,是要从形态中发现含义。"他精细地分析了时人提出与之辩难的"我是去的"可译成"我实尝往"等例句后指出:"可是这里的'去'字,虽然可以用'往'字译,但是'坐下去'就不能译作'坐下往'。而且'去'字与别的词的关系,和'往'字与别的词的关系,却又未必完全一样。'去'字底下可以接'过'字,而'往'字底下却不能接'过'字。'去'字'往'字上面,在文言文里,都可以加'未'字,但在白话里却不能说'未去'。这些就是所谓文法形态。凭形态而建立范畴,集范畴而构成体系。"[22]可见方先生以"广义的形态"作为语法学的对象,根本不同于传统的语文学,孤立地研究语词的音义实质;而是研究"词与词的互相关系,词与词的结合"所构成的形态,是凭形态建立范畴,构成语法体系。方先生的"广义的形态"理论与索绪尔的"语言是一种纯粹价值系统"的观点大体是一致的。方先生曾明确表示:"我提出的广义形态是根据索绪尔的语言学。"[23]我以为,先生的"广义的形态"理论比索绪尔的"纯粹价值系统"理论更深刻、更丰富、更全面、更便于操作,且符合汉语研究的实际。[24]这是先生对索绪尔学说的重大发展,是对现代语言学的重要理论贡献。

索绪尔虽然注重语言体系,却看不到语言的要素交替而影响体系的关系。他在区分共时语言学与历时语言学时说:"系统从来不是直接改变的,它本身不变,改变的只是某些要素,不管它们跟整体的连带关系怎样。"[25]"变化永远不会涉及整个系统,而只涉及它的这个或那个要素,只能在系统之外进行研究。"[26]这就把要素和体系的关系分割开了。方先生在《要素交替与文法体系》一文里,否定了"文法革新讨论"时有人提出要素交替不影响体系的观点。他说:"一个语音的演变,一个词义的转移,倘作为孤立的现象看,好像与文法无关;其实影响所及,往往足以变更文法体系的。……只看到'要素交替'的事实,却把要素交替影响于文法体系的事实抹杀了。"[27]方先生这些论述,既是针对时人偏颇认识的回答,也是对索绪尔学说的改造和发展。

方先生还根据汉语研究存在的问题,有针对性地提出了一系列重要的指导原则。如他说:"语言学的研究对象是语言,是一种模式,是一种具有独特的内部结构体系;掌握语言的关键就在于学会语言的模式,领悟语言体系的本质特点。"[28]"研究语法不是以个别的词(词素)、孤立的词(词素)为对象,而是以词与词、词素与词素、词与词组、词与词组、词组与词组的结合关系为对象";"研究语法应该注重普遍联系和相互制约的原则,不能片面、孤立地看问题",等等。[29]这说的都是要从语言要素之间的关系去找准研究对象,建立体系。我们可以说,像先生这样重视语言体系、具体阐明语言体系的人,还不多见。

(三) 共时和历时

传统语言学或语文学只注意研究语言要素的历史演变,忽视语言的结构系统,索绪尔首先提出了研究语言系统的观点。那么,语言系统在时间过程中是怎样的呢?索绪尔认为,语言在时间流程中应该严格区分共时状态和历时状态,语言系统只存在于共时状态。他说:"语言是一个系统,它的任何部分都可以而且应该从它们共时的连带关系方面去加以考虑。"[30]他把语言的要素交替排斥在语言系统之外,认为那是语言的历时演变,他据此划分出共时语言学和历时语言学。他的结论是:"共时语言学研究同一个集体意识感觉到的各项同时存在并构成系统的要素间的逻辑关系和心理关系。历时语言学,相反地,研究各项不是同一个集体意识所感觉到的相连续要素间的关系,这些要素一个代替一个,彼此间不构成系统。"[31]

关于索绪尔把语言学区分为共时和历时两种状态的得失,我们曾有过专文评论。[32]简单地说,为了深入研究语言系统,划定研究范围,限制研究对象,作为一种描写语言系统的有效方法,划分语言的共时态和历时态是完全必要的正确的。但是,索绪尔把共时和历时两种观点对立起来,认为这是绝对的,不容许有任何妥协,则是偏激的、不正确的。索绪尔认为,在历时的轴上只看到个别要素的变化,而不牵涉到整个系统,它是在系统之外发生的。这既否定了语言发展的历史规律性,也忽视了要素交替和系统调整的辩证关系。

其实,语言共时态和历时态的划分,方光焘在"文法革新讨论"时就提出来了,他针对当时讨论有人提出建立"文法的历史的体系"的观点,就明确地表示:"我以为建立一时代的文法体系,应该以同时代的,用这言语的民众的共同意识为基础。""许多语言现象,虽然有待于历史的说明,不过建立现代的文法体系却不能不和'历史'划开;因为现代的文法体系,应该是记述的(descriptive),而不是史的(historical)。""我不相信有什么'文法的历史的体系',我也不相信有一个可以通用于文言和语体的中国文法体系。"[33]他进而指出,"我反对通用于文言与语体的文法体系。同时我就主张:建立文法体系,应该以同时代的、民众的共同意识做基础。一时代应有一时代的文法体系。(时代的划分,当然不能以客观的物理的时间为准,而以文法现象有无显著变化为断)……我虽然希望有'先秦文法'、'两汉文法'等等专著的出现,但就目前的状况而论,这恐怕是近于无理的奢望吧。我认为,建立现代中国语言的文法体系,较诸建立古代语言的文法体系更为重要,而且实在是一桩刻不容缓的事"㉞。先生的这些精辟论述,并没有引述索绪尔的话,而把索绪尔学说融化成自己的思想,用自己的话表述出来,使人感到亲切易懂,完全是中国的语言理论。事过半个多世纪了,细读先生的这些论述,至今仍具有指导意义。

先生在课堂教学中,精要地剖析了索绪尔区分语言共时态和历时态的利弊。他说:"索绪尔把语言区分为共时、历时两种,共时指同一的时间,从相对稳定的时点看问题,时间演变的因素不起作用,历时则从时间的演变观点看问题。他主张语言体系的研究着重于共时的。这个区分很有必要,因为语言只有成体系时,才能交际。这个体系又是历时演变的结果,没有历时的发展结果,也就没有共时体系。至此索绪尔和我们是一致的。再下一步,索绪尔把历时、共时对立起来,甚至说历时妨碍共时的研究,我们就不能接受了。我们认为共时历时,体现于体系之中,互不排斥。体系是历时演变的结果,历时共时相关而不对立。体系是历时的产物,离开历时也就无法圆满地解决体系问题。"先生归结说:"第一点,体系的演变离开历时就无法证明,这可以修正索绪尔的语言观。索绪尔认为变的只是要素,体系只是接受要素的变化,体系是被动的。我认为要素的变化是体系的要求。""第二点,历时的因素可以作为研究的辅助,但不能以历时的分析来代替共时的体系。"㉟先生的论述,把体系和要素在共时、历时中的关系和作用讲得极为清楚,这不仅在理论上纠正了索绪尔在这个问题上的片面性和绝对化,而且在方法论上指明了研究语言的科学方向。

## （四）口语和书面语

我们说过，"19世纪以前的语言研究，无论在中国或外国，都是以古代语言为研究对象，而不注重研究现存的活的口语。研究的目的是为了读懂古书。研究的方法大多是注疏式地解释古语词的音义，而不大注重语法研究，特别是不重视语法系统的描写"[36]。自从索绪尔语言学说传播开来以后，整个世界语言学的研究方向和方法都发生了急剧的转变。如上所说，索绪尔认定语言学的对象是语言，语言是个系统，存在于共时状态中。为了描写共时状态的语言系统，就必须把语言研究的范围和重点从古代书面语转向活的口语，因为只有活的口语才是语言共时系统生动完整的体现。为此，索绪尔严厉批判了传统语言学和历史比较语法学专注历时研究的倾向，说他们"全神贯注在历时态方面"，"往往甚至不晓得区别书写的词和口说的词"。[37]

描写语言的共时系统必须面对说话者，说话者主体意识中存在的语言，才是真正的、唯一现实的语言。索绪尔说，"我们研究语言事实的时候，第一件引人注目的事是，对说话者来说，它们在时间上的连续是不存在的。摆在他面前的是一种状态"[38]。"在这一点上，共时方面显然优于历时方面，因为对说话的大众来说，它是真正的、唯一的现实性。对语言学家说来，也是这样：如果他置身于历时的展望，那么他所看到的就不再是语言，而是一系列改变语言的事件。""共时态只知有一个展望，即说话者的展望，它的整个方法就在于搜集说话者的证词。要想知道一件事物的实在程度，必须而且只消探究它在说话者意识中的存在程度。"[39]索绪尔主张，语言共时系统的研究必须以说话者活的口语为依据，我们认为是很有卓见的，这在历时研究占统治地位的情况下，提出面对说话者,研究口语,拨正了语言研究的方向,奠定了现代语言学的基础。

中国的情况稍有不同,"五四"以后,以北方话为基础的白话文已被广泛使用,文学家、语言学家都是以接近口语的白话(官话)进行研究和写作。"中国语言学吸收了西方语言学的优点,把这门科学现代化,使它有了崭新的面貌。"[40]如黎锦熙的《新著国语文法》,王力的《中国现代语法》、《中国语法理论》,吕叔湘的《中国文法要略》等重要著作,都是建立在现代汉语口语基础上、完整的语法系统著作。这就是说,以现代口语为基础建立汉语语法体系已成为时代的趋势了。只有个别学者在"文法革新讨论"中提出建立通用于文言和白话的"文法的历史的体系"时,方光焘才指出其不当,并一再强调,"建立一时代的文法体系,应该以同时代的、用这言语的民众的共同意识为基础"。方先生说的"用这言语的民众的共同意识为基础",与索绪尔说的探究说话者"意识中的存在程度"的思想是完全一致的,即语法系统只体现在活的口语之中,这是语言真正的、唯一存在的现实。

# 三、语言学的研究方法

## (一) 形式和意义

明确了语言学的对象和范围之后,紧接着就必须解决如何着手科学地研究语言的方法问题。语言是音义结构的符号系统,直观地说,它有传递信息的形式一面——声音,有译解信息的内容一面——意义。语言的形式和意义是永远结合在一起的,索绪尔把它们比作一张纸的正反两面。人们认识语言研究语言,通常从这两面结合成的整体语词着眼,认为意义最重要,它是语言作为交际工具，交流思想（包括译释古典文献）的根本所在。所以传统语言学研究语言的出发点是意义，落脚点也是意义，这就不难理解了。

索绪尔一反常规，认为语言本身是"纯粹的价值系统"。从"纯粹的价值系统"去认识语言，索绪尔说，"在词里，重要的不是声音本身，而是使这个词区别于其他一切词的声音上的差别，因为带有意义的正是这些差别"。"声音是一种物质要素，它本身不可能属于语言，它对于语言只是次要的东西，语言所使用的材料。"[41]因此我们可以说，声音只有在具体语言音系中具有区别特征才有价值，简单地把声音看成是语言的形式，仅仅是直观地表面地看问题。那么意义呢？意义也不是由说话人预先规定的、语词固有的，而是由价值系统产生的。索绪尔说，"意义依存于价值"，"没有这些价值，意义就不会存在"；而"任何要素的价值都是由围绕着它的要素决定的"。[42]据此，我们可以说，语言系统决定价值，价值产生意义，而不是相反。如果不从语言的价值系统去观察，认为语词意义是预定的、固有的，那是孤立地看问题。索绪尔详细研讨了语言价值系统后，得出结论说，"语言是形式而不是实质"。这是对语言结构系统的本质断定。根据语言结构系统的本质特征，索绪尔认为，研究语言的方法不能从要素着手（包括语词的音义），而要从连带关系整体出发，才能把握住系统。他说："这样规定的价值观念还表明，把一项要素简单地看作一定声音和一定概念的结合将是很大的错觉。这样规定会使它脱离它所从属的系统，仿佛是从各项要素着手，把它们加在一起就可以构成系统。实则与此相反，我们必须从有连带关系的整体出发，把它加以分析，得出它所包含的要素。"[43]这是为语言研究从形式出发指明了方向。

自从索绪尔提出"语言是形式而不是实质"的思想后，语言学界引起了种种反响或误解。某些结构主义语言学派据此发展为纯形式语言学,只分析语言结构形式或关系,不管它所表现的意义,被批评为"形式主义"。在中国,传统语文学自然是始终不离意义,并且研究的是个别语词的具体意义。"五四"以后,研究现代汉语的学者,重视汉语的特殊性,认为汉语没有印欧语言的变化形式(指词的狭义形态),研究汉语只能从意义出发,或者两者兼顾——有形式就讲形式,没有形式就讲意义,而且认为讲意义最方便、最适用。在汉语学界,学者们由于对语言体系认识的模糊,而在研究方法上始终不一致。

方光焘融化了索绪尔学说,坚持语言系统的观点,始终认为建立汉语语法体系,不能从意义分析着手。他在"文法革新讨论"时,就坚决反对时人提出的以"句子意义做骨干"来建立文法体系。他主张从"词与词的互相关系,词与词的结合"这种"广义的形态"来建立文法体系,"要从形态中发现含义"。我认为,这是先生最早提出的"形式同意义结合,从形式入手去发现意义"的理论思想。

方先生说,我在1938—1939年文法革新讨论中,"认为语法是研究形式的"[㊹]。先生有时又把"形式"叫"表现",并反复强调,研究语法"不要把表现与意义分割开来;不要把出发点放在意义上,然后再去探讨与意义相对应的表现"[㊺]。关于意义问题,先生说:"我们不是不问意义,只讲形式。事实上,抛开意义的语言形式是没有的。我们只是为研究的方便起见,暂时撇开意义,弄清对象。这也是为了更好地明了意义,弄清意义,并不是什么形式主义;意义是我们研究的终点,不是出发点。一句话,从听话者的角度说,是从声音到意义的。因此,研究者不能从意义出发。分析的结果要求同意义相符。但决不能从意义出发,否则就容易夹杂主观的东西。"㊶我们认为,先生从理论上讲清了形式和意义的关系,从分析程序上强调从形式出发,最终同意义相符,使形式和意义有机地结合,这是对索绪尔学说的改造和发展。

(二) 描写性和规定性

传统语言学研究语言的方法和态度是规定性的,是从典范的文献中找出语词(或它的音义)演化规律,确定规范、规则;然而这些规则往往是以假设建立起来的标准,而不是以全面的、充分的语言事实为根据。在中国,如钱大昕的古无轻唇音、古无舌上音之说,就属于这种研究。现代语言学的研究方法,如方先生说,是记述的(descriptive)。descriptive 这个词,现在通常译作"描写",就是全面、充分地描写活的语言事实,建立语言(语法)系统。如上所说,现代语言学是建立在共时的活的口语的基础上的,那么,用完全、充分地描写活的口语的方法研究语言,已是顺理成章的事,没有什么好争辩的了。

不过,既然讲全面、充分地描写活的语言事实,现代语言学的描写的方法上,非常注意新生的、能产的语言要素,特别重视规律之外的特殊的语言现象。在这两方面,方先生为我们做出了典范。例如"文法革新讨论"时关于汉语词尾有无之争,方先生已注意到汉语词尾的能产性。他说:"词尾的有无,我以为,应该以现代人的共同意识作为研究的基础。譬如'头'字,现代人究竟是不是当作词尾去创造新词呢?这本来是不容易回答的。不过我们从'谈头'、'看头'、'吃头'、'听头'、'花头'、'噱头'、'白相头'等等用例看来,'头'字似乎已有被当作词尾用的倾向了。"㊷又说:"例如'头'、'子'、'儿'等等词尾,在中国文法学里,似乎也是值得注意的现象,世禄先生却以为数目不多,不妨暂且撇开不谈。我以为语言现象应该注意与否,不是在这一类现象的数目的多寡,而是在这一类现象,究竟有没有'生产力'。我们不是常常在用'头'、'子'、'儿'等等词尾创造新语么?这样具有生产力的现象,还不值得我们注意么?"⑱关于注意特殊现象问题,方先生说:"注意特殊现象和个别现象,可以从那些事例中建立起另一语法规律。现代汉语的名词不能单独做谓语,这是一般的规律。但我们已发现一些特殊现象:'他北京人'、'今天星期三'、'小张二十五岁'、'小孩子黄头发'、'这张桌子三条腿'等。有些人认为这些都是例外的,个别的。有些人则以此证明,系词可有可无。龙果夫对此有过批评,认为为什么不从这些例外归纳出规律来呢?……可见名词不能独立做谓语,做谓语时都有一定的条件,具有这种条件的已不是纯粹的名词了。这样,就可以有补充的规律建立起来,互相补充,丰富一般的规律。"⑲这些具体而微的描写、分析和论述,正是现代语言学的特色。

(三) 共性和个性

传统语言学只研究个别的、具体的语言,专注于民族语言的个性、特殊性,看不到一切语言普遍存在的共同性。现代语言学则与之相反,既注意各个民族的语言特点(个性),更重视从一切民族语言中概括出来的、普遍起作用的规律(共性)。索绪尔在《普通语言学教程》中,规定语言学的任务第二条就说:"寻求在一切语言中永恒地普遍起作用的力量,整理出能够概括一切历史特殊现象的一般规律。"⑳这说的就是着重于对语言共性的寻求。

我们汉语研究只强调它的特殊性,缺乏借鉴普通语言学理论指导,把汉语的个性放在语言的共性外去观察,这是汉语研究滞后的重要原因。这一点,王力、方光焘都早已指出过。㉑方先生更为全面地讲述了语言共性和个性的关系。他说,"研究语法一方面要注意具体语言的民族特点,但另一方面也应注意语法的一般的共同性"。"强调民族特点,我们是赞成的。但是既然讲语法,也就有一定的共同性。语法研究应当既注意共同性,也注意民族特点。""实际上民族特点和共同性并不是对立的,个别是一般表现的特殊形式,而一般也只存在于个别之中。如果片面地强调民族特性,抹杀一般性,则会犯见树不见林的毛病。""我们应该把民族特点放在语言的一般性、共同性里去考察。""如果片面地强调一般性的东西,抹杀民族特点,就会犯见林不见树的毛病。"[52]这样全面地、辩证地看待语言共性和个性的关系,实为真知灼见。

# 四、结束语

我们上面从语言学的对象、范围和研究方法简要地谈了七个问题;当然,研究的对象和方法往往很难分开。归结起来可以这样看:现代语言学的研究对象是语言,语言是一个系统,语言系统存在于共时态中,活的口语是语言系统在共时态中完整的体现。从系统观点看待语言,必须从语言形式出发去进行研究;必须对共时态的口语进行完全、充分的描写;必须重视语言的共性,寻求在一切语言中起作用的力量。这也就是现代语言学奠基人索绪尔的语言观和方法论。由此看出,索绪尔语言学说并不是完整无缺的,他有许多自相矛盾的地方和唯心主义的成分,但瑕不掩瑜,索绪尔仍不失为"现代语言学之父"的称誉。

方光焘继承索绪尔学说,又对索绪尔学说中错误的东西进行批判、改造,并加以发展,有的放矢地用于指导汉语研究,形成了中国现代语言学理论框架,使汉语研究逐步走上了科学的轨道。语言学界称道方先生重视语言理论和方法论。我认为,上面述说的七个问题,就是先生完整的语言理论和方法论,是先生用以观察、解决汉语的钥匙。先生用这一套完整的语言理论和方法论,结合汉语实际,宏观洞察,微观分析,指明或解决了汉语研究中一系列重大疑难问题,不愧为"一代宗师"。

先生离开我们三十多年了,我们今天重温他的教诲,学习他的遗著,仍觉得理论新颖,切中肯綮,字里行间闪烁着真理光辉。令人惋惜的是,先生离世太早,他一生治学严谨,生前公开发表的论著不多,致使先生博大精深的学术思想未能弘扬光大。现在,《方光焘语言学论文集》由商务印书馆出版,恰逢先生百岁冥寿。我们纪念先生的最好办法,就是全面、深入地学习先生论著,特别是上面谈到关于语言学的对象、范围和研究方法问题,是从事语言研究的人进入语言学殿堂的门槛,是要首先解决的问题,我们愿与同道一起学习切磋,用先生的语言学思想,促进汉语研究的科学化和现代化。

**注 释**

①胡裕树《语法论稿·序》,江苏教育出版社,1990年。
②⑤胡裕树《方光焘语言学论文集·序》,江苏教育出版社,1986年。
③赵世开《现代语言学》,知识出版社,1983年,8页。
④冯志伟《现代语言学流派》,陕西人民出版社,1987年,12页。
⑥⑯⑰⑱⑲⑳㉕㉖㉚㉛㊲㊳㊴㊶㊷㊸㊾德·索绪尔《普通语言学教程》,高名凯译,商务印书馆,1980年,36页,37页,100页,128页,162页,169页,124页,127页,127页,143页,121页,120页,131页,164—165页,160—163

⑦徐思益《重视语言应用和理论研究结合》,《语言文字应用》1995年第2期。

⑧⑨⑩㉑㊵王力《中国语言学史》,山西人民出版社,1981年,1页,210页,213页,1页,213页。

⑪⑫⑮㉒㉗㉘㉝㉞㊼㊽㊿《方光焘语言学论文集》,江苏教育出版社,1986年,4页,10页,122—123页,6页,24页,148页,5—6页,35页,20页,34页,40—41页。

⑬⑭㉓㉙㉟㊹㊺㊻㊾㊾方光焘《语法论稿》,江苏教育出版社,1990年,121页,164—165页,58页,29—35页,35—37页,13页,84页,113页,40—41页,38—39页。

㉔方光焘《写在〈形态与功能〉之前》、《形态与功能》,见方光焘《语法论稿》。徐思益《形态、功能和结构关系——论方光焘语法学说》,见《徐思益语言学论文选》,新疆大学出版社,1994年。

㉜㊱徐思益《论语言的共时性和历时性》,见《徐思益语言学论文选》,新疆大学出版社,1994年。

原载《新疆大学学报》1998年第1期。

又载胡裕树等著《方光焘与中国语言学——方光焘先生纪念文集》,北京语言大学出版社,2003年

# 副语言成分刍议

## 一

什么是副语言成分(paralinguistic features),它在语言中处于何种地位?在言语交际中有什么作用?恕我浅薄,我还没有看到专文研讨过这个问题。我见到谈及这个问题的重要资料仅有两条,略作评述如下:

一条见于R.R.K.哈特曼、F.C.斯托克《语言与语言学词典》(以下简称《词典》),他们在"paralinguistic features"(《词典》译者黄长著等译作"副语言特征、伴随语言特征")条目中说:"指表示操某种语言的个别人特点的那些言语形式上的模式,如'假嗓音'、'吱嘎声'、'间断'、'咯咯声'等特点。一些语言学家把这些特征看作是超出语言交际和分析范围的特征,另一些语言学家则认为它们属于姿态和手势或音系特征。在某种程度上,这类个人特征已成为不同语言或一种语言的不同方言中约定俗成的东西。"[①] 根据《词典》作者的表述,看来语言学家对副语言成分的认识还很不一致,按照作者的说法,副语言成分是"指表示操某种语言的个别人特点的那些言语形式上的模式,如'假嗓音'、'吱嘎声'、'间断'、

'咯咯声'等特点",那么,这些特点确实如作者所引述的"一些语言学家把这些特征看作是超出语言交际和分析范围的特征",自然是有理有据的。因为这些特征是由于"个别人"言语器官生理上或病理上造成的而出现在个人的"言语形式"上,它对操某种语言的社群不具有普遍性,也不附丽于语言增添传情达意的作用,它完全是超语言的"个别人"的"言语形式上"的东西。或许诸多语言学家如《词典》作者这样认识副语言成分,故而对它未加重视,缺少研讨。至于把用语音形式表现的副语言成分与姿态和手势混为一谈,显然是有悖于语言是音义结合的双结构系统这一普遍认识,这些我们就不必多说了。

另一条见于著名逻辑语言学家周礼全教授主编的《逻辑——正确思维和有效交际的理论》[②]。他在《逻辑》里从交际中的话语进行分层剥离抽象,认为"一句话语是由它的语词成分、节律成分和副语言成分所构成的有机整体。一句话语虽然总是出现在一个交际语境中,但是,如果我们不考虑或抽去话语所在的交际语境,我们就得到一句不在或脱离交际语境(中)的话语。如果我们再从一句话语中抽去它的副语言成分,我们就得到一个语句。一个语句是由话语的语词成分和节律成分所构成的有机整体。如果我们再从一个语句中抽去语句中的节律成分,我们就得到一个抽象语句。一个抽象语句是话语中的语词以及语词间的先后顺序构成的有机整体"。他把语词成分记为"A",节律成分记为"F",副语言成分记为"U",这三种成分是决定话语本身的性质;此外,话语还须出现在一个交际语境中,记为"Cr"。把交际语境中的话语写成符号表示,就是"CrU(FA)"。我们从《逻辑》著者的表述中,可以清楚看出交际中话语的组成成分及其结构层次关系。

《逻辑》对话语的三种构成成分作了具体阐释。一句话语所包含的一串语词以及它们之间的先后关系是这句话语的语词成分（verbal component）。话语的节律成分（prosody component），包括三个主要因素，即间歇、重音和语调。话语的节律成分，是附加在语词成分上的语音性质，是非语词成分，不影响也不会改变话语中的语词成分。话语的副语言成分（paralinguistic features），是话语的那些超出音高、音强和音长的正常范围的语言特点以及那些超出正常发音方式的语音特点，是有意用来表达感情的那些附加在节律成分上的声音性质，但又不是节律成分的语音性质。

《逻辑》著者论述的根据源自索绪尔区分语言和言语理论，他说："自索绪尔（F. de Saussure）以来，语言学家都区分语言和言语。""用索绪尔的术语说本书所说的抽象语句和语句属于语言的范围，本书所说的话语和交际语境中的话语则属于言语的范围。"

我们引述《逻辑》著者这些话，让我们比较清楚地认识到副语言成分在交际话语中的地位、性质和作用，为我们深入研讨副语言成分指明了方向。但是，《逻辑》著者不加分析地沿用索绪尔区分语言和言语理论来剖析话语内部结构，势必重蹈"索绪尔式的矛盾"，难于自圆其说。当然，《逻辑》的主旨是高瞻远瞩地建立"正确思维和有效交际的理论"，不能苛求对交际语境中的副语言成分有更多著笔。我们愿意在《逻辑》指导的基础上，从语言学的立场对副语言成分作一些探讨。

二

前面引述《词典》和《逻辑》著者对副语言成分的表述虽然截然

不同,但他们的认识也有一个共同点,即副语言成分表现在"言语形式上"或属于"言语的范围"。看来,如何认识和区分语言和言语是我们探讨副语言成分的首要条件。

《逻辑》著者把副语言成分定位在话语部分,认为是属于索绪尔的言语范围。我们曾经指出,"索绪尔在《普通语言学教程》中机智地区分语言和言语,才找到了语言学的真正对象——语言",但是,"索绪尔虽然从多样异质的言语活动中分解出语言和言语,认为语言是言语活动的社会部分,却又把言语看成是纯粹个人的东西,从而把社会的语言和个人的言语分割开来、对立起来,造成了'索绪尔式的矛盾'和错误。索绪尔一方面认为语言是一种社会制度,另一方面,又认为语言是储存在每个人头脑里的语词形象,是心理的东西,从而否定了语言客观存在的物质基础"。[③]这就是说,如果不加分析地沿用索绪尔区分语言和言语的理论,把话语和交际中的话语认定属于索绪尔的言语范围,那么,这种没有社会认同的"个人的言语"又怎么能够执行"有效交际"呢?虽然《逻辑》著者对话语的三种构成成分的论述是清楚的,但把话语简单地归属于索绪尔的言语范围,至少会使人产生误解。

我们说过,"语言和言语是有区别的,但又不是彼此对立的,而是共为一体,互相依存的。要使言语让别人听懂,达到交际目的,必须有语言;要使语言存在和发展,又必须有言语。语言是从千百万个人言语中抽象出来的模式或规律,言语则是个人对这种模式或规律的具体运用"[④]。"言语是个人具体使用的语句,语言是语句的结构模式或组合规则。""把语言和言语区分开来,有助于认清本质和现象、一般和个别的辩证关系,明确和限定语言学的研究对象是语言。这样我们可以从语言的角度观察各人使用语言的具体表现形式,这对于促进语言科学的精密化具有重大意义。"⑤具体地说,语言是人类最重要的交际工具,是传递信息的符号系统,表现为一套抽象的结构模式。言语是对语言的具体运用,是语言抽象结构模式的个别体现,以具体语句形式表现出来。在一个具体语句形式中,主要是运用这种语言的社会人群普遍认同的结构模式(包括语音结构和句法结构模式),同时又存在个人运用的特色(包括发音变异和语词的选用)。因此我们说,语言和言语是共为一体、互相依存的,是一般和个别、常体和变体的关系。我们在这样认识和区分语言和言语的基础上,认同《逻辑》著者对话语构成成分的分析,为副语言成分定位。

一个具体语句是由语词构成的,这就是语句的语词成分。语词成分是以语音形式表现出来的,根据语音的物理性质,可以分解为音质、音高、音强、音长四大要素。语词的组合是有序的,语词组合序列是以音质为基础呈线性伸展,形成语符链。语符链可以切分出以音节为其基本表音单位。音节又可以分析出成音段的音素和超音段的成分,附着在音质上的高低、强弱、长短语音变化是超音段成分,它们共同构成语言的节律。语言的节律是分层次的,小至音节,大至语句都有节律。语句中的节律成分最重要的是语调(也叫句调),也主要是由超音质的语音高低、强弱、长短变化构成的,它贯穿整个语句,是人们进行交际传情达意的必要手段,这就是语句的节律成分。语调是具有社会最大公约数的语言常体。当前,语言学界对语调研究还不够,大体说来,"一般的陈述句、命令句、感叹句和含有特殊疑问词的问句等,多用降调口气语调(舒促、轻重和调阈不同)。一般的问句,未完的句子,或句子的前一些部分,或有含蓄的句子,多用升调。表示踌躇、迟疑的句子多用平调。

表示夸张、强调的时候往往用得着长短不等的曲折的语调。这里所谓升调、降调、平调,在句子的当中往往还可以容许有一些波折"[⑥]。

人们在交际活动中都是特定个人(说话者)在特定的语境中以具体语句为基本单位说出的话语,用以传达思想感情。话语中的语词成分和节律成分都是属于特定个人运用社会共同理解的语言工具。此外,由于外在于语言的语境因素制约,特定的说话人往往在语句节律成分上附加一些超常变化,增添传情达意的作用,形成个人言语特色,这就是话语中的副语言成分。概括地说,话语中的副语言成分就是附着在具体语句节律成分之上、有助于传情达意的超常语音现象,它是与语境密切联系的,没有特定语境,具体语句就不能转化为话语(即把语言工具转化为语言应用)。副语言成分是节律成分的附带成分,它不能脱离节律成分而独立存在,但又是人们交际活动可以明显感知的。以语调为例,语调变化是由交际语境决定的,"情绪高昂时往往语调升高、响度增加,情绪低沉时往往语调降低、语速缓慢,与人争辩时语速往往增快,生气愤怒时往往把一些音节的振幅特别加大"[⑦]。这种根据语境而决定说话人情绪千变万化的语调,正是副语言成分所起的作用。

## 三

副语言成分虽是节律成分的附带品,但它在交际活动中与语境结合在一起可以传递语言之外的含意,是值得重视和认真研究的课题。高明的作家常常运用副语言成分渲染气氛,描写人物个性;这也是戏曲表演者或作品朗诵不可或缺的表情手段。我们以下举一些用例来具体分析说明。

## （一）语调异常

语调是一个具体语句必要组成成分，无论组成句子语词的长短，都有一个语调，没有语调就不成其为句子。构成句子的语调有两个因素，一个是话语的音高水平，通常音高是一度到一度半；另一个是音高运动的方向，如升调、平调、降调、升降调、降升调等。语调是贯穿整个语句的，语调的升降曲折变化使话语产生抑扬顿挫的节奏，在话语中心或语句句末表现得特别明显。这说的是正常情况，副语言成分是指异常的语调。

(1) 杨子荣：（猛然地）押下去！

小　郭：走！

栾　平：（扶椅，惊恐地）不，不！ 我……（自打耳光）姓栾的该死，我该死！ 我对不起长官，现在我说实话，是有一张秘密联络图。

……

杨子荣：带下去！

小　郭：走！（押栾平下）　　　（《智取威虎山·定计》）

这场戏里，解放军战士小郭对土匪栾平先后两次说："走！"这个命令句，感情色彩不同，附加含意不同。小郭第一次对栾平说出"走！"这句话，是异常语调，怀着对顽固的阶级敌人满腔仇恨，话语音量很重，具有千钧压力，含有立即处决栾平的意思，所以栾平惊恐万状，马上表示认罪，交代出"是有一张秘密联络图"。杨子荣听栾平说要老实交代，命令把栾平"带下去！"把情况详细写出来，接着小郭第二次说出"走！"这个命令句，音量就没有第一句重。可见，同一个人在不同语境中说同一句话，运用不同语调说出来，表示的感情色彩和含意有别。

(2) "嘿！ 好飚小伙子！"是郭振山音量很重的声音，"干得美啊！你快当劳动模范哩！……"

生宝停住手,掉头看时,满腮胡茬的代表主任,手里捏一个纸卷儿,站在隔着一块绿茵茵的青稞地东边的牛车路上。他的态度带着上级对下级或长辈对晚辈说话的那种优越感。生宝隐隐绰绰觉得:语音里带着讽刺意味,他心里有几分不愉快。

（柳青《创业史》）

这从字面看,代表主任郭振山说的都是赞美表扬的话,根据语境和他使用的异常语调（即"音量很重的声音"）,生宝觉得"语音里带着讽刺意味",这就是副语言成分的作用。

（3）"祥林嫂,我问你:你那时怎么竟肯了？"一个说。

"唉,可惜,白撞了这一下。"一个看着她的疤,应和道。她大约从他们的笑容和声调上,也知道是在嘲笑她。（鲁迅《祝福》）

一位善良勤劳的农村寡妇祥林嫂经过再嫁、夫亡、子丧的悲惨命运的折磨,生活在封建礼教吃人的社会里,变成了人们调笑的对象。她从说话人的声调上,就"知道是在嘲笑她"。这里的"声调"就是指说话的语调。

（4）"生产上没有事吧？"

"平安无事,设备运转正常,几个班连续高产,放心睡你的觉吧。"儿子的声音平淡、冷漠。

高产！很好！但后面这句话很刺耳,他突然提高了声调,厉声地说:"越是高产越不能粗心大意！"

"告诉过你了,一切正常,平安无事。这几个月连续高产,新厂长比你干得好！"儿子将电话挂断了。

刘振民很生气,儿子居然用这种口气跟他说话,简直是目无尊长！

（陈国凯《两情若是久长时》）

这是描写刚办了离休手续的化工厂原厂长刘振民与他儿子调度室工人刘志高在电话上的一场对话。儿子答话"声音平淡、冷漠",刘振民觉得"儿子居然用这种口气跟他说话,简直是目无尊长!"所以,"他突然提高了声调","厉声地"教训儿子。这里父子都用语调异常的副语言成分表达思想感情。

(5)"生气!生气!"剑波用这样的声音和字句来安慰她,"哪里来的那么多的气!"剑波看着她,发出十分温柔的音调:

"快到会场,听话!不然会引起……"剑波中断了他的这句话,又急促地说声:"快去!快去!"因为他突然觉察了自己的心情和声调,与目前的环境有点不协调。他想:"这是什么时候,允许我对一个女同志这样温情。" (曲波《林海雪原》)

剑波先是用"十分温柔的音调"对白茹说:"快到会场,听话!"后突然觉得这样说话与目前的环境不协调(这正处于清剿土匪的战争环境),于是又改变音调,急促地说"快去!快去!"这里,清楚地看出,是由语境决定人们选择说话的语调。

(6)爱姑知道意外的事情就要到来,那事情是万料不到,也防不了的。她这时才又知道七大人实在威严,先前都是自己的误解,所以太放肆,太粗卤了。她非常后悔,不由得自己说——

"我本来是专听七大人吩咐……"

全客厅里是"鸦雀无声"。她的话虽然微细得如丝,慰老爷却像听到霹雳似的了;他跳了起来。

"对呀!七大人也真公平;爱姑也真明白!"他夸赞着。

(鲁迅《彷徨》)

我们感兴趣的是爱姑的话"微细得如丝",而慰老爷却像"听到霹雳似的",为什么出现两种大小相反的声调印象呢?通观《彷徨》,爱姑本性是个很泼辣的村妇,她敢于当着七大人的面骂她的丈夫是"小畜生",要与丈夫"拼出一条命,大家家败人亡"。但她毕竟没见过大世面,看见七大人发出一种高大摇曳的声音"来~兮!"被镇住了,"她这时才又知道七大人实在威严,先前都是自己的误解,所以太放肆,太粗卤了",因而才说出"微细得如丝"的这句话:"我本来是专听七大人吩咐……"这是特定语境使爱姑改变了说话的语调。同样,慰老爷是"离婚"这件事的多次调解人,都无结果,现在在七大人的威严下,爱姑终于同意离婚,说出"我本来是专听七大人吩咐……"虽然她说出这句话"微细得如丝",但慰老爷对这句话的听觉印象却像"霹雳似的",这也是语境的衬托。据此可见,脱离语境,任何副语言成分都无法得到解释。

(7)"哈!这模样了!胡子这么长了!?"一种尖利的怪声突然大叫起来。我吃了一吓,赶忙抬起头,却见一个凸颧骨,薄嘴唇,五十岁上下的女人站在我面前,两手搭在髀间,没有系裙,张着两脚,正像一个画图仪器里细脚伶仃的圆规。

我愕然了。"不认识了么?我还抱过你咧!"

我愈加愕然了。幸而我的母亲也进来,从旁说:"他多年出门,统忘却了,你该记得罢。"便向着我说,"这是斜对门的杨二嫂……开豆腐店的。"
(鲁迅《呐喊》)

杨二嫂说这句话,用的是"一种尖利的怪声突然大叫起来"的异常语调,从语境看,她认为离家多年的"我""模样"变了,"胡子这么长了",感到惊诧。这是作家用以渲染气氛,表现人物的个性。

(二)拖声超长

在话语里有一些位置必须出现语词成分而不出现,通常用声音拖长的方式来填补,我把它叫做空白。⑧在文艺作品里,常用省略号"……"或破折号"——"表示。一句话语结构通常有主位(theme)和述位(rheme)两部分,主位是说话的出发点,述位具有表述性,是对主位的表述。从话语传递信息来看,一般按照交际价值的大小作线性排列。作为说话起点的主位,交际价值小,在交际过程中首先出现,是交谈者已知的信息(旧信息),往往可以省略。述位是传达未知信息(新信息)的载体,是继主位之后出现,交际价值大,不能省略;如果误用省略,就会出现语病,失去交际作用。然而用声音拖长的空白却出现在述位位置,与一般话语结构不同,我把这种话语用一个通俗名称叫做"说半截话"。空白是说话人意思里有,却因种种原因而不便说出来的话,具有言未尽而意无穷的作用,表示出多种语用含意(pragmatic implication)。

(8)"我们对你,当然有很大的兴趣。"徐鹏飞脸色一变,声音冷得像冰一样:"可是也可以完全丧失兴趣。单凭我手上的材料就可以——"声音拖长,而且带威胁的暗示。他停了片刻,忽然又急转直下:"我倒是设身处地,替你着想!"

许云峰看了对方一眼,慢慢转过头去,不再回答。

(罗广斌、杨益言《红岩》)

特务头子徐鹏飞说话的语调"声音冷得像冰一样",说到"单凭我手上的材料就可以——",只有主位,缺少述位,这述位是用"声音拖长"来表示,暗示出的言外之意是"我可以立刻处决你许云峰!"这用的就是副语言成分示意。

(9)邮电所里。

强英对着话筒:"等?不行!你对他说,他老婆快死啦!"

兽医站办公室里。

老站长听了一惊:"啊!"他朝院子里喊:"仁文,电话里说你老

婆病得很厉害,都快……" （辛显令《喜盈门》）

老站长听了强英打来的电话,先是"一惊",马上用音量很大的喊声叫仁文。说"电话里说你老婆病得很厉害,都快……"这里,老站长只说了半截话,用很长的拖声来填补空缺的述位,因他不便传达"你老婆快死啦!"留给仁文自己理解这话的用意,这是拖声超长的妙用。

（三）重音错位

语言里的重音有多种载体,有语词重音,有语句重音（节律重音）,有话语重音（逻辑重音、强调重音）。我们这里只说强调重音,它常同语调结合表示强烈感情,以至改变话语的意思,而重音错位表示得最为明显,虽然不多见,却也有例证。

（10）韩老六陪他喝酒,闲唠,一直到半夜。杨老疙疸酒上了脸,眼睛老是望着里屋门,韩老六知道他的心事,只是不吱声。

"六爷,都睡了么?"杨老疙疸问。

"谁?"韩老六存心装不懂。

杨老疙疸也说假话:"太太。"

一个装糊涂,一个说假话,彼此都明白,彼此都不笑。

"她么? 身板不好,怕也睡了。"韩老六的话里捎带一个"也"字。

（周立波《暴风骤雨》）

这是描写汉奸、地主韩老六设的"美人计",引诱杨老疙疸上钩,而杨老疙疸也有意上钩,所以在"酒上了脸"之后,就问了一句:"六爷,都睡了么?"杨老疙疸的问话是专有所指,即指韩老六的女儿韩爱贞。当韩老六反问他"谁?"时,杨老疙疸说:"太太。"根据汉语规则,副词"都"表示总括全部,总括的对象不止一个,而"太太"在这里却是"一个"的专指,显然与"都"配合失调,所以杨老疙疸隐含心意"说假话"。韩老六的话里捎带一个"也"字,副词"也"表示两事相同,常用在后续句中。韩老六说"怕也睡了",意即"太太"之外,还有另一个人"也睡了"。两人话里的重音落在"都"字和"也"字上,虽然用法错位,但"彼此都明白",这就是话语里用以表示感情的强调重音。

(11) 故乡县城某官员登台念讲稿,语音响亮,语调剀切,且辅以手势,完全不像是秘书起草的。一次念讲稿云:"毛主席教导说:人的,正确思想,是从,哪里来的?是从天上,掉下来的!"右掌向下一砍,显得非常果断。听众吃惊,交头接耳、叽叽喳喳。官员翻篇,迟疑片刻,猛叫一声"吗?"全场大笑。

(流沙河《世说新编·官员念讲稿》)

还有一篇相同的报告,一并附上:

有则讽刺小品叫《书记作报告》,有个县委书记叫赵本宣,他向县妇代会作报告,而报告稿子是秘书写的,他只好照本宣科。由于秘书把"人的正确思想是从哪里来的?是从天上掉下来的吗?"这句话的"吗"写到翻篇的下一页上,而这位书记在"的"字处断句,意思相反,妇女们笑得前倒后仰,书记还不知怎么回事。

(《作品》1979年第6期)

这位官员照本宣科念讲稿,断句错乱,造成意思相反,并在翻篇的疑问语气词"吗"字上"猛叫一声"表示强调,惹得"全场大笑"。作家妙笔生花,运用重音错位的副语言成分,把这些官员不学无术、装腔作势的面目刻画得淋漓尽致。

(四)停顿失序

一个语句按照句法的规则,把语词成分切分成短语,短语是由词组成的,有停延节奏,是语句的表义单位,这就是意群(syntagma)或节拍群。语句的意群切分恰当与否,有时可以改变语句的意义,或者使句子难懂。在话语里,意群的切分主要是以停顿为标志,如上举(11)例就是停顿失序,歪曲了话语的意思。近日读报看到两则标题没有停顿,凑然一看,让人歧解。一则标题是:"挪威:拒绝美要求坚决撤军"(《参考消息》2004年4月25日),这是说挪威,还是美国坚决撤军?另一则标题是:"(八亿农民)看病吃药难得到解决"(《老年康乐报》2004年4月16日),这说的是"得到解决",或是"难得到解决"?这说明停顿在话语中的重要作用。但是,也有不该停顿而停顿,出现停顿失序,产生意外的语用效果,这就是副语言成分的作用。

(12) 鲁侍萍　(泪满眼)我——我——我只要见见我的萍儿。

周朴园　他现在在楼上陪着他的母亲看病,我叫他,他就可以下来见你。不过是——(顿)他很大了,——(顿)并且他以为他的母亲早死了的。
　　　　　　　　　　　　　　　　　　(曹禺《雷雨》)

看过《雷雨》的人都知道鲁侍萍、周朴园和他们的儿子周萍之间的关系。鲁侍萍说话因悲愤说不下去而出现停顿"我——我——我只要见见我的萍儿";周朴园对待鲁侍萍因为于理有亏,于心有愧,于情不忍,难于说出口叫她不见"萍儿",故闪烁其词而出现不该停顿的停顿。他们两人的停顿失序表现了各自复杂的内心世界。

(13) ……栾家超脚踏匪徒的肚子,刺刀直逼匪徒的心口,低声严厉地喝道:"别嚷!洞外还有多少人,说实话。要是说半句假的,我活活开你的膛!"

匪徒被吓得满身乱抖,语不成声地哀求道:"我,我是,伙夫,人都在洞里,饶,饶命……"

"山顶上有多少人？不问你洞里。"

"两、两个做、饭的,外、外加、十、十个、弟兄。"

(曲波《林海雪原》)

匪徒被活捉,在我解放军战士的刺刀直逼心口的情况下,"吓得满身乱抖,语不成声",所以说出的话语停顿失序。作家利用副语言成分把匪徒惊恐万状的形象写得活灵活现。

(14) 坐在首座上的是年高德韶的郭老娃,脸上已经皱得如风干的香橙,还要用手捋着颔上的白胡须,似乎想将他们拔下。

"上半天,"他放松了胡子,慢慢地说,"西头,老富的中风,他的儿子,就说是:因为,社神不安,之故。这样一来,将来,万一有,什么,鸡犬不宁,的事,就难免要到,府上……是的,都要来到府上,麻烦。"

(鲁迅《彷徨》)

郭老娃说话,一句数顿,把完整的句子拆成残片,连贯的话语变得松散。这是作家运用语音停顿失序把郭老娃这个人物的特点——年高德劭、话话有气无力——刻画得如闻其声、如见其人,达到言语个性化。

我们以上仅举了一些例证说明副语言成分的存在及其在交际活动中的作用,副语言成分还有其他表现形式,如语速的快慢缓急、音量的强弱高低等等,它在交际中往往是几种形式的同时并用。看来,对副语言成分进行认真深入研讨,将为丰富语用学、促进人们成功交际开拓鲜活的领域。

## 注 释

①R. R. K.哈特曼、F. C.斯托克《语言与语言学词典》,黄长著等译,上海

辞书出版社,1981年,246页。

②周礼全主编《逻辑——正确思维和有效交际的理论》,人民出版社,1994年,3—13页。

③徐思益《重视语言应用和理论研究结合》,《语言文字应用》1995年第2期,68页。

④徐思益《描写语法学初探》,新疆人民出版社,1981年,23页。

⑤徐思益《语言学简明教程》,新疆教育出版社,1989年,26页。

⑥罗常培、王均《普通语音学纲要》(修订本),商务印书馆,2002年,161页。

⑦林焘、王理嘉《语音学教程》,北京大学出版社,1992年,185—186页。

⑧徐思益《空白及其标记语词》,《语言文字应用》1992年第2期。

原载香港《语言学研究与应用》2004年10月总第1期

# 论语言价值系统

## 一、引　言

现代语言学之父费尔迪南·德·索绪尔（F. de Saussure）在《普通语言学教程》中，首次提出"语言是一个纯粹的价值系统"[①]，在"第二编　共时语言学"里专章论述了"语言的价值"，并把"语言价值"理论贯穿在共时语言学各个层面。对于这样一个重大理论问题，语言学界或者重视不够，或者认识不深，以致很少看到对它进行全面、系统、深入、具体的研讨，不能不令人感到困惑。

我以为，区分语言和言语是索绪尔语言学方法论基础，"语言系统"思想是索绪尔语言学思想的灵魂、核心，"语言价值"理论是透析"语言系统"构成部件装置的钥匙。只有把握这种认识，才能正确全面理解索绪尔语言学思想，并在全新的角度上认识语言本质，在科学的方法论上推进语言学的研究。本文试对这个问题作一简要探讨。

## 二、语言是什么

语言学的对象当然是研究语言。但语言是什么，这不是人们凭感觉所能回答的问题。索绪尔说:"语言学的又完整又具体的对象是什么呢?这个问题特别难以回答。"②为了弄清对象,索绪尔高屋建瓴地从复杂、多样、异质的人们的言语活动(langage)中,区分出语言(langue)和言语(parole),认为言语是个人的,"个人永远是它的主人"③,语言是社会的,"是言语活动的社会部分,个人以外的东西"④。"语言不是说话的一种功能"⑤,因为说话执行者是由个人进行的,"个人永远是它的主人;我们管它叫言语"⑥。语言是言语的工具,"言语却是个人意志和智能的行为,其中应该区别开:(1)说话者赖以运用语言规则表达他的个人思想的组合;(2)使他有可能把这些组合表露出来的心理·物理机构"⑦。索绪尔断定,"但是这一切并不妨碍它们(即语言和言语)是两种绝对不同的东西"⑧。他进一步说,言语活动是异质的,"语言却是同质的:它是一种符号系统;在这个系统里,只有意义和音响形象的结合是主要的;在这个系统里,符号的两个部分都是心理的"⑨。语言是"社会产物",它在说话者当中形成了一些大家都觉得是相同的印迹,潜存在每一个人的脑子里,即"通过言语实践存放在某一社会集团全体成员中的宝库,一个潜存在每一个人的脑子里,或者说得更确切些,潜存在一群人的脑子里的语法体系"⑩。据此可以概括为:索绪尔说的语言是个符号系统,作为语言整体的表现形式是"语法体系"(系统),繁多的符号是构成语法系统装置的部件并受系统制约。语言系统及其构成部件存在处所是在说话人的脑子里,是心理的。

我们认为,索绪尔机智地从多样异质的言语活动中区分出语言和言语,确定语言是语言学唯一真正的对象,使语言学走向科学化的道路;比之于传统语言学(或语文学)只研究个人行为的言语活动或言语,是一次重大的革命。但是,索绪尔的论述又存在着矛盾:一方面说,语言是"社会的",言语是"个人的",这是"两种绝对不同的东西",把语言和言语严重对立起来。另一方面又说,语言和言语"是紧密相联而且互为前提的:要言语为人所理解,并产生它的一切效果,必须有语言;但是要使语言能够建立,也必须有言语"[11]。这就是语言学界所说的"索绪尔式的矛盾"。出现这种矛盾表述,是索绪尔没有认识一般和个别(或常体和变体)矛盾统一的辩证关系。方光焘老师早就指出:"语言和言语是一般和个别的关系","从个别的言语的共性中,抽象概括出一般的语言"。[12]索绪尔还说,语言符号及其系统(语法系统)是潜存在一群人的脑子里,都是心理的,这与他强调语言是社会的,又产生矛盾。我们承认语言存在的心理基础,即"潜存在一群人的脑子里",但这并不是语言的客观存在,语言客观显现在个人对语言的应用,即言语之中,也就是索绪尔说的"说话者赖以运用语言规则表达他的个人思想的组合",这才是语言存在的社会本质。只有这样理解,才能从索绪尔式的矛盾中解脱出来,认清语言的真正面目。

## 三、怎样理解语言系统

索绪尔说:语言"是一种符号系统"。一种语言就构成一个系统。由于语言符号众多,数不胜数,它构成语言系统的机构或表现形式是什么?索绪尔认为,"因为这个系统是一种很复杂的机构,人们要经过深切思考才能掌握,甚至每天使用语言的人对它也很茫然"[13]。这说明语言系统不是凭人们肉眼可以看得见、摸得着的东西。

索绪尔认为,在语言状态中,一切语言符号或要素都是以关系为基础的,即句段关系(syntagmatic relations)和联想关系(associative relations),"它们相当于我们的心理活动的两种形式,二者都是语言的生命所不可缺少的"[14]。"一方面,在话语中,各个词,由于它们是连接在一起的,彼此结成了以语言的线条特性为基础的关系,排除了同时发出两个要素的可能性。这些要素一个挨着一个排列在言语的链条上面,这些以长度为支柱的结合可以称为句段。""另一方面,在话语之外,各个有某种共同点的词会在人们的记忆里联合起来,构成具有各种关系的集合……它们的所在地是在人们的脑子里。它们是属于每个人的语言内部宝藏的一部分。我们管它叫联想关系。""句段关系是在现场的:它以两个或几个在现实的系列中出现的要素为基础。相反,联想关系却把不在现场的要素联合成潜在的记忆系列。"[15]

我们根据索绪尔的论述用汉语实例说明这两种关系。索绪尔说,句段概念"不仅适用于词,而且适用于词的组合,适用于各式各样的复杂的单位(复合词、派生词、句子成分、整个句子)"[16]。如"国家、学者、种花、我们钓鱼"等,只要是两个以上的要素相继连接成一根线条,就是句段关系;当然,句子是句段的典型。据此可见,句段(syntagmatic)概念不同于句法(syntatic),句法只是句段研究的一部分。联想关系没有长度,只有空间;它不在现场,只把有某种共同点的词在人们记忆里联合起来。如"学、血;学位、血位;学习、研究;学者、研究者"等,即把形式(声音)或意义某一方面有共同点的词,由心理联想构成的集合。

这两种关系在语言机构中是怎样运行的呢?以"我们→钓鱼"作为一种句段模型来看,同样会有"他→种花"、"小王→读书"等同类模型句段出现。构成每个句段又要有"两个联想系列作为它的支柱"[17]。如"我们、他、小王"等表示人物对象的联想系列,"钓鱼、种花、读书"等表示动作行为的联想系列,把两类联想系列组合起来,就构成句段。句段和联想关系是互相依存、互相制约的,"事实上,空间上的配合可以帮助联想配合的建立,而联想配合又是分析句段各部分所必需的"[18]。我们选用一个句段表达观念仅仅看到我所选择的这个形式是不够的。比如说,选用"我们(你、小王)钓鱼"行得通,而选用"大象(石头、树)钓鱼"却行不通,这是为什么?因为要受联想关系要素价值制约。所以,索绪尔说:"实际上,观念唤起的不是一个形式,而是整个潜在的系统,有了这个系统,人们才能获得构成符号所必需的对立。"[19]索绪尔特别注重句段的连带关系,他说:"在语言的组织中,头一件引人注目的是句段的连带关系:差不多语言中的一切单位都决定于它们在语链上的周围要素,或者构成它们本身的各个连续部分。""这个由连续要素的作用构成的机构很像一部机器的运行,它的机件虽然安装在单个向度上,但彼此间却有一种相互作用。"[20]这就是说,以语言线条特性为基础的句段,它的运行要决定于构成它的周围要素(联想系列),并且相互作用。

我们阐明了索绪尔的句段关系和联想关系之后,在此基础上可以研讨他所说的语言系统问题。索绪尔说,"静态语言学或语言状态的描写……可以称为语法。那都是指的一种使共存的价值发生作用的复杂而有系统的对象"。"语法是把语言当作表达手段的系统来研究的;所谓'语法的',就是指共时的和表示意义的。"[21]"我们只有通过语言的状态才能确立语法管辖范围内的各种关系。"[22]因此他否定了有什么"历史语法",批评了"把形态学和句法学结合在一起叫做语法"的传统观点,指出"在语言学上,形态学没有真正的和独立自主的对象;它不能构成一门与句法分立的科学"[23]。索绪尔主张把词汇学纳入语法系统,不过,他是从句段关系和联想关系去考察词汇事实,不是研究词汇的具体意义。于是索绪尔说,"只有我们在上面所确立的句段关系和联想关系间的区别才能自己提出一种并非外加的分类方式,唯一可以作为语法系统基础的方式"。他认为,"任何构成语言状态的要素应该都可以归结为句段理论和联想理论"。他的结论是:"每一事实应该都可以这样归入它的句段方面或联想方面,全部语法材料也应该安排在它的两个自然的轴线上面。"[24]

我们把索绪尔说的话作一简要概括:他所说的语言系统,整体来说,实指语法系统。但不是"形态学+句法学"的语法系统,更不是我们袭用的把语言分成"语音·词汇·语法"三大块中的语法系统。分开来说,就是贯穿全部语言事实的句段关系和联想关系,它是支配人类语言的普遍规律。

## 四、价值,在语言系统中的作用

语言系统或语法系统不是空中楼阁,而是由数不胜数的语言符号实体构成的,索绪尔把这叫做"抽象实体"[25],把构成语言系统的符号叫做"具体实体"[26]。抽象实体必须以具体实体为基础,具体实体必须在抽象实体框架内才能有序运行,两者相互依存,相互制约,显现为语言系统和要素或单位之间的种种关系。要弄清系统和单位之间的种种关系,就必须凭借语言价值。

什么是语言价值?索绪尔的价值(valeur)概念是从政治经济

学里引进的。他说:"在这里,正如政治经济学里一样,人们都面临着**价值**这个概念。它在这两种科学里都是涉及不同类事物间的**等价系统**,不过一种是劳动和工资,一种是能指和所指。"②我们知道,在资本主义社会里,工资是劳动力价值或价格的转化形式,却表现为劳动价值,所谓按劳付酬,就表现劳动和工资的等价关系。语言单位的符号是由能指和所指两个部分构成的,所指代表的概念是无形的,必须与代表音响形象的能指结合才有积极意义。索绪尔引进价值概念是为了描写语言状态,建立语言系统的需要,而语言价值概念远比政治经济学价值概念蕴涵更深邃的内容,它贯穿于整个语言系统,所以说"语言是一个纯粹的价值系统"。

索绪尔指出,构成价值有两条原则:"(1)一种能与价值有待确定的物**交换**的不同的物;(2)一些能与价值有待确定的物**相比**的类似的物。"㉓如一枚五法郎的硬币与一定数量的面包交换,法郎与另一种货币美元相比,这就是政治经济学讲的交换价值。把它用在语言里,如"人"(rén)这个词可以与"人"这个概念相交换,"人"(rén)这个符号属于语言范畴,"人"这个概念属于思维范畴,它们是"不同的物",因为具有等价关系,表达相同意义,可以互相交换。这样看来,"人"(rén)这个词可以与"人"这个概念交换,那么,价值就是人们通常说的意义吧。的确,"价值,从它的概念方面看,无疑是**意义**的一个要素"㉔,但是,"如果词的任务是在表现预先规定的概念,那么,不管在哪种语言里,每个词都会有完全相对等的意义;可是情况并不是这样"㉚。价值完全是在语言系统中,比较词与词的关系和对立确定的,是系统决定价值,价值产生意义。这与恩格斯说的:"**名称的意义**。在有机化学中,一个物体的意义以及它的名称不再仅仅由它的构成来决定,而倒是由它在所隶属的系列中的位置来决定。"㉛其精神实质完全一致。汉语"人"(rén)这个词，可以与英语的 man—men 或俄语的 человек—люди 相比较，它们都是"类似物"；但不具有相同价值，因为在英、俄语里表示"人"的词还有单复数之别。我们甚至可以把汉语"人"同"马、牛、羊"等词相比较，它们都属于联想关系的"动物"类聚，"人"之所以叫 rén，具有意义和价值，完全是与其他类似物相对立而区别开来，不是人们先验规定的。所以，索绪尔说："任何要素的价值都是由围绕着它的要素决定的。"㉜ "在语言里，每项要素都是由于它同其它各项要素对立才能有它的价值。"㉝ 同时，"价值只依习惯和普遍同意而存在，所以要确立价值就一定要有集体，个人是不能确定任何价值的"㉞。这是价值存在的社会基础。索绪尔把语言符号系统比之于下棋，棋子的价值取决于棋局的规则系统和它所处的位置及与其他棋子的关系。拿象棋来说，"车、马、炮、兵"的"走法"要依据象棋规则运行，它的价值取决于它在棋盘中的位置和与其他棋子的关系；棋子的质料（木块、石料、金属）是任意性的，没有价值；离开了棋盘的棋子，更没有任何价值。语言符号的能指和所指没有初始的预定的界标，完全是任意的，它的价值或单位是由系统决定的。例如英语的 rice 具有汉语"稻、谷、米、饭"的意义，俄语 рис 也有"稻、谷、白米"的意义，汉语则把种在田里尚未收获的叫"稻"，储在仓里的叫"谷"，去壳的叫"米"，煮熟的叫"饭"，彼此价值不同。这也好比同等科室，有的一个科长，两个科员，有的有正副科长，三个科员，虽然职务等同，但权力和职责有别，这就是价值的差别。我们再举汉语一个与"吃"相关的句段和联想关系的例证来看。汉语普通话说"吃饭、喝茶、吸烟"，严格区分施行的固体、液体、气体的动作，而西南官话的四川话，则说"吃饭、吃茶（吃酒）、吃烟"（一些下江话也如此),这虽属同义表达,但"吃"的价值不同。又如:我们去市场采购"猪、羊、牛、马"的肉,或吃这些动物的肉,都必须说"×肉",而买或吃"鸡、鸭、鱼、蛇"一类动物,绝对不说"×肉",这没有理据可言,完全是语言符号任意性原则决定的。再如:我们去市场买菜或请客吃饭,尽管买的或摆在席上的是"鸡、鸭、鱼、肉",还是说"买菜"或"请吃菜",这里"菜"的价值根本不同于"蔬菜",但人们并不会误解,这是由临场的位置(如下棋丢了一枚棋子,可随便拿石子充当)或"饭"和"菜"相对立决定的。总之,不受社会约束、不进入语言系统的语言符号都不具有价值,也没有意义。语言价值的获得必须集合众多类聚符号进行比较,找出差别,确定对立,才具有表义功能。

我们弄清了语言价值,就可以进一步从语言系统中划定语言单位。划定语言单位看似容易,实则很难。别的科学,单位一开始就是给定的。语言学不同,它不是外在于语言预先给定的事物和名称,不是分类命名集。语言是符号的能指和所指两面结合及其任意性和线条性两大原则支配的,划定单位必须始终把握住这一特性才能有所作为。索绪尔说:"价值的概念就包含着单位"[35],"在语言的机构中互相对立的,正是这些划定了界限的实体或单位"。[36]举例来说,有甲乙两位朋友会面,甲说:"jiàndàonǐhěngāoxìng。"这是一连串的音波构成的言语链,没有划分单位。就音波来看,纯粹是物理现象。在以空气为媒介的传送过程中的杂音干扰和甲个人说话的生理特点等因素的情况下,这一连串音波会出现变形,绝非同质。乙听到这句话,如果他不懂汉语(缺乏共同的社会基础),听到的仍然是音波的物理现象,不能从中分解出单位,理解这句话的意思。如果乙懂汉语,就能从中分解出"jiàn dào nǐ hěn gāo xìng"六个音响片段(现代汉语音节结构规则),并进而把它同概念结合起来,合成"见到 你 很 高兴"四个单位,依据线条性原则构成句段,就成为"见到你很高兴"一句有意义可理解的话。[37]这里分解出来的四个单位,尽管甲发出的音波有物理、生理上的变异,并非同质,但它们受共同的句段模型制约,仍不失其同一性,属同一单位。所以索绪尔说,"价值是这样,单位也是这样。单位是语链中与某一概念相当的片段;二者在性质上都纯粹是表示差别的"[38]。我们据此可以说,价值是划定语言单位的切割器。

再从单位构成句段来看,语言符号众多单位依据联想关系分成各种类型,储存在人们脑子里,是一个语料库,供句段构成(或者说句法结构)选择应用。人们怎样判定选择某个单位合适或不合适呢?这同样要凭借价值。"句段总是由两个或几个连续的单位组成的"[39],一个单位不成句段。"一个要素在句段中只是由于它跟前一个或后一个,或前后两个要素相对立才取得它的价值。"[40]这就是说,组成句段前后各个单位必须是不同的,如果相同,就没有价值,不具备表义作用。还是拿我们上面举的"见到你很高兴"来说吧,这是由四个单位组成的句段,其中每个单位凭联想关系分成各种类型:"见到、看到、想到……"感知类聚,"你、我、他……"指代类聚,"很、太、非常……"程度类聚,"高兴、愉快、欢喜……"情感类聚。这四种类型内部各个要素互有差别,具有不同价值。从中选择"见到你很高兴"组成具体句段,每个单位自身负荷的价值进入句段又将增值,构成整体价值。这就是说,句段整体的价值大于它的组成单位的价值。

我们进一步问:把这句话的"见到"换成"看到"可以吗?我们

回答:原则上可以,具体不行。因为"见到"这个单位含有"会面"的义素(sememe),即价值不同。如果选择"看到",这个句段会有歧义,也许"高兴"的不是我(甲),而是你(乙)。其他各项可供选择的联想类聚亦与此同理。所以索绪尔说:"整体的价值取决于它的部分,部分的价值取决于它们在整体中的地位,所以部分和整体的句段关系跟部分和部分间的关系一样重要。"[41]再说,"见到你很高兴"这句话,也可以说成"很高兴见到你",虽然基本句义相同,但有价值差别,前者把"见到你"作为话题(topic)置于句首,凸显对客人的敬重。所以索绪尔又说:从句段观点看,"一个组合的价值往往跟它的要素的顺序相关联。说话者在分析一个句段的时候并不只限于识别它的各个部分,他还会在这些部分之间看到某种连续的顺序"[42]。总之,单位与单位之间的关系,单位在句段中所处的地位,以及单位组合顺序(语素序列),构成句段整体价值。据此可以说,价值是单位构成句段的焊接机。

从以上分析看出,单位是从语言系统中分解出来的单位,语言系统是由单位组成的系统,彼此相互依存、相互作用,都是凭借价值,索绪尔把它们比作机器和机件的关系。具体一点说,联想关系的价值取决于符号的任意性,句段关系的价值取决于符号的线条性。价值,贯穿于整个语言符号系统。

## 五、两种价值比较

前面说到,索绪尔的语言价值理论是从政治经济学商品价值理论引发出来的。现在我们将这两门科学里的语言价值和商品价值作一简要比较,有助于进一步认识语言价值的特性。

在现代经济生活中,人们的生产和生活都离不开商品,人们不可能长期过着自耕而食的自然经济生活。商品经济虽然萌芽于原始社会末期,却只有到了资本主义社会才占据统治地位。商品生产是满足人们社会生产和生活需要的,任何商品都具有价值。商品是一般人类劳动产品,劳动形成价值,是商品价值的社会属性。商品必须通过市场进行交换(买卖关系),具有交换价值,这是一种社会行为;因此,价值是交换价值的基础,交换价值是价值的表现形式。同时,商品对于消费者(使用者)来说是为了获得它的使用价值。就是说,同一种商品可以从价值、交换价值、使用价值三个方面去考察。

索绪尔只是把语言价值同商品交换价值相比附。商品的交换价值是通过货币这种特殊商品进行的,货币是价值的代表。如一元人民币买一斤米或两斤白菜,两者具有等价关系。但是,货币可以同多种商品交换,语言只能同表达思想的概念相交换。商品交换价值是通过买卖关系实现的,通过交换,它的数量必然有所增减。语言是信息交换,通过交换,不仅语言不丧失,还会增多信息。商品是劳动产品,它的价值是以一般人类劳动量计算的;语言,根据恩格斯的论断,也是从劳动中产生的,[13]但语言价值无法以劳动量计算。同时,商品生产可以认定物主(厂家或具体劳动者);语言是世代传承,社会共有的,没有个人意志。商品是一种物质财富,在私有经济占主体的资本主义社会里都是私人占有。语言不是物质财富,不能私人占有;语言作为人类社会的交际工具,不是生产力,不能生产物质财富,如斯大林说的:"假如语言能生产物质财富的话,那么夸夸其谈的人就会成为世界上最富有的人了。"[14]此外,商品交换价值和语言价值虽然都有社会属性,同属社会集体行为,但是,商品交换价值往往要受社会制度、政策法令的约束,或资本垄断,产生价值波动;语言是中性的,它不受社会约束和人为干扰,不存在价值浮动。由此看来,索绪尔把语言价值同商品交换价值相比附,是从语言本身考虑价值系统的需要,只取商品与货币(或劳动和工资)的等价关系,注重的是对立(不同物)和关系。"这无疑就是使语言区别于其他任何符号制度的一个特性。"[45]

索绪尔为什么不比较商品和语言的使用价值呢?我们知道,在任何社会形态中,使用价值都构成社会财富的物质内容,它是由物理、化学、生物等特性决定的,使用价值是商品的自然属性。对于商品使用者来说,它只反映人与自然的关系,不表示由多少劳动量创造的价值,即商品的社会属性。语言作为人类最重要的交际工具,它当然有使用价值。但是,根据索绪尔的观点,语言的使用是个人的言语行为,"个人永远是它的主人","语言是言语的工具",是"说话者赖以运用语言规则表达他个人思想的组合"。由于"个人是不能确定任何价值的",所以无须谈论语言的使用价值。索绪尔认为,说话者使用的声音,不属于语言,"声音是一种物质要素,它本身不可能属于语言"。[46]"在词里,重要的不是声音本身,而是使这个词区别于其他一切词的声音上的差别,因为带有意义的正是这些差别。"[47]这些论述与具有自然属性的使用价值根本不相属;只有从系统或单位中确定差别、对立的因素才是价值的根本。这更进一步证实"语言是一个纯粹的价值系统"。

## 六、几点启示

我们认为,对待任何一种经典理论,不应该就事论事,到此止步,而应该联系实际,为我所用。索绪尔语言学思想从总体上说,就是语言价值系统。他用差别、对立价值理论透析语言系统各个层面,处处表现为语言二重性的特征,即"语言机构整个是在同一性和差别性上面打转的,后者只是前者的相对面"[48]。其具体表现就是语言和言语,符号的能指和所指,符号的不变性和可变性,共时和历时,以及句段关系和联想关系,等等。索绪尔语言学思想的理论、观点和方法,都使人耳目一新,不愧称之为语言学史上的革命,[英]罗宾斯(R. H. Robins)称誉他的学说是"哥白尼式的革命"[49]。但是,索绪尔过分强调矛盾二重性的对立面,不注意对立统一的另一面,给后人留下了诸多疑问以致误解。如果我们能用唯物辩证法思想看待问题,如列宁指出的,"辩证法是这样一种学说:它研究对立怎样能够是同一的,又怎样成为同一的(怎样变成同一的),——在怎样的条件之下它们互相转化,成为同一的,——为什么人的头脑不应当把这些对立看作死的、凝固的东西,而应当看作生动的、有条件的、可变动的,互相转化的东西"。(转引自毛泽东《矛盾论》)那么,矛盾的对立,在一定条件下可以转化为统一、同一。我们用以重新审视索绪尔语言学思想,将会从中汲取滋养,为语言研究科学化获得新的启示。现择其要者谈谈索绪尔语言价值系统与我们研究汉语相关的一些问题。

第一,关于语言和言语问题。索绪尔主张从言语活动中区分语言和言语,有他创新的一面,但把语言和言语对立起来,又自相矛盾。如果根据辩证法,把语言和言语看成一般和个别或常体和变体的关系,就把二者有机地统一起来了。在此认识基础上,我们可以说,从语音到句法各个层级都表现为语言和言语的常体和变体辩证统一的关系。从语音来说,如"他上天山啦"这句话,其中每个音节都有一个音位/a/；从音质角度看，“他”[$tA^{55}$]的语音是自然状态的[A]，“上”[$ʂɑŋ^{51}$]是后[ɑ]，“天”[$tiɛn^{55}$]是半开的[ɛ]，“山”[$ʂan^{55}$]是前[a]，“啦”[lə]是不带声调近乎半含混状态的[ə]。这里只有音位/a/是汉语言的常体，其他音质都是有条件的言语变体。从词汇来说，每个词在句段中会出现各种变体。(50)例如，“分清敌友＝分清敌人和朋友”，其中“敌＝敌人”，“友＝朋友”，这是词位(lexeme)变体；“人老了、菜老了、资格老了”，其中“老”一词分别表示“年岁大”、“长过了适口时期”、“经历长”，这是词的语义变体；词在语流中的音响会出现同化、弱化、脱落等现象，这是词的语音变体。最重要的是认清词的语法变体，在一般所说的有狭义形态的语言里，如名词变格、动词变位，都是同一词位的语法变体。汉语的“看、看看、看着、看过、看了、看一下、看下去”等，也应该看成是词位“看”的不同语法变体。从句法结构来说，一个句段可能有各种变换，例如，“买新鲜的蔬菜→蔬菜买新鲜的”，“教师爱护学校(S)→爱护学校的教师(Np)”，不过 Np 还有另一种含义。变与不变视表达需要，产生价值或意义差别。

根据以上论述，我们说，语言是言语的个别体现，言语是语言的具体应用，语言中的一切变体都是通过语言应用即言语体现出来的。这里谈的都是语言的条件变体，此外，在个人言语中还可能出现自由变体以及特殊变异(不规范或新造的)。我们本着这种认识来重新审视索绪尔语言学思想：言语是动态的，是变体，“一切变化都是在言语中萌芽的”(51)。语言是静态的，是模式，是常体；言语变体要受语言常体制约，两者统一，保持动态平衡。这样认识语言和言语的关系，就不至于把索绪尔的语言说成是理想的语言，把语言系统说成是封闭系统。

第二,关于句段关系和联想关系问题。索绪尔说,在句段关系和联想关系中,"语言各项要素间的关系和差别都是在两个不同范围内展开的,每个范围都会产生出一类价值;这两者间的对立可以使我们对其中每一类性质有更好的了解。它们相当于我们的心理活动的两种形式"[32]。他把二者看成是"对立"物,那么,二者对立又如何统一,言未尽意;又把二者看成是"心理活动的两种形式",又与语言是社会事实相抵触,更与"语法是把语言当作表达手段的系统来研究的"说法相矛盾。此外,索绪尔的句段概念包括了"复合词、派生词",如我们前面举出的"国家、学者"之类,它虽然是有一定长度的两个要素的组合,但毕竟只是当做语言系统的基本单位起作用,并且还与联想关系的单位重合,这是否可以另行处理?关于联想关系,索绪尔说,"在话语之外,各个有某种共同点的词会在人们记忆里联合起来,构成具有各种关系的集合"。可是后面又说,"由心理联想构成的集合并不限于把呈现某种共同点的要素拉在一起,心理还抓住在每个场合把要素联系在一起的种种关系的性质,从而有多少种关系,就造成多少个联想系列"[33]。联想关系要不要有"某种共同点"为依据,显然前后解说矛盾。对于这些问题,我们认为,个人的一切心理活动,都是社会集体事实的印迹,不能本末倒置。联想关系必须以"某种共同点"为基础,进而向广度和深度辐射,推演出种种关系,才符合事实。这里,我们只执着语言系统中词和句法结构两个层级关系研讨它在汉语中的实际应用情况。

我国最早研究索绪尔语言学思想的是方光焘先生。早在20世纪30年代"文法革新"讨论时期,方先生结合汉语实际,提出了"广义的形态"理论作为语法学的对象和汉语词类区分的唯一标准。[53]所谓"广义的形态",是指"词与词的互相关系,词与词的结合"。我们解说过:"'词与词的互相关系'可以与分布(distribution)理论相比附;'词与词的结合'可以与功能(function)学说相媲美。这就是说,方光焘的'形态'理论考虑到词与词各个分子的聚合关系一面,又看到词与词的组合关系一面,是统率语言要素在语法体系中全面结构关系,是对语法研究'原子主义'极大冲击。"[55]后来,我们又说,"先生的'广义形态'理论比索绪尔的'纯粹价值系统'理论更深刻、更丰富、更全面、更便于操作,且符合汉语研究实际。这是先生对索绪尔学说的重大发展,是对现代语言学的重要理论贡献"[56]。据此看出,这是我国老一辈语言学家最早运用索绪尔语言学思想研究汉语的典范。

与此同时,陈望道先生提出"功能中心说",开创了汉语语法研究的新方向。陈先生说的"功能"是指词语参加组织的一定配置能力,实与索绪尔价值概念类同。他结合汉语实际,改造索绪尔的句段关系和联想关系,提出配置关系和会同关系,用以区分汉语词类。他举出图例说明:

```
…      …      …
我——读——书
…      …      …
他——看——报
…      …      …
```

"实线标示配置关系,虚线标示会同关系。""图中每个辞项都成了纵横双轴的中心,纵里有它的配置关系,横里有它的会同关系。每个辞项,横里都有和它会同成群的分子,一个辞项和别个辞项发生了配置关系就是显示这群会同成群的分子和别群会同成群的分子可以发生配置关系。……我们以为可以从配置关系决定辞项分画和辞项配置,从会同关系决定语部区分。"⑰ 特别是陈先生晚年在病榻上口授记录的遗著《文法简论》,精辟地阐述了功能学说,系统地应用配置关系和会同关系构建了汉语语法系统,这是创造性地运用索绪尔语言学思想研究汉语的范例。可惜陈先生的精湛理论后世无问津者!

我们认为,正确运用索绪尔的句段关系和联想关系是科学划定语言单位(包括从语素到句子模型各个层级的大小单位)的标尺,也是语言装置各个部件是否合榫的测试仪,同时还可以从中衍生出许多附加价值。举实例说,如图:

```
认为          老张[认为]小王很聪明
─────────────────────────→ 句段关系
[认定、      联
 认识、      想
 认可、      关
 ……]        系
             ↓
```

我们从联想关系中给定一个认知类的单位动词[认为],测试它在句段关系中构成一个符合规则的句子。看来,"老张认为小王很聪明"是符合汉语规则的,表明"老张"不经意的评价行为。在联想关系中绝对不是一个孤立单位[认为],它储存着许多同类单位[认定、认识、认可……]以供选用([小王、很、聪明]也有许多同类单位可供选用)。如选用[认定],这句话也通顺,但评价比前句肯定;如选用[认识],在它后面只能出现"小王",说成"老张认识小王";如选用[认可],连"小王很聪明"全都不能出现。同时,认识类动词[认为]前,只能出现指人名词。这说明,"认为"要带小句宾语,"认识"带单宾语,"认可"不带宾语,这就是通常说的词语搭配关系。我们再举一个例句来比较:"老张昨天没休息"和"老张明天不休息",这两句都用有否定副词,如果把两句话的否定词调换一下,都不符合汉语规则。这不是意义不同,而是价值有别。[58]这些事实,就是索绪尔说的,"一个要素在句段中只是由于它跟前一个或后一个,或者前后两个要素相对立才取得它的价值"。这些例句还含有现代语言学说的同现关系(coocurrence relation)和选择关系(selection relation)以及预设(presupposition)、蕴涵(entailment)更深层的语义关系,这是由句段衍生出来的附加价值。

由此可见,任何一个语言要素总是处于句段关系和联想关系相互交叉的一个节点上,构成纵横交错的网络结构,从而定位定性。它有如人脑的神经元,每根神经元的树突负荷信息,互相连通,各司其职,构成神经系统。所以说,"语言是形式而不是实质"[59]。

第三,关于词汇研究问题。前面提到,索绪尔把词汇学纳入语法系统,是从联想和句段关系去观察的。具体地说,是把词汇作为构成语法系统的单位,观察它在系统中的价值。这也正如斯大林说的,"词汇本身还不成为语言,它只是构成语言的建筑材料。……但是当语言的词汇接受了语言语法支配的时候,就会有极大的意义"[60]。可是我国语言学者过去对词汇学的研究,没有人从语言价值观点去进行探索。他们研究汉语词汇,总是执着词的核心意义或本义;按照索绪尔的观点,意义不是预定的,是由价值产生的,最终是由语言系统决定的。脱离系统,忽视价值,意义从何谈起?研究现代汉语词汇构成,免不了要大谈文言词(或古语词)、方言词、外来词等等,也没人谈论它们在现代汉语里的价值。

从语言价值系统观点看,所谓文言词、方言词、外来词,一经加入现代汉语的"语籍",便失去原籍身份,只重表现,不管历史,重新获得价值。简单地说,一切脱离语言价值系统的词汇研究,似都应该归入索绪尔所说的"外部语言学"。

词汇是语言的建筑材料。我们设想,词汇研究应该以语言价值系统为纲,统领全局,根据系统划分的类别(词类)及其次范畴,分成各种类聚,然后把同一类聚的词进行比较,找出区别特征(语义特征);在此基础上向四周辐射,区分种种关系,如全同关系、全异关系、反对关系、交叉关系、上下位关系、传递关系,等等。这种研究不是执着孤立的词的核心意义,而是从众多的词相互间的种种关系中,即从语言价值系统中获得的意义。同时,根据各种类聚的词在句段中的组合能力,确定它的功能和位置,以便有效地组词成句,如当前一些搭配词典的研究,最终达到"语法是把语言当作表达手段的系统来研究的"的目的。

## 注　释

①②③④⑤⑥⑦⑧⑨⑩⑪⑬⑭⑮⑯⑰⑱⑲⑳㉑㉒㉓㉔㉕㉖㉗㉘㉙㉚㉜㉝㉞㉟㊱㊳㊵㊶㊷㊸㊹㊺㊻㊼㊽㊾㊿51525355德·索绪尔《普通语言学教程》,高名凯译,商务印书馆,1980年,118页,28页,35页,36页,35页,35页,41页,36页,35页,41页,110页,170页,170—171页,172页,178页,179页,180页,177—178页,186页,144页,187页,188—189页,190页,146页,118页,161页,160页,162页,162页,128页,159页,156页,147页,168页,170页,171页,178页,191页,151页,165页,164页,153页,141页,170页,174页,169页。

⑫㉞《方光焘语言学论文集》,商务印书馆,1997年,375页,4页。

㉛㊸恩格斯《自然辩证法》,人民出版社,1961年,249页,139页。

㊲㊽徐思益《描写语法学初探》,新疆人民出版社,1981年,13—14页,242页。

㊹⓺斯大林《马克思主义与语言学问题》,人民出版社,1953年,36页,21页。

㊾赵世开、罗宾斯《语言学简史》,《语言学动态》1979年第2期。

㊿㊻《徐思益语言学论文选》,新疆大学出版社,1994年,222页,129—130页。

㊼徐思益《方光焘与中国现代语言学——方光焘先生纪念文集》,北京语言大学出版社,2003年,27页。

㊾陈望道等《中国文法革新论丛》,中华书局,1958年(重印),254页。

原载《语言与翻译》2006年第2期

# 语言应用说难

# 重视语言应用的研究

语言在人类社会生活中具有十分重要的作用,是社会成员之间的交际工具、交流思想的工具。它与社会并存,人类社会一刻也离不开语言。

语言的性质和它在人类社会生活中的重要作用并非人人都能认识到。语言,仿佛是人生来具有的属性。一个正常的婴儿,从母腹脱胎以后,逐渐学会应用语言交际——说话,似乎同吃饭、走路一样,无须专门学习就本能地会应用。所以一般人认为,谁还不会用自己本民族的语言说话,语言有什么好学的?这种皮毛的,或者说错误的认识,模糊了语言的性质,妨碍了人们对本族语言的学习和研究。

语言是人类社会生活中异常复杂的现象,它既同社会科学有联系,又同自然科学有关系,似乎不便简单地确定它的属性。语言,一方面它是社会成员之间的交际工具,人们应用语言进行交际、交流思想,必须按照社会成员共同遵守的语音、词汇和语法规则去进行,才能达到交际目的。就这一方面说,语言作为交际工具,它是社会成员共同遵守的"约法",具有规范性,不能参与个人意志。另一方面,语言作为社会成员之间的交际工具,它不是陈列的标本,而是具体存在于该社会成员实际交际过程之中,即存在于各个人对语言应用的过程之中(通常把这叫做"言语"),它又容许个人意志起作用,个人对语言工具的应用可以有某些灵活性。

语言这种工具不同于一般的工具。一般的工具,制造工具的人和应用工具的人可以各管一段,彼此不相干。比如汽车这种交通工具,制造汽车的人只管汽车各个部件性能良好,装配合乎标准,就达到了目的,并不管开车人的技术好坏,以致发生车祸的情况。学习、研究语言和应用语言似乎不便这样明确"分工"。学习语言的目的正是为了更好地应用语言,难道研究语言的目的不是指导人们应用语言,而是为语言而研究语言?当然,学习、研究语言,首先弄清组成某种语言的各个部件的性能及其结构关系,这是必要的;比如说,弄清某个句子哪一部分是主语,哪一部分是谓语,以及主语和谓语的搭配关系,等等。但是,更重要的还应掌握这个句子怎样应用(在什么情况下,对什么人说),才能收到良好的交际效果。比如说,"请吃饭"这样一句家庭日常生活用语,且不管说这句话的语气,如果是儿女对父母说,它表示"尊敬、有礼貌"的意味;反之,如果是父母对儿女说,却暗含着"生疏、不自然"的感情。这种应用语言所达到的不同交际效果是不是值得重视和加以研究呢?

吕叔湘先生给《语言研究》创刊的题词说:"语言的研究不应局限于语言本身,也应研究人们怎样使用语言,研究语言在人类生活中的作用。"这是非常中肯的、具有指导意义的话。我们的语言研究,过去比较重视语言本身的规律的描写,不大注意语言应用的研究,因此学生学习了语言,往往只能辨认某个句子通不通,不能鉴别这句话用得对不对、好不好,结果误认为语言没有什么学头,或者说,学了也不管用。这种情况应该引起我们语言工作者深思。

研究语言的应用有广阔的领域和许多未被开垦的处女地。它形成语言科学的各个分支。仅就交际的角度说,语言是交际工具,研究语言的目的应该说重点在于指导人们对语言的应用。当然,语言用得对不对、好不好的问题,它牵涉到社会科学、自然科学,特别是人的交际活动领域的各个方面,不是语言科学本身所能全面完成的任务。但是,语言研究在注重语言本身规律的同时,有必要为人们日常交际活动应用语言指明注意的方向。

人们应用语言有哪些方面值得注意和研究呢?

首先,应该注意把话说通。也就是通常说的要合乎语法和逻辑,这是应用语言的基本要求。譬如说,最近报载某医院给病人家属发出的所谓"病危通知":"随时呼吸衰竭,心脏停止死亡。"[1]语句残缺不通,使人误解为"病人死亡",弄得病人单位和家属啼笑皆非。应用语言的这种错误必须坚决纠正。但是,我们也要看到语言本身的规律性和应用语言的灵活多变性这种矛盾统一的辩证关系,不能执着一面去强求另一面。例如下面的句子似乎不能说它不合语法和逻辑:

(1)现在也有两座压在中国人民头上的大山,一座叫做帝国主义,一座叫做封建主义。

(2)读点鲁迅。

例(1)的"帝国主义"、"封建主义"不能用"一座"去限制,这叫做不合语词的"共存限制"或"选择关系"原则,按说是不合语法。例(2)的"鲁迅"不能受"读"的支配,这叫做语词搭配不当,按理是不合逻辑。可是这些句子在中国人民口语里流行了几十年,没有谁试图从语法、逻辑的角度去正误。当然,这两个句子也可以从修辞上的比喻和借代得到解释。可是像下面两组句子又该怎样解释:

(3) {
a. 我的意见同小李的意见一样。
b. 我的意见同小李一样。
}

(4) {
a. 非请你来不能解决问题。
b. 非请你来才能解决问题。
}

例(3)的 a、b 同义,按说(3)b 不合逻辑,"意见"怎么能同人(小李)一样,逻辑上叫做非同类不能类比。可是人们常用(3)b,而少用(3)a。例(4)的 a、b 也是同义,逻辑上否定词的应用至关紧要,可是很难说(4)b 不合逻辑。

说话、写文章除了要注意语句本身各词项之间的逻辑关系外,更要注意句群之间的逻辑联系,因为人们交际往往不是简单地说一句话就可以达到目的。但也不能绝对化,要看到某些特殊情况。请看鲁迅《狂人日记》的第一段:

今天晚上,很好的月光。

我不见他,已是三十多年;今天见了,精神分外爽快。才知道以前的三十多年,全是发昏;然而须十分小心。不然,那赵家的狗,何以看我两眼呢?

我怕得有理。　　　　　　　　　　(鲁迅《呐喊》)

表面看来,这段话的意思是跳跃的,语句之间没有什么逻辑联系。实际上这些话隐含着深意,正符合"狂人"的身份,否则,就不配是"狂人日记"。

此外,还有合乎语法的句子,可能从来没人用过,如例(5):

(5) 他就是读过老师表扬你写了小明学习雷锋帮助人那首好诗的李小明。

也有从来没人应用的句子,却能被人理解,如例(6):

(6) 王福升　……(指指小东西)"真他妈的'点煤油的副

路'。" (曹禺《日出》)

《日出》是现代名著,这出戏也不知演过多少场,似乎没有一个读者或观众提出过不懂这句话。

我们举出这些例证并非否认语法和逻辑在语言中的支配作用,而是说既要把握住语言中的常例,也不要忽视变例;否则,例(5)、例(6)一类的句子就不好解释。

其次,要注意把话说明白。这就要把意思表达清楚,不能含糊其辞,模棱两可,给人造成误解。这也是应用语言的基本要求。像下面两句话的意思就不清楚:

\*(7) 党的十一届三中全会以后的知识分子的精神面貌跟"四人帮"时期相比完全变了样。

\*(8) 入学前一周,小李感到大学老师讲课跟中学老师大不相同。

例\*(7)是把两个不同时期的知识分子的精神面貌拿来对比,是说"完全变了样"。这究竟是说"变好了",还是"变坏了"呢?含糊其辞,不知所云。例\*(8)的"入学前一周",应是说小李还没有跨进大学的门;但后面又说"感到大学老师讲课……",已经进入了大学。这就前后矛盾了。这句话的最后"大不相同"也是含糊其辞。这是说大学老师讲课比中学老师讲得好,还是讲得差?是指教学内容,还是教学方法?完全靠听话者去猜测也把握不住这句话的真正含义是什么。像这类意思不明白的话在交际中给人造成误解,必须坚决清除。

但是,任何语言中都有相当数量的语词没有确指范围,这就是所谓"模糊语言"。人们在日常交际活动中应用这些语词,并不要求规定它们的精确含义。例如:

(9) 先锋修配厂今年基本上完成了生产任务。
(10) 张军的学习成绩比较好。
(11) 他的学习成绩一般。
(12) 他有一定的工作能力。

这些句子中的"基本上"、"比较好"、"一般"、"一定"等语词都没有确指的范围,人们经常使用这些语词并不觉得语义含糊。说"学习成绩比较好",总是指在全班同学中达到了"中上"的水平;说"学习成绩一般"则是"中等"水平;说话人和听话人都是心中有数的,人们并不要求这些语词所指明的精确数据。相反,有些语词过分精确倒反而模糊,人们还不便应用它。

有时候,作家为了渲染气氛、刻画人物的心理状态,还故意使用含糊语句。例如:

胡源拿手扶着天堂,反复叫道:

"那怎么成呀!那怎么成呀!那怎么成呀!"

他这句话的意思是含糊不清的。究竟说礼物不能收呢,说胡杏不能回去呢,还是说何家不该来要胡杏呢,谁也听不清楚。

(欧阳山《苦斗》)

这样描写恰好表现了胡源在遭受严重刺激下心急如焚、神志不清的心理状态。从这里看出,含糊其辞在交际过程中并非没有作用。有时候人们说一些比较灵活的话,诸如"可以考虑"、"也许有希望",以至于现在流行的口头语"研究研究",都是模棱两可的话,这叫做"说话留有余地"。

再次,要说话得体。这是在把话说通、把话说明白的基础上更高一步的要求。说话得体就是根据交谈的对象和情境来选择恰当的表达方式。尽管你说话的句子是通的,意思是明白的,如果不考虑对象说出去,同一句话会产生不同甚至相反的效果。所谓"说话要看对象",就是这个意思。说话也不是抽象地进行,总是在具体的时间、地点和条件下进行,这就是说话的情境。对同一个人说同一句话,如果不考虑说话的情境,也往往产生适得其反的效果。通常说的"说话不分场合",就是批评不考虑说话情境。可见,看准说话对象,分清说话情境,在人们交际活动中至关重要,这是鉴别人们应用语言好坏的社会标准。

生活在社会中的人有老幼尊卑、亲疏远近、上下左右各种各样的关系。人们进行交际,根据不同的对象进行交谈,并没有法定的程式。但也有两条是社会共同遵守的精神文明的准则,一条是说话有礼貌,一条是说话要和气。这也就是讲究"语言美"的基本准则。说话有礼貌是对人的起码的道德规范。我们在旅行途中听到下面两种问话,产生的效果截然相反。

(13) 您贵姓?家住哪里?做什么工作?

(14) 你叫什么?哪里人?干什么的?

用例(13)问话,有礼貌,彼此交谈融洽和谐。用例(14)问话,虽然问话人口气平和,但无礼貌,这无异是对人盘问、审查,使对方产生反感。

说话的对象和情境是分不开的,同样的话在不同情境下对同一个人说,或者对另一个人说,产生的交际效果也很不相同。例如:

……剑波故意装着不耐烦的样子(对白茹说),"把我的耳朵都给噪痛了!快走你的吧!快走!走!"

……

白茹手里收拾着药包,心里却涌出无限的甜蜜,她觉得剑波对她好像不耐烦、不客气的话,其实是表达了他对她无隐讳不拘束的真情。

(曲波《林海雪原》)

为什么剑波对白茹说出"……快走你的吧!快走!走!"这样"不耐烦、不客气的话",而白茹听起来内心反而感到"甜蜜"呢?这是说话的对象和情境产生的,即剑波和白茹产生了爱情,又是没有第三人在场的情况下说的。这句话从字面上看是"不客气的话",无异于赶人走;如果把它用在另一个人身上只会使人"生气"而不会有"甜蜜"的意味。如果换一个场合,剑波是在人群广众之中对白茹说这句话,只会损伤白茹的面子,也不会使她心里"涌出无限的甜蜜"。可见要注意说话对象和情境才能做到说话得体。

研究说话的对象和情境,自然超出了语言本身的结构规律,它是属于社会语言学的范围。但是,如果我们语言工作者,特别是语文教育工作者注意研究一下这方面的问题,对于指导人们用好语言不是大有好处吗?举个简单的例子说,像下面的疑问句,如果从应用的角度来解释,也许比单分析句子本身结构更能发现新意。

(15) 子:爸爸,我看电影去。

父:①你作业做了吗?

②你作业做没做?或者:

你作业做了没有?

③你作业做不做!?

作为父亲对儿子的询问应该选择例(15)中①②③的哪一句呢?这要根据儿子"做作业"的情境来决定。如果选择①,说明父亲已知儿子做过作业,但不知是否做完,含有预测的意思;如果选用②,说明父亲不知道儿子是否做过作业,纯属询问;如果选择③,说明父亲知道儿子没做作业,全是责问。同样,下面的问句具有明显的语义区别特征。

(16) { a. 您这次出差去北京吗?
     { b. 您这次出差去不去北京?

(17) { a. 您这次出差去北京了吗?
     { b. 您这次出差去没去北京?

用例(16)是对出差者行前的问话,用例(17)是对出差者归来的问话。虽同是行前的问话,(16)a含有预测,估计出差者去北京的可能性大;(16)b却纯属询问,问话人心中无底。(17)a和(17)b的区别在"归来的问话"前提下与(16)a、(16)b相同。这就是说,结合用例析句,不仅可以测定同类句子的使用价值,而且可以发掘它们的语义特征。

最后,说话要合乎身份。社会上的人有性别的差异、年龄的大小、文化程度的高低、职业的分工不同,等等。不同人物说话往往反映出他的身份,这在文艺作品里叫做"人物语言个性化"。通常说的"什么人说什么话",或者,"这不像某某说的话"、"这句话有失你的身份",这都是指的说话要合乎身份。研究人物个性语言,不仅对于文艺欣赏和创作是必需的,同时也是提高个人语言修养的一个重要方面。

我们以鲁迅小说为例,他所塑造的人物形象之所以栩栩如生、呼之欲出,关键就在于人物语言个性化。例如《长明灯》中的郭老娃说话:

"上半天,"他放松了胡子,慢慢地说,"西头,老富的中风,他的儿子,就说是:因为,社神不安,之故。这样一来,将来,万一有,什么,鸡犬不宁,的事,就难免要到,府上……是的,都要来到府上,麻

烦。" （鲁迅《彷徨》）

郭老娃说话，一句数顿，把完整的句子拆成残片，连贯的话语变得松散。这是作家运用语音停顿把郭老娃这个人物的特点——年高德劭、说话有气无力——写得活灵活现。

又如鲁迅在他的《故乡》里刻画的两个不同时期的闰土的形象。少年时期的闰土"心里有无穷无尽的希奇的事"：大雪天捕鸟，夏天到海边拾贝壳，晚上到地里看瓜，月下捏着胡叉刺猹，潮汛来时到沙地里抓跳鱼儿，等等。他讲的事情全是自己亲身经历的，他说话的语言具有鲜明的少儿语言特点，带有浓郁的海边农村的生活气息。请看：

闰土又对我说：

"现在太冷，你夏天到我们这里来。我们日里到海边检贝壳去，红的绿的都有，鬼见怕也有，观音手也有。晚上我和爹管西瓜去，你也去。"

"管贼么？"

"不是。走路的人口渴了摘一个瓜吃，我们这里是不算偷的。要管的是獾猪，刺猬，猹。月亮地下，你听，啦啦的响了，猹在咬瓜了。你便捏了胡叉，轻轻地走去……" （鲁迅《呐喊》）

少年闰土的话简洁明快，没有承上启下、转弯抹角的联结语词；而且把他过去的生活、未来的希望一概当成现实来叙述，仿佛说话的当时他们正在月下看到"猹在咬瓜"一样。这表现出儿时的闰土活泼、机灵的"少年英雄"形象。

中年以后的闰土完全变成了另一个人，与"我"见面，"动着嘴唇，却没有作声"，把他在少年时期亲切称呼的"迅哥儿"也改叫成"老爷"。谈话的内容，再不是"角鸡、跳鱼儿"之类的稀奇事，而是

"多子、饥荒、苛税"的沉重生活负担和"兵、匪、官、绅"的压榨剥削。闰土变了,这一切的苦难的生活经历,他却又"形容不出",使他苦得"像一个木偶人了"。这不同时期的闰土形象从人物个性语言中表现得玲珑剔透。

再如《幸福的家庭》中一对"幸福"夫妻吃"龙虎斗"时的对话:

"'My dear, please.'

"'Please you eat first, my dear.'

"'Oh no, please you!'" （鲁迅《彷徨》）

因为这对"幸福"夫妻都是"西洋留学生",自然要说"洋话"才合乎他们的身份。《孔乙己》的孔乙己是一个"读过书,但终于没有进学"的穷书生,他说话不看对象,对孩子也要说"不多不多,多乎哉？不多也"这一类"之乎者也"的陈腐的话,这恰好表现出孔乙己这个人迂腐、寒酸而又显露"斯文"的个性。《祝福》中的祥林嫂在她孩子被狼吃了,精神受了严重刺激后,逢人便说"我真傻,真的",反复讲述被人听厌了的她的"悲惨的故事",这正表现祥林嫂精神失常的性格特征。《鸭的喜剧》里描写俄国盲诗人爱罗先珂养的蝌蚪被小鸭吃光了后,房东的小孩向爱罗先珂报告消息说:

"伊和希珂先,没有了,虾蟆的儿子。"傍晚时候,孩子们一见他回来,最小的一个便赶紧说。 （鲁迅《呐喊》）

这是"最小的一个"孩子说的话,他把"蝌蚪"说成"虾蟆的儿子",甚至连爱罗先珂这个名字的一长串音也念不准,似是而非地叫成"伊和希珂先"。这正是作者的匠心,妙笔传神,用儿童语言把"最小的一个"写活了。

说话合乎身份,通常看做语言的个人变体,它是语言社会变体生动形象的具体体现。语言的个人变体并非是各个人"特殊"的语言,它仍然要遵循语言本身的结构规律,但又容许有变化以至创新。语言就是在个人应用过程中丰富起来、发展起来的。如果语言不为众多的个人所应用,那它将会变成僵死的标本,不再成为人们的交际工具了。

由此看来,我们研究语言的应用,既要看到语言本身结构规律的不变性,又要注意人们实际应用语言的灵活多变性;既要肯定语言规律支配人们的一切交际领域,又得承认应用语言的种种变体——社会变体、功能变体、个人变体,等等;既要认清研究语言本身的结构规律不是空洞的理论,也要明确研究语言的应用绝不是狭隘的实践。语言本身和语言应用是矛盾统一的辩证关系,只有正确认识这种关系,把这两个方面结合起来进行研究,才能相得益彰,实践丰富理论,理论指导实践;也才能使人类这一特殊的交际工具——语言,在人们的社会生活中充分发挥作用。

**注 释**

① 《人民日报》1981年12月17日。

原载《语文论集(一)》,外语教学与研究出版社,1985年

# 在一定语境中产生的歧义现象

## 一

1.0 近年来,语言学家非常重视句法的歧义现象的研究。本文试图提出另一种歧义现象,即在一定语境中产生的歧义现象来讨论。这就必须把这两种歧义现象区分开来。

1.1 句法上的歧义现象是一个可以分析为不同层次或者可以变换的结构体。例如:

(1)关心学校的教师。

(2)这个人谁都不认识。

例(1)可以分析出不同的层次:

(1)a[关心+(学校的+教师)]

(1)b[(关心+学校的)+教师]

例(2)可以有不同的变换:

(2)a[这个人+(谁+都不认识)]

(2)b[谁+(都不认识+这个人)]

例(1)语素序列不变,只是句法结构层次不同,它分别同(1)a(1)b相对应;(1)a是动词短语,(1)b是名词短语,即两个深层结构共一个表层结构。例(2)语素序列有变换,它分别同(2)a(2)b相对应,(2)a是主谓谓语句,(2)b是主谓句,也是两个深层结构共一个表层结构。

1.2 语境中的歧义现象,是指一句话语在特定语境中,对于不同的人可能产生不同的理解。例如:

(3)语言是个很奇妙的东西。杨政委在大会上说"王守信全家红"是表扬,同一个词,"全家红"在老百姓口里则是咒骂。

(刘宾雁《人妖之间》,《人民文学》1979年9月号)

(4)"好了,好了!"看的人们说,大约是劝解的。

"好,好!"看的人们说,不知道是劝解,是颂扬,还是煽动。

(鲁迅《阿Q正传》)

例(3)例(4)都可以说是语境中的歧义现象。例(3)"王守信全家红"这句话,杨政委作为"表扬"说出来,而老百姓却赋予"咒骂"的意思,在语意上是完全对立的。例(4)最后一句话,看的人们说"好,好!"却不能准确判定这句话的意思"是劝解,是颂扬,还是煽动",即人们可以有不同的理解。但是,必须指出,例(3)与例(4)有一个重要区别。例(3)"王守信全家红"这句话,"在老百姓口里则是咒骂",这是反话正说,是属于修辞上的反语格,是完全靠特定语境的烘托而产生的歧义,它与这句话的字面意思(咒骂)无关。例(4)的"好,好!"这句话,"不知道是劝解,是颂扬,还是煽动",它既同阿Q与小D这场"龙虎斗"的特定语境相关联,又与这句话的语义解释有关系,即"好,好!"这个语句有"劝解"(停止殴斗)"颂扬"以及由"颂扬"而引申出的"煽动"(鼓励殴斗)的意思。本文只讨论例(4)一类与语句的语义解释有关系的语境歧义现象。

1.3 其实,句法上的歧义现象是着眼于语言分析,语境中的歧义现象是着眼于说话分析。我们知道,说话并不等于语言。"人们的说话过程是一个复杂的过程,它包含着心理、生理、物理以及个人、社会诸种因素。这还是仅就说话人这一个方面来分析的。说话除了要有具体的执行人而外,还有另一个方面的因素,即说话的时间、地点、条件、目的和对象等等,我们统称之为'语境'。句子虽然是说话的基本单位,是思想表达的手段,但是由于说话的语境不同,往往不能单从句子本身去了解说话人的思想。"[①] 因此我们说,语境中的歧义现象是属于说话的思想内容的,句法上的歧义现象是属于语句的语义内容的;虽然说话的思想内容是通过语句的语义内容来表达,但表达形式和被表达的内容之间常常并非表里一致,不能把两者混为一谈。

## 二

2.0 语境中的歧义现象是作家或说话人有意创造的。作家根据表达的需要,在特定语境中制造歧义现象,或者是为了烘托情景的气氛,或者为了丰满人物的个性,使表达形式生动活泼,产生最佳的艺术效果。

2.1 说话至少要在两个人之间进行,一个是说话者,一个是听话者。由于听话人的年龄、境遇、文化素养以及思想感情、精神状态等的差异,虽然说话人的话语是明确的,而听话人却不能完全理解,甚至发生误解,这是产生语境歧义的客观基础。作家就是在这个基础上创造语境歧义的。例如,鲁迅《狂人日记》描写何医生给"狂人"诊病说:"不要乱想。静静的养几天,就好了。"又对"狂人"的大哥说:"赶紧吃罢!"何医生说的这两句话含义是明确的,前一句是叫"狂人"静静地养病,后一句是嘱咐让"狂人"赶紧吃药。而听话的"狂人"却把前一句理解成要他"养肥身体"以便供他们吃,后一句理解为"吃人"——即大哥和何医生是"合伙吃我的人"。作家创造这种歧义,形象地描绘了"狂人"之患狂病的心灵状态。又如下面这段审判时的对话:

(5)"你从实招来罢,免得吃苦。我早都知道了。招了可以放你。"那光头的老头子看定了阿Q的脸,沉静的清楚的说。

"招罢!"长衫人物也大声说。

"我本来要……来投……"阿Q胡里胡涂的想了一通,这才断断续续的说。

"那么,为什么不来的呢?"老头子和气的问。

"假洋鬼子不准我!"

"胡说! 此刻说,也迟了。现在你的同党在那里?"

"什么?……"

"那一晚打劫赵家的一伙人。"

……

他第二次抓出栅栏门,是第二天的上午。

大堂的情形都照旧。上面仍然坐着光头的老头子,阿Q也仍然下了跪。

老头子和气的问道,"你还有什么话说么?"

阿Q一想,没有话,便回答说,"没有。"

这段话里,阿Q说,"我本来要……来投……",是说来投革命党;审问他的老头子以为阿Q说的是"来投案自首",所以追问他,"为什么不来的呢?"另一句,老头子和气地问道,"你还有什么话说么?"是问阿Q还有什么辩解申诉;阿Q不理解老头子问话的用意,就当成"没有话"的本意来回答说"没有"。结果,老头子对于阿Q在所答非所问的情况下,就判定罪行,把阿Q送上了断头台!这就活生生地展示了一位糊涂官审判一个麻木不仁的糊涂虫的滑稽场面。

再从语义内容看,这些语句也与造成这些语境歧义现象有关系。上举例证的"养""吃""投"都是没有带宾语的及物动词充当谓语,在特定语境中语义自足,传达"养病""吃药""投革命党"等主要信息。但是,说话人或听话人的头脑里还潜藏着另一种语境,他可以按照自己的想法,把这些动词谓语理解为"养肥身体""吃人""投案",于是就产生了歧义。

2.2 有时候一个语句可以同两种语境的话题相联系,于是在说话人和听话人之间出现不同的理解(包括有意和无意的),就产生了语境歧义。例如:

(6)白茹……在崇敬的眼光里射出了探问的神色:

"王团长!生了吗?"

战士们出神地静等着王团长答复这句摸不清头脑的问话。王团长心里明白,嘴上却有趣地反问着白茹:

"哎!你这个小白鸽,我和你这么亲热,你还说我生了!真不讲理!"

"不!"白茹急切地加重语气,"我问你我们的指导员生了宝宝没有!" (曲波《林海雪原》)

白茹问王团长"生了吗?"这句话有两种含义:一指"同志的感情生疏了吗",一指"指导员生了宝宝吗"。战士们不知道语境,对这句问话"摸不清头脑"。文中的"指导员"是王团长的爱人,王团长自然知道白茹是问"指导员生了宝宝没有",而王团长却故意逗趣,把

这句话和"同志的感情生疏了"联系起来。这就表现了王团长说话诙谐,对下级平易近人的性格。又如:

(7)"营长要处分我。"

"为什么?"

"嘎家伙!"邓军说,"准是又调皮了。"

"这,这次没有。"郭祥庄重地说,"刚才,飞机欺侮我们,实在太不像话了,我忍不住,就随便给了他两枪,营长就说我违反了规定。"

"什么规定?"周仆忙问。

"不准打飞机。"

"唔?"

周仆沉默了。他低下头,手指在膝盖上不断地捏拢又放开,放开又捏拢,最后握成了拳头,"好,好。"

"政委,你,你……"郭祥的脸色变了。

"不,不,"周仆摇了摇手,"我是说问题暴露得好。"

(魏巍《东方》上)

例(7)是写中国人民志愿军的连长郭祥向团长、政委汇报:他因在朝鲜战场前沿打了敌人飞机,营长(陆希荣)认为他违反规定,准备给他处分。政委周仆对这一问题考虑后,连说"好,好"。郭祥理解为这是政委赞同营长给他的处分,所以郭祥听话后"脸色变了"。政委这才发觉郭祥误解了他的话,于是马上纠正:"我是说问题暴露得好。"政委周仆连说"好,好"。这句话既可以同营长严重右倾思想的话题联系起来,说他的问题暴露得好;又可以同营长要处分郭祥的话题联系起来,说处分郭祥好。两种语境的话题可以与同一语句相联系,这就产生了歧义。

我们可以明确地说,不同语境中的话题是造成语境歧义现象的根源。如果一个话题不够明确的语句又可以同说话人和听话人不同的语境相联系,就有可能产生歧义。例如:

(8)闯王又问:

"你的身体很好吧?遇着阴天刮风下雪怎样?"

郝摇旗回答说:"还好。弟兄们把马棚盖得很好,靠山朝阳,草苫的有半尺厚。再过两个月,到了三月间,马和驴子都开始发情,可以交配,所以这几十匹公马和大叫驴一定得养得膘满体壮。……"

闯王噗嗤一声笑起来,说"我是问你遇着阴天,刮风,下雪,你身上的那些疮疤疼不疼,谁问你马牛羊,鸡犬豕!"

(姚雪垠《李自成》第二卷下)

郝摇旗是李闯王部下的一员猛将,因犯了军纪,闯王把他放在清泉坡牧马。闯王问他"遇着阴天刮风下雪怎样?"是深知郝摇旗经过历次战斗,落得满身创伤,遇到气候变化就会引起疮疤疼痛,这就是这句问话的用意(问话的语境)。郝摇旗联系自己在清泉坡牧马的境遇(答话的语境),以为闯王问他牧马的情况。这样描写表现了郝摇旗尽忠职守、诚心改过的心情。由于问话的话题不够明确,又可以同不同语境相联系,结果引起歧义,闹了个答非所问的笑话。

2.3 有时候一个语句指代不确定而同两种语境相联系,也会造成歧义。例如:

(9)胡源拿手扶着天堂,反复叫道:

"那怎么成呀!那怎么成呀!那怎么成呀!"

他这句话的意思是含糊不清的。究竟说礼物不能收呢,说胡杏不能回去呢,还是说何家不该来要胡杏呢,谁也听不清楚。

(欧阳山《苦斗》)

例(9)中"那怎么成呀!"这句话指代不确定。根据文意,它可能指何家的礼物不能收,可能指胡杏不能回何家去,还可能指何家不该来要胡杏。一般说,一个语句指代不明确应该算病句。可是在特定语境中,这句话从胡源口中说出来,虽然"意思是含糊不清的",却正好形象地刻画出了胡源在受到严重刺激下说出这句话的精神状态,起到了刻画人物心灵的最佳效果。相反,如果要求指代明确,不仅使作家的表现手法平淡无奇,而且无助于人物的刻画。

2.4 有些语句是模糊语言,可以同不同的语境相联系,联系说话人的语境,意思是明白的;联系听话人的语境,就引出了另一种理解,产生歧义。例如:

(10)周朴园 我听人说你现在做了一件很对不起自己的事情。

周 萍 (惊)什——什么?

周朴园 (走到周萍的面前)你知道你现在做的事是对不起你的父亲么?并且——(停)——对不起你的母亲?

周 萍 (失措)爸爸。

周朴园 (仁慈地)你是我的长子,我不愿意当着人谈这件事。(稍停,严厉地)我听说我在外的时候,你这两年来在家里很不规矩。

周 萍 (更惊恐)爸,没有的事,没有。

周朴园 一个人敢做,就要敢当。

周 萍 (失色)爸!

周朴园 公司的人说你总是在跳舞场里鬼混,尤其是这两三月,喝酒,赌钱,整夜地不回家。

周 萍 哦,(放下心)您说的是——

周朴园  这些事是真的么?(半晌)说实话!

周  萍  真的,爸爸。(红了脸)　　　(曹禺《雷雨》)

例(10)周朴园责问儿子周萍:"你知道你现在做的事是对不起你的父亲么?并且——(停)——对不起你的母亲么?"以及"你这两年来在家里很不规矩"。这都用的是模糊语言,没有点明具体内容。因周萍同他的后母蘩漪有丧失人伦的不正当的关系,他把父亲责问的话同这件事联系起来,以为父亲知道了他们之间的秘密,所以惊惶失色、不知所措。当周朴园点明周萍"在跳舞场里鬼混""喝酒""赌钱"后,周萍才"放下心"承认是"真的"。作家创造这种语境歧义,是为了渲染气氛,烘托人物,从而震动读者的心弦,获得最佳的艺术效果。

2.5  有时候说话人的语句和意思都是很明确的,不至于产生歧义,引起误解。可是听话人怀有个人目的,以"小人之心"去曲解别人的意思为我所用。例如:

(11)甲  局长点了点头,说:"咱们回去吧。"下楼上车回局,在车上局长还说:"这所房子很好,你再仔细检查检查,看有什么该修补的。"(对乙)你听见这句话没有?

乙  听见啦,这句话没别的意思啊!

甲  没别的意思?意思大了!他怎么说的?

乙  "……这所房子很好。"

甲  就是说,这所房子他看中了。

乙  你再检查检查。

甲  就是说,这所房子他还有不够满意的地方。

乙  看还有什么该修补的。

甲  就是说,他让我再布置布置。

乙　我可没听出来。　　　　　　(《何迟相声创作集》)

这是相声《新局长到来之后》的一个片段,讽刺××秘书企图用"房屋奉承法"去拍新局长的马屁。新局长的话"这所房子很好,你再仔细检查检查,看有什么该修补的"并没有什么歧义,可是××秘书却把这句话按照自己变态心理曲解为"这所房子他看中了"、"他还有不够满意的地方"、"让我再布置布置"。作家这样描写,深刻剖露了那些拍马奉承者的丑恶灵魂。

# 三

3.0　总括以上论述,似乎可以得到以下一点认识和启发。

3.1　人们使用语言,进行交际,要求表达清楚,语义明确,不容许含糊其辞,以致产生歧义,引起听话人的误解。如果出现歧义现象就必须排除。事实上,句法上的歧义现象在语境中出现的情况是很少的,它在语境中便能排除。吕叔湘先生指出,在实际交际中,消除歧义的手段大致有五种:1.语音,2.上文,3.下文,4.环境,5.情理。② 这是很有道理的。语境中的歧义现象是作家有意创造的,是为了表达效果的需要;这从句法结构看,是没有歧义的,是借助语境使一个没歧义的语句产生歧义。因此可以说,消除句法上的歧义现象是为了交际的准确性,创造语境中的歧义现象是为了表达的生动性,这是使用语言过程中相反相成的辩证关系。

3.2　语境中的歧义现象不干扰、妨碍人们的交际行为,相反,它是人们使用语言的艺术,是作家作品言语风格的表现。我们知道,风格学就是要求从言语表现手段与被表达的特定思想内容之间去发现作家使用语言的艺术手法。因此,研究语境中的歧义现象就是研究作家利用语境使用语言的艺术,创造最佳的表达效果,这应该是风格学的内容之一。

**注 释**

① 徐思益《描写语法学初探》,新疆人民出版社,1981年,17页。
② 吕叔湘《歧义类例》,《中国语文》1984年第5期。

原载《中国语文》1985年第5期。
又载西槙光正《语境研究论文集》,
北京语言学院出版社,1992年

# 空白及其标记语词

## 一、空白的语境框架

戏剧、电影、小说等文艺作品中,描写人物的言语行为有对白、独白两个用语,这是大家熟悉的。我拟在对白中再分出空白这一用语,它不限于戏剧、电影、小说等文艺作品,而是人们日常交际生活中普遍存在的现象,文艺作品只是把这种现象记录、提炼出来罢了。

空白,是说话人意思里有,却因各种原因而不便完全说出来的话。我们常有"说半截话"的讲法,那么,在对白中没有说完的、潜留在意识里的那半截话就是空白。为了言之有据,我们还是以文艺作品为例。

(1)鲁侍萍　什么,孩子。

鲁四凤　(抽咽)我,——我跟他现在已经……(大哭)

鲁侍萍　怎么,你说你——(讲不下去)

周　萍　(拉起四凤的手)四凤!真的,你——

鲁四凤　(哭)嗯。[①]

(2)王福升　(怕事)小姐,这件事我可先说下,没有我在内。您要大发慈悲,管这孩子,这可是您一个人的事,可没有我。过会,他们要问到我——

陈白露　（干脆地）你说你没看见！
王福升　（望着小东西,不安地）没看见？可是——
陈白露　出了事由我担戴。
王福升　（正希望白露说出这句话）好,好,好,由您担戴。②
(3)"快暑假了,到哪里去休息？"
"真哪！听说青岛很好玩,像外国。也许去玩玩。不过——"
我准知道他要说什么,所以没等"不过"的下回分解说出来,便又问："暑假后还回来吗？"③
(4)伟达贸易公司的经理室内,朱志豪堆着满脸的假笑,正在对小赵和两三个职员说话："这次公司结束,实在是迫不得已,但经理因为诸位生活太苦,所以……"

大家都用愤慨的眼睛望着朱秘书。

"多发了我们一个月的月薪——"小赵气愤地说。④

以上例(1)出自曹禺戏剧《雷雨》,他们三人的对白里,鲁四凤说："我跟他现在已经……",鲁侍萍问："你说你——"周萍说："四凤！真的,你——"都说的是半截话,没有说完的、潜留在意识里的那半截话就是空白。例(2)出自曹禺戏剧《日出》,王福升与陈白露的对白说："他们要问到我——"和"没看见？可是——"都留下空白。例(3)出自老舍短篇小说《牺牲》,毛博士与"我"的对白中说道："不过——",留下空白。例(4)出自阳翰笙、沈浮的电影剧本《万家灯火》,朱志豪与小赵等的对白中,说："经理因为诸位生活太苦,所以……"留下空白。在文艺作品中,出现空白的地方,常用省略号……或破折号——表示。口语中用声音拖长表示。

空白是说话人没有说完的、潜留在意识里的那半截话,它是怎样被听话人理解的呢？理解空白就是领会说话人言语行为的用意。要正确领会说话人言语行为的用意，必须凭借语境框架。最基本的语境框架包括共同话题、说话背景和一套逻辑推理知识三项内容。

共同话题限定了交谈者的说话范围，是彼此共同理解的语域。如果你说东，我说西，两个人就谈不到一起，也就无法达到互相理解。例（1），周萍和四凤要共同出走，作为母亲的鲁侍萍反对他俩共同出走，能否让出走，这就是他们三人对白的共同话题。例（2），陈白露要打抱不平，出面管"小东西"的事，茶房王福升胆小怕事，怕被牵连进去，这是他们共知的话题。例（3），是小说的人物之一的"我"提出的话题问毛博士"快暑假了，到哪里去休息？"毛博士的答话在遵守会话合作原则的前提下，不致岔开话题。例（4），朱志豪是对小赵等人谈伟达贸易公司结束后对职员解职的事，话题是明白的。共同话题是交谈双方已知的信息，这是会话的基础。

说话背景是指说话人在什么情况下（包括说话人的表情、动作等身势语）说出的话。听话人在共同话题的基础上进一步增加了对说话人的语用含义的理解。如例（1），周萍和四凤正要私自出走时遭到母亲鲁侍萍的阻拦，四凤在无可奈何的情况下当着她妈的面说："我跟他现在已经……"并伴随着"大哭"。例（2），王福升已知白露要管"小东西"的事而怕牵连到自己，他"望着小东西，不安地"对陈白露说："没看见？可是——"，在这特定的情景下，他说话的眼神（望着小东西）和心情（不安地）就表现出了他说话的用意。例（3），《牺牲》中的"我"在与毛博士的以往接触中就知他"把女人当成生命"的这一背景。例（4），小赵等人已知伟达贸易公司的经理和秘书朱志豪密谋将公司结束转入地下及其虚假的为人这一背景。这些说话背景为听话人理解说话人的语用含义提供了足够判定的信息。此外,说话人在前面(上文)已经说出来的话,那是帮助理解空白最实际的背景材料。

共同话题和说话背景蕴涵着交谈者在遵守同一思维规律的基础上的推理前提,据此就可以推导出说话人的用意,获得新信息。如例(1),鲁侍萍和周萍从四凤的话里可以推导出她已经怀有身孕了。例(2),陈白露从王福升的话里已推知要求她担待管"小东西"这件事的全部后果。例(3),"我"根据毛博士的个性和一贯的言语行为,就"准知道他要说什么",即"不过没有女人"之类的话。例(4),小赵等人根据伟达贸易公司即将关门和朱志豪跟他们谈话"堆着满脸的假笑"的虚假情意,就能推知朱志豪说到"所以……"后的空白,就是"多发一个月的月薪",赶快打发他们走。

当然,会话中的逻辑推导往往并非依照严格的逻辑推理进行,而多半掺杂着生活逻辑(即生活经验),但它仍是有一定逻辑基础的。

## 二、空白的性质和作用

空白是话语里本来就有的,是说话人言语行为的组成部分,或可以说,是最重要的组成部分,而不是听话人主观发掘出来的;(对空白的误解是另一回事)但它又是说话人意识里的东西,只能凭借语境框架暗示说话人的语用含义。因此空白只有深层结构,而无表层结构。听话人只可心领神会说话人留下空白的用意,难于补出或者是不能补出说话人的语句。

我们前面说过,空白是说话人意思里有,却因各种原因而不便完全说出来的话。这"不便"二字大有讲究,或因说话环境的不便,或因说话人的身份不便,而更多的是人物的个性使然,等等。概括地说,空白是说话艺术的表现形式,具有言未尽而意无穷的作用,它是作家塑造人物形象的重要手段。其实,一些语言艺术大师早已注意到"意不尽言"的作用。例如老舍在他的短篇小说《黑白李》中有这样一段叙述:"我俩说话用不着忙,感情就在话中间那些空子里流露出来呢。彼此对看着,一齐微笑,神气和默默中的领悟,都比言语更有分量。"⑤这段话虽是借助小说《黑白李》中的人物"我"的口说出的,这说的也不就是我们所研讨的空白,但可以体会出著名作家老舍这样叙述的哲理——没说出来的话比说出来的话"更有分量"——这可以作为空白在会话中起重要作用的参证。

空白是表现说话人身份、地位的一种重要方式。在会话中,由于说话人的身份各异,所处的地位不同,有些话不能或不便于直接说出来,说出来反而有失身份,这时用空白表示最为得体。如例(1),鲁四凤是一个十八岁、未出嫁的闺女,即便当着她妈的面,也不便直说"已经怀了孩子、有身孕了"之类的话,否则就同少女的身份不相称。作为母亲的鲁侍萍听到四凤的话更不能深问,只好留下空白,"讲不下去"。(她自己知道四凤和周萍是同胞兄妹啊)作为情人的周萍听到四凤的话表现出又惊又喜的复杂心情,"拉起四凤的手",只好用"你——"来概括一切。这三个人会话的空白都与他们各自的身份、地位相印称。例(2)王福升是旅馆的茶房,地位卑贱,他不敢直接提出要陈白露一个人为"小东西"的事担待后果,只能用"可是——"留下空白,让陈白露自己说出来,这是符合说话人的身份地位的。我们再举几例来看。

(5)曾瑞贞　我想告诉你一件事。

曾　霆　什么事?

曾瑞贞　(有些赧然)我,我最近身上不大舒服。

曾　霆　你为什么不早说?

曾瑞贞　我,我有点怕——

曾　霆　(爽快地)怕什么,你怎么不舒服?

曾瑞贞　(嗫嚅)我常常想吐,我觉得——

曾　霆　(懵懂)啊,就是吐啊,(立刻叫)妈!⑥

这是曹禺戏剧《北京人》描写曾瑞贞向她丈夫曾霆暗示她已有身孕的对白。曾瑞贞是个十八岁的少妇,拘于旧礼教而不便直说,所以"有些赧然"地用怀孕的生理反应现象说"我有点怕——","我常常想吐,我觉得——"留下空白,暗示她怀有身孕。这些空白是符合少妇说话身份的。而作为丈夫的曾霆才十七岁,还是孩子,对这些话不理解,反误认为她病了,"立刻叫妈"找药,这也是与他身份相称的。

(6)曾思懿　(讥诮地)对了,是我逼他老人家,吃他老人家,喝他老人家,成天在他老人家里吃闲饭,一住就是四年,还带着自己的姑爷。

曾　霆　(在一旁随声劝阻,异常着急)妈,您别,——妈,您——妈——

江　泰　(也冒了火)你放屁,我给了钱!

曾　皓　(急喘,镇止他们)不要喊了!⑦

这是曹禺戏剧《北京人》描写曾皓家爆发的一场家庭争吵。曾思懿的儿子曾霆看见他妈恶语伤人,讥诮他姑母、姑丈,"异常着急",就喊"——妈,您——妈——"留下空白来"劝阻",作为晚辈,在这样的场合,也只能用这种方式来劝阻。(请比较他祖父曾皓就可以用"镇止"的话说"不要喊了!")

由于说话的对象和场合的限制,说话人不便或不能向听话人直接说出来的一些话,也常常用空白给以暗示,使听话人自己领会空白的含义。比直说出来的效果好。如:

(7)方达生  你——(看她一眼,不愿说下去)

陈白露  又看见什么?

方达生  (笑了笑)哦,看你住的地方,很讲究。

陈白露  (明白他的意思,但也不屑解释)住得过去就是了。⑧

看过《日出》的人都知道,方达生和陈白露早先是对恋人。方达生从几千里外来看白露,发现过去的心上人现在变了,如剧本后文说的:"一个单身的女人,自己住在旅馆里,交些个不三不四的朋友。这种行为简直是放荡、堕落。"但是,这些话,方达生怎好与陈白露刚一见面就说出来呢?何况他还是专程来接白露回去与他结婚的呢。所以方达生只好用"你——"就打住,留下空白,"不愿说下去"。这空白与说话的对象和场合是吻合的,而且蕴涵着丰富的意思。

(8)(周炳)结里结巴地说出话来道:"大、大、大表姐,你镇静点,你,你,你……"

陈文英用手捂住自己的脸,随后又放开,说:"你逼得我好苦,你怕死我了,你害死我了……"

周炳找不着什么得体的话说,就含含糊糊地支吾其词道:

"大表姐,我还记得,你给我讲过你们的'十诫',这是,——不,我不过……"⑨

这是欧阳山小说《苦斗》描写周炳和他表姐陈文英的一段对白。周炳曾向陈文英说,他有一个伟大的幻想,为实现这个幻想不惜牺牲一切代价。陈文英误会了周炳说的幻想,以为那幻想就是爱情,而且就是为了她。因此,她"忘记了身份,忘记了节制,忘记了矜持,也忘记了廉耻,一纵身跳起来,两条胳膊紧紧地搂住周炳的胸膛"。这时周炳觉着可怕,觉着她"弄错了",才出现这段对白。周炳的话留有几处空白,其中说到"你,你,你……"是对陈文英提醒、劝阻,意即不要这样;"这是,——不,"意即这是犯戒的。陈文英是虔诚的基督教徒,前半截话引她的话"你给我讲过你们的'十诫'",其中就有戒淫乱的内容,但这话又怎能对陈文英直接说出来呢? 所以又加以否定说:"不,我不过……"意即我说的幻想不过是"实现共产主义",但这话更不能对一个国民党的军官太太、资产阶级的少夫人明说。所以,在这种场合下,面对这样的谈话对象,只能"支吾其词"地留下空白。

有些描写人物处境的内心活动的话,说话人心里很明白,但怕直说出来,会伤害、刺激受话人的感情,也用空白带过。例如:

(9)老母亲这时再也憋不住了:"忠良,你是不是要抛弃素芬母子? 是不是已经忘了我们?"

忠良不敢正视地回答:"妈,话不是这样说的,这只好怪这几年信息不通,还有据乡下到内地的人说,爸爸已经去世,你们也……已经……。我心里真是难过得不得了。"⑩

这是蔡楚生、郑君里的电影剧本《一江春水向东流》里描写张忠良与他老母亲的一段对白。张忠良堕落成为一个资产阶级的走卒,忘了受苦的老母亲,抛弃了素芬母子,他在老母亲的责问下,为自己辩解说:"爸爸已经去世,你们也……已经……",意即你们也已经死了之类的话,可是当着母亲的面这样直说出来,会更加伤害、刺激他母亲的感情,只好留下空白,这是符合人物处境的内心活动的。

(10)伊蒂(歇斯底里地):"我们离开这里吧,他们先是把乔埃,然后是诺兰,现在是却利——我看,马上……(向特里望着,几乎要说出:"要轮到你了。")我怕极了,我怕极了。"⑪

这是获奥斯卡奖电影剧本《码头风云》描写伊蒂对特里说的一段话。伊蒂看到江边黑帮头子杀死却利后,她内心非常恐惧,她用"先","然后","现在"时间相继的词语点明黑帮野蛮的凶杀行为后说:"——我看,马上……"她"向特里望着,几乎要说出:'要轮到你了。'"却没有说出,留下空白。这空白的含义不说自明,说出来会更强烈地刺激特里,这是说话要有轻重的道理。

文艺作品的中心是写人,要深入发掘人物的内心世界,写出现实社会中一个个活生生的人。这就要求调动一切表现手法刻画出人物的个性。空白是表现人物个性的重要手段之一。例如:

(11)曾思懿 (提出正事)媳妇听说袁先生不几天就要走了,不知道愫妹妹的婚事爹觉得——

曾 皓 (摇头,轻蔑地)这个人,我看——⑫

这是曹禺戏剧《北京人》描写曾思懿和她公公曾皓的一段对白。剧本描写曾思懿"虚伪、自私、多话、猜忌多疑。她好在自己造想的权诈、诡秘的空气中钩心斗角。言辞间总显露着她那种谦和、孝顺、仁爱……种种一个封建社会贤妇应有的美德"。曾皓"他吝啬、自私,非常怕死",这个家只有他的内侄女"愫方哀怜他",侍候他,他自私到想把愫方留在他家里,"成为他永远的奴隶"。这是作者对这两人个性的描写。我们引出这段对白,言辞不多,却深刻揭示出了这两人的内心世界所表现的个性特征。曾思懿诡秘地策划想把愫方从他公公身边弄走,使曾皓更加孤苦和减寿;但表面上显出"谦和"、"孝顺"的样子。她的话"不知道愫妹妹的婚事爹觉得——"留下空白,话中带有逼迫的意思,却要让她公公来决定。曾皓出于"自私、非常怕死"的个性,更怕愫方离开他,但又不好剖露私心,就推诿说:"这个人,我看——"意即袁先生这个人,我看配愫方不大合适。这两个人的个性就由对白中的空白折射出来。

(12)方文玉进来,包善卿并没往起立……"文玉!坐,坐!懒得很,这两天够我老头子……哈哈!"他必须这样告诉文玉,表示他并没有在家里闲坐着,他最不喜欢忙乱,而最爱说他忙;会长要是忙,委员当然知道应怎样勤苦点了。

"知道善老忙,现在,我——"方文玉不敢坐下,作出进退两难的样子,唯恐怕来的时间不对而讨人嫌。[13]

这是老舍短篇小说《且说屋里》描写包善卿和方文玉的一段对白。包善卿是日伪政权的汉奸,年已六十,弄到个"建设委员会会长"。方文玉四十多岁,包善卿给他弄到了个委员。由于这种关系,方文玉去拜见包善卿时,包坐着不起立招呼,已够摆资格了;他又不失礼的叫方文玉"坐,坐!"留下空白,让方文玉领悟会长的忙和累。果然方文玉善解人意,说"知道善老忙,现在,我——"表示出诚惶诚恐,"作出进退两难的样子"。这空白"我——"含有不该这时来打扰,又有不能不立即来感谢的意思。两人的空白把各自的身份地位和说话的神态都惟妙惟肖地表现出来了。

(13)李　　克(带着一丝难以察觉的微笑):呃,请原谅,先生们。你们是搞政治的,而我,是开夜总会的。

斯特拉瑟:晚安,勃来恩先生。(李克朝赌场走去)

雷诺特:对吗,少校,你们用不着对李克不放心。

斯特拉瑟(看着李克的背影):也许……[14]

这是获奥斯卡奖电影剧本《卡萨布兰卡》中一段对白。斯特拉瑟是德国法西斯的少校军官,派驻卡萨布兰卡专门监视反德国法西斯的反抗战士。雷诺特是法国派驻卡萨布兰卡的警察局局长,具有一定爱国思想。李克是反法西斯战士,在卡萨布兰卡以开夜总会为名隐蔽身份,进行反法西斯活动。雷诺特根据李克的话说:"你们用不着对李克不放心。"而斯特拉瑟却用"也许……"带有空白的话回答。这空白表现出斯特拉瑟诡秘多疑的特务心态,即一方面用以应付雷诺特,另一方面并未解除对李克的不放心。

我们想特别研究一下鲁迅小说《祝福》中鲁四老爷说话常用的一个"然而"带出的空白。《祝福》中的鲁四老爷"是一个讲理学的老监生",是个封建透顶的顽夫。当鲁四老爷知道他家的女工祥林嫂是背着她家婆婆逃出来的,后又被她家的人在河边劫持回去的消息后,他说了一句:"可恶!然而……"留下空白;当卫老婆子来向他赔罪,说"这回我一定荐一个好的来折罪"时,鲁四老爷又说了一声"然而……"留下空白。这两个"然而"带出的空白,不仅含意丰富,更充分刻画出了鲁四老爷的思想个性。根据语境(包括上下文),鲁四老爷第一次说"然而……"是针对祥林嫂的,其含意大抵是,山里人竟然暗中到河边劫持他家女工,实属"可恶!"用"然而"语气一转针对祥林嫂,意即祥林嫂背着婆婆逃出来做工,违背礼教,被劫持回去,也是应该!第二次说"然而……"留下空白,是针对卫老婆子的,意即你这次再不能荐一个背着家里逃出来的人了。两个"然而……"带出的空白深刻印上了鲁四老爷恪守封建礼教的思想,这样说出又表现他高深莫测的封建家长的威严口气,使下人(也包括鲁四太太)感觉到这话的分量。

上面,我们仅举例性地研讨了空白在文艺作品中的几种表达作用,细分起来,远不止这几种;归结起来,空白的一切表现形式都是为了塑造人物形象。因为空白存在于对白中,是说话人言语行为的组成部分,言为心声,个人的言语行为总是或多或少地从一个侧面表现他的思想感情的。

空白在人们的交际生活中,或反映在文艺作品中,凡是一切不便于直接说出的话都可以用空白代替。空白是无声的表达,它在特定语境框架中映射出丰富多彩的语用含义,使人耳目一新、回味无穷,往往起到"此时无声胜有声"的艺术效果。

# 三、空白的标记语词

一个句子结构通常有主语和谓语两部分,在语词的组合序列上,一般是主语在前,谓语在后,主语是陈述的主体,谓语是对主体的陈述。与句子结构基本相应的话语结构也有主位(theme)和述位(rheme)之分,主位是说话的出发点,述位具有表述性,是对主位的表述。从话语传达信息来看,一般是按照交际价值的大小作线性排列。作为说话起点的主位,交际价值小,在交际过程中首先出现,是交谈者已知的信息(旧信息),往往可以省略。述位是传达未知信息(新信息)的载体,是继主位之后出现,交际价值大,不能省略;如果误用省略,就会出现语病,失去交际作用。然而空白却出现在述位位置,与一般话语结构不同,它是无声表达,具有丰富的内涵。

根据空白在话语结构中出现的特殊位置,我们有必要考察带出空白的邻近语词,以此做标记,分别探讨空白传出的信息。

在对白中,说话人依据不同的说话背景,用人称名词或代词带出的空白,常传达劝阻、提醒、制止、询问以及说话难以出口等语用

信息。例如:

(14)鲁　贵　哼!(滔滔地)我跟你说,我娶你妈,我还抱老大的委屈呢。……这次回来,你妈要是还是那副寡妇的脸子,我就当你哥哥的面上不认她,说不定就离了她,别看她替我养了个女儿,外带来你这个倒霉蛋的哥哥——

鲁四凤　爸爸,您——⑮

鲁四凤的话"您——"是针对她爸爸鲁贵滔滔不绝的牢骚话而发的,"您"是主位,述位是空白;意在劝阻、制止她爸爸不要再说下去。这是符合晚辈说话身份的。前面举出的例(1)鲁侍萍的问话"你说你——",周萍的问话"真的,你——",例(2)王福升的问话"他们要问到我——",例(6)曾霆说的"您——妈——",例(7)方达生说的"你——",例(8)周炳说的"你,你,你……",例(12)包善卿说的"这两天够我老头子……"和方文玉说的"现在,我——"都属于这一类。*

在对白中,说话人用副词或关联语词带出的空白,传达与说话人相反相背的信息,或者随着事件发生的时间进程而出现的信息,或者暗示出前提或结论。例如:

(15)伊　蒂(滔滔不绝地):"竟会有人对乔埃下毒手!乔埃是我们这个区最好的孩子——谁都这么说的,不光是我说的。是谁?——是谁对乔埃下的毒手?你倒是说说看!……是谁?是谁?"

巴莱神父(脸有窘色地):"我希望我知道,伊蒂,可是——"神父想转过头去,其神态宛似在向其他人询问。⑯

(16)设计组负责人望着我呆滞的表情,不无怜悯地说:"子君,你是老实人,对你的处境我是深表同情的,我曾经和清查办的人说过:想让你留在设计组边工作边交代问题,但是……"他手一摊,耸了耸肩膀,喟然长叹一声,说:"子君,不要难过,要保重身体,好自为之,善自为之!"⑰

(17)吉力特:"我们只想了解一下你有可能认识的人。"

特　里:"我认识的人?——你是说要我提供情况——,滚,快滚!要不——"

吉力特(稍带微笑):"我看还是不要这样的好,否则你可被控殴打公职人员罪。"⑱

(18)"我问你:你那时怎么后来竟依了呢?"

"我么?……"

"你呀。我想:这总是你自己愿意了,不然……。"

"阿阿,你不知道他力气多大呀。"⑲

(19)潘月亭　白露,你不知道,金八这个家伙背景复杂,不大讲面子。

陈白露　那么,你不管了?

潘月亭　不是我不管了,是我不能管,而且为这么一个乡下孩子,你又何必——。⑳

(20)孙有站起:"我再提一个。当记工员的事不是个小事,说话得和气点儿,我看喜旺行。咱们都知道,喜旺这个人,老几辈都是好人,人家没有和别人翻过脸吵过架。"

群众乙:"好人是好啊!谁也知道是好人,就是……"㉑

(21)周　冲　你给太太再拿一个杯子来,好么?(四凤下)

周繁漪　冲儿,你为什么这样客气?

周　冲　妈,我就想告诉您,那是因为——㉒

(22)江　泰　(候曾皓坐定,四周望一望,立刻)好,我有一句话,我屋旁那土墙要塌了,你们想收拾不收拾?——

曾思懿 (软里透硬)不是这么说,姑老爷,我没有敢说不收拾,不过我听说爹要卖房子,做买卖,所以——㉓

有的作家还把这些关联语词作为人物的口头禅来刻画人物的个性。如老舍短篇小说《老字号》中对周掌柜的描写:

(23)周掌柜笑着给大家解释:"你们得记住,这是我的头一节呀!我还有好些没施展出来的本事呢。还有一层,扎牌楼,赁煤气灯……哪个不花钱呢?所以呀!"他到说上劲来的时节总要这么"所以呀"一下。"日后无须扎牌楼了,咱会用更新的,更省钱的办法,那可就有了赚头,所以呀!"㉔

由此看出,这里举出的例(15)中的"可是——",例(16)中的"但是……",例(17)中的"要不——",例(18)中的"不然……",例(19)中的"何必——",例(20)中的"就是……",例(21)中的"因为——",例(22)中的"所以——",例(23)中的"所以呀",以及前面例(2)的"可是——",例(3)的"不过——",例(4)中的"所以……",例(8)的"不过……",例(9)的"已经……",例(10)的"马上……"和《祝福》鲁四老爷说的"然而……"等所带出的空白,都处于述位位置,传达说话人最重要的信息。

在对白中,说话人用表示情态的语词(主要是能愿动词)带出空白,传达评议、估计或不确定的信息。例如:

(24)华太太是个家庭妇女,这时顺手料理一些家常,比较漠然地:"谁知道是干什么的!"华先生紧接着说:"这家伙鬼鬼祟祟的,说不定……"㉕

(25)邮电所里。

强英对着话筒:"等?不行!你对他说,他老婆快死啦!"

兽医站办公室里。

老站长听了一惊："啊！"他朝院子里喊："仁文,电话里说你老婆病得很厉害,都快……"㉕

(26)"怎么,女孩子也能……"

"对啦！女孩子也能当兵打仗,剿土匪,保护穷人。"㉗

(27)警官："你们尽管说,我是个正派警察。告诉我一些线索,我会——"

老爹一言不发地站着,悲不胜言。㉘

(28)"二〇三首长,跟着你作战,我从来一点也没想过这个,我不知道什么叫失利。"剑波把手一按,"一个指挥员,什么情况都得估计到,这你应该……?"㉙

(29)安尼娜(将筹码递给他):我们只有这些了,扬。你认为我们该……?㉚

以上举出的例(24)的"说不定……",例(25)的"都快……",例(26)的"也能……",例(27)的"会——",例(28)的"应该……",以及前面例(13)的"也许……"等带出的空白,都是表动作行为情态的语词。在句法功能上,表情态语词一般必须再带行为动词才具有表述性。

在对白中,说话人用系动词和心理动词带出的空白,传达说话人的断定或主观认定的信息。例如:

(30)周　冲　(明白)什么,四凤？你预备跟他一块儿走？

鲁四凤　嗯,二少爷,我,我是——

周　冲　(半质问地)你为什么不早告诉我？

鲁四凤　我不是不告诉你；我跟你说过,叫你不要找我,因为我——我已经不是个——㉛

(31)尤迦蒂(奉承地):瞧你刚才处理德国赌棍那架势,真叫人以为您一辈都是干这一行的。

李 克(板起面孔):噢? 你凭什么认为我不是呢?

尤迦蒂(闪烁其词地):哦,没什么。你刚来卡萨布兰卡那会儿,我还以为……㉜

(32)"老厨工呢?"刘思扬突然问。

"不知道。"胡浩深思起来,"老厨工是许多年前被抓进来煮饭的,人很善良,我担心……"㉝

这里例(30)的"我是——","我已经不是个——",例(31)的"我还以为……",例(32)的"我担心……",以及前面例(5)的"我有点怕——","我觉得——",例(8)的"这是,——",例(11)的"爹觉得——","我看——"等带出的空白都属于这一类。这些系动词和心理动词并不具有表述性,其中的空白才是信息焦点或语用含义的重心。

根据我们的考察,粗略分析出了空白出现的四种类别及其所传达的信息。再概括起来说,除第一项是以居主位的人称名词和代词带出的空白外,其他三项都是非主位语词(特别是副词和关联语词更引人注目)带出的空白。据此,我们拟把后三项引带或伴随空白出现的语词作为空白的标记,或称作有标记空白;与此相对,而把居主位语词带出的空白叫做无标记空白。确定有标记空白和无标记空白,有助于为空白的出现提供模式,便于有效地识别和理解。

## 四、余 论

我们还有必要划清空白和与其相似、相关的三种话语现象的界限,以便进一步认识空白。

第一,空白与说话被打断有别。空白是潜在说话人意识里,是说话人主观的、有意的言语行为。说话被打断通常是客观原因造成的,不是说话人的本意不想说出来。例如:

(33)李恒盛是小户人家,跟人家三个人凑在一处,本来不相称,可是时时总想跟人家往一处凑,见人家说得很热闹,早就想凑几句,只是一时想不起说句什么话合适——。吃了一口菜之后,他又觉得费很大劲想好的那句合适话,不说一说实在可惜,就拿了一拿劲说:"永福老哥虽说没多吃过好东西,可也没有……"他正说着"可也没有枉花过钱",可巧遇着王光祖开了口,把这句得意的"合适话"碰散了。㉞

(34)强英恶言出口,刺痛了水莲的心。她强咽下凌辱和委屈,深情而沉重地说:"大嫂,我来到这里快两个月了,一直盼着咱妯娌能团结得像亲姐妹一样,合起手来生产,回起心来治家。可是,我……"

强英打断水莲的话,恶狠狠地:"好啦好啦,别他娘的猪鼻子插葱,装象啦!你没来的时候,家里根本没有矛盾!"㉟

例(33),李恒盛的话被王光祖的话"碰散",例(34),水莲的话被强英的话"打断",这都是客观原因造成的,并非说话人有意只说半截话,这不是空白。

第二,空白与说话中间停顿不同。空白总是说出只有主位、没有述位的半截话,而说话中间停顿总可以连成一句完整的话,不至缺少述位。例如:

(35)鲁侍萍　(泪满眼)我——我——我只要见见我的萍儿。

周朴园　他现在在楼上陪着他的母亲看病,我叫他,他就可以

下来见你。不过是——(顿)他很大了,——(顿)并且他以为他的母亲早死了的。㊱

(36)"阿Q,听说你在外面发财,"赵太爷踱开去,打量着他的全身,一面说:"那很好,那很好的。这个,……听说你有些旧东西,……可以都拿来看一看,……这也并不是别的,因为我倒要……"

"我对邹七嫂说过了。都完了。"

"完了?"赵太爷不觉失声的说,"那里会完得这样快呢?"㊲

例(35),鲁侍萍说话因悲愤说不下去而出现停顿"我——我——我只要见见我的萍儿";周朴园对待鲁侍萍因为于理有亏,于心有愧,于情不忍,难于说出口叫鲁不见"萍儿",故闪烁其词而出现停顿。

例(36)赵太爷想买阿Q偷来的东西,由于身份和地位不好开口直说,就吞吞吐吐地说出一串带有停顿的话:最后说到"因为我倒要……",这不是停顿,而是空白,是说话的重心所在。从引例可以比较,停顿的前后可以连成一句话,空白却没有述位。

第三,空白和潜台词也有分别。空白和潜台词都是潜留在说话人意识中的,都没有表层结构。但潜台词着重在表达超出话语的言外之意,也可以用整句话表达,还可以用身势语(动作、表情)暗示;而空白总是表达不便直说的话,不一定含有言外之意,例如:

(37)"我们对你,当然有很大的兴趣。"徐鹏飞脸色一变,声音冷得像冰一样:"可是也可以完全丧失兴趣。单凭我手上的材料就可以——"声音拖长,而且带着威胁的暗示。他停了片刻,忽然又急转直下:"我倒是设身处地,替你着想!"

许云峰看了对方一眼,慢慢转过头去,不再回答。㊳

(38)曾文清  (没有说话,凄凉地)这,这只鸽子还在家里。

愫　方　（冷静地）因为它已经不会飞了！
曾文清　（愣一愣）我——（忽然明白，掩面抽咽）㊴

(39)张子豪瞅了她一眼，说："放心吧。我是说在这个问题上，千万不要忽略那著名的物竞天择，适者生长的法则，把那弱肉强食的道理，也该透透彻彻地给孩子们灌输下去。让他们不光知道善与恶的道理，也要知道强与弱的道理。让他们知道强的不一定都是恶的，弱的不一定都是善的。"周炳正准备驳斥那位区长，只见陈文英向他递了一个眼色，意思好像是叫他不要多谈，因此他踌躇着没开口。㊵

例(37)，徐鹏飞说到"就可以——"，"声音拖长，而且带着威胁的暗示"，言外之意是"可以处决你许云峰"，这是潜台词。形式上看，这缺少述位，与空白相同，或可把这种形式的潜台词看成与空白重合。例(38)，愫方的话"因为它已经不会飞了！"这是个主位、述位俱全的语句。曾文清和愫方是一对知心人，他们约誓，曾文清出家远走，不再回来；可是曾文清走后又回来了。愫方就用这句潜台词暗示，言外之意是"你已经不会飞走了！"所以曾文清愧对知心人，"忽然明白，掩面抽咽"。例(39)，陈文英用"眼色"暗示周炳"不要多谈"，是用身势语做潜台词。可见空白和潜台词也是有分别的。

从我们随意拣得的语料看，空白在中外文艺作品中是普遍存在的现象，是无声地、含蓄地表达思想感情的重要手段，也是人们思维活动有节制的一种表现。可是，空白这种特异现象尚未引起语言学界注意，似乎还没人进行研讨。我们以为，研讨空白，从实践上说，对于人们使用语言、提高交际能力具有重要作用；从理论上说，为电子计算机模拟人脑的言语合成和解码、探索人脑的语言机制，更具有特殊意义。

## 注 释

①②⑥⑦⑧⑫⑮⑳㉒㉓㉛㊱㊴《曹禺选集》，人民文学出版社，1978 年，125 页，156 页，358 页，387 页，139 页，327 页，6 页，158 页，23 页，325 页，128 页，67 页，412 页。

③⑤⑬㉔《老舍短篇小说选》，人民文学出版社，1956 年，37 页，3 页，161 页，124 页。

④⑩⑱㉕㉘㉚㉜《五四以来电影剧本选集》（下卷），中国电影出版社，1979 年，280 页，225 页，231 页，371 页，219 页，177 页，125 页。

⑨㊵欧阳山《苦斗》，作家出版社，1962 年，501 页，472 页。

⑪⑭⑯《奥斯卡奖电影剧本选》，江苏人民出版社，1983 年，284 页，139 页，220 页。

⑰陈国凯《我应该怎么办》，见《1979 年全国优秀短篇小说评选获奖作品集》，上海文艺出版社，1980 年，391—392 页。

⑲鲁迅《彷徨》，人民文学出版社，1973 年，17 页。

㉑李准《走乡集》，中国电影出版社，1983 年，268 页。

㉖㉟辛显令《喜盈门》，中国电影出版社，1984 年，20 页，18 页。

㉗㉙㉝㊳曲波《林海雪原》，作家出版社，1959 年，88 页，327 页，454 页，158 页。

㉞《赵树理选集》，人民文学出版社，1958 年，133 页。

㊲鲁迅《呐喊》，人民文学出版社，1973 年，103 页。

\* 上举"你说你——"的后一个"你"是处于小句宾语的主位。"他们要问到我——"也是处于小句主位，空白仍居述位。

原载《语言文字应用》1992 年第 2 期。
又载《现代语言学与应用》1992 年总第 4 期。
曾于 1991 年 11 月在山东大学举行的
中国第二届语用学学术研讨会上宣读

# 略说懂话

## 一

说话和懂话是一个话轮(turn)的交际双方言语行为的两个方面。人们在交际活动中,说话人选用双方共同熟悉的语言工具组织成言语行为,把自己的思想感情传达给听话人,达到沟通思想、调节行为的目的。要实现说话人的目的,首要的是听话人真正听懂了说话人所说的话。一般来说,双方在遵守谈话合作原则的前提下,使用共同熟悉的语言进行交际,传达和理解是不会有什么问题的。

我们这里说的懂话还有更深一层的意思,主要是指听话人听懂说话人语形所蕴涵的用意,即话里有话的言外之意,而不是简单地听懂说话人语形的表面意思(这当然是必需的)。由于说话人是传达信息的编码人,他选用什么样的话语形式表达自己的思想感情是自由的;听话人是接收信息的解码人,他只能按照说话人的语码去译释,没有选择的自由。听话人如果译释不准确,甚至曲解、误解,就不算听懂了说话人的话;如果不透过说话人语形表面去理解他说话的用意,更不算真正听懂了说话人的话。再加上交际双方的文化素质、社会经历等等差异,也直接影响听话人译释语码的准确度,严格说来,最好的语码译释者也只能达到说话人语码的近似值。这说明,在交际活动中,懂话不是一件容易的事。研讨懂话可以测试一个人运用语言的水平,从而为语言教学提供一种参量。

## 二

懂话要求听话人具备一定的素养和译释话语的条件,这包括话内的和话外的条件。我曾在研讨"空白"(没有说出的半截话)时说:"要正确领会说话人言语行为的用意,必须凭借语境框架。最基本的语境框架包括共同话题、说话背景和一套逻辑推理知识三项内容。"[①]我以为这个语境框架对于译释说话的用意也是大体适用的,这就是懂话所要求的基本条件。我们下面举一些文学作品用例来分析、说明。

(1)周朴园　(给鲁大海电报)这是昨天从矿上来的电报。

鲁大海　(拿过去读)什么? 他们又上工了。(放下电报)不会。

周朴园　矿上的工人已经在昨天早上复工,你当代表的反而不知道么?

鲁大海　(怒)怎么矿上警察开枪打死三十个工人就白打了么? 哼,这是假的。你们自己假作的电报来离间我们的。你们这种卑鄙无赖的行为!

周朴园　(向大海)你就这样相信你那同来的几个代表么?

鲁大海　你不用多说,我明白你这些话的用意。[②]

这是曹禺剧作《雷雨》描写矿业主周朴园同矿山罢工工人代表

鲁大海的一场对话。鲁大海说"我明白你这些话的用意",他推断周朴园说话的"用意"是:炫耀自己的"胜利",讥讽对手的"失败"。这种"用意",周朴园的语形里(书面语言的字面上)没有,是鲁大海根据共同话题(谈判复工条件)和说话背景(周朴园拿出复工电报)推断出来的。

(2)方达生　竹均,怎么你现在会变成这样——

陈白露　(口快地)这样什么?

方达生　(话被她顶回去)呃,呃,这样地好客,——这样地爽快。

陈白露　我原来不是很爽快么?

方达生　(不肯直接道破)哦,我不是,我不是这个意思。……我说,你好像比从前大方得——

陈白露　(来得快)我从前也并不小气呀!哦,得了,别尽捡好听的话跟我说了。我知道你心里是说我有点太随便,太不在乎。你大概疑心我很放荡。是不是?③

这是曹禺剧作《日出》描写方达生与他早年恋人陈白露的一场谈话。方达生"不肯直接道破"陈白露"放荡""堕落","尽捡好听的话"跟她说;陈白露却能推出他的用意(即"你心里是说"——话里有话)。这是根据说话的背景(即下文点出的"一个单身女人,自己住在旅馆里,交些不三不四的朋友")推断出来的。值得注意的是,方达生说话的语形表面上是"好听的话",而他说话的用意却与此完全相反。

共同话题和说话背景是听话人推理的逻辑前提,是懂话的必备条件,听话人由此推断出说话人的话语所蕴涵的用意。反之,如果说话背景不明确,说话人语形太简略,或者突然变换话题,听话人就无法听懂。例如：

(3)陈白露　(恍然大悟的样子)哦,你昨天找我原来是要给我说媒,要我嫁人啊？

方达生　我不是给你说媒,我是要你跟我走。……

陈白露　你先等我问你一句话——

方达生　什么？

陈白露　你有多少钱？

方达生　(没想到)我不懂你的意思。

陈白露　不懂？我问你养得活我么？④

陈白露的推论是,你要我跟你走(嫁给你),你就得有很多钱来养活我；你没有钱,"你养得活我么？"言外之意是委婉拒绝跟方达生走。方达生当陈白露问他"你有多少钱"这句话时,说"我不懂你的意思",是因为说话背景不明确,陈白露的语形太简略,所以不懂。

还有另一种话轮,说话人自言自语,发泄自己痛苦的感情,无须也不能让听话人知道说话背景,听话人无法听懂说话人的话。例如：

(4)周　萍　鲁奶奶,您要是一定不放她,我们只好不顺从您,自己走了。——凤！

鲁四凤　(摇头)不,(还望着侍萍)妈！

鲁侍萍　(低声)啊,天知道谁犯了罪,谁造的这种孽！——他们都是可怜的孩子,不知道自己做的是什么。天哪,如果要罚也罚在我一个人身上。(伤心地)他们是我的干净孩子,他们应当好好地活着。罪孽是我造的,苦也应当我一个人尝。(立起,望着天)今天晚上,是我让他们一块儿走的。这罪过我知道,我都替他们担戴了,要是真有了什么,也让我一个人担戴吧。(回过头)凤儿,——

  鲁四凤 (不安地)妈,你怎么,你说的是什么?⑤

  周萍、四凤都是鲁侍萍亲生的儿女,可是他俩自己不知道是同母异父兄妹,并且暗地偷情,四凤已有了身孕,迫不得已,他俩决定黉夜私奔。鲁侍萍面对这种情况,既不能把话说穿,又痛苦于自己的身世,所以就呼天唤地发泄自己痛苦的感情。尽管鲁侍萍说了这么多"伤心"话,可四凤仍然听不懂她妈说的是什么。

  我们以上所举的用例,从语形表面(或字面)上看,人人都懂得它们的意义,而这些话语的深层用意,却是一个话轮的主要信息,并非每个听话人都能听懂。这种说话的用意通常叫做语用含义(pragmatic implication),是语用学重点研究的问题。

## 三

  懂话除了明白共同话题和说话背景外(这是主要的),还必须懂得社会文化因素,以及话语的节律成分(prosody component)和副语言成分(paralinguistic features)。社会文化因素与话语有关,但又不是完全属于语言本身的,节律成分和副语言成分是话语的附丽物。我们也举几条用例来说明。

  (5)曾瑞贞 (走了一半,忽然回头,一半希冀,一半担心)我想告诉你一件事。

  曾 霆 什么事?

  曾瑞贞 (有些报然)我,我最近身上不大舒服。

  曾 霆 (连忙)你为什么不早说?

  曾瑞贞 我,我有点怕——

曾　霆　（爽快地）怕什么,你怎么不舒服?

曾瑞贞　（嗫嚅）我常常想吐,我觉得——

曾　霆　（懵懂）啊,就是吐啊,(立刻叫)妈!

曾瑞贞　（立刻制止他）你干什么?

曾　霆　妈屋里有八卦丹,吃点就好。⑥

这是曹禺剧作《北京人》里描写曾瑞贞向她丈夫暗示她有身孕的对话。曾瑞贞是个十八岁的少妇,拘于旧礼教而不便直说,所以"有些赧然"地用怀孕的生理反应现象"我常常想吐,我觉得——"、"我有点怕——"这种社会文化因素来表达。曾霆还是一个十七岁的少年,缺乏社会生活常识,根本没听懂他妻子话里的深层含义,还以为是一般的身体"不舒服",吃点"八卦丹"就好了。

(6)"嘿! 好彪小伙子!"是郭振山音量很重的声音,"干得美啊! 你快当劳动模范哩! ……"

生宝停住手,掉头看时,满腮胡茬的代表主任,手里捏一个纸卷儿,站在隔着一块绿茵茵的青稞地东边的牛车路上。他的态度带着上级对下级或长辈对晚辈说话的那种优越感。生宝隐隐绰绰觉得:语音里带着讽刺意味,他心里有几分不愉快。⑦

郭振山对生宝说的话,语形都是赞扬的,"干得美啊! 你快当劳动模范哩!"可是生宝觉得,郭振山"音量很重的声音","语音里带着讽刺意味"。郭振山说话的"讽刺意味",完全是"音量很重的声音"表达出来的。

说话的语气、语调是话语的节律成分,说话的口气、音量、语速等则是副语言成分。这些成分是附丽于话语的,不影响语词的意义,但它在话语中却可以滋生超出语形的新的含义。人们说"听话听音",就是这个道理。

## 四

　　说话人所表达的意思包括多种因素,一般是由语词成分及其结构规则表示的,这就是语义和句义,或叫做词汇意义和语法意义;有的是话语在特定语境中表达的说话人的用意,这就是语用含义,或叫做语用意义;还有话语的节律和副语言成分附丽于语句而滋生的说话的意谓或意味(我们研究得不够)。这些意义都有它们的载体,有词汇的、句法的、语形的、语音的、语境的;而且还分不同的层面,有表面的、深层的、附加的、隐含的,等等,并有不同程度的抽象。

　　研究语词成分及其结构规则所表达的意义,是把语言作为工具,研究部件的性质及其组合能力和规则;研究话语在特定语境中所表达的说话人的用意,是对语言工具应用技艺的研究,重在提高人们应用语言的交际能力和理解能力。研究前者是属于语言范围,研究后者是属于言语范围,但前者是后者的基础,后者是这个基础所制造的艺术产品。我们划分范围,便于明确工作的立足点。从懂话的角度说,这无疑是研究语言的应用,它涉及多方面的问题,我们必须从多角度、多层面去进行研讨,才能收到良好的效益。

**注　释**

　　①徐思益《空白及其标记语词》,《语言文字应用》1992年第2期;又见《徐思益语言学论文选》,新疆大学出版社,1994年,370页。

②③④⑤⑥《曹禺选集》,人民文学出版社,1978年,69页,144页,146页,126页,358页。

⑦柳青《创业史》(第一部),中国青年出版社,1961年,129—130页。

*原载《语文建设》1997年第10期*

# 诗词的语言艺术
## ——试说语用场

诗词是语言艺术的结晶,它所以脍炙人口,流传千古,在于它精巧的载体,即作家高超地应用语言的表现艺术。本文拟举唐诗宋词为代表说明它们的语言艺术,而诗词的语言艺术又只能在语用场里才能准确判定。

## 一

唐诗应以典范的律诗为代表。律诗是由乐府诗蜕变而来的,乐府诗原本来自民间,是配音乐的,后来与乐府分离,成为文人的专用品,并加以改造和限定,就形成了代表唐代的特定文体——律诗。律诗有很多讲究和限制。简单地说,从句数讲,除排律外,都是八句或四句(绝句,或称绝律),每句用字又规定为七言或五言。这使诗的语言具有整齐美。诗的句读要讲究节奏,一般是以两个音节(两个汉字)为一个节奏单位,这又使它具有节奏美,读起来朗朗上口。节奏又同音节(汉字)的平仄密切相关,即每个节奏单位要求平仄相间(如"平平仄仄仄平平"等格式),再加上两句押韵(用韵也有严格规定),这使诗又产生了抑扬顿挫的音乐美。在讲究平仄的基础上还要求"粘"。"粘"是说诗的句法结构上的音节节奏要平粘平、仄粘仄,即诗的第二句平仄与第一句的平仄相对立,第三句的平仄与第二句的平仄相粘连(即相同),第四句的平仄又与第三句相对立,而与第一句相同。(余类推)例如:

(1)平平仄仄平平仄,
(2)仄仄平平仄仄平△。
(3)仄仄平平平仄仄,
(4)平平仄仄仄平平△。①

因为诗的二、四(六、八)句要求用平声韵,所以只能这样粘对,一般人说诗所谓"平起平收,仄起仄收"就是这个道理。粘在诗的音节上就暗含有对(平仄对立),律诗还要求语词上对仗,一般是颔联(第三、四句)和颈联(第五、六句)对仗,这给诗又增添了对称美。这些都是律诗形式上的规定,形成律诗的固定格式,称为诗律。

宋词也是来自民间,配音乐的,与乐府诗是同一类文学载体,所以又把词称为"诗余"。《蕙风词话》说:"唐人朝成一诗,夕付管弦,往往声希节促,则加入和声。凡和声皆以实字填之,遂成为词。词之情文节奏,并皆有余于诗,故曰'诗余'。"可见词是诗的发展,是诗的一种别体。词有词牌,一般是按照词牌的乐曲依声填词。到了宋代,词人辈出,有的新制曲谱,叫自度曲,词牌也越来越多。每个词牌用字的平仄和押韵都有一定的格式和要求,形成固定的词谱,词人只能按照词谱写词,所以叫填词。宋代词人深受律诗的影响,更讲究用字的平仄、句读和押韵,唯一与律诗不同的是有长短句。总之,每个词谱所规定的字数、平仄、句读、用韵以及单调、双调等都有固定的格式,称为词律。

## 二

诗词固定的格律形式是一种小巧精致的艺术品。诗词的格律形式是怎样显示出来的呢？这是由古代汉语的特点决定的。古代汉语（相对于现代汉语而言）的词绝大多数是单音节的，每个词的音节分为"平上去入"4个声调以区别语义。音节由声和韵两部分构成，韵和声调配合，根据《诗韵集成》归为106个韵（即诗词用韵的标准），即平声30韵（内分上下平声韵各15个），上声29韵，去声30韵，入声17韵。又把平声韵的字算平声，上去入三声韵的字算仄声。这样，诗词的音韵平仄以及限定的字数都是同古代汉语的特点吻合的。概言之，诗词的格律形式是从古代汉语里概括抽象出来的，是潜在的形式，依照诗词格律作诗填词是用语言表达出来的显现形式。虽然诗词的潜在形式来自语言表达的显现形式，但是，反过来，显现形式又要受潜在形式的制约，写出来的诗词才符合格律。因此，诗词的语言不仅要符合诗词格律，具有形式上的美，更重要的是，诗词的语言所表达的内容要丰富多彩，把形式和内容完美地统一起来，才堪称诗词的语言艺术。

诗词是限定的格式，要在这种格式里表现出作品丰富多彩的思想感情，不是一件容易的事。历来评点诗词的人众多，归结起来，不外乎就内容和形式两个方面去评点。内容方面要求意境深远，形式方面要求用语新颖。《六一诗话》引梅圣俞言："诗家虽率意而造语亦难。若意新语工，得前人所未道者，斯为善也。必能状难写之景如在目前；含不尽之意，见于言外，然后为至矣。"并例举诗证："若严维：'柳塘春水漫，花坞夕阳迟'，则天容时态，融和骀畅,岂不在于目前乎?又若温庭筠:'鸡声茅店月,人迹板桥霜',贾岛:'怪禽啼旷野,落日恐行人',则道路辛苦,羁旅愁思,岂不见于言外乎?"《白石诗话》说:"语贵含蓄。东坡云:言有尽而意无穷者,天下之至言也。……句中有余味,篇中有余意,善之善者也。"《蕙风词话》说:"意内言外,词家之恒言也。"《人间词话》说:"词以境界为上。"在评论姜夔的词时指出"惜不于意境上用力,故觉无言外之意,弦外之响,终不能与于第一流之作者也"。这些评点从正反两面说明,诗词的内容美是以意境为上,而意境又是通过暗合格律的语词形式表现出来的,达到形式和内容的完美统一。但有许多诗词评点往往是摘引作品的只言片语加以评说,难于窥见作品艺术全貌。例如《蕙风词话》摘引李德润《临江仙》词句"强整娇姿临宝镜,小池一朵芙蓉",评点说:"是人是花,一而二,二而一,句中绝无曲折,却极形容之妙";摘引徐鼎臣《梦游》诗句"绣幌银屏杳霭间,若非梦魂到应难",说"置之词中,是绝好意境"。特别是谢灵运诗中"池塘生青草"一句平常语,被历代诗词评点家推崇备至,以至有"池塘青草谢家春,万古千秋五字新"的吟赞(引自《人间词话》),这已偏离作品思想内容,完全注重语言表达形式了。至于评点诗词用字的巧拙则更为常见。例如《蕙风词话》举黄东甫《柳梢青》词"花惊寒食,柳认清明"说,"'惊'字,'认'字,属对绝工。昔人用字不苟如是,所谓词眼也"。《人间词话》例举:"'红杏枝头春意闹',著一'闹'字,而境界全出。'云破月来花弄影',著一'弄'字,而境界全出矣。"固然炼字是诗词之道,属点睛之笔(所谓"词眼"),但一字之妙,只能管中窥豹,仅见一斑。我们以为,这种专注语词的评点,既肢解了整首诗词丰富的内涵,也实难评断用语的工拙。

## 三

我们说诗词的语言艺术只能在语用场里才能准确判定。什么是语用场？我们具体应用语言工具组成话语，进行交际，要受语境制约。我曾把说话的时间、地点、条件、目的和对象等统称之为"语境",[②]并且认为,这五种要素在言语行为中是永远在场的、缺一不可的,是言语行为的决定因素。后来,我在一篇文章中比较明确地说,"语言符号的物质形式表达词语意义,语词组合的结构形式表达语法意义,语句有目的的布局构成文体篇章结构,形成语用场。语用场也是一种形式,更高一层的形式,它表达深层的语用含义"。并试用这种认识初步解读了王安石《元日》诗作的语用含义。[③]这样表述,对于语用场仍未有一个概括的界定。现在我们从说话人的角度,用特定的语境与话语相吻合的语篇来规定语用场(pragmatic field)。我们把这种认识用于下面将要分析的唐诗宋词,判定诗词的语言艺术,并从语言具体应用中检验语用场理论的有效性。我们先分析一些诗词实例。

(1)朱庆馀《近试上张水部》："洞房昨夜停红烛,待晓堂前拜舅姑。妆罢低声问夫婿,画眉深浅入时无？"

这是一首七言绝句。先从诗律看,绝句不一定要对仗,但必须要粘。这首诗平仄粘对是：

平平仄仄平平仄,
仄仄平平仄仄平△。
平仄平平仄平仄,
仄平平仄仄平平△。

在忌犯孤平的前提下,这诗粘对基本合律,节奏、句读和用韵(上平声七虞韵)也合律。从语句表达的意思看,字面上描写的是位新嫁娘形象:她明知自己漂亮美貌,却故意撒娇问自己的丈夫,我这样装扮是否时髦,能去见公婆吗?我们再看诗的题目"近试上张水部",似乎诗意是文不对题。但是,我们深一层考察张水部和朱庆馀其人及其关系,就豁然得解。据《唐诗三百首》陈婉俊注释:"庆馀遇水部郎中张籍,因索庆馀新旧篇什","庆馀作是诗以献"。张籍(约768—830年)是唐德宗贞元十五年(799年)进士,曾任太常寺太祝、水部员外郎,是位有名望的老诗人。朱庆馀当时是位青年才子,在国家考试前夕把自己的习作呈献老诗人,希望得到举荐。在这样的背景条件下,朱庆馀却有似丑媳妇难免见公婆的心态。持这种心态用这样的手法来描写,可以说意境深远,用语新颖。回到语用场来说,从说话人的角度看,说话人(作者)和话题(或主题)是自明的,勿需出场。但说话的对象(读者——张水部)、时间(近试)、地点(面呈)、条件(青年才子面对有名望的老诗人)和目的(希望得到举荐)等语境要素都不可缺少。当然,从听话人(读者)的角度看,话题和说话人的身世有必要了解,后面再说。选择与特定语境相吻合的话语表达出一种完整的思想感情,就是语用场。据此可见,这首诗的意思与它的字面意义无关,是从语用场里映射出来的言外之意。

(2)刘禹锡《元和十年自朗州承召至京戏赠看花诸君子》(《千家诗》选入题为《玄都观桃花》):"紫陌红尘拂面来,无人不道看花回。玄都观里桃千树,尽是刘郎去后栽。"

这首七言绝句,从诗律看,首句押韵,用的是上平声十灰韵。全诗平仄粘对是:

　　　　　　　　仄仄平平仄仄平△，
　　　　　　　　平平仄仄仄平平△。
　　　　　　　　平平仄仄平平仄，
　　　　　　　　仄仄平平仄仄平△。

完全合律。从语句表面意思看，似很平淡，只不过表述了作者看桃花的观感。但正是这首诗触怒了当政，使作者再贬扬州。那么，这诗隐含的深意是什么？

　　刘禹锡(772—842年)，唐德宗贞元九年(793年)进士，官监察御史，因参加王叔文的进步政治改革遭到失败，被贬为朗州司马长达十年。这首诗是他在"元和十年自朗州承召至京"时(815年)写的。据《千家诗》注释说，后两句的寓意是："玄都观桃花千树，指在朝之官；刘郎，自喻也；言满朝之人皆吾去后而升迁者。"据此看来，这是刘禹锡借题发挥，讽刺当政，所以"时相恶其讥讽，再贬扬州司马"。从语用场看，说话(写作)的时间，原题已指明"自朗州承召至京"；地点是玄都观看桃花；条件是作者遭贬刚被召回，看到满朝新贵都是作者遭贬后升迁的；对象是"戏赠看花诸君子"，诗题用一"戏赠"，就含有戏谑意味；目的是触景生情，书愤不平，借喻桃花影射当政。诗的后两句用语平淡、自然，却是作者点睛之笔，用意所在，令人回味。

　　(3)于谦《石灰吟》："千锤万凿出深山，烈火焚烧若等闲。粉骨碎身浑不怕，要留清白在人间。"

　　这诗合律，不再重述。用语浅显明白，诗意一目了然。曾选入初中语文课本。但是作者写这首诗的目的和所隐含的哲理却不是一眼能看透的。从语用场看，仅就字面含意说，作者把石灰人格化，让石灰自表心迹。从"出深山"到"在人间"，表明了石灰存在的身世(时间、地点)。"烈火焚烧"的冶炼过程,就是石头变成石灰的条件。对象是石灰独白,自述身世。自述身世的目的是表明心迹,"要留清白在人间"。这是诗的表层意思。作者于谦写《石灰吟》有更深的寓意,即托物言志。从读者角度看,必须了解作者的身世,才能理解这首诗的深层含意。于谦(1398—1457年)是明朝著名的爱国将领,曾任监察御史、兵部尚书,后被诬陷谋逆,处死。据此再对照诗作,可以说句句都是作者身世的写照。即使"粉骨碎身"被诬陷处死,自己留给人间的仍然是一个爱国的、节操坚贞的清白人。如果仅从字面看到石灰生产过程这一层意思,就嫌平淡浅薄;而将石灰拟人化,又何尝不是做人的真理。用浅显的语句映射出深刻的哲理,这就是"句中有余味,篇中有余意"了。我们举这首诗虽不是唐代诗作,但律诗这种文体自唐代定型以后,延续至今,仍具有一定的生命力,宋词也是这样。

(4)苏轼《卜算子·黄州定慧院寓居作》:"缺月挂疏桐,漏断人初静。时见幽人独往来?缥缈孤鸿影。惊起却回头,有恨无人省。拣尽寒枝不肯栖,寂寞沙洲冷。"

苏轼这首词用的词牌是"卜算子"。依照词谱"卜算子"是双调(分前后两阕),共44字,其句读平仄是:

仄̄仄仄平平,

仄̄仄平平仄△。

仄̄仄平平仄仄平,

仄̄仄平平仄△。④

第二、四句押韵,要求用仄声韵。对照词谱,这首词合律。苏轼这首词,历来有种种解说。我们认为,这首词的写法和用语都别具风格。作者这首词写明"黄州定慧院寓居作"。考察作者身世，苏轼(1036—1101年)因"乌台诗案"受祸，系狱130天，后谪贬为黄州团练副使，这是他谪居黄州任所的词作。根据词的语句，从语用场分析，说话的时间、地点是"漏断人初静"的"寂寞沙洲"，说话的对象是谪贬的"幽人"和失群的"孤鸿"对话，说话的条件和目的是具有共同失落感心态的幽人和孤鸿互相倾诉"有恨无人省"。

词的上阕假托从孤鸿眼中看幽人：在漏断人静、深秋之夜的沙洲，看见幽人独自往来徘徊的孤寂形影，可以想象其凄凉境遇。下阕用孤鸿来反衬，从幽人眼中看孤鸿："拣尽寒枝"无法栖息、只能伏身"沙洲"的孤鸿，已经到了穷途末日，却反被失落的幽人"惊起"，更可想见其凄惶情态。人伤谪臣，雁悲离群，幽人和孤鸿形影相吊，共话"有恨无人省"的心声，把幽人和孤鸿融为一体，不禁令人浮想联翩。

(5)陆游《卜算子·咏梅》："驿外断桥边，寂寞开无主。已是黄昏独自愁，更著风和雨。无意苦争春，一任群芳妒。零落成泥碾作尘，只有香如故。"

陆游(1125—1201年)是南宋杰出的爱国诗人，一生志在恢复中原。但他生活在南宋苟且偷安的社会中，一直遭受时忌，早年因爱国议论触犯秦桧被黜，后因"力说张浚用兵"免职。晚年退居故里山阴，临终犹不忘祖国的统一。这首《咏梅》可能是他晚年所作。陆游酷爱梅花，因为梅花高洁的品格是气节的象征。他甚至幻想化作梅花："何方可化身千亿，一对梅花一放翁。"(《梅花绝句》)这首《咏梅》词是他托物寄意，借梅花的品格，自抒怀抱。

《咏梅》也用的是"卜算子"词谱，所填词完全合律。从语用场解读，就字面上看，表述梅花生活的时间、地点是"黄昏"时候的"驿外断桥边"。驿站本是车马喧闹的大道,却无人认识和欣赏梅花的品格,自叹不知为谁而开("开无主")。面对着"群芳妒忌"、"风雨"摧残的恶劣环境(生存条件),感叹梅花一生不幸的遭遇,目的在于赞颂梅花历尽磨难而不改性的高洁品格:"零落成泥碾作尘,只有香如故。"

从表现手法看,作者不像林和靖一类隐士用"疏影横斜"、"暗香浮动"的丽辞去描绘梅花的形貌,而是大笔赞颂梅花不怕风雨摧残的高洁精神,艺高一筹。词的上阕感遇,表述梅花历尽磨难的身世,表层词意字字说梅花,而深层文意句句映射自己,述说一生坎坷经历。下阕咏志,赞颂梅花不为"争春"而生存,宁化尘土而留香。表层字句是歌颂梅花的高贵品格,而深层用意却是表白自己的坚贞情操。我们可以说,这首词的梅花就是作者的化影,这倒可以借用前引《蕙风词话》的话:"是人是花,一而二,二而一"了。

(6)辛弃疾《西江月·夜行黄沙道中》:"明月别枝惊鹊,清风半夜鸣蝉。稻花香里说丰年,听取蛙声一片。七八个星天外,两三点雨山前。旧时茅店社林边,路转溪桥忽见。"

这首词的词牌是《西江月》。其词谱是:

仄仄平平仄仄,

平平仄仄平平△。

平平仄仄仄平平,

仄仄平平仄仄△。

这是双调,分前后两阕,共50字。第一句无韵,第二、三句押平声韵,第四句押原韵的仄声韵,前后两阕头两句要对仗。比照词谱,作者这首词完全合律。

辛弃疾(1140—1207年),历城(今山东济南市)人,是南宋杰出的爱国词人。青年时曾参加农民领袖耿京的义军,投入北方人民的抗金战斗。南归后,一生主张抗金,累陈恢复大计,因遭当权者忌恨,四十二岁时被免官职,一直闲居江西上饶农村二十余年,抑郁以终。这首词标题"夜行黄沙道中",黄沙岭在江西上饶西,就是他被免职后行经上饶道中所写。这首词曾选入初中语文课本。

从语用场解读,就词面上看,标题"夜行黄沙道中"就点明了写作的时间、地点,即"稻花飘香"的黄沙岭盛夏之夜;写作动机(条件)是触景生情,因情感怀;对象(写给谁看)是自抒心臆;写作目的(语旨)是表达作者思念故乡的深情。

整首词描绘的是一幅田园风景画。词的上阕,画面显现作者在"明月"、"清风"之夜,漫步田园,闻着"稻花"芳香,预感到"丰年"到来的喜悦心情。换头后,信步继续前行,数着"天外"的星斗,沐浴着"山前"的雨点,山回路转,似乎又看到了曾经来过的地方——小桥、流水、人家,颇有怡然自得的田家乐风韵。这是词的字面给予我们的直观认识。

我们进一层联系说话人(作者)和话题(主题)来解读,却有另一番滋味。作者免职,流落上饶,且"夜行黄沙道中",似无田园诗人的闲适心情去描绘、欣赏农村风光。词的上阕,作者在盛夏"半夜"听到的是一片"鹊惊"、"蝉鸣"、"蛙叫"烦躁声,经过"夜行"劳累之后,得不到一个宁静之夜来安眠。转入下阕,既不能入睡,索性出户到山前漫步散心。作者漫步中,忽然出现了故乡的幻景:"旧时茅店社林边,路转溪桥忽见。"词中的"旧时"情景"忽见"(同"现"),自然不是指现时的黄沙岭,而是回想起青少年时代生活在北方的家乡故土。这一句点睛之笔,可以想象出作者回肠九转的抑郁心态:故乡被金人侵占,力主抗金反被免职流落南迁。这使我们联想起作者似有曹操《短歌行》中"月明星稀"、"何枝可依"的慨叹。

这首词用字洗练,特别是前后两阕头两句的对仗十分工稳,几近鬼斧神工。虽然句法似违常规,这是受词律限制所致;这同时也说明古代汉语句法的灵活性,正好适应诗词格律语用的新奇感。

我们以上举了六首诗词用语用场理论作了简要解析,从中可以鉴赏到诗词的语言艺术。语言作为交际工具,就工具本身的性质说,无所谓艺术不艺术;要在具体应用语言的场合里,在语用场里,才能判定说话人应用语言的艺术性。语用场的作用在于约束语句,解析语用的准确性和得体度。所谓得体度,一是要与说话的背景条件相吻合,二是通过表层传递话语的深层用意,给话语增添情味,从而显示出话语的艺术。如上举诗词,或整篇寓意,托物言志,或一语点睛,意境横生,或触景生情,因情怀感,或借物喻人,人物生辉,等等,这些艺术光环都是从语用场里折射出来的。如果脱离语用场,语篇就有被误解以至无解、语句被直解或曲解的可能,这样,不仅看不出说话人应用语言的艺术,连说话的目的(语旨)都不知所在了。

我们再具体来看所举诗词语用的得体度。朱庆馀以新媳妇见公婆的娇羞、恭敬的心态"上张水部",含不尽之意,语用深为得体。刘禹锡谪贬十年刚"承召至京",眼见满朝新贵炫耀,身临此时此地,触景感怀,抒发愤懑之情,与说话(写作)的背景条件十分吻合;假定易时易地"观桃花",或许无此佳作。于谦的《石灰吟》明白如话,却暗含人生哲理,与他的身世句句吻合,这样表现的手法最恰当不过。苏轼谪贬黄州,处境极为险恶,"平生亲友,无一字见及",

在"无人省"的世态中,唯一可与共鸣的,似只有人世之外的"孤鸿"了。诗作构思新奇,意境深远。陆游《咏梅》,字面咏梅花,言外喻自己,花人合一,含而不露,其味无穷。辛弃疾在"夜行黄沙道中"所见农村夜景,非在此时此地此情此景不足以触发作者怀乡的深情,可谓情景交融,心灵感应。这些诗词用语自然,无一处用典,却含有不尽之意。古人说诗,"语忌直,意忌浅"(《沧浪诗话》)。雪莱说:"诗人的语言主要是隐喻的。"⑤这就是诗词的语用特点,是诗词的语言艺术的表现。

我们从语用场来研究诗词的语言艺术,是形式和内容统一的艺术,作者想要表达的思想感情就在他的诗篇里,整个诗篇就是一个语用场。所谓"句中有余味,篇中有余意",就是说诗词的思想感情是通过"句、篇"表现出来的,要从语用场整个形式框架里才能解读出它的余味、余意。由于诗词要受格律的限制,要在限定的格式内表现丰富多彩的思想感情,自然要讲究字词的推敲、语句的锤炼,如果不考虑语用场的得体度,再巧妙的雕琢,不过是雕虫小技了。

一个语用场总是由说话人(或作者)和听话人(或读者)双方组成的(独白是自说自听),说话人只有一个,而听话人不限于一个,两者在语用场里所处的地位和作用是不同的。我们说过:"说话人是传达信息的编码人,他选用什么样的话语形式表达自己的思想感情是自由的;听话人是接收信息的解码人,他只能按照说话人的语码译释,没有选择的自由。"⑥说话人的身份和他想要说什么话(话题)自己是清楚的,不必在语境中占位。所以我们从说话人的角度来规定语用场,制约话语的语境就不需要有说话人和话题的要素。从听话人的角度看,如果说话人在现场,是面对面的谈话

（也包括主讲人作报告），说话人和话题（报告的题目）也是清楚的，在语境中不占位。只有说话人不在现场，通过媒介（或书面语）传达时，了解说话人的身份和话题才是准确理解话语的重要条件。所以我们对诗词的解读要了解作者和写作背景，原因就在于此。

语用场有大有小，大至一部戏剧、小说、电影，小至一个话轮，只要是完整地表达出说话人的某种意图（说话目的），就是一个语用场。一个大语用场又可以划分为若干分场和子场（有如分剧幕或分镜头），有助于了解它的结构层次。我们以为，从语用场思路去研究语言，对于正确认识语言和有效地应用语言不失为一条活路。

## 注　释

①△号表示韵脚。
②徐思益《描写语法学初探》，新疆人民出版社，1981年，17页。
③徐思益《重视语言应用和理论研究结合》，《语言文字应用》1995年第2期。
④字外有方框的，表示可平可仄。
⑤《十九世纪英国诗人论诗》，人民文学出版社，1984年，121页。
⑥徐思益《略说懂话》，《语文建设》1997年第10期。

原载《新疆教育学院学报》2000年第3期。
经校正错漏，《语言与翻译》重发于2004年第2期

# 重谈语用场

## 一、旧话重提

语言是人类最重要的交际工具。研究语言的最终目的是为了正确地、有效地应用这个工具。人们说话是应用语言工具,但说话并不等于语言。我曾在20世纪70年代说过:"说话除了要有具体的执行人而外,还有另一方面的因素,即说话的时间、地点、条件、目的和对象等等,我们统称之为'语境'。句子虽然是说话的基本单位,是思想表达的手段,但是由于说话的语境不同,往往不能单从句子本身去了解说话人的思想。"[①]"说话表达的思想内容,有时候超出了言语或语言的语义,而是通过语境烘托出来的意义,这就是'言外之意'。"我们把这称作"语境意义"。[②]这就是说,说话除了语言工具,还有应用这个工具的说话的人和在什么情景(语境)下说话这两大因素。因此,要实现正确、有效的交际,必须弄清语言本身的特性及其说话人和语境各种互动关系。在此认识的基础上,90年代,我在几篇拙文中提出语用场设想[③],试用语用场思想,分析过一些语用实例和几首旧体诗词映射的言外之意,引起了学人的兴趣和探讨。[④]回头看来,我这些文章谈到语用场,谈得比较零散,不全面,不系统,还没有从理论和方法论原则周详地概括出可供操作的模型。回顾不断探索的道路,本文旧话重提,重谈语用场,试着把这一问题谈得更清楚一点,或可供人进一步探讨和验证。

## 二、语用场提出的理据

语用场(pragmatic field),通俗地说,就是语言应用的场合。我们可以把这同物理学的电磁场相比附,电场是传递电力作用的场,是电荷或变化的磁场周围空间里存在的一种特殊物质。磁场是传递磁力作用的场,是电流、运动电荷、磁体或变化的电场周围空间存在一种特殊物质。它们互相依存,互为因果。正如语言是传递信息的符号系统,只有依赖应用语言的人和特定交际场合才能存在和起作用。

现代语言学对语言这个特殊工具进行了,并在继续进行深入系统的研究,但是,人们应用同样的交际工具,为什么交际功效不同,甚至适得其反呢?关键在于忽视了语言应用场合的研究。有效的交际不能单凭语言这个工具,更重要的是研究应用语言工具的人及其在什么情况下应用这个工具。在这一方面,我国传统语文学(philology),特别是儒家创始人孔子最早专设"言语"科以教门弟子,为语言应用研究积累了丰富的经验。记录孔子言行的《论语》中的"言语",大体相当于我们现代说的"说话"。孔子很重视说话的对象、时间、地点以及方式方法,[5]这给我们构建语用场设想提供了重要参证。但是,孔子关于"言语"的记述,毕竟是一些零散的、经验的事实,而不是系统的、理论的概括,在孔子时代,不可能产生科学的语言理论或语言应用理论。

历史的长河穿越人类文明漫长时代,直到20世纪初,现代语言学之父德·索绪尔(F. de Saussure)为了建立科学的语言学,确定语言学的真正对象——语言,开创性地提出了从言语活动中区分语言和言语的思想。索绪尔认为:"言语活动是多方面的、性质复杂的,同时跨着物理、生理和心理几个领域,它还属于个人的领域和社会的领域。"⑥"要在整个言语活动中找出与语言相当的部分,必须仔细考察可以把言语循环重建出来的个人行为。这种行为至少要有两个人参加;这是使循环完整的最低限定的人数。"他勾画出甲乙两个人交谈的图形:⑦

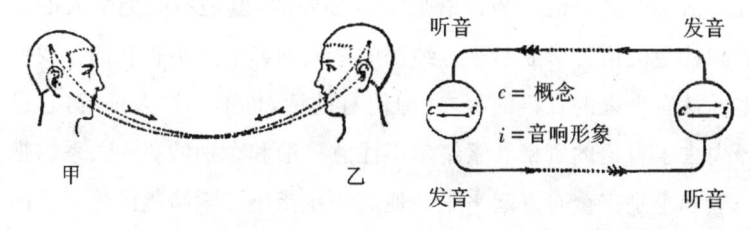

索绪尔的结论是:言语活动是异质的,从言语活动中分解出语言和言语,语言是同质的,"我们把它定位在循环中听觉形象和概念相联结的那确定的部分,它是言语活动的社会部分,个人以外的东西",相反,"言语却是个人的意志和智能的行为",是个人的,"个人永远是它的主人"。索绪尔高屋建瓴地从言语活动中区分出语言和言语,既包含着科学的、合理的内核,又有自相矛盾的、唯心的成分。他重建的言语循环图为我们认识人们的交际活动指点了迷津,为研究个人应用语言的行为指明了道路。

我国现代语言学宗师方光焘先生是全面系统深入研究索绪尔学说的第一人,他批判继承、改造发展索绪尔语言学说,在《评索绪尔的语言和言语的区分》一文中说:"法语 langage,言语活动,指人类说话的能力;langue,指一个社会、国家、民族共通的作为交际工具的语言;parole,个人的话,指以语言作为材料,传达个人思想感情的话,个人行使言语活动的能力所用的话。""言语活动把语言和言语的矛盾统一起来,语言的静的材料在言语里活动起来。所谓孤立的词,实在就是索绪尔的语言的词,到实际言语活动中就成了运用中的词,一般的和个别的统一起来。这样说来,言语活动就是说话。说话要通过说,说指能力而言是人类共有的。说的是话,是社会共有的材料。言语活动就专指运用语言材料,按个人表情达意来进行。"方先生指出:"为了认清语言学以语言为研究对象,从言语活动中区分语言和言语是完全必要的,但是不能把个人的言语和社会的语言对立起来。纯粹的个人的言语是不存在的。我们不承认有个人的言语的存在,即使有的话,也不会被人理解,它已经失去了言语的资格。索绪尔不注意一般和个别的统一关系。把一般和个别完全对立起来了。"他进一步指出:"索绪尔区分出来的语言是所谓心理意识中的语言,并不是客观存在的物质语言本身,不是在言语活动中具有物质外壳的语言。他在区分中的主要错误就是以存在于意识中的语言,即心理的东西,代替实际的语言。"⑧

其实,早在 50 年代初,方先生讲授语言学引论课程时已对索绪尔学说进行了系统的改造和发展,他说:"言语活动是人类表达思想感情的一种行为。人类是运用他们所特有的分音节语言来表达自己的思想感情的,这是一种特殊能力。这种能力是人类特有的,这种能力显示出来,就实现为言语活动。"方先生把 parole 译作"言谈",他说:"言谈是个人用语言作为资料,表达自己所思所感的产物。语言作为言谈的资料是社会的、共同的、传情达意的工具,是每个人出生在一定的社会之中,通过学习而获得的能力。言谈则是说话的个人行使这种能力的产物。"把语言和言谈进行比较,"语言是同一的,相对稳定的,变化比较少,相反,言谈则变化多端,缺乏同一性"。"我们所接触到的都是语言与言谈的统一。……若着眼于共同点,便是语言,若着眼于差异之点,特殊之点,便是言谈。"这就是说,语言和言语不是本质不同,而是一般和个别的表现。方先生指出,言语活动、语言和言谈,"这三者之中,言语活动最具体,它包括说话者和听话者两者的关系。言谈则把说话者与听话者之间的关系去掉,或者说,除去听话者。因此言谈已较为抽象了:

言语活动－情景＝言谈

言谈＋情景＝言语活动

这里所说的情景,是指在什么情况或境地下进行言语活动;其中也包括说话者与听话者之间的关系的存在"。[9]我们摘要引录这些话语,可以看出,方先生不仅严正地指出了索绪尔学说的错误,更重要的是他精辟地阐明了言语活动、语言和言语的辩证关系,开创性地在言语活动中新添了情景理论,为我们提出语用场设想、开展语言应用研究指明了方向。

## 三、语用场的构成及其交际作用

人们说话,进行交际,诚如索绪尔重建出来的言语循环图,这种行为至少要有甲乙两个人参加(独白,是自说自听,也是两者),总是在特定场合进行的。所以我曾说:"我们从说话人的角度,用特定的语境与话语相吻的语篇来规定语用场(pragmatic field)。"[10]这个界定可以分成三项:(一)说话人所处的特定语境;

(二)与说话人特定语境相吻合的话语;(三)由(一)、(二)两项构成表达完整意思的语篇。这三项组成一个整体就是语用场。语用场是为说话人构建的语言应用模型,其目的是规约说话人言语得体,这是语用学(pragmatics)研究的终极目的。现在,我们先分别解说语用场的三项内容。

第一,什么是语境(context)?怎样理解说话人所处的特定语境?语境研究是语用学的入门问题,现已成为许多学科竞相研究的热点。语言学家、哲学家、逻辑学家都对语境进行过多角度、深层次的研究。提出大语境、小语境,语义语境、语用语境,客观语境、主观语境,以及语言内语境、语言外语境,内涵语境、外延语境,社会语境,文化语境等等名目。[11]我们认定的语境只限说话人所认知的说话时间、地点、条件、目的、对象这五项,即说话人在何时、何地、出于何种原因、要达到什么目的而对某人表达自己的思想感情。人们说话总是在一定时间、地点进行,时空环境是一切事物存在和活动的必要条件。任何事物的出现或存在不是孤立的,它以一定条件为前提;人们为何说话,总有一定的原因或出发点,或可以说动机。动机和目的并非一致,人们总是为了达到某种目的而说话。对象更是说话人的首要注视点,说话对象弄错,一切皆错。所以,我们说,"构成语境的时间、地点、条件、目的、对象五种要素,在言语行为中是永远在场的,缺一不可的"[12]。这是人们说话遵守思维同一律的基础。我们所说的语境,和陈望道先生30年代出版的《修辞学发凡》中所讲的"情境"里的"六何"大体有四项相同。陈先生在《发凡》中指出构成具体情境的六种因素:"第一个'何故',是说写说的目的:是为劝化人的还是但想使人了解自己的意见或是同人辩论的。第二个'何事',是说写说的事项:是日常的琐事还是学术讨论等等。第三个'何人',是说认清是谁对谁说的,是说写说者和听读者的关系。如听读者为文学青年还是一般群众之类。第四个'何地',是说认清写说者当时在什么地方:在城市还是在乡村之类。第五个'何时',是说认清写说的当时是什么时候:小之年月大之时代。第六个'何如',是说怎么的写说:如怎么剪裁,怎么配置之类。其实具体的事项何止六个!但也不必劳谁增补为'七何''八何'。至少从修辞学的见地上看是可以不必的。"⑬不过陈先生说的"六何"包括说(口头的)和写(书面的)两方面,我们说的语境是面对听话人,某些相同项也不尽相同。我们认定的语境为什么不加进话题(topic)——如陈先生说的"何事"?话题是话语的主题事项,交际双方,一方是说话者,一方是听话者,说话人只能有一个,听话人可能众多。说话人是交际的执行者,处于主导地位,他要说什么事,早已心中有数,否则就无话可说或无从谈起,所以话题只是一个预定项,是交谈隐含的充分条件,而非在场显示的必要条件,话轮转换也不致改变。至于陈先生说的"何如",那是属于与特定语境相吻合的话语表达问题,这里就不多谈了。

我们认定的语境只限于上述五项。如果把一个国家、一个民族不同时代的社会制度、历史文化,甚至个人心理诸多因素都纳入语境范畴,这虽然有助于理解某些特定话语的语用含意(pragmatic implication),但是这无异于要掌握百科全书知识才能进行交际,要具备这样的语境知识,恐怕连专门的学问家都达不到,更何况广大人民群众!如果把语境范围无限扩大,将会使人们难于交际,也将会使语用学无章可循。事实上,作为社会的人都是自我定位的,社会存在决定社会意识,人在社会中的角色随时转换,都有确定的位置:对父母而言是儿女,对老师而言是学生,对上级而言是下级,反之亦然。人际关系的变换和相应的定位,反映了一个人的教养和素质,是逐渐习得的,从言语行为中可以感知的。如幼儿园的小朋友,见人能分别说出"爷爷好,奶奶好,叔叔好,阿姨好,老师好,小朋友好……"说得非常自然得体,可是他(她)们并不知道"爷爷、奶奶、叔叔、阿姨"的内在的社会文化含义。所以,我们不赞同把同言语行为没有必然的、直接关系的因素加进语境范畴。

我们还要说明,说话的时间、地点、条件、目的、对象五种因素是普遍的、一般的、凡人说话都必须具备的;但不同的人或同一个人说话的语境又都是特定的、个别的。因此,相同的话语在特定语境中却具有不同的语用含意。

第二,如何理解与说话人特定语境相吻合的话语?我们这句话是说,说话人的表达形式(话语)与表达的依据(特定语境五要素)逐一吻合,这是说话人话语得体的基本要求。例如到了开饭的时候,儿子对父亲说:"请吃饭了。"就很得体,说明儿子有教养;如果是父亲对儿子说,尊卑错位,就是失体,说明对儿子娇生惯养。儿子说这句话的时间(开饭时间)、地点(家中饭厅)、条件(饭做好了)、目的(吃饭)、对象(父亲)逐一吻合,就是得体,反之,父亲说这句同样的话,因对象错位而失体。我们举一些文学名著用例来分析。

(1)高松年看方鸿渐和颜悦色,不相信世界上会有这样脾气好或城府深的人。忙问:"碰见赵先生没有?"

"还没有。我该来参见校长,这是应当的规矩。"方鸿渐自信说话得体。

(钱钟书《围城》)

(2)小顺儿的妈只顾了解和看两个泥东西,并没有注意老人的神色,她说了声:"哟!还有卖兔爷儿的哪!"说完,她后了悔;她的语气分明是有点看不起老太爷,差不多等于说:"你还有心思买玩意儿呐,在这个年月!" （老舍《四世同堂》上）

(3)江　泰　那么譬如我吧,我死了,你就给我火葬!烧完啦,连骨头末都要扔在海里,再给它一个水葬!痛痛快快来一个死无葬身之地!

曾　皓　(再也忍不住,高声拦住他)江泰!你自己愿意怎么死,怎么葬,都任凭尊便。(苦涩地)我大病刚好,今天也还算是过生日,这些话现在大可不必—— 　　《曹禺选集·北京人》）

(4)李太太　(哀求地)你难道不明白,我们的进账这样少,我们不配到这个地方来陪着这位陈小姐,陪着这些有钱的人们玩么?

李石清　我跟你说过多少遍,这样的话你要说,在家里说,不要在这儿讲。省得人家听见笑话你。　　（《曹禺选集·日出》）

(5)"生气!生气!"剑波用这样的声音和字句来安慰她,"哪里来的那么多的气!"剑波看着她,发出十分温柔的音调:

"快到会场,听话!不然会引起……"剑波中断了他的这句话,又急促地说声:"快去!快去!"因为他突然觉察了自己的心情和声调,与目前的环境有点不协调。他想:"这是什么时候,允许我对一个女同志这样温情。"　　（曲波《林海雪原》）

例(1),三闾大学校长高松年原函聘方鸿渐为教授,方鸿渐到校后未得到正式聘书,他出于下级对上级的尊敬和礼貌,便主动去校长办公室(说话地点)参见校长(说话时间和对象),原因是探问聘任事(说话条件),说话目的是落实工作,这跟语境逐一吻合,所以"自信说话得体"。例(2),日寇侵占北平,百业凋敝,人民生活于水深火热之中,小顺儿的妈看见老太爷买来两个泥兔爷儿,便随口说出:"哟!还有卖兔爷儿的哪!"这句话用的是间接言语行为,说话巧妙,字面上说的是"卖",其用意是讽笑老太爷"在这个年月",你还有心思去"买"。所以她自觉失体,晚辈不应该这样对长辈(说话对象)说话,"说完,她后了悔"。例(3),江泰是曾皓的女婿,在曾皓大病刚好、正过生日的时候,却对他大谈人怎么死、怎么埋葬的话,与说话的对象和时间不吻合,结果遭到曾皓的痛斥。例(4),李太太在一家旅馆客厅对她的丈夫说的话,虽无第三者在场,因说的是家庭生活的事,与说话地点不吻合,故遭到她丈夫的批评阻止。例(5),少剑波面临侦察和消灭土匪的严峻环境,在这种条件下,作为剿匪小分队的领导,突然觉察"不允许对一个女同志这样温情"(实为恋情)。以上,我们从这些用例中,正反两方面分析了说话人的话语要与特定语境相吻合的重要性和必要性,不与语境相吻合的话语就达不到说话的目的。

第三,我们把(一)、(二)两项组合起来构成表达完整意思的语篇,就是一个语用场的表现形式。语篇(text),既指口头的语篇,也指书面的文本,是语用场中表达完整意思的单位和载体。我们再举例说。

(6)白菜5毛了。

(7)出太阳了!

(8)张先生在家吗?

——请等一下。

例(6)、(7)、(8)代表了语言的陈述句、感叹句、疑问句三种句类,单从语言角度看,各自呈现的是字面意义,并且例(8)两句还捏不到一块。如果加进应用语言的人和特定语境,意思就大不一样。如例(6)出自菜市小贩的叫卖声,其表达的意思是白菜便宜(降价)

了。例(7)如某人在寒冬或久雨情况说出,意即天气突然转暖或放晴了,带有惊喜感情。例(8)是电话开头常听见的话,听电话人表达的"张先生在家,我去找他接电话"把问答双方的话紧密衔接起来。例(6)、(7)、(8)的完整意思只能在语用场里才能显示和存在。我们特别研讨一下例(8)的语用场话语的结构。这是由问答双方的话语构成,问话只起引导作用,答话才是重点,答话必须同问话相关联,紧扣问话焦点(focus)进行。我们举两例古代著名辩辞来看。

(9)陈臻问曰:"前日於齐,王馈兼金一百,而不受;於宋,馈七十镒而受,於薛,馈五十镒而受。前日之不受是,则今日之受非也,今日之受是,则前日之不受非也。夫子必居一於此矣。"

孟子曰:"皆是也。当在宋也,予将有远行,行者必以赆;辞曰:'馈赆。'予何为不受?当在薛也。予有戒心,辞曰:'闻戒,故为兵馈之。'予何为不受?若於齐,则未有处也。无处而馈之,是货之也。焉有君子而可以货取乎?" 《孟子·公孙丑下》

孟子(约公元前372—前289年)生活于"百家争鸣"的战国时代,人称"好辩"之士。他的学生陈臻提出一个类似"二难式"的问题,企图套住他的老师无法破解。陈臻问孟子的话像排中律:两个互相否定的思想必有一个是真,其公式是"A 或者非 A"(即"A∨Ā"),二者必居其一。陈臻把两个互相否定的判断用作二难推理破斥式的前提,使孟子面对受馈和不受馈的事实而处于"是"与"非"左右两难的境地。曾经有逻辑学家把陈臻问孟子的话认作是中国古代排中律典型用例。事实上,这不是真正的排中律,不是同一思维过程中两个互相否定的判断,由它构成的破斥式也不是真正的二难式。因为孟子言语行为的时间、地点、条件、目的和对象均不相同,倒是与他说话的语境完全吻合,符合语用场规则,所以他理直气壮地回答"皆是也"。

(10)洧水甚大,郑之富人有溺者。人得其死者,富人请赎之;其人求金甚多,以告邓析。邓析曰:"安之,人必莫之卖也。"得死者患之,以告邓析。邓析又答之曰:"安之,此必无所更买矣。"

《吕氏春秋·离谓》

邓析(约公元前545—前501年)是春秋末年郑国人,名家最早的代表人物,说他"操两可之说,设无穷之辞",是著名的善辩者。《吕氏春秋·离谓》说,邓析"以非为是,以是为非,是非无度,而可与不可日变。……郑国大乱"。这是从语句"安之"字面意义推导给邓析妄加的罪过。从语用角度看,邓析是分别对赎死者和得死者说的话,说话的时间、地点、条件(买和卖)、对象都不相同,两个"安之"只是一种建议,要他们暂时等待,并非要他不买或不卖。这是符合语用规则的,既不违反矛盾律,也不违反排中律。这也就是说,与语境相吻合的话语组成表达完整意思的语篇,就是一个语用场,符合语用场的规定,说话就是得体。

语用场的作用在于约束语句,解析语用的准确性和得体度。人们在特定语境中说话,应用语言组成具体句子,具体句子就是"说话者赖以运用语言规则表达他的个人思想的组合",就是言语。[14]我们说过:"作为表达形式的言语,一方面要受语境绝对制约,另一方面,又要受语言规则的制约。"[15]这两方面的制约,使我们能准确地解析言语的字义和用意。例如:

(11)有夫妇俩进一家面馆吃面,向服务员说:"要两碗鸡汤面,一碗加辣椒。"服务员向厨师高声报单:"两碗鸡汤,一碗红油。"

服务员的言语把"吃面"改成了"喝汤","两碗"变成了"三碗",

且不成句。但是,在语用场里,受特定语境制约,服务员的话蕴涵着这家面馆还卖"牛肉面、海鲜面"等等,他只报道"面"的区别特征"鸡汤",凸显新信息,话语简洁明快,符合交际原则。⑯

(12)……栾家超脚踏匪徒的肚子,刺刀直逼匪徒的心口,低声严厉地喝道:"别嚷!洞外还有多少人,说实话。要是说半句假的,我活活开你的膛!"

匪徒被吓得满身乱抖,语不成声地哀求道:"我,我是,伙夫,人都在洞里,饶,饶命。……"

"山顶上有多少人,不问你洞里。"

"两、两个做、饭的,外、外加、十、十个、弟兄。"

(曲波《林海雪原》)

匪徒在"被吓得满身乱抖,语不成声"的情况下,他的言语停顿失序,重复啰唆,而在语言规则制约下获得了准确理解。

语用场有大有小,大到一部戏剧、小说、电影,小至一个话轮(turn);一个大语用场又可以划分为若干分场和子场,进而弄清它的内部结构层次。语用场的表现形式——语篇也是多种多样的:有个人独白,有双方对话、问答,有用一句话、一段话、整篇话,也有用话语的空白或副语言成分表达,等等。我们对后者的表达形式各举一例说明。

(13)鲁侍萍　什么,孩子。

鲁四凤　(抽咽)我,——我跟他现在已经……(大哭)

鲁侍萍　怎么,你说你——(讲不下去)

周　萍　(拉起四凤的手)四凤!真的,你——

鲁四凤　嗯。　　　　　　(《曹禺选集·雷雨》)

例(13)的语用场是用空白形式表达的。所谓空白,即说话者只说出主位(theme)而不便说出述位(rheme)的半截话,含有言未尽而意无穷的作用,口语用声音拖长表示,书面语用符号——或……表示。例(13)三人的对话都是在特定语境中进行。四凤是个18岁、未出嫁的闺女,即使当着她妈的面,也不便直说"已经有身孕"之类的话;作为母亲的鲁侍萍听到四凤的话,更不能深问,只说"你说你——(讲不下去)";作为情人的周萍听到四凤的话(他不知道是同母异父兄妹),又惊又喜,用"真的,你——"表达他的复杂感情。三人都用空白表达,符合人物的社会地位和身份,非常得体。

(14)"大哥!"他的声音很低,神气恳切而诡秘:"钱家的孟石也死啦!""也"字说得特别的用力,倒好像孟石的死是为凑热闹似的。

"啊!"瑞宣的声音也很低,可是不十分好听。"他也是你的同学!"他的"也"字几乎与二弟的那个同样的有力。

(老舍《四世同堂》上)

瑞丰是个千方百计巴结汉奸求荣的亲日分子,他的话在"也"字上用特别有力的重音,表示他对"孟石的死"的冷漠。瑞宣是个爱国者,对他二弟这句话非常反感,便以其人之道还治其人之身,说"他也是你的同学!"同样把说话的重音落在"也"字上,意即你还有一点人性吗?给以有力痛斥。两人说话都用的是副语言成分强调重音[17],既含蓄,又符合说话人的身份,令人回味。

总的说来,说话人懂得了语用场的构成和作用,就能较好地、正确有效地应用语言,提高交际能力,达到交际目的。

# 四、关于语用推理问题

前面谈论的语用场是为说话人构建语言应用模型。现在讨论语用推理,想为听话人构建话语理解模型。从听话人的角度说,完全理解说话人的话语是有一定难度的。理解说话人的话语,先要理解他话语的音韵节律负载的语词规约意义及其组合规则构成句子所具有的表述性(句义),这仅仅涉及语句的字面意义,是属于语言知识的。在言语行为中,一个具体句子要受语境影响和制约,有时超越语句的字面意义,隐含着说话的用意,这就是语用含意或会话含意(conversational implication),我们称之为语境意义或言外之意。听话人弄清会话含意,即理解说话人话语的用意,就必须语用推理。语言研究者更必须掌握语用推理规则,解析语篇的深层意思。然而,什么是语用推理?语用推理与逻辑推理不尽相同,后者是应用符号语言(人工语言),根据公理和设定的规则进行形式推导;前者用的是人类自然语言,目前尚难完全形式化,还没有提取出一套行之有效的推导规则,以致认为,许多话语无法用逻辑分析。

我国最早注重逻辑结合自然语言研究的是著名逻辑语言学家周礼全先生,他早在50—60年代就提出形式逻辑必须与自然语言相结合,必须与人们的交际活动相结合。[13] 1976年,美国哲学家格赖斯(H. Paul Grice)提出"合作原则"如何制约"会话含义"理论,他以全新的内容,促进了语用学研究,引起了学术界普遍重视。后来,周先生把格赖斯会话"合作原则"理论引进他主编的《逻辑》,提出了语用推理模型说:"由于隐涵是应用了合作准则和语境推出来的结论,人们通常把隐涵叫做语用推理。"[19]周先生大概是最早提出语用推理的人。周先生把格赖斯的"会话含义"里的 implication 译作"隐涵",其实就是"言外之意"或"寓意"。为了弄清这一问题,我们有必要对格赖斯的理论作个简要评介。

格赖斯在《逻辑与会话》中指出,我们的会话受到一定条件的制约,我们进行交谈所以不致成为一连串互不连贯的话,是因在不同的阶段谈话人都遵循一个目的或一组目的,相互配合。我们不妨把这种共同遵守的原则称为"合作原则"。格赖斯仿效康德对判断的分类办法,把"合作原则"划分为四个范畴,每个范畴又分为若干"准则"和"次准则":(1)量准则:尽可能提供谈话目的所需要的信息;不要提供多余的信息。(2)质准则:不要说虚假的话;不要说无根据的话。(3)关系准则:所说的话必须和谈话的目的有关联。(4)方式准则:避免歧义,话语应简练,有条理。他认为,遵守这些准则就是遵守"合作原则"。如果听话人察觉到说话人违反(或利用)某项准则,从符合准则的角度去领会这句话的含意,就产生了"会话含义"。格赖斯每项都举出一些用例,如违反质准则的用例,就是我们修辞学所讲的隐喻、夸张、讽刺(反语)等等。[20]

我们认为,格赖斯的会话"合作原则"是一种理想原则,难于实现。如谈话的多余信息并非对理解说话的意图完全不利;要求不说假话,几乎不现实,据报载:比利时成立一家"借口公司",社会心理学家克洛迪娜·比兰认为:"撒谎已经像其他东西一样成为一种服务。"(《参考消息》2005年2月27日)关系准则也过于宽泛。至于语境歧义,常常是应用语言的艺术表现。[21]如果说格赖斯的会话"合作原则"是一种理想,那么,违反或利用"合作原则"产生"会话含义"也就失去了依据。同时,格赖斯的文章没有谈到语境,或许认为语境自然存在于谈话人之间,但也难于具体利用。据此可以说,如果根据格赖斯违反"合作原则"推导出的"会话含义"就是语用推理,这也难于理解和操作。

我们怎样进行语用推理? 我曾说过:"要正确领会说话人言语行为的用意,必须凭借语境框架。最基本的语境框架包括共同话

**重谈语用场**　　　　　　　　　　　　　　　　　　　　475

题、说话背景和一套逻辑推理知识三项内容。""共同话题和说话背景蕴涵着交谈者在遵守同一思维规律的基础上的推理前提,据此就可以推导出说话人的用意,获得新信息。"[22]具体地说,就是话题加上特定语境(背景知识)作为语用推理的前提,应用逻辑方法推导出说话人言语行为的用意,实际上,是在说话人语言应用模型基础上即语用场里加进话题,变成听话人的话语理解模型。

我们在这里特别提出话题,是因对同一事物观察的角度不同则切入点或着重点就有所不同。从说话人的角度看,话题是不言自明的(前已说明)。从听话人的角度看,一般也知道说话人要说的事,但听话人是被动接受者,有时也会发生误解,所以话题是理解说话人言语行为用意的重要条件。如果听话人误解话题,就会推导失误,造成语境歧义。例如:

(15)闯王又问:

"你的身体很好吧?遇着阴天刮风下雪怎样?"

郝摇旗回答说:"还好。弟兄们把马棚盖得很好,靠山朝阳,草苫的有半尺厚。再过两个月,到了三月间,马和驴子都开始发情,可以交配,所以这几十匹公马和大叫驴一定得养得膘满体壮。……"

闯王噗嗤一声笑起来,说:"我是问你遇着阴天,刮风,下雪,你身上的那些疮疤疼不疼,谁问你马牛羊,鸡犬豕?"

(姚雪垠《李自成》第二卷下)

郝摇旗是李闯王部下的一员猛将,因犯了军纪,闯王把他放在清泉坡牧马。闯王问他"遇着阴天刮风下雪怎样?"是深知郝摇旗经过历次战斗,落得满身创伤,遇到气候变化就会引起疮疤疼痛,出于关心问的,这是闯王问话的话题。郝摇旗处在清泉坡牧马的特定语境中,以为闯王问他遇着刮风下雪牧马怎样,由于误解了话题,闹出个答非所问的笑话。

语用推理的关键在于了解说话人的说话条件,即他为什么这样说,否则就不能推导和理解说话人话语的用意。例如:

(16)鲁侍萍 (低声)啊,天知道谁犯了罪,谁造的这种孽!——他们都是可怜的孩子,不知道自己做的是什么。天哪,如果要罚,也罚在我一个人身上。(伤心地)他们是我的干净孩子,他们应当好好地活着。罪孽是我造成的,苦也应当我一个人尝。(立起,望着天)今天晚上,是我让他们一块儿走的。这罪过我知道,我都替他们担戴了;要是真有了什么,也让我一个人担戴吧。(回过头)凤儿,——

鲁四凤 (不安地)妈,你怎么,你说的是什么?

(《曹禺选集·雷雨》)

周萍和四凤不知道他俩是同母异父的兄妹,决定夤夜私奔。母亲侍萍面对这种情况,不能把话说穿,只好伤心地暗说自己痛苦的身世。尽管四凤当面听着她妈说了这么多伤心话,仍不能理解她妈话的深刻含意。"你说的是什么?"这是不了解说话的背景条件,因而无法理解话语的用意。

据此可以这样说,语用推理都是根据说话人说话的条件推导出他的说话用意的。我们再举两例:

(17)"你干什么来了?"我不想再跟他多费话。

"我——"

"说你的!"

"我——;你是有意跟她顶到头儿吗?"

"夏大嫂是你的元配,二妞是你的亲女儿!"

(《老舍短篇小说选·柳屯的》)

这描写的是：夏廉的小老婆残酷虐待夏廉的元配夫人和女儿二妞，"我"要为之打抱不平。在这种情况下，夏廉来找"我"求情，问"你是有意跟她顶到头儿吗？""我"的答话："夏大嫂是你的元配，二妞是你的亲女儿！"似与问话接不上茬。实际上，"我"的答话不仅回答了要打抱不平的动机，还讽刺了"你还有脸面来求情吗？"

(18)"我说崔少奶奶，"老太太的眼睛眨巴眨巴的，好像心中有许多妙计似的，"别院里都有了响动，咱们也不能老耗着呀！我想，咱们好歹的也得弄一架那会响的东西，别教日本人挑出咱们的错儿来呀！"

小崔太太没有从正面回答，而扯了扯到处露着棉花的破袄，低着头说："天快热起来，棉衣可是脱不下来，真愁死人！"

是的，夹衣比收音机重要多了。马老太太再多说岂不就有点不知趣了么？她叹了口气，回到屋中和长顺商议。

(老舍《四世同堂》下)

日军侵占北平，强迫北平住户买日造收音机，收听日本广播。马老太太没钱单独买，打算与小崔太太商量合买一架。小崔太太没有"正面回答"，她说的话字面上与买收音机无关联，好像是另起话题。可是马老太太马上理解了她话里的用意——天热了，棉衣都脱不下来，哪还有钱买收音机！就是说，没有钱(买收音机的条件)。

我们从这些用例中看出，听话人听懂、理解说话人话语的用意，是在语用场里进行语用推理获得的；语用推理主要是凭借说话人的说话依据，即特定语境中的条件项进行推导的。如果我们这种认识成立，语用推理就十分简明了，不至于弄得那样神秘烦琐而不得要领。

## 五、结束语

我们上面从说话人的角度论述了语言应用规则,从听话人的角度论述了话语理解的规则,虽然角度不同,侧重点有别,但是基本上都可以在语用场里统一起来。把说话和听话双方统一起来,构成一个完整的言语交际模型,这正是语用学研究的立足点,也为语言学者客观描写语言和研究语言应用拓宽了活动空间。

我们还必须指出,当前语用学研究和争论多偏重于"会话含义"的分析和归属(语义学、语用学?),这仅仅局限于从听话人的角度去观察问题,势必缩小了语用学的范围。我们认为,语用学必须着眼于语言应用,对语言进行动态研究;着重于说听双方的言语交际活动。立足语用场,解析说话人言语得体(其中包含言外之意),这才是语用学的根本问题。

我们从这种认识去研究语言及其应用,就是把对语言的宏观观察和微观分析联系起来,把静态分析和动态分析结合起来,把不同层次结构和它们所表现的意义、意思匹配起来,把描写、解释和应用统一起来,从理论和方法原则上为语言研究试探一条新路。

**注 释**

①②徐思益《描写语法学初探》,新疆人民出版社,1981年,17页,50页。
③⑫⑮徐思益《喜读〈语境研究论文集〉》,《语言教学与研究》1993年第3期;徐思益《重视语言应用与理论研究结合》,《语言文字应用》1995年第2期。
④邹洪民《简论"我把你这个NP!"》,《新疆大学学报》2000年第4期。

⑤徐思益《孔子的语用学思想》,香港《语文教育学院学报》1990年第7期,又:作者新撰写的《孔子的言语学形态》,即将发表。

⑥⑦⑭德·索绪尔《普通语言学教程》,高名凯译,商务印书馆,1980年,30页,32页,35页。

⑧⑨方光焘《方光焘语言学论文集》,商务印书馆,1997年。

⑩徐思益《诗词的语言艺术——试说语用场》,《新疆教育学院学报》2000年第3期。

⑪西槇光正《语境研究论文集》,北京语言学院出版社,1992年。

⑬陈望道《修辞学发凡》,上海教育出版社,1971年(重印本)。

⑯徐思益《现象与规律》,《语言与翻译》2003年第1期。

⑰徐思益《副语言成分刍议》,香港《语言学研究与应用》2004年第1期。

⑱⑲周礼全《逻辑——正确思维和有效交际的理论》,人民出版社,1994年。

⑳程雨民《格赖斯的"会话含义"与有关的讨论》,《国外语言学》1983年第1期。

㉑徐思益《在一定语境中产生的歧义现象》,《中国语文》1985年第5期。

㉒徐思益《空白及其标记语词》,《语言文字应用》1992年第2期。

原载《新疆大学学报》2005年第4期